U0057036

【臺灣現當代作家
研究資料彙編】38

# 司馬中原

國立台灣文學館
出版

# 部長序

　　文學既是社會縮影也是靈魂核心，累積研究論述及文獻史料，不僅可厚實文學發展根基，觀照當代人文的思想脈絡，更能指引未來的社會發展。臺灣文學歷經數百年的綿延與沉澱，蓄積豐沛的能量，也呈現生氣盎然的多元創作面貌。近一甲子的臺灣現當代文學發展，就是華文世界人文心靈最溫暖的寫照。

　　緣此，國立臺灣文學館自 2010 年啟動《臺灣現當代作家研究資料彙編》，鉅細靡遺進行珍貴的文學史料蒐集研究，意義深遠。這項計畫歷時三年多，由文學館結合學界、出版社、作家一同參與，組成陣容浩大的編輯群與顧問團隊，梳理臺灣文學長河裡的各方涓流，共匯集 50 位臺灣現當代重要作家的生平、年表與作品評論資料，選錄其代表性的評論文章，彙編成冊，完整呈現作家的人文映記、文學成就及相關研究，成果豐碩。

　　由於內容浩瀚、需多所佐證，本套叢書共分三階段陸續出版，先是 2011 年推出以臺灣新文學之父賴和為首的 15 位作家研究資料彙編，接著於 2012 年完成張我軍、潘人木等 12 位作家的研究資料彙編；及至 2013 年 12 月，適逢國立臺灣文學館十周年館慶之際，更纂輯了姜貴、張秀亞、陳秀喜、艾雯、王鼎鈞、洛夫、余光中、羅門、商禽、瘂弦、司馬中原、林文月、鄭愁予、陳冠學、黃春明、白先勇、白萩、陳若曦、郭松棻、七等生、王文興、王禎和、楊牧共 23 位作家的研究資料，皇皇巨著，為臺灣文學之巍巍巨觀留下具里程碑的文字見證。這套選粹體現了臺灣文學研究總體成果中，極為優質的論述著作，有助於臺灣文學發展的擴展化與深刻化，質量兼具。在此，特別對參與編輯、撰寫、諮詢的文學界朋友們表達謝意，也向全世界愛好文學的讀者，推介此一深具人文啟發且實用的臺灣現當代文學工具書，彼此激勵，為更美好的臺灣人文環境共同努力。

文化部部長　　龍應台

# 館長序

　　所有一切有關文學的討論，最終都得回歸到創作主體（作家）及其創作文本（作品）。文本以文字書寫，刊載在媒體上（報紙、雜誌、網站等），或以印刷方式形成紙本圖書；從接受端來看，當然以後者為要，原因是經過編輯過程，作者或其代理人以最佳的方式選編，常會考慮讀者的接受狀況，亦以美術方式集中呈現，其形貌也必然會有可觀者。

　　從研究的角度來看，它正是核心文獻。研究生在寫論文的時候，每在緒論中以一節篇幅作「文獻探討」，一般都只探討研究文獻，仍在周邊，而非核心。所以作家之研究資料，包括他這個人和他所寫的作品，如何鉅細靡遺彙編一處，是研究最基礎的工作；其次才是他作品的活動場域以及別人如何看待他的相關資料。前者指的是發表他作品的報刊及其他再傳播的方式或媒介，後者指的是有關作家及其作品的訪問、報導、著作目錄、年表、文評、書評、專論、綜述、專書、選編等，有系統蒐輯、編目，擇其要者結集，從中發現作家及其作品被接受的狀況，清理其發展，這其實是文學經典化真正的過程；也必須在這種情況下，作家研究才有可能進一步開展。

　　針對個別作家所進行的資料工作隨時都在發生，但那是屬於個人的事，做得好或不好，關鍵在他的資料能力；將一群有資料能力的學者組織起來，通過某種有效的制度性運作，想必能完成有關作家研究資料彙編的人文工程，可以全面展示某個歷史時期有關作家研究的集體成就，這是國立臺灣文學館從 2010 年啟動「臺灣現當代

作家研究資料彙編」（50 冊）的一些基本想法，和另外兩個大計畫：「臺灣文學史長編」（33 冊）、「臺灣古典作家精選集」（38 冊），相互呼應，期能將臺灣文學的豐富性展示出來，將「臺灣文學」這個學科挖深識廣；作為文化部的附屬機構，我們在國家文化建設的整體工程中，在「文學」作為一個公共事務的理念之下，我們紮紮實實做了有利文化發展的事，這是我們所能提供給社會大眾的另類服務，也是我們朝向臺灣文學研究中心理想前進的努力。

我們在四年間分三批出版的這 50 本臺灣現當代作家研究資料彙編，從賴和（1894～1943）到楊牧（1940～），從割臺之際出生、活躍於日據下的作家，到日據之末出生、活躍於戰後臺灣文壇的作家；當然也包含 1949 年左右離開大陸，而在臺灣文壇發光發熱的作家。他們只是臺灣作家的一小部分，由承辦單位組成的專業顧問群多次會商議決；這個計畫，我們希望能夠在精細檢討之後，持續推動下去。

顧問群基本上是臺灣文學史專業的組合，每位作家重要評論文章選刊及研究綜述的撰寫者，都是對於該作家有長期研究的專家。這是學界人力的大動員，承辦本計畫的臺灣文學發展基金會長期致力臺灣文學史料的蒐輯整理，具有強大的學術及社會力量，本計畫能夠順利推動且如期完成，必須感謝他們組成的編輯團隊，以及眾多參與其事的學界朋友。

國立臺灣文學館館長　李瑞騰

# 編序

◎封德屏

## 緣起

　　1995 年 10 月 25 日，在臺灣師範大學教育大樓的 201 室，一場以「面對臺灣文學」為題的座談會，在座諸位學者分別就臺灣文學的定義、發展、研究，以及文學史的寫法等，提出宏文高論，而時任國家圖書館編纂張錦郎的「臺灣文學需要什麼樣的工具書」，輕鬆幽默的言詞，鞭辟入裡的思維，更贏得在座者的共鳴。

　　張先生以一個圖書館工作人員自謙，認真專業地為臺灣這幾十年來究竟出版了多少有關臺灣文學的工具書，做地毯式的調查和多方面的訪問。同時條理分明地針對研究者、學生，列出了十項工具書的類型，哪些是現在亟需的，哪些是現在就可以做的，哪些是未來一步一步累積可以達成的，分別做了專業的建議及討論。

　　當時的文建會二處科長游淑靜，參與了整個座談會，會後她劍及履及的開始了文學工具書的委託工作，從 1996 年的《臺灣文學年鑑》起始，一年一本的編下去，一直到現在，保存延續了臺灣文學發展的基本樣貌。接著是《中華民國作家作品目錄》的新編，《臺灣文壇大事紀要》的續編，補助國家圖書館「當代文學史料影像全文系統」的建置，這些工具書、資料庫的接續完成，至少在當時對臺灣文學的研究，做到一些輔助的功能。

　　2003 年 10 月，籌備多年的「台灣文學館」正式開幕運轉。同年五月《文訊》改隸「財團法人台灣文學發展基金會」，為了發揮更大的動能，開

始更積極、更有效率地將過去累積至今持續在做的文學史料整理出來，讓豐厚的文藝資源與更多人共享。

於是再次的請教張錦郎先生，張先生認為文學書目、作家作品目錄、文學年鑑、文學辭典皆已完成或正在進行，現在重點應該放在有關「臺灣現當代作家評論資料目錄」的編輯工作上。

很幸運的，這個計畫的發想得到當時臺灣文學館林瑞明館長的支持，於是緊鑼密鼓的展開一切準備工作：籌組編輯團隊、召開顧問會議、擬定工作手冊、撰寫計畫書等等。

張錦郎先生花了許多時間編訂工作手冊，每一位作家的評論資料目錄分為：

（一）生平資料：可分作者自述，旁人論述及訪談，文學獎的紀錄。

（二）作品評論資料：可分作品綜論，單行本作品評論，其他作品（包括單篇作品）評論，與其他作家比較等。

此外，對重要評論加以摘要解說，譬如專書、專輯、學術會議論文集或學位論文等，凡臺灣以外地區之報刊及出版社，於書名或報刊後加註，如中國大陸、香港、新加坡等。此外，資料蒐集範圍除臺灣外，也兼及中國大陸、香港、新加坡、日本、韓國及歐美等地資料，除利用國內蒐集管道外，同時委託當地學者或研究者，擔任資料蒐集工作。

清楚記得，時任顧問的學者專家們，都十分高興這個專案的啟動，但確定收錄哪些作家名單時，也有不同的思考及看法。經過充分的討論後，終於取得基本的共識：除以一般的「文學成就」為觀察及考量作家的標準外，並以研究的迫切性與資料獲得之難易度為綜合考量。譬如說，在第一階段時，作家的選擇除文學成就外，先考量迫切性及研究性，迫切性是指已故又是日治時期臺籍作家為優先，研究性是指作品已出土或已譯成中文為優先。若是作品不少而評論少，或作品評論皆少，可暫時不考慮。此外，還要稍微顧及文類的均衡等等。基本的共識達成後，顧問群共同挑選出 310 位作家，從鄭坤五、賴和、陳虛谷以降，一直到吳錦發、陳黎、蘇

偉貞，共分三個階段進行。

　　張錦郎先生修訂的編輯體例，從事學術研究的顧問們，一方面讚嘆「此目錄必然能成為類似文獻工作的範例」，但又深恐「費力耗時，恐拖延了結案時間」，要如何克服「有限時間，高度理想」的編輯方式，對工作團隊確實是一大挑戰。於是顧問們群策群力，除了每人依研究領域、研究專長認領部分作家外（可交叉認領），每個顧問亦推薦或召集研究生襄助，以期能在教學研究工作外，為此目錄盡一份心力。

　　「臺灣現當代作家評論資料目錄」專案計畫，自 2004 年 4 月開始，至 2009 年 10 月結束，分三個階段歷時五年六個月，共發現、搜尋、記錄了十餘萬筆作家評論資料。共經歷了三位專職研究助理，近三十位兼任研究助理。這些研究助理從開始熟悉體例，到學習如何尋找資料，是一條漫長卻實用的學習過程。

## 接續

　　「臺灣現當代作家評論資料目錄」的專案完成，當代重要作家的研究，更可以在這個基礎上，開出亮麗的花朵。於是就有了「臺灣現當代作家研究資料彙編暨資料庫建置計畫」的誕生。為了便於查詢與應用，資料庫的完成勢在必行，而除了資料庫的建置外，這個計畫再從 310 位作家中精選 50 位，每人彙編一本研究資料，內容有作家圖片集，包括生平重要影像、文學活動照片、手稿及文物，小傳、作品目錄及提要、文學年表。另外每本書分別聘請一位最適當的學者或研究者負責編選，除了負責撰寫八千至一萬字的作家研究綜述外，再從龐雜的評論資料中挑選具有代表性的評論文章，平均 12～14 萬字，最後再附該作家的評論資料目錄，以期完整呈現該作家的生平、創作、研究概況，其歷史地位與影響。

　　由於經費及時間因素，除了資料庫的建置，資料彙編方面，50 位作家分三個階段完成。第一階段出版了 15 位作家，第二階段出版了 12 位作家，此次第三階段則出版了 23 位作家資料彙編。雖然已有過前兩階段的實

務經驗，但相較於前兩階段，此次幾乎多出版將近一倍的數量，使工作小組在編輯過程中，仍然面臨了相當大的困難與挑戰。

首先，必須掌握每位編選者進度這件事，就是極大的挑戰。於是編輯小組在等待編選者閱讀選文的同時，開始蒐集整理作家生平照片、手稿，重編作家年表，重寫作家小傳，尋找作家出版品的正確版本、版次，重新撰寫提要。這是一個極其複雜的工程。還好有認真負責的雅嫻、蕙婷、欣怡，以及編輯老手秀卿幫忙，讓整個專案延續了一貫的品質及進度。

在智慧權威、老練成熟的學者專家面前，這些初生之犢的年輕助理展現了大無畏的精神，施展了編輯教戰手冊中的第一招──緊迫盯人。看他們如此生吞活剝地貫徹我所傳授的編輯要法，心裡確實七上八下，但礙於工作繁雜，實在無法事必躬親，也只好讓他們各顯身手了。

縱使這些新手使出了全部力氣，無奈工作的難度指數仍然偏高，雖有前兩階段的經驗，但面對不同的編選者，不同的編選風格，進度仍然不很順利，再加上此次同時進行 23 位作家的編纂作業，在與各編選者及各冊傳主往來聯繫的過程中，更是有許多龐雜而繁瑣的細節。此時就得靠意志力及精神鼓舞了。我對著年輕的同仁曉以大義，告訴他們正在光榮地參與一個重要的文學工程，絕對不可輕言放棄。

## 成果

雖然過程是如此艱辛，如此一言難盡，可是終究看到豐美的成果。每位編選者雖然忙碌，但面對自己負責的作家資料彙編，卻是一貫地認真堅持。他們每人必須面對上千或數百筆作家評論資料，挑選重要或關鍵性的評論文章，全面閱讀，然後依照編選原則，挑選評論文章。助理們此時不僅提供老師們所需要的支援，統計字數，最重要的是得找到各篇選文作者，取得同意轉載的授權。在第一階段進度流程初估時，我們錯估了此項工作的難度，因為許多評論文章，發表至今已有數十年的光景，部分作者行蹤難查，還得輾轉透過出版社、學校、服務單位，尋得蛛絲馬跡，再鍥

而不捨地追蹤。有了第一階段的血淚教訓,第二階段關於授權方面,我們更是如臨深淵、如履薄冰,希望不要重蹈覆轍,第三階段也遵循前兩階段的經驗,在面對授權作業時更是戰戰兢兢,不敢懈怠。

除了挑選評論文章煞費苦心外,每個作家生平重要照片,我們也是採高標準的方式去蒐集,過世作家家屬、友人、研究者或是當初出版著作的出版社,都是我們徵詢的對象。認真誠懇而禮貌的態度,讓我們獲得許多從未出土的資料及照片,也贏得了許多珍貴的友誼。許多作家都協助提供照片手稿等相關資料,如王鼎鈞、洛夫、余光中、羅門、瘂弦、司馬中原、林文月、鄭愁予、黃春明及其子黃國珍、白先勇及與其合作多年的攝影師許培鴻、白萩及其夫人、陳若曦、七等生、王文興、楊牧及其夫人夏盈盈。已不在世的作家,其家屬及友人在編輯過程中,也給予我們許多協助及鼓勵,如姜貴的長子王為鎌、張秀亞的女兒于德蘭、艾雯的女兒朱恬恬、陳秀喜的女兒張瑛瑛、商禽的女兒羅珊珊、陳冠學的後輩友人陳文銓與郭漢辰、郭松棻的夫人李渝、王禎和的夫人林碧燕,藉由這個機會,與他們一起回憶、欣賞他們親人或父祖、前輩,可敬可愛的文學人生。此外,還有張默、岩上、閻純德、李高雄、丘彥明、朱雙一、吳姍姍、鄭穎、舊香居書店吳雅慧等作家及研究者,熱心地幫忙我們尋找難以聯繫的授權者,辨識因年代久遠而難以記錄年代、地點、事件的作家照片,釐清文學年表資料及作家作品的版本問題,我們從他們身上學習到更多史料研究可貴的精神及經驗。

但如何在規定的時間內,完成第三階段 23 本資料彙編的編輯出版工作,對工作小組來說,確實是一大考驗。每一冊的主編老師,都是目前國內現當代台灣文學教學及研究的重要人物,因此每位主編都十分忙碌。有鑑於前兩階段的經驗,以及現有工作小組的人力,決定分批完稿,每個人負責 2～4 本,三位組長的責任額甚至超過 4～5 本。每一本的責任編輯,必須在這一年多的時間內,與他們所負責資料彙編的主角——傳主及主編老師,共生共榮。從作家作品的收集及整理開始,必須要掌握該作家一生

作品的每一次的出版，以及盡量收集不同的版本；整理作家年表，除了作家、研究者已撰述好的年表外，也必須再從訪談、自傳、評論目錄，從作品出版等線索，再做比對及增刪。再來就是緊盯每位把「研究綜述」放在所有進度最後一關的主編們，每隔一段時間提醒他們，或順便把新增的評論目錄寄給他們（每隔一段時間就有新的相關論文或學位論文出現），讓他們隨時與他們所主編的這本書，產生聯想，希望有助於「研究綜述」撰寫的進度。

以上的工作說起來，好像並不十分困難，身為總策劃的我起初心裡也十分篤定的認為，事情儘管艱困，最後還是應該順利完成。然而，這句雲淡風輕的話，聽在此次身歷其境參與工作的同仁耳中，一定會恨得牙癢癢的。「夜長夢多」這個形容詞拿來形容這件工作，真是太恰當也沒有了。因為整個工作期程超過一年，在這段漫長的歲月中，因等待、因其他人力無法抗拒的因素，衍伸出來的問題，層出不窮，更有許多是始料未及的。譬如，每本書的的選文，主編老師本來已經選好了，也經過授權了，為了抓緊時間，負責編輯的助理們甚至連順序、頁碼都排好了，就等主編老師的大作了，這時主編突然發現有新的文章、新的資料產生：再增加兩三篇選文吧！為了達到更好更完備的目標，工作小組當然全力以赴，聯絡，授權，打字，校對，重編順序等等工作，再度展開。

此次第三階段共需完成 23 位作家研究資料彙編，年齡層較上兩個階段已年輕許多，因此到最後的疑難雜症，還有連主編或研究者都不太清楚的部分，譬如年表中的某一件事、某一個年代、某一篇文章、某一個得獎記錄，作家本人絕對是一個最好的諮詢對象，於是幾乎我們每本書都找到了作家本人，對解決某些問題來說，這是一個好的線索，但既然看了，關心了，參與了，就可能有不同的看法，選文、年表、照片，甚至是我們整本書的體例。於是又是一場翻天覆地的大更動，對整本書的品質來說，應該是好的，但對經過一年多琢磨、修改已近入完稿階段的編輯團隊來說，這不啻是一大挑戰。

　　1990 年開始，各地縣市文化中心（文化局），對在地作家作品集的整理出版，以及台灣文學館成立後對日治時期作家以迄當代重要作家全集的編纂，對臺灣文學之作家研究，也有了很好的促進作用。如《楊逵全集》、《林亨泰全集》、《鍾肇政全集》、《張文環全集》、《呂赫若日記》、《張秀亞全集》、《葉石濤全集》、《龍瑛宗全集》、《葉笛全集》、《鍾理和全集》、《錦連全集》、《楊雲萍全集》、《鍾鐵民全集》等，如雨後春筍般持續展開。

　　經過近二十年的努力，臺灣文學的研究與出版，也到了可以驗收或檢討成果的階段。這個說法，當然不是要停下腳步，而是可以從「臺灣現當代作家評論資料目錄」所呈現的 310 位作家、10 萬筆資料中去檢視。檢視的標的，除了從作家作品的質量、時代意義及代表性去衡量外，也可以從作家的世代、性別、文類中，去挖掘還有待開墾及努力之處。因此在這樣的堅實基礎上，這套「臺灣現當代作家研究資料彙編」，每位編選者除了概述作家的研究面向外，均有些觀察與建議。希望就已然的研究成果中，去發現不足與缺憾，研究者可以在這些不足與缺憾之處下功夫，而盡量避免在相同議題上重複。當然這都需要經過一段時間去發現、去彌補、去重建，因此，有關臺灣文學研究的調查與研究，就格外顯得重要了。

## 期待

　　感謝臺灣文學館持續支持推動這兩個專案的進行。「臺灣現當代作家評論資料目錄」的完成，呈現的是臺灣文學研究的總體成果；「臺灣現當代作家研究資料彙編」套書的出版，則是呈現成果中最精華最優質的一面，同時對未來的研究面向與路徑，做最好的建議。我們可以很清楚的體會，這是一條綿長優美的臺灣文學接力賽，我們十分榮幸能參與其中，我們更珍惜在傳承接力的過程，與我們相遇的每一個人，每一件讓我們真心感動的事。我們更期待這個接力賽，能有更多人加入。誠如張恆豪所說「從高音獨唱到多元交響」，這是每一個人所期待的。

# 編輯體例

一、本書編選之目的，爲呈現司馬中原生平、著作及研究成果，以作爲臺
　　灣文學相關研究、教學之參考資料。

二、全書共五輯，各輯內容及體例說明如下：

　　輯一：圖片集。選刊作家各個時期的生活或參與文學活動的照片、著
　　　　　作書影、手稿（包括創作、日記、書信）、文物。

　　輯二：生平及作品，包括三部分：

　　　　　1.小傳：主要內容包括作家本名、重要筆名，生卒年月日，籍
　　　　　　貫，及創作風格、文學成就等。

　　　　　2.作品目錄及提要：依照作品文類（論述、詩、散文、小說、
　　　　　　劇本、報導文學、傳記、日記、書信、兒童文學、合集）及
　　　　　　出版順序，並撰寫提要。不收錄作家翻譯或編選之作品。

　　　　　3.文學年表：考訂作家生平所進行的文學創作、文學活動相關
　　　　　　之記要，依年月順序繫之。

　　輯三：研究綜述。綜論作家作品研究的概況，並展現研究成果與價值
　　　　　的論文。

　　輯四：重要文章選刊。選收國內外具代表性的相關研究論文及報導。

　　輯五：研究評論資料目錄。收錄至 2013 年 6 月底止，有關研究、論述
　　　　　臺灣現當代作家生平和作品評論文獻。語文以中文爲主，兼及
　　　　　日文和英文資料。所收文獻資料，以臺灣出版爲主，酌收中國
　　　　　大陸、香港、日本和歐美國家的出版品。內容包含三部分：

　　　　　1.「作家生平、作品評論專書與學位論文」下分爲專書與學位
　　　　　　論文。

　　　　　2.「作家生平資料篇目」下分爲「自述」、「他述」、「訪談」、
　　　　　　「年表」、「其他」。

　　　　　3.「作品評論篇目」下分爲「綜論」、「分論」、「作品評論目
　　　　　　錄、索引」、「其他」。

# 目次

# 輯一◎圖片集

## 影像◎手稿◎文物

1953年，時年20歲的司馬中
原，攝於鳳山。（文訊文藝資
料中心）

1956年，與文友合影於宜蘭太平山頂。左起：段彩華、平鑫濤、瓊瑤、
轟華苓、佚名、司馬中原、司馬桑敦。（司馬中原提供）

1961年新春，合影於姜貴高雄住家。左起：陳森、姜貴、司馬中原。（文訊文藝資料中心）

1964年，與文友合影於蕭孟能寓所。左下角順時鐘起：司馬中原、林海音、何凡、余光中、司馬桑敦、聶華苓、朱西甯、李敖、張白帆、蕭孟能（司馬中原提供）

1965年3月，以長篇小說《荒原》獲第一屆全國青年文藝獎，與同屆得主及頒獎人合影。左起：許達然、司馬中原、蔣經國、張永祥、瘂弦、楊佳霖。（司馬中原提供）

1969年，與文友攝於太魯閣。左起：瘂弦、袁小玲、朱西甯、林海音、司馬中原。（文訊文藝資料中心）

1967年，司馬中原與羅蘭（右），攝於救國團於臺北銘傳商專舉辦的「復興文藝營」。（司馬中原提供）

約1960年代，獲邀演講後，司馬中原與政治大學學子合影。（司馬中原提供）

約1960年代中期，與文友合影。左起：洛夫、紀弦、司馬中原、瘂弦。（創世紀詩雜誌社提供）

1974年，應中國同學會邀請，司馬中原率團赴菲律賓訪問。右後方為團員之一的臺大外文系教授顏元叔。（司馬中原提供）

約1970年代，司馬中原與妻子吳惟靜（左）、谷名倫（中）合影。（司馬中原提供）

1981年，司馬中原與楊念慈（右）合影於第三次全國文藝會談。（文訊文藝資料中心）

1984年，司馬中原於鳳山升格十週年時主講文藝座談「創新與傳統」。後排左起：李冰、佚名、佚名、蕭颯、朱煥文；前排左二起：楚卿、陸震廷、司馬中原、楊濤、佚名。（文訊文藝資料中心）

1987年2月8日，與文友合影。左起：林尚謙、彭邦禎、司馬中原、魏子雲。（司馬中原提供）

1989年1月18日，攝於華欣文化中心臺北聯勤俱樂部。前排左起：宋瑞、張默、沈靖、辛鬱、王璞、鄧文來、呼嘯、朱星鶴；第二排左起：朱白水、公孫嬿、魏子雲、朱介凡、尹雪曼、鍾雷、林適存；第三排左起：段彩華、朱西甯、楊震夷、陸英育、司馬中原、繆綸、程國強、王怡、鄧雪峰、蔡文甫、王賢忠、蕭白、張放、謝雄玄。（創世紀詩雜誌社提供）

約1980年代，司馬中原全家福。前排左起：五子吳融哲、妻子吳惟靜、司馬中原、女兒吳融容；後排左起：三子吳融戈、長子吳融麾、次子吳融賁、四子吳融昊。（文訊文藝資料中心）

約1980年代，與聶華苓合影。左起：司馬中原、聶華苓、吳惟靜。（司馬中原提供）

約1980年代，司馬中原與瘂弦（左）、亮軒（右）合影。（司馬中原提供）

1991年，司馬中原與義女叢珊（中）、張鐵林（右）合影。（司馬中原提供）

1992年6月，司馬中原與郎靜山（左）攝於郎靜山百歲壽宴。（司馬中原提供）

1992年12月25日，與文友合影。左起：司馬中原、徐鍾珮、吳惟靜、蓉子。（司馬中原提供）

1993年10月16日，司馬中原返回江蘇淮陰老家探親。（司馬中原提供）

1994年4月，與文友合影於中央日報禮堂。左起：梅新、段彩華、朱西甯、司馬中原。（文訊文藝資料中心）

1997年4月2日，攝於蘇雪林百歲壽宴，左起：司馬中原、蘇雪林。（司馬中原提供）

1997年4月，與文友合影於文訊雜誌社主辦「文藝界重陽敬老活動」。左二起：葛香亭、李行、司馬中原。（文訊文藝資料中心）

1998年4月11日，合影於臺北環亞飯店舉行的「兩岸文學交流會談」。左起：郭嗣汾、佚名、羅蘭、司馬中原、佚名。（文訊文藝資料中心）

1999年，與昔日同袍攝於「入伍生總隊慶祝來臺五十周年酒會」。左起：陳廷寵、司馬中原。（司馬中原提供）

約1990年代，與友人合影。左起：吳惟靜、司馬中原、尼洛、李行。（司馬中原提供）

2004年，出席文訊雜誌社主辦「少年十五二十時——作家年輕照片展」，與自己的照片合影。（文訊文藝資料中心）

2004年，與文友合影於桃園全國書展後餐會，前排左起：司馬中原、保真、槑川；後排左起：封德屏、謝小韞。（文訊文藝資料中心）

攝於2005年。左起：吳惟靜、童真、司馬中原。（文訊文藝資料中心）

2006年4月30日，與文友攝於在臺灣大學校友聯誼社舉辦的「向資深作家琦君女士致敬座談會」。後排左起：符兆祥、佚名、佚名、丘秀芷、林煥彰、賴連泉、趙秀英、宋雅姿、季季、田新彬、封德屏；前排左起：佚名、司馬中原、鍾鼎文、林忠民、陳若莉。（文訊文藝資料中心）

2007年9月1日，攝於講義雜誌主辦於臺北圓山大飯店的「講義POWER教師獎」、第一屆「講義搶救國語文創意教學設計」選拔活動頒獎典禮。左起：柴松林、司馬中原、余光中。（司馬中原提供）

2008年11月，攝於在劍潭青年活動中心舉辦的「第七屆世界華文作家協會年會」，並於會中獲頒終身成就獎。左起：林忠民、趙淑俠、黃碧端、余光中、司馬中原。（文訊文藝資料中心）

2008年3月26日，司馬中原攝於文訊雜誌社假臺北市市長官邸表演廳舉行的「回頭迢遞——尹雪曼追思紀念會」。（文訊文藝資料中心）

與文藝界朋友合影。前排左起：應未遲、吳惟靜、司馬中原、顧正秋、丹扉、佚名。後排立者為葉言都。攝影時間不詳。（國立臺灣文學館提供）

司馬中原與妻子吳惟靜（右）合影，攝影時間地點不
詳。（國立臺灣文學館提供）

司馬中原使用過的煙斗（國立臺灣文學館提供）

與文友合影。左起：段彩華、潘人木、司馬中
原。攝影地點及時間不詳。（司馬中原提供）

1985年，司馬中原作品《打鬼救夫》電影劇本。當時由吳念真編劇，劉瑞琪、楊慶煌、許不了主演。（國立臺灣文學館提供）

司馬中原手稿〈拓帖者——我的下一本書〉，寫於1985年11月18日。（文訊文藝資料中心）

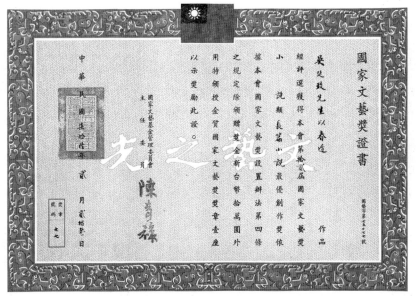

1986年，司馬中原以小說〈春遲〉獲得國家文藝獎證書。（國立臺灣文學館提供）

1996年8月，司馬中原聘任為第31屆中山文藝創作獎評審委員聘書。（國立臺灣文學館提供）

司馬中原遊臺南後的感悟詩作墨寶，寫於2001年冬。（國立臺灣文學館提供）

廿多年前，我們夫婦和六個子女，合攝了這張「全家福」的照片，也就是唯一的一張「全家福」。那時候，子女們男未婚、女未嫁，都和我們生活在一起，單純而快樂。

隨著時間的輪轉，我的孫兒孫女，居當美國廿餘年，幼子居美也已二十八年，其它孩子也多達七位，家室或分居在外，若想從天南地北把他們聚合起來，那可真的不容易了。

生命皆為時光中的流體，一如轉動不息的星球。我夫婦結縭五十餘年，金婚已过，也許在紀念鑽石婚的典礼上，把四代的子孫都召聚起來，再拍攝一桢擴大放的「全家福」罷，有愛總是美好的。

在這個開枝散葉的族系中，我的老伴才是真正的恆星，我和子孫輩都只是一群行星，在不同的軌道上繞日而行，並接受她的光照。俗說云兒多母苦，但願我和兒孫們都能深体斯言，更加珍惜這份愛的能源。

司馬中原
九十四年 母親節

司馬中原手稿，為《文訊》第237期「親情圖：作家用照片說故事2」登錄的全家照片註解。寫於2005年母親節。（文訊文藝資料中心）

侍：二三九四六一○三 封祐長
永懷諫友
司馬中原

我们的刘枋大姐，在五十年代台湾文壇上，是一位才情卓絕的作家，我在文壇月刊上，讀过她的一篇「北屋裏」，就有寫分欽遲之感，她使北籍的女作家蕭紅，蕭紅寫出同樣佳妙的作品，還無緣和她見面，她也能寫出同樣佳妙的作品，還無緣和她見面，，當時我就感覺到她的才情，應不亞於三分。

不兼絲毫脂粉氣，敘情寫境，自自然然的入木三分，文字運用师亮爽活，用北方語言，不逕俗，文字運用师亮爽活，那時我服務南，南：王藍、楊念慈诸先生处知一二而己。及後，朱西甯兄北調，大略的容其右道热腸，為人直爽，更有一种和我萋想一致的大夫气慨。更有，有機會和刘大姐經常見面，和刘枋大姐見面，始於我攀家北遷之後，我們算是有緣，一見面就說來也有四十來年了。我們算是有緣，一見面就說談得很投契，直称我為「小司馬」，後來她主动把「小」字辭掉，改称「司馬」，最後十多年，她又在称呼一直延續了十多年，加上個「大」字，誠使我這做去光的受寵若驚。不論「小」也好，「大」也好，我們總算是相交半生的知友，她在我面前，

司馬中原懷念劉枋手稿〈永懷諫友〉，寫於2007年8月7日。（文訊文藝資料中心）

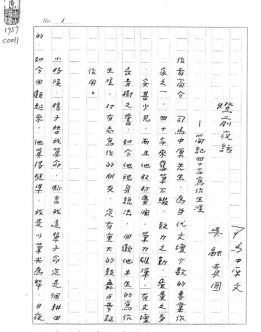

司馬中原〈闖將〉劇本手稿。
（國立臺灣文學館提供）

司馬中原〈燈前夜話〉手稿。
（國立臺灣文學館提供）

# 輯二◎生平及作品

## 小傳◎作品◎年表

# 小傳

## 司馬中原 （1933～）

　　司馬中原，男，本名吳延玫。籍貫江蘇淮陰，1933 年 2 月 2 日生，1949 年隨軍來臺。

　　生逢烽火連年，司馬中原 15 歲即投身軍旅，僅於幼年接受過私塾與部分中學與高中教育，一切學識皆靠自學自修。隨軍來臺後，任職步兵學校教材科參謀，後調任第二軍團部參謀，致力於提倡軍中文藝。曾任《中華文藝》月刊社社長、中國青年寫作協會理事長、華欣文藝工作聯誼會總幹事、中華民國著作權人協會理事長，1961 年退役後，專事寫作迄今。曾獲世界文化藝術學院 （WAAC-World Academy of Arts and Culture）暨世界詩人大會 （WCP-World Congress of Poets）二單位共同頒贈榮譽文學博士學位。現爲社團法人中華語文著作權仲介協會董事長、臺灣科技大學通識教育中心教師。曾獲第一屆全國青年文藝獎、教育部文藝獎、十大傑出青年金手獎、第一屆十大傑出榮民獎、聯合報小說獎特別貢獻獎、國家文藝獎、中國文藝協會榮譽文藝獎章等獎項。

　　司馬中原創作文類以小說爲主，兼有散文、傳記。齊邦媛認爲，司馬中原的重要作品按主題和表現形式可分爲三類：1.史詩性的；2.純抒情的；3.鄉野傳奇。史詩性小說以山河戀爲經，以抗日戰爭與國共內戰爲緯，襯托出人性的正邪之爭；抒情性作品則散見於短篇小說與散文集中。鄉野傳奇作品數量最爲龐大，兼有鄉野、懷舊、武俠、《聊齋》式狐鬼異聞等題

材，1962 年《荒原》與 1967 年《狂風沙》的出版，奠定了他在文壇的地位，加上 1987 年開始主持靈異節目與鄉野傳奇廣播劇，此類作品幾成爲司馬中原的代名詞。

在小說上，司馬中原反映了社會現實問題，透過塑造一系列針砭時弊的人物，賦予濃厚的悲劇氛圍，藉由故事人物的命運延伸思考現實社會的問題。寫作技巧則重視細節描寫，小說結構縝密完整；並運用大量中國北方的鄉土語言，讓人物形象更加鮮明，流露出濃厚地方色彩。

相較描寫鄉野靈異的小說創作，司馬中原早期的散文多爲思鄉之作，循生命成長軌跡，開啓心靈返鄉之路。後期題材趨向貼近日常生活，藉抒情或說理的方式漫談生活中所思所感，筆觸深沉典雅，近年作品多以此爲主。傳記方面，除了揭露戰亂中眾生如俎肉的自傳性作品《青春行》外，其他作品多爲國軍傳記。

由於年少時期輾轉流離的參戰經驗，司馬中原的創作具有歷史見證的意義。自硝煙瀰漫的戰火中走來，他用筆描繪現實的殘酷與鮮明的人物，以人道主義爲其圭臬，致力傳播人性良善的光輝。「作者先要背負歷史和民族的重量，然後筆下始能產生重量」，這段自述，即可視爲司馬中原的寫作綱領。

# 作品目錄及提要

## 【論述】

### 蒲松齡及他的聊齋

臺北：楷達文化公司
1999 年 10 月，25 開，135 頁
楷達文庫

本書分享作者閱讀《聊齋》的得益處，根據閱覽《聊齋》各篇得出的主要特色一一舉例論之，並以此略推蒲松齡創作心態與情結。全書分「蒲松齡的生存背景」、「世人對《聊齋誌異》的看法」、「從《聊齋》一書看蒲松齡的心結」、「結語」四部分。正文前有司馬中原〈前記〉，正文後附錄〈蒲松齡小傳〉。

## 【散文】

### 鄉思井

中華文藝月刊社
1975

皇冠出版社 1977

臺北：中華文藝月刊社
1975 年 9 月，32 開，272 頁
中華文藝叢書 2

臺北：皇冠出版社
1977 年 9 月，32 開，287 頁
皇冠叢書第 529 種

本書為作者藉由書寫追懷記憶中的童年與家鄉，筆調沉鬱哀蒼，字句飽浸濃烈鄉愁。全書分四輯，收錄〈蒼龍・蒼龍・搖搖頭〉、〈記憶的穹門〉、〈剪秋〉、〈東出陽關〉等 36篇。正文後有司馬中原〈後記〉。
皇冠版：內容與中華文藝版同。

### 雲上的聲音
臺北：源成文化圖書供應社
1976 年 6 月，32 開，216 頁

本書延續《鄉思井》寫作筆調，以生命情感抒寫童年與鄉土。
全書收錄〈北山尋瀑〉、〈霜花〉、〈沉默的天堂鳥〉等 26 篇。

### 月光河
臺北：九歌出版社
1978 年 10 月，32 開，240 頁
九歌文庫 14

臺北：九歌出版社
2007 年 12 月，25 開，231 頁

九歌出版社 1978

九歌出版社 2007

本書揭示作者生命成長的軌跡，藉由書寫召喚對於家鄉的童年
印象，表述內心的想望，分「古老的故事」、「月光河」、「檢遺
集」、「歷史的配樂者」四輯。全書收錄〈夢痕〉、〈狂犬病之
憶〉、〈夏之雜拾〉、〈我的少年時代〉等 38 篇。正文前有
〈序〉。

2007 年重排新版，內容大幅變動。第一輯「古老的故事」刪去
〈倚閭〉，〈磨坊〉、〈雁〉、〈廟〉、〈梧桐〉五篇，〈沼澤〉移至
第二輯「月光河」，〈垂釣〉移至新版第三輯。第二輯「月光
河」新增〈隱約的青蒼〉、〈遙遠的懷念〉、〈七夕閒話〉、〈哭
墳〉、〈無煙的夢痕〉。舊版第三輯「檢遺集」刪去〈夜歌〉
後，與新版第二輯「月光河」合併。舊版第四輯「歷史的配樂
者」遞補更名為新版第三輯「習字記」，刪去舊版〈歷史的配
樂者——馬群〉、〈在啓明的年代〉、〈濯心的獻祭〉、〈永恆不滅
的心燈〉、〈編劇記〉，新增〈習字記〉、〈此生只願做書囚〉、
〈武陵夜宿〉、〈山水小唱〉。〈風聲〉則移動至新版第一輯。正
文前新增司馬中原〈緊握每一顆記憶的光點——新版序〉，正
文後新增張默〈獨釣歷史的惆悵〉。

## 駝鈴

臺北：九歌出版社
1981 年 7 月，32 開，216 頁
九歌文庫 77

本書分「生活的拼盤」、「生命的重量」、「在文化的長河中」三
輯，全書收錄〈哭的藝術〉、〈寫在靜靜的夜晚〉、〈我們的文學
往何處去？〉等 31 篇。正文前有〈走進春天的懷裡（代
序）〉。

## 精神之劍

臺北：九歌出版社
1983 年 10 月，32 開，265 頁
九歌文庫 129

本書有別於作者早期鄉愁沉鬱與抒情優美的寫作風格，題材貼
近日常，為生活作札，呈現歲月沉澱出的平穩成熟。全書分三
輯，收錄〈伏莽之春〉、〈時光，一條歌唱的河〉、〈握一把蒼
涼〉、〈辭歲篇〉等 38 篇。正文前有司馬中原〈牽了老鼠當馬
騎（代序）〉。

## 俠與劍

南投：臺灣省訓練團
1986 年 1 月，32 開，180 頁
臺灣省訓練團文史叢編 8

本書收錄〈五月榴花照眼紅〉、〈小說中靈異世界的探討〉、〈提
振現代中國的歌樂〉等 21 篇。

## 無弦琴

臺北：皇冠出版社
1986 年 5 月，32 開，263 頁
皇冠叢書第 1245 種

全書收錄〈小說中靈異事件的探討〉、〈萬里孤墳〉、〈風尼和她
的作品──外婆〉等 29 篇。正文後有「新歲寄遠（代跋）」：
董君君〈吾師司馬中原〉、小四〈司馬中原〉、司馬中原〈致小
四和董君君〉。

### 抱一把胡琴

南投：臺灣省訓練團
1987 年 4 月，32 開，145 頁
臺灣省訓練團文史叢編 15

全書收錄〈雲水蒼茫〉、〈百年身世一登樓〉、〈和青年一起出
發〉等 27 篇。

駿馬文化公司 1988

### 滄桑

臺北：駿馬文化公司
1988 年 7 月，25 開，178 頁
駿馬文集 31

臺北：皇冠文學出版公司
1993 年 9 月，32 開，221 頁
皇冠叢書第 2235 種

本書為作者重新挖掘童年記憶，追念、記述家鄉過往，並藉由
書寫映現生命歷程。全書收錄〈童緣〉、〈雲星的墨閣〉等 20
篇。正文前有司馬中原〈聚落傳聞──代序〉，正文後有〈寫
作年表〉。
皇冠版：於正文後刪去〈寫作年表〉。

皇冠文學出版公司
1993

### 和你聊天

臺北：皇冠文學出版公司
1992 年 5 月，32 開，221 頁
皇冠叢書第 2029 種

本書分「生活篇」、「修養篇」、「文化篇」、「社會篇」四輯，收
錄〈飲之太和〉、〈可變與不變〉、〈文學與科學的結合〉、〈時代
青年的去處〉、〈人權與人格〉等 68 篇。

## 寄望昇歌

臺北：皇冠文學出版公司
1992 年 7 月，32 開，195 頁
皇冠叢書第 2060 種

本書爲作者散文隨筆，內容包含回憶過往經歷動盪時代的經歷、緬想家鄉的愁思、生活旅遊記趣與其擅長的談鬼說夢等。全書收錄〈春風得意馬蹄疾〉、〈丹心猶是舊時看〉、〈圍棋求敗論〉等 27 篇。

九歌出版社 2002

## 老爬蟲的告白

臺北：九歌出版社
2002 年 10 月，25 開，316 頁
名家名著選 8

臺北：九歌出版社
2013 年 5 月，25 開，324 頁
名家名著選 25

本書內容爲《月光河》、《駝鈴》、《精神之劍》精選。全書分「故事」、「浮生」、「時光」三輯，收錄〈伏莽之春〉、〈臭棋的樂趣〉、〈寒夜〉、〈月光河〉等 40 篇。正文前有〈處處展現心志、人格與風格——司馬中原其人其文〉、〈司馬中原小傳〉，正文後附有〈司馬中原寫作年表〉、〈司馬中原作品重要評論索引〉。
2013 年增訂新版：正文前有司馬中原〈新版序〉。

九歌出版社 2013

## 司馬中原笑談人生

臺北：九歌出版社
2009 年 8 月，25 開，222 頁

本書分「人生八大藝術」、「生活的拼盤」、「走進春天的懷裡」、「童話・神話・鬼話・笑話」四輯。全書收錄〈打油詩的藝術〉、〈臭棋的樂趣〉、〈習字的滄桑〉、〈風雨長途〉等 35 篇。正文前有司馬中原〈笑談人生（自序）〉。

### 司馬中原鬼靈經

臺北：九歌出版社
2010 年 2 月，25 開，234 頁

本書內容為作者對於「鬼」詮說與見解，以及因果報應的靈異
故事，分「鬼話連篇」、「靈異傳奇」二輯。全書收錄〈形形色
色鬼界大觀〉、〈靈力與潛能〉等 15 篇文章。正文前有司馬中
原〈用關愛的心進入萬物之心（代序）〉。

### 那一夜，我們聊阿飄／與眭澔平合著

臺北：人類智庫數位科技
2013 年 6 月，25 開，160 頁
創意館 04

本書以對話方式，講述作者曾經歷或耳聞的靈異事件，並以理
性思維探討所謂「靈異」。全書分「Part 1世界上真的有鬼？」、
「Part 2鬼的一百種樣貌」、「Part 3人鬼之間如何交流？」、「Part
4 不說你不信的鬼故事」四部分，收錄〈安徽古廟女鬼「嚎
哭」破兇案〉、〈世上真有「異次元世界」？〉、〈「三魂七
魄」掌管鬼性善惡〉等24篇。

## 【小說】

### 山靈

香港：正文出版社
1956 年，32 開，186 頁

中篇小說。全書共兩篇小說。今無館藏。

### 春雷

臺北：青白出版社
1959 年，32 開，300 頁

短篇小說集。今無館藏。

荒原
高雄：大業書店
1962 年 8 月，32 開，300 頁
長篇小說叢刊 44

高雄：大業書店
1965 年 3 月，32 開，300 頁
長篇小說叢刊 44

臺北：皇冠出版社
1973 年 3 月，32 開，388 頁
皇冠叢書 339

大業書店 1962

皇冠出版社 1973

長篇小說。以抗日剿共為時代背景，敘述歪胡癲兒和六指兒貴隆捍衛位於蘇北與皖北之交，洪澤湖東岸澤地的悲壯故事。歪胡癲兒於捍衛家園的戰役中戰死，貴隆則為了復仇與匪徒在火中的澤地同歸於盡。作者藉兩人的悲劇英雄形象為歷史無以正名的農民們立傳，除反映戰爭帶來的悲劇與底層人民的悲苦，更在鄉土想像中提出不同於左翼革命系統的農民形象。故事最末，貴隆的遺孀銀花與遺腹子火生返回已成荒原的家園，銀花相信只要有田有地，她們母子就能在此生存下去。
1965 年 3 月，大業書店再版，正文前新增司馬中原〈《荒原》再版前記〉。
皇冠版：正文前新增魏子雲〈款步於「荒原」內外──兼論司馬中原之「新感覺」表現〉、張默〈從荒野出發：試論司馬中原的《荒原》〉、吳友詩〈評《荒原》〉、潘林〈評《荒原》〉。

加拉猛之墓
臺北：文星書店
1963 年 11 月，40 開，256 頁
文星叢刊 20

臺北：愛眉文藝出版社
1971 年 1 月，40 開，256 頁
愛眉文庫 13

短篇小說集。全書收錄〈瓶花〉、〈弄猴人〉、〈沙窩子野鋪〉、〈牛〉、〈一粒灰塵〉、〈童歌〉、〈癲蛤蟆井〉、〈山〉、〈黑河〉、〈紅砂崗〉、〈鄉巴老捉賊〉、〈獵〉、〈野烟〉、〈加拉猛之墓〉共 14 篇。
正文前有〈前記〉。
愛眉文藝版：內容與文星版同。

文星書店 1963　愛眉文藝出版社 1971

### 靈語

高雄：大業書店
1964 年 3 月，40 開，292 頁
現代中國小說叢書第一輯 4

短篇小說集。全書收錄〈黎明列車〉、〈野市〉、〈沒有梯的樓〉、〈鳥羽〉、〈戰馬的血祭〉、〈髑髏地〉、〈洪荒〉、〈店門裡外〉、〈初獵〉、〈不是龍門〉、〈插柳〉、〈李隆老店〉、〈雨夜的訪客〉、〈靈語〉共 14 篇。正文前有馮鍾睿「司馬中原造像」、李英豪〈試論司馬中原〉，正文後有陳曄〈「當代中國小說叢書」出版的話〉。

### 魔夜

臺北：皇冠出版社
1964 年 9 月，32 開，264 頁
皇冠叢書第 78 種

長篇小說。以「出生」、「入死」的醫院為敘述場景，藉由當中所發生的光怪陸離事件講述哲學與人生觀。

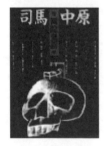

### 醫院鬼話

臺北：皇冠文學出版公司
1994 年 1 月，32 開，254 頁
皇冠叢書第 2274 種

長篇小說。本書內容與 1964 年皇冠出版社《魔夜》同。

皇冠雜誌社 1967

### 狂風沙

臺北：皇冠雜誌社
1967 年 9 月，32 開，700 頁，660 頁
皇冠叢書第 149 種

江蘇：譯林出版社
2011 年 6 月，16 開，628 頁

長篇小說，分上、下兩冊。本書為演繹鄉野英雄傳奇的懷鄉書寫，融合英雄人物關東山與槽河之變的史實，藉充滿故土想像的筆觸開啟作者的心靈返鄉之路。故事描寫原任緝私隊長的關

東山，基於仁義立場私放鹽販，卻因此入獄、越獄。而後更在淮北狂風沙組成六合幫，在北洋軍閥當政、國民軍北伐的年代，挺身抵抗荒唐強權與奸惡之徒。最後在恩仇兩斷，惡人伏誅後，失明的關東山與歷盡滄桑的妓女小餛飩一併消失在秋夜裡。正文後有司馬中原〈《狂風沙》後記〉。

譯林出版社 2011

水牛出版社 1968（上、下）

水牛出版社 1981

百花文藝出版社 1988

皇冠文學出版公司 1992

**驟雨**
臺北：水牛出版社
1968 年 4 月，40 開，351 頁
水牛文庫 37

臺北：水牛出版社
1981 年，25 開，351 頁
水牛文庫 37・水牛大學叢書 41

天津：百花文藝出版社
1988 年 2 月，32 開，341 頁

臺北：皇冠文學出版公司
1992 年 9 月，32 開，298 頁
皇冠叢書第 2083 種

長篇小說。分上、下兩冊。敘述一則發生在叉港的「黽神娶新娘」傳奇。自幼失恃的少女盈盈與船工狄虎日久生情，為了逃避婚約與每逢雷雨必狂的父親，不得已偽造自盡。但因「屍體」久不出水，盈盈反被傳統迷信的叉港鄉民奉為黽神娘娘。16 年後，黽塘水乾，塘底掘出捆著流星錘的白骨一具，原來當年被構陷與船夫私奔的盈盈母親，實際上竟是被心病成狂的丈夫在雷雨天謀害並沉屍老黽塘。
1981 年，水牛出版社再版，更改開本為 25 開。內容與 1968 年水牛版同。
皇冠版：內容與水牛版同。

### 石鼓莊

臺北：皇冠出版社
1969 年 1 月，25 開，299 頁
皇冠叢書第 215 種

短篇小說集。全書收錄〈幸運的愛娜〉、〈方外〉、〈魘〉、〈石鼓莊〉、〈地震〉、〈勇者〉、〈吃邪門飯的〉、〈患跳舞症的女子〉、〈嗩吶〉、〈右傳之二章〉、〈煙霧〉、〈向日葵〉、〈黑岩〉、〈傻家棒棒〉共 14 篇。

### 十音鑼

臺北：林白出版社
1969 年 8 月，40 開，213 頁
河馬文庫 6

短篇小說集。全書收錄〈十音鑼〉、〈向日葵〉、〈右傳之二章〉、〈么叔‧巫婆和狐狸籠子〉、〈荒江野渡〉、〈篝火〉、〈凡妮的祕密〉、〈鴿〉、〈浪人與貓〉、〈沙溪〉、〈馬〉、〈在盤古氏的胸膛上〉共 12 篇。

### 凡妮的祕密

臺北：林白出版社
1976 年 4 月，32 開，192 頁
林白叢書 58

短篇小說集。本書為 1969 年《十音鑼》更名重排。正文前有司馬中原〈《凡妮的祕密》再版題記〉。

### 煙雲

臺北：皇冠出版社
1970 年 4 月，32 開，358 頁
皇冠叢書第 225 種

中篇小說集。全書收錄〈夏季市場〉、〈窮途〉、〈山靈〉、〈煙雲〉、〈狗屎蛋兒與尾巴神〉、〈邊陲〉六篇小說。

### 路客與刀客——鄉野小說之一

臺北：皇冠雜誌社
1970 年 2 月，32 開，453 頁
皇冠叢書第 222 種

短篇小說集。全書收錄〈火葬〉、〈大黑蛾〉、〈朝觀發家〉、〈寶瓶〉、〈五鬼鬧宅〉、〈七里墳的鬼話〉、〈路客與刀客〉共七篇。

### 紅絲鳳——鄉野傳說之二

臺北：皇冠出版社
1970 年 2 月，32 開，〔421 頁〕
皇冠叢書第 223 種

中篇小說集。主要題材圍繞著「人與寶物」，藉由珍寶流落於戰火中的故事，結合傳說與文學，表達作者內心對於政局變動的慨歎，與人性在此黑暗時刻展現出的良善光輝。全書收錄〈冰窟窿〉、〈紅絲鳳〉、〈珍珠匣〉、〈曠園老屋〉、〈祝老三的趣話〉、〈轇轕〉、〈斧頭和魚缸〉共七篇。

落花生出版社 1970　　皇冠出版社 1986

### 巨漩

臺北：落花生出版社
1970 年 2 月，32 開，234 頁
落花生名家小說第二號

臺北：皇冠出版社
1986 年 7 月，32 開，266 頁
皇冠叢書第 1261

長篇小說。敘事時間自日軍戰敗，國民政府播遷來臺開始。作者藉著老藥鋪主人管阿牛與其一對個性迥異的兒子，講述臺灣從農業進入工業轉變期，時代的巨漩如何沖蝕安閒靜謐的世道與人性的單純，而新生的一代如何在巨漩中站穩腳步，邁出自己的步履。正文後有司馬中原〈《巨漩》後記〉。
皇冠版：內容與落花生版同。

落花生出版社 1970

## 刀兵塚

臺北：落花生出版社
1970 年 5 月，32 開，271 頁
落花生名家小說第三號

臺北：皇冠出版社
1986 年 7 月，32 開，267 頁
皇冠叢書第 1260 種

長篇小說。故事以巫、梁後人千里迢迢追認百年前捨身於太平
天國戰役的祖先屍骨為開端。由於屍骨辨識不清，兩家後人遂
就地落籍為家，守著大塚展開長達兩年的爭墓。期間兩家共同
抵禦獷災與土匪侵襲，最後前嫌盡釋，將大塚改名為「梁巫
墓」。時光荏苒，梁巫後人多年後於抗戰期間全數罹難，大塚
亦被鏟平而不復存。但「梁巫墓」與兩家後人共同抵禦外侮的
故事，卻在鄉野間持續流傳。全書傳達慎終追遠、落葉歸根的
情思。全書分：「盤辮子老爹和義弟那孩子」、「在傳說活著的
漢子們」、「外鄉的來客」、「爭認祖墓的官司」、「在兵荒馬亂的
日子裡」五部分。正文後有司馬中原《刀兵塚》後記。
皇冠版：內容與落花生版同。

皇冠出版社 1986

## 綠楊村

臺北：皇冠雜誌社
1970 年 7 月，32 開，285 頁
皇冠叢書第 249 種

長篇小說。全書共 23 章。敘述小主人翁幼如為逃避戰亂而暫
居綠楊村，與接受傳統教養的卜家表姊們度過一段美好時光。
同時藉由小主人翁眼中美麗早逝的大表姊碧鳳與接受新式教育
的兄長未果的緣分，反映新舊時代交錯下，舊社會鄉紳與舊傳
統對於閨閣的壓抑與斲傷。正文前有〈序曲〉。

## 啼明鳥

臺北：皇冠出版社
1970 年 8 月，32 開，585 頁
皇冠叢書第 249 種

臺北：東海學術發展文教基金會
1999 年 5 月，25 開，540 頁

皇冠出版社 1970

長篇小說。藉主角黎南森描述 1960 年代東海大學校園生活、東海工作營成立始末與亨德教授跨越國界的奉獻。

東海學術發展文教基金會版：正文前新增司馬中原〈《啼明鳥》新版前記〉、吳清邁〈溫馨的歲月・時代的見證〉、鍾玲〈《啼明鳥》序〉。

東海學術發展文教
基金會 1999

### 天網──鄉野傳說之三

臺北：皇冠出版社
1971 年 2 月，32 開，〔444 頁〕
皇冠叢書第 264 種

短篇小說集。內容為警世、因果報應的驚悚故事。全書收錄〈天網〉、〈六角井夜譚〉、〈打鬼救夫〉、〈歪狐〉、〈橋頭奇案〉、〈染匠坊的傳奇〉、〈青龍橋〉共七篇。

### 荒鄉異聞──鄉野傳說之四

臺北：皇冠雜誌社
1971 年 12 月，32 開，〔329 頁〕
皇冠叢書第 299 種

長篇小說。神祕的法師童虎一來到響鈴樹小鎮，純樸的小鎮即出現數起詭譎的命案。木匠喬道生與少女映姑抽絲剝繭，終於得知法師童虎其實是修習邪道的鬼影子馬兆南。最後眾人求助於江湖間行俠仗義的沙家班馬戲團，一番惡鬥後馬兆南終被馬戲團班主沙季唐以骨刀斃命。

### 十八里旱湖──鄉野傳說之五

臺北：皇冠出版社
1972 年 2 月，32 開，〔403 頁〕
皇冠叢書第 304 種

短篇小說集。全書收錄〈月桂和九斤兒〉、〈靖鄉〉、〈山〉、〈十八里旱湖〉、〈林河渡上〉、〈狗尾巴草〉、〈送陰胎〉共七篇。

### 餓狼

臺北：陸軍總司令部
1972 年 10 月，40 開，250 頁
陸軍出版社叢書・文藝類 2-040

中短篇小說集。全書收錄〈餓狼〉、〈邊陲〉、〈在盤古氏的胸膛上〉共三篇。

### 遇邪記——秉燭夜譚之一

臺北：皇冠雜誌社
1973 年 12 月，32 開，292 頁
皇冠叢書第 364 種

短篇小說集。全書收錄〈遇邪記〉、〈血櫻〉、〈焚圖記〉、〈雙盆記〉、〈曖昧的官司〉、〈剖腹記〉、〈野廟的緣由〉、〈浮生片羽〉、〈羼惡記〉共九篇。

### 狼煙

臺北：華欣文化中心
1974 年 6 月，32 開，426 頁、423 頁
華欣文學叢書 11

長篇小說。分上、下兩冊。作者維持提倡和平的中心思想，以親身經歷的抗日剿匪為時代背景、淮河流域為故事發生地，使用色彩濃烈的筆觸，借書中傳奇人物邱秀峰的抗暴事蹟呈現出英烈悲壯的時代事蹟。

### 復仇——秉燭夜譚之二

臺北：皇冠文化出版公司
1974 年 9 月，32 開，〔300 頁〕
皇冠叢書第 387 種

短篇小說集。故事題材為鄉野傳奇。全書收錄〈礦異〉、〈靈蔘〉、〈怒狼〉、〈銅山怒漢〉、〈復仇〉、〈八根繫子〉、〈討油〉、〈血彈子〉共八篇。

### 凌煙閣外

臺北：華欣文化中心
1974 年 11 月，32 開，302 頁
華欣文學叢書 16

長篇小說。主角牛得勝在逃避日軍侵襲的戰亂中失去母親，輾轉流離由生到死的過程。同時借由主角隨身攜帶棗種，渴望帶回老家種植的生根意圖，傳遞落葉歸根的理想。正文前有司馬中原〈前記〉。

### 司馬中原自選集

臺北：黎明文化公司
1975 年 1 月，32 開，252 頁
中國新文學叢刊 23

短篇小說集。全書收錄〈窮途〉、〈患跳舞症的女子〉、〈沙窩子野鋪〉、〈黑河〉、〈鄉巴老捉賊〉、〈野煙〉、〈黎明列車〉、〈鳥羽〉、〈戰馬的血祭〉、〈髑髏地〉、〈洪荒〉、〈李隆老店〉、〈童歌〉、〈弄猴人〉共 14 篇。正文前有「司馬中原素描」、「照片」、「手跡」、〈小傳〉，正文後有〈作品書目〉、〈作品評論引得〉。

水芙蓉出版社 1975　　皇冠出版社 1986

稻田出版公司 1992

### 流星雨

臺北：水芙蓉出版社
1975 年 3 月，32 開，279 頁
水芙蓉書庫 26

臺北：皇冠出版社
1986 年 5 月，32 開，292 頁
皇冠叢書第 1246 種

臺北：稻田出版公司
1992 年 2 月，32 開，346 頁
稻田臺灣叢書 14

長篇小說。全書共九章，故事取材於漳、泉械鬥史實，述寫清道光、咸豐年間的臺灣移民，歷經地域性隔閡所衍生的衝突到衝突破解的過程，以人道悲情的視角批判歷史造就的誤失。同時藉著書中漳州人賴大燧與泉州人美鶯生下的孩子，傳達出反對族群分裂的心聲。正文前有〈出版弁

言〉、〈作者簡介〉。
皇冠版：正文前刪去〈出版弁言〉、〈作者簡介〉。
稻田版：內容與皇冠版同。

## 霜天
臺北：大地出版社
1975 年 6 月，32 開，148 頁
萬卷文庫 27

短篇小說集。全書收錄〈提鞋的人〉、〈守歲圖〉、〈生活者〉、
〈逃婚〉、〈一個那個連環〉、〈擠〉、〈戰神之舞〉、〈霜天〉、〈畫
家與畫幅〉共九篇。正文前有《霜天》題記。

## 呆虎傳──秉燭夜譚之三
臺北：皇冠雜誌社
1975 年 4 月，32 開，〔248 頁〕
皇冠叢書第 409 種

短篇小說集。全書收錄〈灶王爺和牛〉、〈風雪季〉、〈在飢寒的
歲月裡〉、〈狐的傳說〉、〈貛之獵〉、〈呆虎傳〉、〈歪瓜和爛喇
叭〉、〈蛇的故事〉、〈貞與幻〉共九篇。

## 割緣
臺北：皇冠雜誌社
1975 年 12 月，32 開，413 頁
皇冠叢書第 423 種

長篇小說。全書共 16 章，創作主旨為作者筆下慣見的自苦難
中見人性良善，亦可視為作者生命經歷的投射。故事敘述現代
社會中屢不得志的作家葛德與年輕女孩碧霞的戀情與婚姻。在
經濟現實的壓力下，碧霞竭盡所能支持葛德全心寫作，在貧困
中相濡以沫，最終迎來生命的曙光，也準備迎接兩人的愛情結
晶。

### 闖將──秉燭夜譚之五

臺北：皇冠雜誌社
1976 年 9 月，32 開，〔195 頁〕
皇冠叢書第 471 種

長篇小說。以「五河原」爲故事場景。闖將，意指莽而悍、毒
而辣、單行獨闖的土匪。闖將費嘯猴渴望成爲一方之霸，爲在
五河原站穩腳步，用盡心計只爲扳倒鎮長葛威、快馬劉雄、慎
武堂拳師蕭金等人。最終，心計算盡的費嘯猴死於替岳父蕭金
與妻妹報仇的連襟馬萬里手中。

### 巫蠱

臺北：皇冠出版社
1976 年 10 月，32 開，288 頁
皇冠叢書第 469 種

長篇小說。全書共九章，本書爲讀者親身經歷改寫，敘述國小
教師文泉至梅山太平任課，卻遭受惡名昭彰的法師鄭水塗的糾
纏與侵害。最後鄭水塗雖逃不過天網恢恢，但受到侵害的文泉
走不出內心陰影，遂求助司馬中原將經歷改寫，公諸社會。正
文前有文泉〈關於《巫蠱》二三事〉、司馬中原〈前記〉。

### 野狼嘷月──秉燭夜譚之四

臺北：皇冠雜誌社
1976 年 10 月，32 開，〔238 頁〕
皇冠叢書第 470 種

短篇小說集。故事題材爲因果循環，鄉野靈異事件。全書收錄
〈人禽〉、〈酆都野話〉、〈野狼嘷月〉、〈姚家店〉、〈靈異〉、〈施
家大墳〉、〈營巢〉、〈樑上君子〉、〈借鑑〉、〈老子與棒子〉、〈怯
懦和勇敢〉共 11 篇。

### 狼神

臺北：源成文化圖書供應社
1976 年 12 月，32 開，208 頁

短篇小說集。全書收錄〈地震〉、〈狼神〉、〈高原之雪〉、〈爭被
記〉、〈人頭〉、〈打鐵街〉、〈興隆集風波〉、〈黑河〉、〈不是龍
門〉、〈樑上君子〉、〈守歲圖〉、〈狗尾巴草〉、〈二傻子娶媳婦〉
共 13 篇。

### 挑燈練膽──秉燭夜譚之六
臺北：皇冠雜誌社
1978 年 8 月，32 開，〔221 頁〕
皇冠叢書第 580 種

短篇小說集。題材有校園青春、靈異與鄉野奇事與鄉民面對黃河發汛的奮力求生。全書收錄〈眠蠱〉、〈鼠患〉、〈丁小譚和胡理清〉、〈「木魚」源考〉、〈夜行者〉、〈黃昏魔井〉、〈出走的死者〉、〈陰森的老屋〉、〈長黑毛的骷髏〉、〈大汛〉、〈蹲的和混的〉、〈啖心記〉共 12 篇。

### 靈河
臺北：皇冠出版社
1978 年 10 月，32 開，748 頁
皇冠叢書第 528 種

長篇小說。本書以貫徹作者懷鄉小說的地景「靈河」為故事場景，以依傍靈河而居的村民抵禦入侵匪眾鄭旺為故事核心。藉由城鎮繁榮與商業熱絡引起的人心轉變，探討人性和生命的價值。靈河河畔雖屢經變亂，但靈河兒女卻展現了他們的韌性，依靠著漁獵耕種在靈河旁世代相傳。

### 失去監獄的囚犯
臺北：皇冠出版社
1979 年 8 月，1980 年 8 月，1981 年 7 月，32 開，〔1295 頁〕
皇冠叢書第 659、704、767 種

長篇小說。分三冊。故事敘述賴成與其子賴順與賴逐兄弟上下兩代與黑社會人物的恩怨，時代背景由八七水災的中南部發展至現代的臺北。以真實人物與事件來反映三十年來臺灣的政治、經濟、教育、文化的演變。本書後改編為電影《出外人》。

第一冊

第二冊

第三冊

### 孽種

臺北：皇冠出版社
1980 年 10 月，32 開，270 頁
皇冠叢書第 705 種

長篇小說。全書共 13 章。敘述生母爲妓、父不詳的華小玉，
先被賣與年邁的劉老頭作妾，後與長工小秦珠胎暗結被逐出劉
家，最後更因美貌導致小秦被害。流離身世致使小玉以放蕩形
骸尋求麻痺與快樂，最後晉身土共高幹。無法掙脫母子兩代生
爲「孽種」的宿命，小玉與小秦之子多富（多父），心靈在自
幼被喚作雜種的自卑中逐漸扭曲，最後成年的多富帶著母親，
屠盡劉家上下。正文後有〈後記〉。

### 川中豪客

臺北：瑞德出版社
1981 年 7 月，32 開，203 頁

短篇小說集。全書收錄〈川中豪客〉、〈荒年〉、〈屠城〉、〈營
巢〉、〈守山的老人〉、〈血戰〉、〈避雨記〉、〈母親的故事〉、〈方
外〉、〈伏寇記〉、〈人禍〉、〈唐・吉軻德新傳〉、〈禁果〉、〈拿破
崙副本〉、〈蹲的和混的〉共 15 篇。

### 湘東野話

臺北：皇冠出版社
1982 年 2 月，32 開，392 頁
皇冠叢書第 815 種

長篇小說。敘述清末哥老會和洪福會抗清事錄。當中插入善用
符咒、神通廣大的南功教楊太清與徒弟王照堂、呂豐禾等與漢
籍官宦都子彥的斡旋，替血色氳氤的抗清事件增添傳奇色彩。

### 迷離瑪麗

臺北：皇冠出版社
1983 年 3 月，32 開，227 頁
皇冠叢書第 918 種

長篇小說。本書由「我」與早慧的學生小瑪麗進行對話，藉此
闡述對於文學、藝術與人生哲學的思維及想像。重新檢討已然
建立的慣念，打破舊有觀念再行重建。

## 啖頭記

臺北：皇冠雜誌社
1985 年 2 月，32 開，226 頁
皇冠叢書第 1089 種

短篇小說集。全書題材圍繞「災荒」、「戰爭」與「吃人」而行，故事或詼諧、或殘酷、或悲涼。作者藉由人吃人的故事情節，具象心中對於戰亂的憤懣。全書收錄〈新春臘味〉、〈無心與有意〉、〈辭鄉〉、〈屍虎〉、〈新幾內亞的鼓聲〉、〈啖頭記〉共六篇。正文前有司馬中原〈關於人肉——自序〉。

## 野市

臺北：學英文化公司
1985 年 5 月，32 開，218 頁
學英叢書 12

短篇小說集。全書收錄〈野市〉、〈雨夜的訪客〉、〈不是龍門〉、〈戰馬的血祭〉、〈店內裡外〉、〈李隆老店〉、〈初獵〉、〈沒有梯的樓〉、〈洪荒〉共九篇。

## 春遲

臺北：九歌出版社
1985 年 10 月，32 開，349 頁
九歌文庫 180

長篇小說。全書共 24 章，敘述中國軍官柳原與日本女子尾崎水晴子在對日抗戰期間譜出的異國戀曲。一場空襲致使倆人多年分離，柳原更因此另娶有救命之恩的呂慧，徒留水晴子帶著從未見過父親的兒子在日生活。多年後，白髮蒼蒼的倆人終於重逢，一切過往已盡付笑談中。作者力對歷史做出譴責與批判，並致力描寫人性在面臨個人與國族取捨間散發出的良善光輝。正文前有司馬中原〈人性的戀歌（代序）〉

## 寒食雨

臺北：九歌出版社
1986 年 10 月，32 開，269 頁
九歌文庫 207

短篇小說集。全書收錄〈逃婚〉、〈邊關遺事〉、〈屠城〉、〈板腰興集〉、〈伏寇記〉、〈豪客〉、〈畫家與畫幅〉、〈狼神〉、〈二傻子娶媳婦兒〉、〈荒年〉、〈寒食雨〉、〈鳥婚〉、〈避雨記〉、〈借鑑〉、〈方外〉、〈蹲的跟混的〉共 16 篇。

## 龍飛記

臺北：皇冠出版社
1987 年 7 月，32 開，377 頁
皇冠叢書第 1399 種

長篇小說。全書共 17 章講述少年鄒龍為報家族之仇而臥底匪窩，輾轉投身抗日剿共的經歷。最後鄒龍在戰爭中壯烈犧牲，成為鄉野間化龍飛去的一則傳奇。

## 鬼話

臺北：皇冠出版社
1988 年 8 月，32 開，249 頁
皇冠叢書 1526 種・收鬼錄之一

短篇小說集。題材皆為靈異奇談。全書收錄〈野寺驚魂〉、〈疫鬼〉、〈夜貓子〉、〈柳橋〉、〈產盆上跑馬〉、〈圓光怪譚〉、〈女鬼傳奇〉、〈陰陽配〉、〈冤魂告狀〉、〈棺床〉、〈鬼妻〉、〈幽遇〉、〈飛天夜叉〉、〈鬼話〉、〈毒藥鬼〉、〈酒之魅〉16 篇小說。

## 狐變

臺北：林白出版社
1988 年 10 月，新 25 開，209 頁
島嶼文庫 68

長篇小說。以第一人稱的角度敘述「我」自父親講述而得知，以及親眼所見、親眼所聞的狐狸傳奇。

### 路客與刀客

長沙：湖南文藝出版社
1989 年 2 月，32 開，327 頁

中、短篇小說集。全書收錄〈路客與刀客〉、〈江湖戀〉、〈天倫夢回〉三篇小說。

### 吸血的殭屍

臺北：皇冠出版社
1989 年 7 月，32 開，259 頁
皇冠叢書第 1660 種・收鬼錄之二

短篇小說集。以各式各樣殭屍與鬼靈為主題。全書收錄〈吸血的殭屍〉、〈活殭〉、〈屍變〉、〈漂屍〉、〈觀怪〉、〈文殭〉、〈紅鞋〉、〈恐怖夜車〉、〈竹林屋〉、〈魔形〉、〈酒鬼〉、「虎的搜奇」：〈李二嘴打虎〉、〈虎倀〉、〈瞎子打虎〉、〈女人和老虎〉、〈失斗記〉、〈夢虎〉、〈人化虎〉、〈義虎亭〉共 19 篇。

### 夢緣

臺北：皇冠出版社
1990 年 8 月，32 開，183 頁
皇冠叢書第 1791 種・姻緣傳奇

短篇小說集。題材為機緣巧合所湊成的姻緣故事。全書收錄〈巧婚〉、〈雪媒〉、〈夢緣〉、〈放鷹〉、〈蠱妻〉、〈白蕈記〉、〈魂婚〉、〈莊稼活〉、〈愛的遭遇戰〉共九篇。

### 藏魂罈子

臺北：皇冠雜誌社
1990 年 9 月，32 開，207 頁
皇冠叢書第 1792 種・收鬼錄之三

短篇小說集。題材皆為鄉野靈異，全書收錄〈瘟鬼〉、〈攝物鬼〉、〈骨骼鬼〉、〈藏魂罈子〉、〈獨腳鬼〉、〈羅剎和白骨精〉、〈荒塚屍變〉、〈沉冤〉、〈鬼孽緣〉、〈催鬼的魔咒〉、〈傳形〉、〈蘆刮刮巷〉共 12 篇。

## 中國吸血殭屍——鬼世界系列四

香港：皇冠出版社
1992 年 1 月，32 開，259 頁
皇冠叢書第 1660 種

本書今無傳本。

## 東方夜譚之狐說八道

臺北：風雲時代出版公司
2013 年 8 月，25 開，333 頁

短篇小說集。本書內容為如果兒童劇團改編演出的靈異故事，全書收錄〈狐的傳說〉、〈野狼嗥月〉、〈打鬼救夫〉、〈月桂和九斤兒〉、〈焚圖記〉、〈山〉、〈野廟的緣由〉、〈血彈子〉共八篇。正文前有司馬中原〈《東方夜譚》專集代序：為孩子說故事〉、趙自強〈《東方夜譚 II——狐說八道》導演序〉。

## 【文集】

### 司馬中原精品集

臺北：風雲時代出版公司
2006 年 6 月～2013 年 7 月，25 開

本套書為司馬中原歷年作品選集。

### 狂風沙

臺北：風雲時代出版公司
2006 年 6 月，25 開，571 頁、557 頁
司馬中原精品集 1、2

長篇小說。分上、下二冊，全書共 29 章，上卷有：1.落霜天；2.萬家樓；3.猝襲；4.愛姑；5.鹽市風雲；6.風月堂；7.鼎沸；8.鋒芒；9.大湖澤；10.復仇；11.四判官；12.關八爺；13.血祭；14.小牯爺。下卷有：15.風暴；16.魅影；17.北伐軍；18.疑雲；19.沉冤；20.反間；21.突破；22.白馬；23.大刺殺；24.決戰日；25.烈火；26.落難英雄；27.玲瓏；28.千里走單騎；尾聲。正文前有齊邦

媛〈百年蒼茫中──《荒原》、《狂風沙》再起〉、陳康芬〈捍
衛人性烏托邦的英雄淬煉──評司馬中原的《狂風沙》〉、司馬
中原〈《狂風沙》新序〉。

## 荒原

臺北：風雲時代出版公司
2006 年 8 月，25 開，345 頁
司馬中原精品集 3

長篇小說。全書共 16 章：1.荒原傳說；2.白馬過河；3.魁梧；4.
初雪；5.月暈；6.何指揮；7.魅影；8.英雄肝膽；9.銀花；10.雷
莊；11.狼族；12.落日；13.殺戮戰場；14.火神；15.劫後歸人；
16.世代的夢。正文前有齊邦媛〈百年蒼茫中──《荒原》、《狂
風沙》再起〉、陳康芬〈民族的苦難、韌性與希望──評司馬
中原《荒原》〉、魏子雲〈款步於《荒原》內外──兼論司馬
中原之「新感覺」表現〉。

## 紅絲鳳

臺北：風雲時代出版公司
2007 年 1 月，25 開，237 頁
司馬中原精品集 4・司馬中原鄉野傳說之一

短篇小說集。全書收錄〈紅絲鳳〉、〈珍珠匣〉、〈寶瓶〉、〈朝觀
發家〉、〈轇轕〉共五篇。

## 月桂和九斤兒

臺北：風雲時代出版公司
2007 年 1 月，25 開，301 頁
司馬中原精品集 5・司馬中原鄉野傳說之二

短篇小說集。全書收錄〈月桂和九斤兒〉、〈靈參〉、〈送陰
胎〉、〈狼煙〉、〈窮途〉共五篇。

### 斧頭和魚缸

臺北：風雲時代出版公司
2007 年 5 月，25 開，272 頁
司馬中原精品集 6・司馬中原鄉野傳說之三

短篇小說集。全書收錄〈斧頭和魚缸〉、〈銅山怒漢〉、〈復仇〉、〈橋頭奇案〉、〈沙窩子野舖〉、〈鄉巴老捉賊〉共六篇。

### 路客與刀客

臺北：風雲時代出版公司
2007 年 5 月，25 開，383 頁
司馬中原精品集 7・司馬中原鄉野傳說之四

短篇小說集。全書收錄〈路客與刀客〉、〈十八里旱湖〉、〈狗尾巴草〉、〈山〉、〈靖鄉〉、〈紅砂崗〉共六篇。

### 鬥狐

臺北：風雲時代出版公司
2007 年 7 月，25 開，272 頁
司馬中原精品集 8・司馬中原鄉野傳說之五

短篇小說集。全書收錄〈鬥狐〉、〈狐的傳說〉、〈歪狐〉、〈染匠房的故事〉共四篇。

### 曠園老屋

臺北：風雲時代出版公司
2007 年 7 月，25 開，271 頁
司馬中原精品集 9・司馬中原鄉野傳說之六

短篇小說集。全書收錄〈曠園老屋〉、〈酆都野話〉、〈姚家店〉、〈青龍橋〉、〈屍虎〉共五篇。

## 獲之獵

臺北：風雲時代出版公司
2007 年 10 月，25 開，255 頁
司馬中原精品集 10．司馬中原鄉野傳說之七

短篇小說集。全書收錄〈獲之獵〉、〈魘〉、〈風雪季〉、〈在飢寒的歲月裡〉、〈討油〉、〈鬼窟〉、〈呼吸〉、〈雨夜的訪客〉、〈借鑑〉共九篇。

## 祝老三的趣話

臺北：風雲時代出版公司
2007 年 10 月，25 開，252 頁
司馬中原精品集 11．司馬中原鄉野傳說之八

短篇小說集。全書收錄〈祝老三的趣話〉、〈火葬〉、〈呆虎傳〉、〈礦異〉、〈野狼嚎月〉共五篇。

## 大黑蛾

臺北：風雲時代出版公司
2008 年 1 月，25 開，255 頁
司馬中原精品集 12．司馬中原鄉野傳說之九

短篇小說集。全書收錄〈大黑蛾〉、〈怒狼〉、〈人禽〉、〈野市〉、〈店門裡外〉、〈李隆老店〉、〈夏季市場〉共七篇。

## 冰窟窿

臺北：風雲時代出版公司
2008 年 1 月，25 開，253 頁
司馬中原精品集 13．司馬中原鄉野傳說之十

短篇小說集。全書收錄〈冰窟窿〉、〈無心與有意〉、〈辭鄉〉、〈啖頭記〉、〈小春割烹〉、〈大瘟〉、〈初獵〉、〈沒有梯的樓〉共八篇。

### 荒鄉異聞

臺北：風雲時代出版公司
2008 年 4 月，25 開，318 頁
司馬中原精品集 14．司馬中原鄉野傳說之十一

長篇小說。全書共 10 章：1.畫夢術；2.法師；3.狐仙；4.鬼驚風；5.冤仇；6.魂飛魄散；7.查案；8.馬戲班麗影；9.邪魅；10.鬥法。正文後有〈尾聲〉。

### 巫蠱

臺北：風雲時代出版公司
2008 年 4 月，25 開，271 頁
司馬中原精品集 15．司馬中原鄉野傳說之十二

長篇小說。全書共九章：1.小鎮巫師；2.中蠱；3.不信邪；4.猛獸；5.脫俗的美感；6.山鷹；7.巫門；8 巫針；9.感傷的印記。正文後有〈尾聲〉。

### 流星雨

臺北：風雲時代出版公司
2008 年 8 月，25 開，301 頁
司馬中原精品集 16．司馬中原鄉野傳說之十三

長篇小說。全書共九章：1.序曲；2.大械鬥；3.海峽風雲；4.羅漢腳；5.漳泉對立；6.西盛之虎；7.女追男，隔層紙；8.歲月山河；9.流星如雨。

### 闖將

臺北：風雲時代出版公司
2008 年 8 月，25 開，頁 301
司馬中原精品集 17．司馬中原鄉野傳說之十四

中、短篇小說集。全書收錄〈闖將〉、〈新春臘味〉、〈怯懦與勇敢〉共三篇。

## 刀兵塚

臺北：風雲時代出版公司
2008 年 11 月，25 開，303 頁
司馬中原精品集 18・司馬中原鄉野傳說之十五

長篇小說。全書分「盤辮子老爹和義弟那孩子」、「在傳說裡活著的漢子們」、「外鄉的來客」、「爭認祖墓的官司」、「在兵荒馬亂的日子裡」五部分。正文後有〈尾聲〉、司馬中原〈後記〉。

## 湘東野話

臺北：風雲時代出版公司
2008 年 11 月，25 開，頁 430
司馬中原精品集 19・司馬中原鄉野傳說之十六

長篇小說。全書分「歲月河山」、「天下事」、「祕密教門」、「落日照大旗」、「舉事」、「大風起」、「哥老會」、「功敗垂成」、「洪門」、「龍頭遇難」、「大地驚雷」、「千鈞一髮」、「大對決」、「碧血橫飛」、「山窮水盡」、「幻術神算法」、「妖冶美女」、「排教祕聞」、「陰霾天」19 部分。正文後有〈尾聲・怒龍躍起〉。

## 遇邪記

臺北：風雲時代出版公司
2009 年 2 月，25 開，頁 269
司馬中原精品集 20・司馬中原鄉野傳說之十七

短篇小說集。全書收錄〈七里墳的鬼話〉、〈五鬼鬧宅〉、〈遇邪記〉、〈血櫻〉、〈雙盆記〉、〈邊陲〉共六篇。

## 最後的反攻

臺北：風雲時代出版公司
2009 年 4 月，25 開，446 頁
司馬中原精品集 21

長篇小說。本書以國民政府伙頭軍湯克範及其同袍為主角，展演外省老兵歷經戰亂隨軍來台後悲歡離合的一生與飄泊的生命經驗。全書共 11 章：1.雪野紅梅；2.櫓折蓬飄；3.浴火重生；4.青春抗戰；5.柳營春色；6.將軍夢斷；7.浪花朵朵；8.從激戰到偏安；9.打轉的陀螺；10.浮雲孤嶼；11.絕地大反攻。

## 六角井夜譚

臺北：風雲時代出版公司
2009 年 9 月，25 開，270 頁
司馬中原精品集 22・司馬中原鄉野傳說之十八

中短篇小說集。全書收錄〈六角井夜譚〉、〈天網〉、〈打鬼救夫〉、〈山靈〉共四篇。

## 靈異

臺北：風雲時代出版公司
2010 年 3 月，25 開，317 頁
司馬中原精品集 23・司馬中原鄉野傳說之十九

短篇小說集。全書收錄〈靈異〉、〈營巢〉、〈樑上君子〉、〈老子與棒子〉、〈怯懦與勇敢〉、〈八根繫子〉、〈血彈子〉、〈灶王爺和牛〉、〈歪瓜和爛喇叭〉、〈蛇的故事〉、〈真與幻〉、〈新春臘味〉、〈新幾內亞的鼓聲〉、〈不是龍門〉、〈戰馬的血祭〉、〈洪荒〉共 16 篇。

## 焚圖記

臺北：風雲時代出版公司
2010 年 11 月，25 開，254 頁
司馬中原精品集 24・司馬中原鄉野傳說之二十

短篇小說集。全書收錄〈焚圖記〉、〈曖昧的官司〉、〈剖腹記〉、〈野廟的緣由〉、〈浮生片羽〉、〈翦惡記〉、〈臨河渡上〉共七篇。

## 龍飛記

臺北：風雲時代出版公司
2011 年 5 月，25 開，383 頁
司馬中原精品集 25・司馬中原鄉野傳說之二十一

長篇小說。全書共 17 章：1.亂世；2.押寶；3.爭鋒；4.風月；5.拂曉攻擊；6.日軍精銳；7.勾心鬥角；8.暗潮；9.柔情；10.山雨欲來；11.突圍；12.困惑；13.四面受敵；14.汪政權；15.生死拚搏；16.蒼茫大地；17.最後一戰。

## 狼煙

臺北：風雲時代出版公司
2011 年 10 月，25 開，447 頁、442 頁
司馬中原精品集 26、27

長篇小說。全書分上、下兩冊，共 19
章：1.烽火；2.河岸；3.亂世浮生；4.尋
仇；5.狐與虎；6.大局勢；7.松下中隊；8.
用謀；9.沙河風雲；10.江政府出臺；11.女
色懸案；12.神秘部隊；13.氣運；14.扼
守；15.狼煙四起；16 兵凶戰危；17.青月
光；18.圖窮匕現；19.英靈。正文前有司
馬中原〈自序〉。

## 狐變

臺北：風雲時代出版公司
2012 年 8 月，25 開，
司馬中原精品集 29・司馬中原鄉野傳說之二十二

短篇小說集。全書收錄〈狐變〉、〈人頭〉、〈興隆集風波〉、〈二
傻子娶媳婦〉、〈狼神〉共五篇。

## 巨漩

臺北：風雲時代出版公司
2012 年 12 月，25 開，256 頁
司馬中原精品集 30・司馬中原鄉野傳說之二十三

長、短篇小說集。全書收錄〈巨漩〉、〈守歲圖〉共兩篇。

## 挑燈練膽

臺北：風雲時代出版公司
2013 年 7 月，25 開，272 頁
司馬中原精品集 31・司馬中原鄉野傳說之二十四

短篇小說集。全書收錄〈夜行者〉、〈出走的死者〉、〈長黑毛的
骷髏〉、〈大汛〉、〈蹲的和混的〉、〈唉心記〉、〈柳橋〉、〈產盆上

跑馬〉、〈圓光怪譚〉、〈野寺驚魂〉、〈疫鬼〉、〈夜貓子〉共 12
篇。

# 【傳記】

## 青春行
臺北：皇冠雜誌社
1968 年 10 月，32 開，396 頁
皇冠叢書第 179 種

本書爲自傳型小說，以第一人稱視角自幼年時期寫至 15 歲時
因徐蚌會戰被迫與母親告別，逃離家鄉。全書筆觸細膩，詳細
闡述戰亂年代的苦痛與荒涼。苦難經歷致使司馬中原從中錘鍊
了他豐富的想像力與細膩的觀察力，將生命中的痛苦生存經驗
粹爲文字結晶。

幼獅文化公司
1965

幼獅文化公司
1985

金蘭出版社 1985

## 雷神──喻培倫傳
臺北：幼獅文化公司
1965 年，40 開，176 頁
愛國青年傳記小說叢書 9

臺北：幼獅文化公司
1985 年 3 月，32 開，132 頁
愛國青年傳記小說 9

臺北：金蘭出版社
1985 年 3 月，32 開，185 頁
革命先烈傳記 8

本書傳主喻培倫爲黃花崗七十二烈士之
一，臨刑時僅 24 歲。作者以喻培倫生命
最後兩年爲敘述重心，爲革命志業獻身
的青年作傳，全書分十部分。正文前有
幼獅文化事業公司〈序〉，正文後附有
〈參考書目〉。
1985 年幼獅文化版：正文前新增幼獅文
化公司編輯部〈出版的話〉，正文前有
〈序〉。
1985 年金蘭版：內容與 1965 年幼獅文化
版同，書名更爲《喻培倫》。

### 他，為什麼要活下去──勇者仰大祺的故事

臺北：皇冠雜誌社
1980 年 6 月，32 開，172 頁
皇冠叢書第 690 種

本書由司馬中原與心岱採訪整理。正值 33 歲青壯時期的仰大祺，因表演戰鬥體能導致脊椎斷裂、全身癱瘓，從此世界只剩病房與窗外的風景。但仰大祺勇於對抗生命苦痛，藉由口述將其身殘心不殘的生命經歷流傳予後人。全書收錄〈生命的詩篇──司馬中原訪仰大祺〉、〈我的故事──仰大祺口述〉、〈生存經歷〉、〈病中感悟──病床歲月十九年〉共四篇。正文前有司馬中原〈寫在前面〈代序〉〉，正文後有心岱〈我為什麼要寫仰大祺〉。

# 【兒童文學】

### 司馬中原童話／徐錦成主編；廖建興、李月玲圖

臺北：九歌出版社
2006 年 6 月，18.5×20cm，177 頁
童話列車 01

全書收錄〈吳抄手打鬼〉、〈灶王爺和牛〉、〈木魚的來源〉、〈人化虎〉、〈血光娘子廟〉共五篇。正文前有徐錦成〈編輯前言：呼喚童心〉、司馬中原〈童話・神話・鬼話・笑話〉，正文後有徐錦成〈傳說的傳說──《司馬中原童話》賞析〉。

### 司馬爺爺說鄉野傳奇／李月玲圖

臺北：九歌出版社
2009 年 1 月，17×21 公分，183 頁
九歌故事館 04

全書收錄〈應聲蟲〉、〈喜嗇鬼〉、〈硯臺傳奇〉、〈憨虎的遭遇〉、〈欺騙人的報應〉、〈魯班術〉、〈殺虎和殺人〉、〈文人夜有光〉、〈物異〉、〈二牛莊〉、〈猾的故事〉、〈會說話的蛇〉、〈貓言貓語〉、〈怪鼠〉、〈戲談飛虎〉、〈物情〉共 15 篇。正文有朱曙明、趙自強〈名家推薦〉，正文後有各篇學習單。

# 文學年表

1933 年　2 月　2 日，出生於江蘇淮陰魚溝鎮，本名吳延玫。父吳引官（後改爲吳隱觀）。

1938 年　本年　由父親以字塊開蒙，後入寺廟私塾，師從釋源准。

1940 年　本年　進入西園小學，插班三年級，後跳級至五年級。

1941 年　本年　抗日戰爭開始，一度失學。

1943 年　本年　父親吳隱觀逝世，開始翻閱父親留下的古典典籍。

以本名發表散文於《江蘇省報》。

1945 年　本年　就讀漁溝中學。

1946 年　本年　隨母親至靈溪外婆家避難。

一度罹患肝臟腫大與瘧疾。

1947 年　本年　完成〈征程詩草〉一集。

1948 年　本年　就讀句容縣句容臨時中學高中部

徐蚌會戰爆發，句容臨中決定遷校，遂離校報考警員總隊，隨後成爲幼年兵，從此與母親生離。

完成長篇小說〈大楊樹〉初稿。

1949 年　5 月　16 日，隨軍來臺，由孫立人接收。初期落腳臺南，後遷至高雄鳳山。

本年　完成長篇小說〈魔火〉初稿。

1950 年　本年　中篇小說〈小疤〉獲中華文藝獎金，但未發表。

完成〈姜效康先生〉等短篇小說十數篇，分別發表於《半月文藝》、《綠洲》等刊物。

1951 年　本年　完成〈霧夜〉等小說作品，分別發表於《半月文藝》等刊物。

1952 年　本年　完成〈枯草〉等作品，分別刊載於國內各文藝刊物。
　　　　　　　　與吳惟靜結婚。

1953 年　10 月　1 日，以筆名「龠琿」發表小說〈貝殼〉於《野風》第 61 期。

　　　　　12 月　1 日，以筆名「龠琿」發表小說〈花圈性的故事〉於《野風》第 63 期。
　　　　　　　　完成中篇小說〈江濱〉等作品。

1954 年　 1 月　以筆名「龠琿」發表〈磨坊〉於《野風》第 64 期。
　　　　　本年　長子吳融麾出生。
　　　　　　　　完成〈卓索圖之鷹〉等作品。
　　　　　　　　遷居高雄大樹鄉。

1955 年　本年　長女吳融容出生。
　　　　　　　　完成〈流浪者〉、〈山城曲〉等作品 16 篇，共約 35 萬字。

1956 年　本年　完成〈月上柳梢頭〉等中、短篇作品 17 篇，分別發表於菲、港、臺各文藝刊物。
　　　　　　　　次子吳融賁出生。
　　　　　　　　中篇小說集《山靈》由香港正文出版社出版。

1957 年　本年　三子吳融戈出生。
　　　　　　　　完成〈灼子〉、〈夏秋市場〉、〈李隆老店〉等作品。

1958 年　 8 月　發表〈夜悼非烈〉於《野風》第 119 期。
　　　　　本年　完成〈黑岩〉等作品。

1959 年　本年　四子吳融昊出生。
　　　　　　　　短篇小說集《春雷》由臺北青白出版社出版。

1960 年　本年　五子吳融哲出生。

1961 年　本年　以中尉職退役。

完成〈觸髏地〉、〈童歌〉等作品。

1962 年　　8 月　　長篇小說《荒原》由高雄大業書店出版。

1963 年　11 月　　短篇小說集《加拉猛之墓》由臺北文星書店出版。

　　　　　　　　發表〈《加拉猛之墓》前記〉於《文星》第 73 期。

1964 年　　3 月　　短篇小說集《靈語》由高雄大業書店出版。

　　　　　9 月　　長篇小說《魔夜》由臺北皇冠出版社出版。

　　　　　本年　　以長篇小說《荒原》獲第一屆全國青年文藝獎。

1965 年　　2 月　　發表中篇小說〈邊陲〉與〈寂寞的路程〉於《幼獅文藝》第
　　　　　　　　134 期。。

　　　　　3 月　　發表〈關於荒原〉於《幼獅文藝》第 135 期。

　　　　　5 月　　發表〈談交棒〉於《幼獅文藝》第 137 期。

　　　　　7 月　　開始連載長篇小說〈青春行〉於《幼獅文藝》第 139 期，每
　　　　　　　　月一次，至隔年 12 月止。

　　　　　本年　　傳記《雷神——喻培倫傳》由臺北幼獅文化公司出版。

1966 年　　3 月　　15 日，出席由現代文學雜誌社慶祝青年節的活動「現代藝術
　　　　　　　　季」座談會，與會者有王文興、朱西甯、侯健、陳映真、鄭
　　　　　　　　愁予、瘂弦、段彩華等人。

　　　　　5 月　　發表〈不是宣言〉於《幼獅文藝》第 149 期。

　　　　　本年　　起草一系列鄉野小說，開始由《皇冠》雜誌連載。

1967 年　　4 月　　發表小說〈烟霧〉於《幼獅文藝》第 160 期。

　　　　　9 月　　發表〈我看「梨山春曉」〉於《幼獅文藝》第 165 期。

　　　　　　　　長篇小說《狂風沙》（上、下）由臺北皇冠雜誌社出版。

　　　　　10 月　　發表〈蒼龍・蒼龍・搖搖頭〉、〈結在枝頭的果實〉於《幼獅
　　　　　　　　文藝》第 166 期。

　　　　　　　　發表〈魯彥作品淺剖〉於《純文學》第 2 卷第 4 期。

　　　　　　　　發表〈結在枝頭的果實〉於《幼獅文藝》第 167 期。

　　　　　12 月　　發表小說〈餓狼〉於《幼獅文藝》第 168 期。

本年　獲教育部文藝獎。

遷居臺北吳興街。

1968 年　2 月　發表〈看「黃河行」的演出〉於《幼獅文藝》第 170 期。

3 月　發表〈不是霓裳〉於《幼獅文藝》第 171 期。

發表〈麥管和蘆笛〉於《中華文化復興月刊》第 1 卷第 1 期。

6 月　長篇小說《驟雨》（上、下）由臺北水牛出版社出版。

10 月　《青春行》由臺北皇冠出版社出版。

1969 年　1 月　發表〈圍爐〉於《幼獅文藝》第 181 期。

短篇小說集《石鼓莊》由臺北皇冠出版社出版。

8 月　發表〈歷史的配樂者：馬群〉於《幼獅文藝》第 188 期。

短篇小說集《十音鑼》由臺北林白出版社出版。

9 月　發表〈生活者〉於《幼獅文藝》第 189 期。

1970 年　2 月　短篇小說〈路客與刀客〉改編的同名電影上映，由張曾澤編導，孫越等人主演。

短篇小說集《紅絲鳳》由臺北皇冠出版社出版。

短篇小說集《路客與刀客》由臺北皇冠雜誌社出版。

長篇小說《巨漩》由臺北落花生出版社出版。

4 月　發表〈如歌的行板〉於《幼獅文藝》第 196 期。

中篇小說集《煙雲》由臺北皇冠出版社出版。

5 月　長篇小說《刀兵塚》由臺北落花生出版社出版。

7 月　長篇小說《綠楊村》由臺北皇冠雜誌社出版。

8 月　長篇小說《啼明鳥》由臺北皇冠出版社出版。

1971 年　1 月　短篇小說集《加拉猛之墓》由臺北愛眉文藝出版社出版。

2 月　短篇小說集《天網》由臺北皇冠出版社出版。

4 月　榮獲第九屆全國十大傑出青年金手獎。

12 月　長篇小說《荒鄉異聞》由臺北皇冠雜誌社出版。

本年　短篇小說〈大漠英雄傳〉改編爲同名電影，香港華榮公司出品，由陳鴻烈、恬妞、蔣光超、孫越等人主演。至 1972 年 9 月拍攝完畢。

1972 年　2 月　短篇小說集《十八里旱湖》由臺北皇冠出版社出版。

　　　　5 月　發表〈窩窠〉於《幼獅文藝》第 221 期。

　　　　8 月　發表〈捕夢〉於《幼獅文藝》第 224 期。

　　　　9 月　發表〈故人箋〉於《幼獅文藝》第 225 期。

　　　　　　完成電影劇本《紅肚兜》、《野市》等。

　　　　　　長篇小說《狂風沙》改編爲同名電影，香港華豐公司出品，由王羽飾演關東山。

　　　10 月　中短篇小說集《餓狼》由臺北陸軍總司令部出版。

1973 年　3 月　長篇小說《荒原》由臺北皇冠出版社出版。

　　　12 月　短篇小說集《遇邪記》由臺北皇冠雜誌社出版。

1974 年　6 月　長篇小說《狼煙》由臺北華欣文化中心出版。

　　　　9 月　短篇小說集《復仇》由臺北皇冠文化出版公司

　　　11 月　長篇小說《凌煙閣外》由臺北華欣文化中心出版。

　　　本年　應中國同學會之邀，至美國與菲律賓，對「中華文化復興」主題發表演講，爲期四個月。

1975 年　1 月　《司馬中原自選集》由臺北黎明文化公司出版。

　　　　3 月　長篇小說《流星雨》由臺北水芙蓉出版社出版。

　　　　4 月　短篇小說集《呆虎傳》由臺北皇冠雜誌社出版。

　　　　6 月　發表〈促進社會和諧的精神原力〉於《人與社會》第 3 卷第 2 期。

　　　　　　短篇小說集《霜天》由臺北大地出版社出版。

　　　　9 月　《鄉思井》由臺北中華文藝月刊社出版。

　　　10 月　發表〈高原之雪〉於《中央月刊》第 7 卷第 12 期。

　　　　　　發表〈復興文藝營作品展──復興文藝營營歌〉於《幼獅文

藝》第 262 期。

|   |   |   |
|---|---|---|
| | 11 月 | 短篇小說集《呆虎傳》由臺北皇冠出版社出版。 |
| | 12 月 | 長篇小說《割緣》由臺北皇冠雜誌社出版。 |
| 1976 年 | 4 月 | 發表〈代馬輸卒手記〉於《書評書目》第 36 期。 |

短篇小說集《凡妮的祕密》（原《十音鑼》更名）由臺北林白
出版社出版。

|   |   |   |
|---|---|---|
| | 6 月 | 《雲上的聲音》由臺北源成文化圖書供應社出版 |
| | 9 月 | 長篇小說《闖將》由臺北皇冠雜誌社出版。 |
| | 10 月 | 長篇小說《巫蠱》由臺北皇冠出版社出版。 |

短篇小說《野狼嗥月》由臺北皇冠雜誌社出版。

12 月　發表〈我的少年時代〉於《幼獅少年》第 2 期。

短篇小說集《狼神》由臺北源成文化圖書供應社出版。

| 1977 年 | 1 月 | 發表〈司馬中原散文展〉於《幼獅文藝》第 277 期。 |
|---|---|---|

發表〈點亮了的燈〉於《中央月刊》第 9 卷第 3 期。

|   |   |   |
|---|---|---|
| | 7 月 | 發表〈我們的文學往何處去？〉於《仙人掌雜誌》第 5 期。 |
| | 9 月 | 《鄉思井》由臺北皇冠出版社出版。 |
| 1978 年 | 4 月 | 發表〈弈趣〉於《文學思潮》第 1 期。 |
| | 7 月 | 發表〈穿經戰鬥邁向復興〉於《幼獅文藝》第 295 期。 |
| | 5 月 | 發表〈從「粉拳」觸探林鍾隆的意境〉於《中華文藝》第 19 卷第 3 期。 |

8 月　發表〈從「雪地」看梅濟民的世界〉於《中華文藝》第 19 卷
第 6 期。

短篇小說集《挑燈練膽》由臺北皇冠雜誌社。

|   |   |   |
|---|---|---|
| | 9 月 | 30 日，獲聯合報文學獎第五屆特別貢獻獎 |

10 月　發表〈魘境——談東年的作品〉於《中華文藝》第 20 卷第 2
期。

《月光河》由臺北九歌出版社出版。

長篇小說《靈河》由臺北皇冠出版社出版。

| 1979 年 | 8 月 | 長篇小說《失去監獄的囚犯（一）》由臺北皇冠出版社出版。 |

1980 年　6 月　《他，為什麼要活下去——勇者仰大祺的故事》由臺北皇冠出版社出版。

8 月　長篇小說《失去監獄的囚犯（二）》由臺北皇冠出版社出版。

10 月　長篇小說《孽種》由臺北皇冠出版社出版。

1981 年　1 月　發表〈從「最後的月亮」看東年〉於《中華文藝》第 20 卷第 5 期。

4 月　發表〈一腔孤憤、一片孤雲——讀吉金錚的作品〉於《中華文藝》第 21 卷第 2 期。

6 月　發表〈文藝教育的生活性〉於《幼獅文藝》第 330 期。

7 月　《駝鈴》由臺北九歌出版社出版。

長篇小說《失去監獄的囚犯（三）》由臺北皇冠出版社出版。

短篇小說集《川中豪客》由臺北瑞德出版社出版。

本年　長篇小說《驟雨》由臺北水牛出版社重排出版。

1982 年　4 月　長篇小說《湘東野話》由臺北皇冠出版社出版。

8 月　發表〈序《椅子的故事》〉於《明道文藝》第 77 期

10 月　發表〈中國文學藝術之省視與剖析〉於《文藝月刊》第 160 期。

接受辛鬱訪問，訪談文章〈司馬中原談現代詩〉（辛鬱執筆）發表於《創世紀》第 59 期。

1983 年　3 月　長篇小說《迷離瑪麗》由臺北皇冠出版社出版。

8 月　發表〈和青年一起出發〉於《幼獅文藝》第 356 期。

10 月　《精神之劍》由臺北九歌出版社出版。

11 月　發表〈尼洛的世界〉於《文訊雜誌》第 5 期。

12 月　發表〈小說的雅與俗〉於《東海文藝季刊》第 10 期。

本年　長篇小說《失去監獄的囚犯》（共三冊）由吳念真改編為電影

《出外人》。

| 1984 年 | 8 月 | 發表〈生活散記——閒與靜〉於《幼獅少年》第 94 期。 |
| | 11 月 | 發表〈邊關遺事〉於《聯合文學》第 1 期。 |
| | 本年 | 遷居臺北市辛亥路。 |
| 1985 年 | 2 月 | 短篇小說集《啖頭記》由臺北皇冠雜誌社出版。 |
| | 3 月 | 《喻培倫傳》由臺北金蘭出版社出版。 |
| | | 《雷神——喻培倫傳》由臺北幼獅文化公司增訂出版。 |
| | 5 月 | 短篇小說集《野市》由臺北學英文化公司出版。 |
| | 7 月 | 發表〈抗戰勝利四十年紀念專輯——從歷史看日本侵華〉於《幼獅文藝》第 379 期。 |
| | 10 月 | 長篇小說《春遲》由臺北九歌出版社出版。 |
| | 12 月 | 發表與次子吳融貢合寫的〈司馬中原父子作品聯展〉於《幼獅文藝》第 62 期。 |
| 1986 年 | 1 月 | 發表小說〈拓帖者（長篇連載之一）〉於《幼獅文藝》第 385 期。 |
| | | 《俠與劍》由南投臺灣省訓練團出版。 |
| | 2 月 | 發表〈拓帖者（長篇連載之三）〉於《幼獅文藝》第 386 期。自 387 期起改爲「拓帖者」專欄，各篇文章篇名不一。 |
| | 3 月 | 發表〈黑夢〉於《幼獅文藝》第 387 期。 |
| | 4 月 | 發表〈失落〉於《幼獅文藝》第 388 期。 |
| | | 發表〈「鄉情」徵文總評〉於《臺灣月刊》第 40 期。 |
| | 5 月 | 發表〈滄桑〉於《幼獅文藝》第 389 期。 |
| | | 《無絃琴》與長篇小說《流星雨》由臺北皇冠出版社出版。 |
| | 6 月 | 發表〈混沌〉於《幼獅文藝》第 390 期。 |
| | 7 月 | 發表〈農莊〉於《幼獅文藝》第 391 期。 |
| | | 發表〈文學——促進社會和諧的精神原力〉於《大學雜誌》第 195 期。 |

　　　　　　　　　長篇小說《巨漩》、《刀兵塚》由臺北皇冠出版社出版。

　　　8 月　　發表〈流寓〉於《幼獅文藝》第 392 期。

　　　9 月　　發表〈佛緣〉於《幼獅文藝》第 393 期。

　　10 月　　發表〈叫化子堂〉於《幼獅文藝》第 394 期。

　　　　　　　　短篇小說集《寒食雨》由臺北九歌出版社出版。

　　11 月　　發表〈我的健康觀〉於《健康世界》第 131 期。

　　　　　　　　發表與丹扉合寫〈電影與我〉於《幼獅少年》第 121 期。

　　　　　　　　發表〈葬〉於《幼獅文藝》第 395 期。

　　12 月　　發表〈鬱雷〉於《幼獅文藝》第 396 期。

　　　　　　　　小說《春遲》獲第 12 屆國家文藝獎。

1987 年　1 月　　發表〈童緣〉於《幼獅文藝》第 397 期。

　　　2 月　　發表〈年畫〉於《幼獅文藝》第 398 期。

　　　3 月　　發表〈夜深沉〉於《幼獅文藝》第 399 期。

　　　4 月　　發表〈春燈〉於《幼獅文藝》第 400 期。

　　　　　　　　《抱一把胡琴》由南投臺灣省訓練團出版。

　　　5 月　　發表〈槍和馬〉於《幼獅文藝》第 401 期。

　　　6 月　　發表〈「闖」着活的人〉於《幼獅文藝》第 402 期。

　　　7 月　　發表〈大地教育〉於《幼獅文藝》第 403 期。

　　　　　　　　發表〈巧筆顯才情：序梵竹〈花格子裙〉〉於《文藝月刊》第
　　　　　　　　217 期。

　　　　　　　　長篇小說《龍飛記》由臺北皇冠出版社出版。

　　　9 月　　發表〈那種荒涼〉於《幼獅文藝》第 405 期。

　　10 月　　發表〈雲星的墨閣〉於《幼獅文藝》第 406 期。

　　　　　　　　發表〈解嚴後的文化建設〉於《政治評論》第 45 卷第 10
　　　　　　　　期。

　　11 月　　1 日，於中國廣播公司開始主持深夜節目《午夜奇譚》，親自
　　　　　　　　講述自己的作品，間或交錯鄉野小說廣播劇。

|        |       |                                                                |
|--------|-------|----------------------------------------------------------------|
|        | 12 月 | 發表〈山鄉野紀〉於《幼獅文藝》第 408 期。                          |
| 1988 年 | 1 月  | 擔任「生命中原始的愛恨悲:羊恕著《刀瘟》研討會」主持人。          |
|        | 2 月  | 發表〈童夢已遠〉於《幼獅文藝》第 418 期。                        |
|        |       | 長篇小說《驟雨》由天津百花文藝出版社出版。                       |
|        | 7 月  | 《滄桑》由臺北駿馬文化公司出版。                                 |
|        | 8 月  | 因應鬼月,接受華視《連環泡》邀請上節目講述鬼故事。              |
|        |       | 短篇小說集《鬼話》由臺北皇冠出版社出版。                         |
|        | 10 月 | 發表〈幼獅長大了〉於《幼獅文藝》第 418 期。                      |
|        |       | 長篇小說《狐變》由臺北林白出版社出版。                          |
| 1989 年 | 2 月  | 短篇小說集《路客與刀客》由長沙湖南文藝出版社出版。               |
|        | 7 月  | 短篇小說集《吸血的僵屍》由臺北皇冠出版社出版。                   |
|        | 6 月  | 發表〈文學之真〉於《自由青年》第 178 期。                        |
| 1990 年 | 7 月  | 發表〈「證據公司」評介〉於《幼獅文藝》第 439 期。                |
|        | 8 月  | 短篇小說集《夢緣》由臺北皇冠出版社出版。                         |
|        | 9 月  | 短篇小說集《藏魂罈子》由臺北皇冠雜誌社出版。                     |
|        | 10 月 | 發表〈歌讚這面青蔥的旗〉於《幼獅文藝》第 466 期。                |
|        | 12 月 | 發表〈《小說經驗》品介〉於《幼獅文藝》第 444 期。               |
|        | 本年  | 擔任臺視《就在今夜》單元主持人,主講與人生哲理相關的鬼故事。      |
| 1991 年 | 7 月  | 發表〈生活散記——習字記〉於《幼獅青年》第 177 期。              |
| 1992 年 | 1 月  | 《中國吸血僵屍》由香港皇冠出版社出版。                           |
|        | 2 月  | 發表〈講古話猴〉於《幼獅文藝》第 458 期。                        |
|        |       | 長篇小說《流星雨》由臺北稻田出版公司出版。                       |
|        | 5 月  | 21 日,於吉隆坡擔任由中國青年寫作協會、馬來西亞《星洲日報》合辦的「第一屆東南亞青年作家巡迴文藝講座」講師。 |

《和你聊天》由臺北皇冠文化出版公司出版。

7 月　《寄望昇歌》由臺北皇冠文化出版公司出版。

9 月　長篇小說《驟雨》由臺北皇冠文學出版公司出版。

12 月　4 日，參加由中國作家協會於臺北國軍英雄館舉行的「文藝創作與社會關懷」座談會。

發表〈守燈〉於《幼獅文藝》第 468 期。

1993 年　5 月　發表〈看金志美的小品〉於《幼獅文藝》第 473 期。

6 月　4 日，擔任行政院文建會主辦；聯合報副刊、聯合文學出版社承辦的「高陽小說作品研討會」主持人。

9 月　26 日，出席主題性書局「傳記之家」開幕酒會，與會者有柏楊、莊永明、隱地等。

《滄桑》由臺北皇冠文化出版公司出版。

10 月　16 日，返回江蘇淮陰老家探親。

12 月　16 日，出席聯合報系文化基金會主辦「四十年來中國文學會議」，與林海音、鄭愁予、張漢良等擔任主持人。

1 日，出席由中國青年寫作協會、時報出版公司舉辦「當代臺灣政治文學研討會」，與李瑞騰、陳信元、瘂弦等人擔任主持人。

1994 年　1 月　長篇小說《醫院鬼話》（原《魔夜》更名）由臺北皇冠文化出版公司出版。

4 月　23 日，出席行政院文建會、中華日報社策畫舉辦的「文學點線面」系列講座第一場「鬼話・人話・小說心」，與韓秀進行對談。

6 月　25 日，於新加坡擔任由中國寫作青年協會與新加坡作家協會舉辦的青年文學營講師。

與鄭明娳共同擔任電視節目《大師的印記》主持人，陸續介紹高陽、林語堂等文學作家。

| | 12 月 | 25 日，出席中國青年寫作協會於臺灣師範大學舉辦的「當代臺灣都市文學研討會」的「九〇年代與臺灣都市文學」座談會，與張啓疆、陳裕盛等人對論。 |
| 1995 年 | 5 月 | 4 日，擔任由中國青年寫作協會與泰華文藝作家協會聯合舉辦「臺灣作家訪泰交流文藝營」領隊，同行有丘秀芷、鄭明娳、辛鬱、林煥彰等人。 |

15 日，獲選爲中國文藝協會第 27 屆常務理事。

22 日，擔任中國文藝協會主辦的小說、散文寫作班講師。

6 月　10 日，於《中央日報》副刊主辦「中副下午茶」活動中演講。

11 月　26 日，於中國文藝協會舉辦「文學研討會」中發表論文。

12 月　16 日，擔任中國青年寫作協會「第二屆散文創作研究班」講師。

1996 年　1 月　12 日，發表〈火焰人生——悼念林燿德〉於《中央日報》第 18 版。

24 日，發表〈歸入星空——懷念林燿德〉於《中央日報》第 14 版。

2 月　發表〈人生的透視〉於《普門》第 197 期。

獲選爲中國青年寫作協會第 24 屆常務監事。

4 月　1 日，擔任中國青年寫作協會舉辦「青少年文藝研習營」講師，爲期三天。

8 月　5 日，擔任中國文藝協會舉辦「小說寫作研究班」講師。

11 月　16 日，擔任第二屆溫世仁武俠小說百萬大賞首獎決審委員。

於連震東文教基金會、聯合文學雜誌社、誠品書店聯合主辦「文學嘉年華——新讀書運動」活動中以「我的文學生活歷程」爲題，進行演說。

12 月　發表〈方格裡的青春和夢〉於《聯合文學》第 146 期。

1997 年　3 月　29 日，出席於臺灣師範大學舉辦的「當代臺灣散文文學研討會」，並擔任第二場主持人。

　　　　　5 月　15 日，發表〈何處覓桃園〉於《中國時報》「人間」副刊第27 版。

　　　　　　　24 日，擔任中國青年寫作協會第三屆散文創作班講師。

　　　　　　　31 日～6 月 1 日，連載〈三毛的生與死——兼談她的精神世界（上、下）〉於《中國時報》第 27 版。

　　　　　12 月　6 日，出席無名氏於福華飯店舉辦的《在生命的光環上跳舞》、《宇宙投影》新書發表會。

1998 年　3 月　28 日，發表〈恆念斯人——南郭〉於《中華日報》第 16版。

　　　　　6 月　27 日，擔任中國青年寫作協會、輔仁大學外語學院主辦「兩岸後現代文學研討會」第一場主持人。

　　　　　7 月　3 日，擔任中國文藝協會「小說寫作研究班」講師，為期三個月。

　　　　　　　4 日，發表〈晚霞如曙滿天紅——讀無名氏《抒情煙雲》〉於《中央日報》第 22 版。

　　　　　9 月　5 日，應佛光文化公司、嚴寬文教基金會主辦、聯合報系協辦的「閱讀心靈經典系列講座」邀請，擔任首場演講人，並以「擦亮魔鏡，照見光明」為講題。

　　　　　10 月　林麗如訪問文章〈引記憶而微醺，生命自感豐盈充實——專訪司馬中原先生〉發表於《文訊雜誌》第 156 期。

　　　　　12 月　發表〈閱讀心得〉與鍾淑貞訪問文章〈狂風・沙動——司馬中原訪問記〉於《幼獅文藝》第 540 期。

1999 年　1 月　16 日，經會議推舉，擔任中國青年寫作協會榮譽理事長。

　　　　　5 月　23 日，經會議推舉，擔任中國文藝協會理事。

　　　　　　　長篇小說《啼明鳥》由臺北東海學術發展文教基金會出版。

6月　7日，擔任中華民國著作權人協會第八屆理事長。

10日，以長篇小說《狂風沙》入選香港《亞洲週刊》「二十世紀中文小說一百強排行榜」。

7月　28日，擔任第三屆皇冠大眾小說獎評審委員。

8月　發表〈話鬼三部曲之二：揭開神祕的鬼面具——鬼的真實面貌〉於《普門》第239期。

發表〈仰懷尼洛〉於《文訊雜誌》第166期。

10月　《蒲松齡及他的聊齋》由臺北楷達文化公司出版。

2000年　3月　17日，出席教育部大專院校通識課程「生命文化」數位學習，教材開發及課程實施計畫成果發表暨教材實習會「e世傳情，文化興國」活動，並演講「生命文化的 e 化傳情」與參與綜合座談與教學經驗分享。

2001年　11月　9～14日，由國立文化資產保存研究中心籌備的「司馬中原文學史料捐贈展」開展。

市政府文化局水萍塭文化會館舉辦「司馬中原講鬼」藝文活動

2002年　10月　《老爬蟲的告白》由臺北九歌出版社出版。

2003年　1月　10日，發表〈一柱擎天——悼念畢生為文化扶傾的何凡先生〉於《聯合報》第39版。

5月　29日，發表〈行過死蔭幽谷——「殺爾死」流行有感〉於《聯合報》E7版。

8月　11日，發表小說〈大瘟〉於《中華日報》第19版。

9月　22日，發表〈飲茶的藝術〉於《中華日報》第23版。

10月　1日，《老爬蟲的告白》獲新聞局中小學生優良課外讀物第21次文學語文類推介

12月　發表〈寫出宏遠的黃鐘大呂之音：對「臺灣文學館」之寄望〉於《臺灣文學館通訊》第2期。

2004 年　1 月　發表〈文學生命的圓滿完成——悼念姜穆〉於《文訊雜誌》第 219 期。

　　　　　3 月　12 日，發表〈一之悟〉於《中央日報》第 17 版。

　　　　　8 月　26 日，發表〈打油詩的藝術〉於《聯合報》E7 版。

　　　　　　　　發表〈都是真的：我的靈學告白〉於《幼獅少年》第 334 期。

　　　　　9 月　30 日，出席「創世紀詩社 50 周年」活動，並於會中致詞。

2005 年　7 月　發表〈繁華落盡見真情——悼念鄧文來先生〉於《文訊雜誌》第 237 期。

　　　　　8 月　4 日，發表〈後園紀事〉於《人間福報》第 11 版。

　　　　　　　　11 日，發表〈七夕感秋〉於《人間福報》第 11 版。

　　　　　　　　18 日，發表〈讀牆〉於《人間福報》第 11 版。

　　　　　10 月　10 日，發表〈冰壑與枯林〉於《人間福報》第 11 版。

　　　　　　　　11 日，出席文訊雜誌社舉辦「第 17 屆文藝界重陽敬老聯誼活動」。

2006 年　1 月　發表〈讀牆〉於《講義》第 226 期。

　　　　　3 月　20 日，發表〈無聊話屁〉於《聯合報》E7 版。

　　　　　4 月　30 日，由短篇小說〈斧頭和魚缸〉改編的戲劇《鳳釵魂》，撥放於八大電視臺第一劇場；出席由亞洲華文作家文藝基金會舉辦的「向資深作家琦君女士致敬」典禮。

　　　　　　　　發表〈淺談長篇小說之寫作〉於《文訊雜誌》第 263 期。

　　　　　5 月　6〜12 日，連載兒童文學〈吳抄手打鬼〉於《中華日報》第 19 版。

　　　　　　　　23 日，發表〈《狂風沙》與我〉於《聯合報》E7 版。

　　　　　　　　28 日，發表〈童話・神話・鬼話・笑話——《司馬中原童話選・自序》〉於《更生日報》第 18 版。

　　　　　6 月　8〜9 日，發表〈司馬論俠〉於《中國時報》E7 版。

　　　　　　長篇小說《狂風沙》（上、下）由臺北風雲時代出版公司出版。爲「司馬中原精品集」第一、二本。

　　　　　　兒童文學《司馬中原童話》由臺北九歌出版社出版。

　　8 月　長篇小說《荒原》由臺北風雲時代出版公司出版。

　　9 月　11 日，《司馬中原童話》入選第 50 梯次好書大家讀「故事文學組——童話創作」。

　　　　　　24 日，應邀出席於山東棗莊學院舉辦的「兩岸文學藝術高端論壇」，與會者有辛鬱、張曉風、尹玲、李瑞騰、龔鵬程、隱地、碧果、張默等人。

　　10 月　6 日，發表〈期待光明〉於《中國時報》E7 版。

　　本年　與常勤芬共同主持中國廣播公司廣播節目《午夜奇譚》。

2007 年　1 月　短篇小說集《紅絲鳳》、《月桂和九斤兒》由臺北風雲時代出版公司出版。

　　5 月　4 日，獲頒九六年中國文藝協會榮譽文藝獎章，與作家一信並獲。

　　　　　　短篇小說集《斧頭和魚缸》、《路客與刀客》由臺北風雲時代出版公司出版。

　　7 月　短篇小說集《鬥狐》、《曠園老屋》由臺北風雲時代出版公司出版。

　　8 月　10 日，發表〈震撼人心的「獅子吼」——簡述《迴光》〉於《聯合報》E7 版。

　　9 月　1 日，出席由《講義》雜誌主辦、《人間福報》、《教育電台》協辦，於臺北圓山大飯店的 2007 年第八屆「講義 POWER 教師獎」、第一屆「講義搶救國語文創意教學設計」選拔活動頒獎典禮，擔任國中組頒獎人。

　　　　　　發表〈永懷諫友〉於《文訊雜誌》第 263 期。

　　10 月　短篇小說集《玀之玀》、《祝老三的趣話》由臺北風雲時代出

版公司出版。

12 月　《月光河》由臺北九歌出版社重新編排出版

本年　擔任第二屆溫世仁武俠小說百萬大賞評審委員。

2008 年　1 月　短篇小說集《大黑蛾》、《冰窟窿》由臺北風雲時代出版公司出版。

4 月　14 日，擔任高雄市政府主辦「國文科作家心靈對談文學營」講師，以「淺談教育與文化」爲講題。

發表〈期勉與包容的典範——敬悼尹公雪曼〉於《文訊雜誌》第 270 期。

長篇小說《荒鄉異聞》、《巫蠱》由臺北風雲時代出版公司出版。

發表〈賊子窩風雲〉於《新文壇》第 10 期。

5 月　發表〈期勉與包容的典範——敬悼尹公雪曼〉於《文學人》第 14 期。

8 月　長篇小說《流星雨》與中短篇小說集《闖將》由臺北風雲時代出版公司出版。

9 月　8～9 日，連載兒童文學〈美馬記〉於《國語日報》第 11 版。

10～11 日，連載兒童文學〈火與燈的舞會〉於《國語日報》第 11 版。

10 月　21 日，出席九歌出版社 30 周年慶及其活動「給下一輪太平世代的閱讀備忘錄——時空膠囊藏書儀式」，與會者有余光中、張曉風等人。

11 月　出席於臺北劍潭青年活動中心舉辦的「第七屆世界華文作家協會年會」頒獎典禮，與余光中、趙淑俠獲得「終身成就獎」。

長篇小說《刀兵塚》、《湘東野話》、《遇邪記》由臺北風雲時

代出版公司出版。

本年　擔任九歌 200 萬小說獎評審委員。

與小野、李昂、南方朔、侯文詠、張曼娟、廖輝英、詹宏志、瓊瑤共同擔任第七屆皇冠大眾小說獎評審委員，

擔任第二屆福報文學獎短篇小說決審委員。

2009 年　1 月　25 日，發表〈春節感懷〉於《人間福報》第 15 版。

兒童文學《司馬爺爺說鄉野傳奇》由臺北九歌出版社出版。

4 月　長篇小說《最後的反攻》由臺北風雲時代出版公司出版。

7 月　發表〈雲煙瑣憶──來臺 60 週年〉於《文訊雜誌》第 285 期。

8 月　《司馬中原笑談人生》由臺北九歌出版社出版。

9 月　1 日，獲世新大學中國文學系邀請，擔任駐校作家至隔年 1 月 31 日。

11 日，發表〈星工度「鬼」記〉於《人間福報》第 15 版。

30 日，於世新大學演講，講題爲「文化體察與省思」。

中短篇小說集《六角井夜譚》由臺北風雲時代出版公司出版。

10 月　28 日，於世新大學演講，講題爲「創作一甲子心路歷程」。

12 月　2 日，於世新大學演講，講題爲「各種文類面面觀」。

23 日，於世新大學演講，講題爲「文化體察與省思」

2010 年　2 月　赴敦南誠品參加白先勇《父親與民國》發表會，與會者有白先勇、陳若曦、王文興、李昂等。

結束世新大學兼任教職，接受臺灣科技大學兼職邀請，主講「生命學」。

《司馬中原鬼靈經》由臺北九歌出版社出版。

3 月　12 日，發表〈文化的省思〉於《人間福報》第 15 版。

17 日，以總召集顧問身分，參加由教育部贊助之全國大專院

校「生命學」標準教材成果展示會。

19 日，發表〈口吐「真言」〉於《人間福報》第 15 版

26 日，發表〈我看《人間福報》〉於《人間福報》第 15 版

短篇小說集《靈異》由臺北風雲時代出版公司出版。

4 月　5～7 日，連載〈蜜蜂的故事〉於《國語日報》。

9 日，發表〈佛緣之始〉於《人間福報》第 15 版

16 日，發表〈淺談「輪迴」〉於《人間福報》第 15 版

23 日，發表〈想像與實踐〉於《人間福報》第 15 版。

30 日，發表〈探「能」與「力」〉於於《人間福報》第 15 版。

5 月　7 日，發表〈談「情」說「愛」〉於《人間福報》第 15 版。

14 日，發表〈略談「滿」與「虛」〉於《人間福報》第 15 版。

21 日，發表〈勞動與休閒〉於《人間福報》第 15 版。

28 日，發表〈吃的笑譚〉於《人間福報》第 15 版。

6 月　4 日，發表〈淺談「元」與「多元」〉於《人間福報》第 15 版。

11 日，發表〈對宗教「融和」的冀望〉於《人間福報》第 15 版。

18 日，發表〈略談「通」與「了」〉於《人間福報》第 15 版。

25 日，發表〈淺談「幼教」與「樂教」的〉於《人間福報》第 15 版。

短篇小說〈狐的傳說〉、〈野狼嗥月〉、〈打鬼救夫〉、〈月桂和九斤兒〉、〈焚圖記〉、〈山〉、〈野廟的緣由〉、〈血彈子〉改編為舞臺劇《東方夜譚 II──狐說八道》，由如果兒童劇團演出。

發表〈悼念老友蕭颯〉於《文訊雜誌》第 296 期。

7 月　2 日，發表〈特殊的懷念〉於《人間福報》第 15 版。

9 日，發表〈談「真」與「假」〉於《人間福報》第 15 版。

10 日，應邀於國立臺灣文學館舉辦「府城講壇」演講，講題為「文化的省思與檢討」，為該活動第一場演講。

16 日，發表〈談文藝的超越性〉於《人間福報》第 15 版。

23 日，發表〈試行釋「化」〉於《人間福報》第 15 版。

30 日，發表〈仍然談「化」〉於《人間福報》第 15 版。

8 月　6 日，發表〈試談「真」與「偽」〉於《人間福報》第 15 版。

13 日，發表〈「迷」「悟」的「葛藤」〉於《人間福報》第 15 版。

20 日，發表〈談談「恭謙」應世〉於《人間福報》第 15 版。

發表〈追求有品味的人生——我看高準《遊蹤散記》〉於《文訊雜誌》第 298 期。

9 月　3 日，發表〈淺論「髮學」〉於《人間福報》第 15 版。

10 日，發表〈再談「氣學」〉於《人間福報》第 15 版。

17 日，發表〈談談「眉眼學」〉於《人間福報》第 15 版。

24 日，發表〈略談「人生進退」〉於《人間福報》第 15 版。

10 月　1 日，發表〈另類「修行」觀〉於《人間福報》第 15 版。

7～9 日，連載〈人禍與鼠疫〉於《國語日報》。

8 日，發表〈妄談「遁」與「歸」〉於《人間福報》第 15 版。

發表〈馬祖行腳〉於《印刻文學生活誌》第 85 期。

11 月　短篇小說集《焚圖記》由臺北風雲時代出版公司出版。

12 月　6 日，於花蓮接受世界文化藝術學院（WAAC-World Academy

of Artsand Culture）暨世界詩人大會（WCP-World Congress of Poets）二單位共同頒贈榮譽文學博士學位。

| | | |
|---|---|---|
| 2011 年 | 2 月 | 8 日，發表〈新歲祝愿〉於《人間福報》第 15 版。 |
| | 5 月 | 13 日，於佛光大學演講，題目為「點亮心燈」。 |
| | | 長篇小說《龍飛記》由臺北風雲時代出版公司出版。 |
| | 6 月 | 長篇小說《狂風沙》由江蘇譯林出版社出版。 |
| | 9 月 | 任職於臺灣科技大學。 |
| | 10 月 | 27 日，出席新北市政府萬聖節活動，現場講述鬼故事。 |
| | | 長篇小說《狼煙》（上、下）由臺北風雲時代出版公司出版。 |
| | 11 月 | 18 日，出席新北市政府舉辦的「竹籬笆藝文季」，擔任講師。 |
| 2012 年 | 2 月 | 21 日，於臺灣科技大學演講，題目為「藝文漫論」。 |
| | 5 月 | 22 日，於臺灣科技大學演講，題目為「美術的深度感受」；擔任「漂母杯海峽兩岸母愛主題散文大賽」頒獎人。 |
| | | 29 日，於臺灣科技大學演講，題目為「音樂的永恆歌讚」。 |
| | 6 月 | 5 日，於臺灣科技大學演講，題目為「筆的神奇」。 |
| | 8 月 | 短篇小說《狐變》由臺北風雲時代出版公司出版。 |
| | 9 月 | 1 日，於中華民國筆會主辦、紀州庵文學森林協辦「我的文學因緣」活動中主講「我對文學的體認」，主持人為宇文正。 |
| | | 開始於中央廣播電臺錄製《司馬奇譚》節目。 |
| | 12 月 | 長篇小說《巨漩》由臺北風雲時代出版公司出版。 |
| 2013 年 | 1 月 | 演講紀錄〈我對文學的體認〉刊登於《文訊雜誌》第 327 期。 |
| | 3 月 | 《老爬蟲的告白》由臺北九歌出版社增訂出版。 |
| | 4 月 | 1 日，至辛亥國小演講「司馬爺爺說故事」，為該校兒童節慶祝大會活動。 |
| | 6 月 | 與眭澔平合著《那一夜，我們聊阿飄》由臺北人類智庫數位 |

科技出版。

7 月　短篇小說集《挑燈練膽》由臺北風雲時代出版公司出版。

8 月　3 日，應創作家語文中心邀請，自即日起於每週六下午主講
　　　一系列「司馬中原大師開講系列」，至 9 月 7 日止。講題依序
　　　爲「文化意涵的剖釋」、「文化生命的培養之路」、「生命成長
　　　歷程的檢視」、「發展路向的確實與實踐」、「自我的擴展與提
　　　昇」、「文創的價值品斷」。
　　　短篇小說集《東方夜譚之狐說八道》由臺北風雲時代出版公
　　　司出版。

## 參考資料：

．〈司馬中原創作年表〉，《新文藝》，1977 年 4 月，頁 253。

．〈吳惟靜女士暨司馬中原先生訪問紀錄〉，《女青年大隊訪問紀錄》，臺北：中研院近代
　史研究所，1995 年 9 月，頁 321～331。

．蔡志遠，〈司馬中原生平及寫作年表〉，《司馬中原鄉野傳說人物類型研究》，臺中教育
　大學語文教育學系語文教育碩士學位暑期在職進修專班碩士論文，2009 年 11 月，頁
　193～194。

輯三◎
研究綜述

# 綜論有關司馬中原的評論

◎鄭明娳

## 前言

司馬中原，正如他的名字，將像一匹千里名駒馳騁在現代文學大中原的歷史裡。

是命運和天性共同型塑了司馬中原，他自己說：如果生活在承平時代，就會在家鄉小鎮終老，過一生悠閒平靜的日子，戀愛生子、飲茶喝酒，任意揮灑他與生俱來大量的浪漫與柔情。[1]

偏生還是個孩子，就遇著戰亂，不得不在流離的烽火中加速度地成長，逼迫他的靈魂面對民族的苦難，焠鍊出強烈的憂患意識、深厚的人道精神和鐵血英豪的雄壯心志。

天生性情與後天境遇的反差，使得司馬中原的創作具有兩種相反有時又相成的特色：論陽剛雄渾，他的長篇小說經常氣勢磅礡如椽筆潑墨；論陰柔唯美，他的抒情散文總是細緻妍麗如蠟染拓印。這兩種風格時而分離、時而交疊的流盪在他的作品中。[2]

---

[1] 參見司馬中原，〈我的少年時代〉，《月光河》（臺北：九歌出版社，1982 年 1 月）、〈我的寫作生活〉，《老爬蟲的告白》（臺北：九歌出版社，2002 年 10 月）、〈拾級而登——我投向創作的動機和過程〉，《我的第一步》上冊（臺北：時報文化出版公司，1981 年 5 月）。

[2] 齊邦媛，〈二度漂流的文學〉（1993 年 6 月 26～27 日《聯合報》副刊）說：「司馬中原在《荒原》、《狂風沙》和他「鄉野傳說」系列的矩篇小說中每逢寫到鄉土，文字立刻變得溫柔纏綿，哪怕前一段還在寫浴血交鋒的場面。」又，齊邦媛〈百年蒼茫中——《荒原》、《狂風沙》再起〉（2006 年 5 月 23 日《聯合報》）說：「三百頁的《荒原》裡只有三頁寫歪胡顛兒曾有過的情愛，與妻子在月夜坐在河岸一塊石上，「她從他手裡接過孩子，解懷餵奶……」那樣溫存的夜裡，野蛛絲黏黏地把他們牽連在一起。……同書中，貴隆與銀花的婚姻，歷經現實的種種磨難，不棄不離。貴隆死後，她帶著三歲的孤兒火生去上墳，教他認識大火劫後又茁生的樹和草，「初茁的草尖直立著，像一把把嫩綠的小劍，高舉在地上朝天宣誓，宣誓它們永不死亡。」在這結尾的一章

　　然而，不論是小說還是散文，蒼桑、荒涼與冷冽，幾乎成為他隱藏作者／作品的底紋，讀者幾乎可以依循軌跡追蹤印證那溫柔浪漫的秉性在殘酷的現實中如何硬生生地被割裂、被凌遲、被重新雕塑……。

　　現實即便異常殘酷，偉大的生命必然會在經年累月的一刀一剜的創痛中，火浴出更強勁的生命力。司馬中原之可貴在於：長期面對民族種性不堪的原始面貌，仍然深深寶愛著這個可憫可嫌的民族；即使在最絕望的時候，也不放棄對自己家國的希望，充份印證他生命裡擁有高韜的人文精神、豐沛的能量與愛力。

一

　　本書依照套書既定的體例，選擇的內容分為三大類：1.評論司馬中原作品的論文；2.訪談司馬中原的文章；3.司馬中原夫子自道的文選。

　　筆者給全書編選訂下一個原則：評論與訪談文章，一位作者只選擇一篇代表作。（讀者如有興趣，可參考附錄中的評論目錄尋找作者其他論文。）

　　由於全書字數有限制，所以選文三大內容中，並非只照顧文章的優劣，還要兼顧到文類的比例，即使這樣，也很難不偏重某一文類、甚至某篇作品。

　　由於全書得按照套書體例，又有出版著作權無法取得的問題，以致於在整理資料的過程裡，不得不忍痛割愛某些作品。

　　有關司馬中原的專訪，其實不少，本書很謹慎的只選擇陳義芝和黃武忠兩人的作品，前者熟讀司馬中原作品，是一篇精彩的「對談」紀錄，後者則專注於司馬中原談小說的文字運用。

　　司馬中原談自己（有一篇是演講記錄稿）的部分，其實也像他的抒情

---

中，作者一口氣寫了四頁花草樹木的名字和生長姿態，我每讀都仍感驚訝，一個作家在怎樣精力旺盛的年月，看過了，記得了，這些墳墓外充滿生機的希望遠景，用這樣豐富優美，抒情敘事交糾的文字寫出苦難這一種結局？」

散文一般優美，連談話他都出口成章。選擇這些文章，主要側重在他從少年開始寫作的歷史過程，跟他夫子自道的文學觀、價值觀與人生觀的敘述；讀者可以用來跟他的作品互相印證。

　　自 1949 年迄今，評論司馬中原的文章頗為零碎，在文類上以小說居多，時間則集中在 20 世紀 1970 年代以前，之後僅見零散論述。

二

　　20 世紀 1990 年代，兩岸開放交流後，恰逢當代文學熱，照理司馬中原應該可以成為顯學；可惜，他最具代表性的小說，之前都被貼上「反共文學」[3]標籤，這在大陸就極不討喜。至於臺灣，1970 年代以後，本土文學甚囂塵上的環境中，又很難得到研究者的青睞。[4]

　　當代臺灣特別強調「鄉土」，自 1970 年代迄今，學界討論司馬中原小說，幾乎全從懷鄉／鄉土角度切入，王德威 1993 年 6 月〈鄉愁的超越與困境——司馬中原與朱西甯的鄉土小說〉、范銘如 2003 年 7 月〈合縱連橫——1960 年代臺灣小說〉都只針對其「鄉土」一點而論述，至於齊邦媛 1973 年 8 月〈震撼山野的哀痛——司馬中原《荒原》〉也用「具象化的鄉愁」定調。[5]在特別強調臺灣本土文學的時代，似乎不得不把司馬中原這一代的小

---

[3] 「反共文學」成為負面意義，是時代意識形態使然，朱西甯〈光輝永續的反共文學〉（1994 年 1 月 11 日《聯合報》副刊）中歷數古今中外精彩的反共文學，接著說「益證反共文學無休無止的創發茁壯。如此怎可說反共文學是一種死去的文學？」又，齊邦媛在〈百年蒼茫中《荒原》、《狂風沙》再起〉說：「司馬中原（與朱西甯、段彩華）並列。雖然同是寫大陸記憶，卻與早期陳紀瀅的《荻村傳》、潘人木的《蓮漪表妹》、姜貴的《旋風》、王藍的《藍與黑》、彭歌的《落月》等反共小說不同，他們已甚少沉痛的敘述。取材更廣，今昔觀點對照增強，藝術的表現新穎，當年僅稱他們為軍中作家或反共懷鄉作家，實在是近距離評論的缺憾。又，高全之〈司馬中原英雄的衰亡與昇揚〉指出《荒原》曾被批評者簡略而認真的稱為『一本極夠分量與水準的反共小說』就為冠上此名號發出不平之鳴。

[4] 齊邦媛〈二度漂流的文學〉說：「司馬中原早期的短篇小說和《荒原》、《狂風沙》等，情意深摯引起廣大共鳴，也曾給青年作家相當影響。但是他們在這個不幸的政治掛帥的世界，既被貼上「反共」標籤又被責為「壓根兒不認識這塊土地（臺灣）的歷史和人民」，在大陸和臺灣的文學史中都找不到有尊嚴的地位，將只有作 1949 年辭鄉後的第二度漂流了。」

[5] 以上論文出處：王德威出版於 1993 年 6 月《小說中國》中論文〈鄉愁的超越與困境——司馬中原與朱西甯的鄉土小說〉。范銘如發表於 2003 年 7 月《淡江大學中文學報》第 8 期的論文〈合縱連橫——1960 年代臺灣小說〉

說歸類於懷鄉的鄉土文學，才能在臺灣文學占有名份。

　　王德威〈千年之淚不輕彈——由齊邦媛教授的《千年之淚》談起〉
（1990 年 8 月 8 日，《聯合報》副刊）說：

> 五〇年代渡海來臺的作家，緬懷故土種種，落筆成文，乃掀起又一波鄉
> 土熱潮。朱西甯、段彩華、司馬中原等，均是其中佼佼者，而以司馬視
> 野之龐大、想像之豐富，最可稱道。

把司馬中原的小說框限在「鄉土」文學，已經縮小了檢視小說的範圍，王
德威在〈鄉愁的超越與困境〉就針對《荒原》及《狂風沙》的鄉土情結發
言。幸好他有延展性的伸論：「司馬的小說，有強烈的道德使命感。司馬將
此一道德命題與政治相連鎖，終在他的鄉土上營造了一復國（或建國）神
話；鄉土小說絕不止於懷念故土而已；它們間接透露了小說家（及讀者）
詮釋、超拔歷史環境的不同敘事手段。」使得司馬中原的「鄉土小說」不
是狹義的懷念故土，而是結合了政治／種族／人性的大河小說。

　　《荒原》結束時，所有的英雄幾乎都犧牲殆盡，理想其實已經破滅。
王德威認為「根植鄉土的國家與英雄神話，仍待繼續。於此耐人尋味的
是，司馬中原的故事不再往下發展，反而倒退到更早的『過去』。他的皇皇
鉅作《狂風沙》（1967 年）正是北伐前後，淮北鹽販除奸報國的傳說為背
景。莫非在那更緲遠的時代，司馬中原方能召喚出更刻骨銘心的鄉愁想
像，更動人心魄的英雄事蹟？」可說是王德威從鄉土角度註釋《狂風沙》
的創見。

　　至於王德威說：

> 《狂風沙》一書最動人的時刻，往往不在於演述人與歷史逆境間種種不
> 可測的搏鬥，而在於伸張邪不勝正的天理，及英雄人由「衰亡到昇揚」
> 的道德境界。儘管關東山的遭遇，已兼具悲劇人物知其不可為而為之的

　　宿命氣息，以及唐吉訶德式的荒謬素質，他最終做為道德典範的意義，
　　要大於一切。

這種詮釋早已超越鄉土文學的層次。

　　總而言之，在臺灣強調本土化的氛圍中，學者觀察角度不知不覺受到
感染，文本的命運更是悲涼。正如范銘如說：「懷鄉文學對大漠荒野和悲劇
英雄的偏好，不能僅僅以青年人對英雄豪傑慣有的偶像崇拜情結來解釋而
已，其中更投射了遷臺多士孤臣孽子般，知其不可而為之的沉愴與勇氣。
可惜他們的忠肝義膽、鐵血熱情，在另一批更年輕的初生之犢，以全新的
創作技巧和概念席捲文壇後，也不免在暴起塵沙中凝滯，逐漸湮沒於荒煙
蔓草之中。」（〈合縱連橫──1960 年代臺灣小說〉）

　　不錯，如果放在另外一個時空，司馬中原的小說可以和《三國演義》、
《水滸傳》相抗衡，只因當代商業社會多元化、資訊社會多變化、臺灣社
會本土化種種因素，可謂處在天不時地不利人不和的環境裡，不能不令人
唏噓。

　　在搜集到的評論文章中，可以分為作家型與學者型兩種評論者。[6]兩者
特質不同，作家大抵用非常感性的筆觸來抒發他們閱讀的感想，除了筆下
時常帶著感情，更經常出現創作者才有的敏慧眼光與獨到見解。這些作家
中，有些同時也是司馬中原的朋友；這時，經常可以看到作者邊評論司馬
中原的文章，邊印證司馬中原的行事為人，當「文」和「人」結合一起討
論時，對於認識作家與作品，又是非常珍貴的參考資料。

　　由於感性主導，作家書寫評介，結構有時比較寬鬆，引用原文有時也
偏長，比較嚴重的是偶而還會跑野馬。

　　至於學者的論述，比較嚴肅，照理結構應該比較嚴謹，不過近年許多
學院裡的教授執迷於某種西方理論，但又不能像王溢嘉之於精神分析學

---

[6]作家型如：姜穆、魏子雲、張默、吳友詩、宋瑞…等，學者型如齊邦媛、王德威、范銘如…等。

理，既入乎其內，又再出乎其外，從學理中得到一把庖丁解牛的利刃，詮釋作品便有獨到的新解。故此，有些學院中的學者，雖然長篇大論發表在有名刊物，筆者卻認爲內容其實空洞，遠不如作家書寫來得自然動人，所以這些便略而不收。

三

　　司馬中原的作品中有不少傳說靈異故事集，有些已經屬於通俗讀物。所以如此，跟他做爲專業作家必須依靠稿費度日及發表媒體／出版商的不斷需索有關。但究其源，在他早期的長篇小說中就充滿了難以辨別是邪非邪的鄉野傳說，到後來出版社要求他專攻鄉野傳奇、靈異故事，也是水到渠成的事。

　　做爲讀者，我們關心的是司馬中原用怎樣的心態來書寫這些鄉野傳奇？1977 年 9 月陳義芝在〈春風一樣悠悠地吹著——司馬中原先生專訪〉（《中華文藝》第 79 期）中，請教他寫作這些鄉野傳奇是否考慮到文學技巧。司馬答說：

> 我考慮到，而且非常煩惱。比方說，如果我們採用短篇小說那種精鍊的結構、形式，多用了一些西洋技巧，那麼，傳說的韻味就沒有了。如果用傳說的方式，則又難免冗雜、鬆懈。可是我最後還是用了後者——像一個老頭娓娓說故事的方式那是典型的中國式，題材的本身就必須要用那種方式，不用那種方式就不是傳說。

事實上，用文學手法改編神話傳說，魯迅的《故事新編》就是典型代表，那完全是全新的小說創作，割斷原來神話傳說的臍帶，這兩者沒有好壞對錯的問題，完全是不同的創作類型。

　　司馬中原說的沒錯，讀者如果需要神話傳說，那麼基本形式是無法改變的。不過，只是書寫神話傳說，作家也不肯僅僅止於重述故事而已，屬

於這一部分，1992 年 1 月王溢嘉在〈論司馬中原的靈異小說〉（《流行天下：當代臺灣通俗文學論》）文中，比司馬中原的解說有更精闢的分類與分析。

王溢嘉使用心理分析學、文化學、神話學等角度系列分析多本中國古典小說，更曾經分析筆記小說中的靈異作品，把原來被視爲通俗讀物的志怪小說放在民族／人類的集體意識與集體潛意識中觀察，既有歷史的縱深，又有人性的廣度，附帶也談及藝術手法。

王溢嘉不僅凝視司馬中原的小說本身，同時從他的靈異小說看出當代社會的「集體意識」與「集體潛意識」，是格外發人深省的上等論文。

## 四

高全之有三篇評論司馬中原的論文，在 1975 年 6 月他把前兩篇[7]改寫成〈司馬中原英雄的衰亡與昇揚〉（《當代中國小說評論》）論點與舊作已大不相同，故後者算是高全之的定論。

文本第一節就宣布：「我們還會列舉作者本人對作品的解釋，與事實不符的實例。」高全之從《狂風沙》裡的英雄關東山切入，探索書寫者與隱藏作者之間或呼應或反差的內涵，非常有意味。

高全之認爲《狂風沙》「在人性刻畫上有所選擇，劃地自限。我們以爲，這是作者表現創意的地方。這本書最大的興趣與成就，在於討論領導人物的能力限度與道德操守……《狂風沙》的悲劇也許是：人不自知地具有無限伸張的權力意志，而這種權力意志侵害到他人的生存權利。」可謂真知灼見。

高全之認爲《狂風沙》裡人物大多是扁平人物[8]，以致於人物形象顯得

---

[7]前兩篇分別是：〈司馬中原的語言〉，《幼獅文藝》第 216 期與〈司馬中原與《狂風沙》〉，《中華文藝》第 1 卷第 5 期。

[8]司馬中原經常有意讓他的英雄人物單一化，他〈我的寫作生活〉（《老爬蟲的告白》）夫子自道說：「在眾多的題材裡面，我特別喜愛勇壯的悲劇……我要高高舉起我心目裡的英雄們，使『英雄有頌，勇者留名』」。

單調，同時「《狂風沙》裡男人對婚姻的態度有兩個不相容的極端。一方面司馬中原對男人維持家庭生計這份傳統責任非常執著……另一方面，作者對婚姻避之猶恐不及。關東山正是例子……他沒能在婚姻以外尋求異性（心理與生理雙方面的）慰藉。這就提供了性壓抑的可能。」

王德威在〈鄉愁的超越與困境〉說：

> 高全之在他專論司馬中原英雄人物的文章中，已為關東山畫下譜系。關的形象與地位，正與《三國演義》中的關雲長、《水滸傳》中的關勝，一脈相承。司馬中原受傳統說部演義的影響，因此不言自明。做為一「有德」的英雄，關東山令人無可疵議。但正如高文指出，這樣完美的形象之後，似乎總欠缺了什麼。比如關東山對性及個人欲望的壓抑，雖然成全了大我，就有不近「人」情之處。由於司馬中原堅持「一種獨特的簡單的人性體察，一種決不肯深入的自限。」

高全之既認同關東山形象來自《三國演義》關羽與《水滸傳》關勝，筆者認為更確切的說，來自傳統中國小說／民間的英雄形象，不論《三國演義》中的孔明或關羽，都經過美化成為扁平人物，而王德威同意高全之「關東山對性及個人欲望的壓抑」恰恰是《水滸傳》中眾英雄好漢的共同特質。

高全之特別強調《狂風沙》「拒絕了《三國演義》和《水滸傳》認可的異性慰藉。」這裡，筆者比較同意孫述宇與之完全相反的看法：

> （水滸傳）做英雄的必要條件之一，就是「不好色」。不能作戰取勝，或者不講義氣，固然不是英雄；若是「貪女色」，也「不是好漢的勾當」（宋江評王英之語，在卅二回，頁 504）。忠義堂上的好漢十九都夠得上這個條件。為首的天王晁蓋，除了「平生仗義疏財，專愛結識天下好漢」之外，又「最愛刺鎗使棒，亦自身壯力健，不娶妻室，終日只是打

熬筋骨」<sup>9</sup>

孫述宇使用相當多的文字不但解釋水滸英雄極力排斥女性慰藉，甚且視女性爲禍水。同時，表現得最出色的英雄好漢不但是單身不親女色，而且看不出有任何的性壓抑呢。

## 五

　　毫無疑問，評論《荒原》是有關司馬中原論述中篇數最多、成績也最豐富者。其中：魏子雲發表於 1964 年 2 月《皇冠》雜誌的〈款步於《荒原》內外——兼論司馬中原之「新感覺」表現〉、吳友詩 1964 年 4 月《新文藝》月刊〈評《荒原》〉、張默 1968 年 10 月《新文藝》月刊〈從荒野出發——試論司馬中原的《荒原》〉，皆是作家書寫的有力之作，同時也說明《荒原》是 1960 年代司馬中原開始受到文壇充分肯定的時代。

　　在 1960 年代的政治氛圍裡，《荒原》一致被認爲是反共小說；事實上，整本小說中，只說到八路軍與老中央，並沒有直指國民黨或者共產黨，作者對八路軍與老中央都有批有評。司馬中原在 1963 年致李英豪的信已經說明他的立場：

　　　　多少年來，中國的動亂，民族的流離，我是身受者；但中國的農民們的痛苦比我們更深，我寫《荒原》一書，實際上，是在爲全中國的農民說話，我本身就是那樣的農民，我認爲（並不全部肯定的），這世界任何個體，都有權保有它內在的心靈世界，誰要摧毀這個世界，它將被判定爲暴力。所以，與其說我反共，不如說，我反對一切暴力。<sup>10</sup>

---

<sup>9</sup>孫述宇，《水滸傳的來歷、心態與藝術》（臺北：時報文化出版公司，1990 年 9 月）。裡面還說：「好漢不但不可尋花問柳，最好根本不與女性沾上任何關係。對於亡命行動而言，色慾固然有害，家庭也有妨礙。因此，水滸宣傳家大力宣揚獨身的好處。梁山英雄中最多姿采的都是獨身漢子，像魯智深、武松、李逵、石秀、楊志、燕青等等，他們闖蕩江湖之時無牽無掛…」
<sup>10</sup>張默，〈從荒野出發——試論司馬中原的《荒原》〉，收錄於司馬中原《荒原》（臺北：皇冠出版

姜穆發表於 1978 年 4 月《文藝》月刊的〈司馬中原的世界〉泛論司馬中原小說，也引用司馬中原自己的說法：

> 我寫《荒原》一書，是兼負歷史責任的。對於中國近年苦難的責任，我作了雙面的批判。我批判了共產黨無視於人道，我也根據事實，對政府當時的保守和部分顢頇，作了《春秋》之責。

這也是張默論文中說的「《荒原》的確是一座熠熠生輝的多面結晶體，它有一個中心思想為其緊緊束繫著。這個中心思想，就是一切暴力都是必須摧毀的。」張默認為全書結局象徵作者對中國農民的感情與寄望：「作者在結局時，拉出貴隆放了一把空前的大火，燒了三天三夜，把所有的匪徒所有的劫難都燒死了，偌大的荒原紙剩下銀花和火生（貴隆的遺腹子），看來的確是夠悲壯蒼涼的。那個火生就是作者特別塑造的人物，他是紅草荒原唯一新生的火種，整個民族生存延續的象徵，只要有一個人在，他們一定要不屈不撓地生活下去，不斷地抗爭下去。」確然饒富意義。

大荒發表於 1974 年 10 月《中華文藝》的〈三度空間——談司馬中原〉，最能代表作家以感性之筆夾敘夾議的文章，內有兩人可貴的私交，也有許多智慧的評點，例如他說司馬中原「處處都洋溢著詩的情調和氣氛」舉例之後說：「我想這是司馬中原心的底層的聲音，哀而不傷，淒而不厲，以空空靈靈的文字托出委委宛宛的情感，真是感人至深。若無詩人情懷，何能臻此？」

大荒此文主要在介紹司馬中原各種作品，文末似乎急著收尾，因而有點倉促。

---

社，1973 年 3 月）。

# 六

　　齊邦媛共有四篇文章[11]談論司馬中原,是司馬的重要知音,發表於1973 年《中外文學》的〈震撼山野的哀痛——司馬中原《荒原》〉後收錄在她的《千年之淚》書中,令人不解的是,題目明言專論《荒原》,但論文內容幾乎是全面性地綜論司馬中原全部作品——還延伸到其他作家。本論文中,齊邦媛把司馬中原重要作品按主題和表現形式分為三類:史詩性的、純抒情的、鄉野傳聞。《荒原》自然屬於第一類,《狂風沙》則被她歸在「鄉野傳聞」中。[13]

　　齊邦媛特別提出《荒原》和《狼煙》並列為史詩性作品的代表,她說:

> 史詩性的小說是司馬中原以山河戀為經,以 30 年前抗日剿匪的戰爭為緯,襯托出人性正邪之爭的作品。這些經驗由他的筆尖給予讀者「一種悲憤的敲擊,揭露出東方古老大地上人們艱困的生存狀貌」,而「深深體會到他們如何在現實悲劇之上,建立起肯定的生存的價值觀」。(見《荒原》民國 54 年〈再版前記〉)這一類作品以《荒原》和今年 4 月中旬才在《中國時報》「人間」版連載完稿的《狼煙》為代表。若把他這兩本書的書名聯綴起來成為「荒原狼煙」,可見貫穿他 20 年寫作生涯的是一首激情洶湧的民族苦難而不屈服的史詩。

這些創見可謂擲地有聲。齊邦媛同時把司馬中原和外國作家、中國現當代作家評比,且下論斷,例如:

---

[11]發表時間依序是:1973 年 8 月《中外文學》〈震撼山野的哀痛——司馬中原《荒原》〉、1990 年 3 月 5 日《聯合報》〈攙轎走出《狂風沙》〉、1993 年 6 月 26〜27 日《聯合報》〈二度漂流的文學〔《荒原》、《狂風沙》部分〕〉、2006 年 5 月 23 日《聯合報》〈百年蒼茫中《荒原》、《狂風沙》再起〉。

[13]有些論者把它跟《荒原》放在一類。

無可置疑的這本《荒原》和姜貴的《旋風》，乃至紀剛的《滾滾遼河》都將會在中國文學史上代表我們這奇特而可貴的時代，它們都以雄渾的筆觸寫我們國土上剛剛發生的苦難，和一些可敬的靈魂在國家和個人的苦難中不屈的奮鬥。

諸如此類文字，儼然是以文學史家的立場發言，厚重而深刻。

　　發表於 1990 年的〈擡轎走出《狂風沙》〉也收在《千年之淚》裡。本篇用感性之筆、散文化方式從臺灣當時的選舉文化到中國傳統轎子的象徵意義切入《狂風沙》的主題，結尾再回到臺灣當時的政治／文化現象。此一解讀角度可謂別開生面，極具創意與創見，裡面說：

　　司馬中原用二十頁篇幅寫轎飾與抬轎，可說是一種文字的炫耀，創造了狂風沙中僅有的歡樂景象。自此之後，就全是血腥殺伐，隔離、出賣、陷害，荒草枯樹了。而在這二十頁中，竟從無一字說到轎上供奉的神明？它們會是空轎麼？…

可謂齊邦媛極佳的發現，由此而引伸出：

　　《狂風沙》一書百萬字可以說是建築在神轎的意象之上的。轎中供奉的是忠義雙全的關公現代版──關八爺。……在軍閥暴政的狂風沙中，這些厄運的基層人奉有德的英雄如神明，將他供奉在萬人仰望的轎中，希望能抬著這樣的轎子走出狂風沙，走進太平歲月。這位英雄不僅智勇過人，而且仁厚無私，他恨殘暴，反淫邪，為了忠義，捨身忘己……。

　　司馬中原在小說中塑造救世英雄含有很多傳說成分，這完全來自中國的傳統文化，歷史上只要昏君執政必然出現知識分子的「諸葛亮情結」，此所以《三國演義》過度美化孔明與劉備如魚得水的情份。亂世中的平民百

姓就只有寄託不世出的英雄豪傑，此所以《水滸傳》有 108 好漢因官逼而民反。齊邦媛說《狂風沙》「生動地重現了 20 世紀初期中國人的困境、期待與失望。」王德威指出「時代創造英雄，司馬的英雄卻不能創造時代。」[14]的悲劇感。

確然，不論是《狂風沙》還是《荒原》都是充滿無力感的大悲劇，救世英雄只存在於傳說甚至幻像中，從古至今的現實世界裡並不曾出現，可是，卑微的人民從來沒有放棄這種想望。

齊邦媛在〈百年蒼茫中《荒原》、《狂風沙》再起〉中說的好：「（司馬中原）筆下創造這些略帶誇張性的俠義漢子，一則在希望與想像中抵擋絕望，再則做爲集體憂傷的補償。」

齊邦媛對司馬作品的分析、字裡行間的精彩論斷，經常讓人擊節贊歎，可惜她的論述面時常過於廣泛，討論的文本不夠多也不夠仔細，實在遺憾。但僅僅閱讀齊邦媛這些文章，就知她是研究司馬的上等人選。

由於本書編選原則，一位作者僅選一篇文章，故齊邦媛其他作品只能暫時割愛。

## 七

李英豪是通盤評論司馬中原不可或缺的人物。他是一位全才藝術家，除了文學，也編劇、研究禪理、神話寓言、動植物、古董錶、古玉、珍郵等等，都發表了系列文章，並出版不少著作。文學評論只是李英豪多才多藝中極小的一部分，而且也只占用他 20 世紀 1960 年代中數年的時光。

李英豪只寫過一篇評論司馬中原的論文：1964 年 2 月〈試論司馬中原〉。[15]李英豪此文跟他其他有關臺灣文學論文的意義是：

1.他是最早全面討論司馬中原小說的人。

2.李英豪是香港人，在他 24 歲寫作此文時，可能並沒有到過臺灣。

---

[14]王德威，〈五十年代反共小說新論——一種逝去的文學?〉《聯合報》副刊，1994 年 3 月 18 日）。
[15]收入於《從流動出發——現代小說批評》臺中：普天出版社，1972 年 1 月。

3.他是早期運用新批評方法評論臺灣新詩及小說的評論家。在臺灣出版《批評的視覺》（文星書店，1966 年）、《從流動出發——現代小說批評》（普天出版社，1972 年）兩本評論集後，就放棄了文學評論。這位天才在1970 年代「改行」編寫舞臺劇、電視劇、廣播劇等，後來又書寫草木鳥獸蟲魚及古董、古玉等專欄小品，用他自己的話是「正式和 1960 年代的李英豪告別」實在是文學界莫大的損失！

4.他在臺灣文學評論史上有舉足輕重的地位，1960 年代的李英豪是最早引進現代主義與新批評到臺灣／香港的重要人物。他和夏濟安、顏元叔幾乎在同一時間，不約而同地引進美國新批評方法來評論現代文學。

5.雖然眾人指稱李英豪運用新批評方法評論，但他的實際批評經常融匯文本、作者、思潮、歷史、文類、中國文論等等各方學識，其融會貫通的能力顯現他驚人的才、學、識。

李英豪的批評方法跟新批評爾後發展出嚴格的文本細讀並不相同。此所以他評論臺灣現代詩，引起普遍而長久的敬重，而他的翻譯以及評論小說，同樣具有不朽地位及長遠的影響。20 多歲的他寫的詩論及小說論，到了 21 世紀的今天臺灣文壇，仍然占有重要地位。

李英豪〈試論司馬中原〉綜論司馬中原 1964 年之前發表的小說，被認為是香港／臺灣現代主義引進者的李英豪，把司馬中原跟中、西，尤其是西方作家評比，否定司馬中原是一位現代主義者，並斷言「司馬中原在表現論上，是一個穩實求進的『新寫實主義者』，真是饒富意味！

李英豪在論文一開始，就斷言司馬中原的小說「顯示了濃烈的民族悲劇感」！……「從長篇《荒原》到短篇〈加拉猛之墓〉，從〈加拉猛之墓〉到〈靈語〉，從古老社會承平的理想到人們倔強默忍地接受不斷的悲劇，都無不包含著中國這個民族的無數苦難與隱祕欲望。……司馬中原的成功不在其說故事的本領，而在於其對無數生存情境的顯露，在於個人對這個民族最原始真誠的情感；這種種顯露與情感仍未足構成一個小說家的偉大，他的偉大更有賴於文體和語言上個人的表現力；或者說，更有賴於表現力

與意想所融渾成的整體。」論文才剛開始，就句句鏗鏘、讓人擊節稱歎！而後文對司馬中原如何統納、理解、同情、表現整個民族的脈搏，有更深入的詮釋。

李英豪指出司馬中原悲劇作品的積極意義：「小說的價值也就不在迷亂處失落，而在『穿過悲劇再無悲劇』的生命底肯定。寫草原上的野蠻，寫抗暴時的勇敢，寫童騃中的希冀……都無非是在增強這種生之肯定價值。」

李英豪的大膽類比，更是超出新批評的眼界，他指出司馬中原小說的文體和語言「都是詩的，以呈現內心的原貌。」把司馬的小說和穆木天的詩和陸蠡如詩般的散文〈囚綠記〉類比，給予司馬中原「詩小說」之名，可謂視域獨特！

另外，他認為司馬中原的長篇、中篇和部分短篇，又接近「史」。總結來說：司馬中原「在歷史客體現實的系列上，架構他主觀人道的詩底秩序。因而一方面是史的寫實，一方面是詩的象徵與暗喻。」，《荒原》正是一部典型的「史詩」小說。李英豪詮釋司馬中原眾小說如何同時結合「詩」和「史」時，可謂舉證歷歷。

至於司馬中原的文體、語言、經驗三者的連鎖關係以及寫作技巧等等，都要言不煩，分析得絲絲入扣。

總而言之，李英豪寫完此文，未再繼續評論司馬中原作品，不僅是司馬中原個人的損失，也是臺灣學界的損失。

本書節錄三篇論文中，葉維廉的〈現象・經驗・表現〉一文，本來是葉氏融匯古今，回頭仔細分析數位小說家的表現技巧，有褒有貶，說來頭頭是道，其中有關司馬中原的部分，筆者十分喜愛，特別節錄推荐。

## 八

司馬中原有十多本散文創作，在當代亦具有戛戛獨造之處，值得研究。可惜，討論司馬中原散文的篇章極少。前敘陳義芝訪問司馬中原的文

章內，對司馬中原散文有很多獨到的看法，在訪問稿一開始，就先發表評價：「他記憶中的故鄉是在戰火中焚燒的荒原，是籠罩在『夢一般的沉寂而震撼山野的哀痛』中。這種無處掩藏的絕境，和他要『揹歷史和民族的重量』的決心，揉合在他感動力極強的散文裡，是只屬於這個時代，這個生存境界的。」

緊接著又有：「在古道、西風、夕陽殘照的悲涼裡，司馬中原的作品也含容了小橋、流水、人家的溫厚、恬靜，這樣自足的生命觀照，彷彿春風一樣，悠悠地吹著，綠遍千里，廣澤大地，非常深入人心！」

訪問者提出具有創造性的問題，經常讓司馬中原出現精彩的回應，例如：

問：〈童歌〉一篇中，隨處可見「黑」的意象，譬如：「都在遠遠的黑裡笑著」，「書上的黑字總跳著，跳到遠遠的地方，或著跳進心上一點黑」，「琴弦流滴著使人酸鼻的淒楚，唱詞又遠又朦朧，彷彿只是一道黑」……等等。「黑」在您的心中，是否形成一種很強烈的生命實感的色調？

答：我想那種顏色是我生命的底色……

這樣的訪問稿，訪者有上等的「呼」，受訪者就有極佳的「應」，確實精彩！整體來說，這不單單是一篇訪問稿，而且是一篇評訪稿、對談稿。訪問者處處展現的獨到看法，都足以發展成爲一篇篇精彩的論文。

1996 年 1 月大陸學者劉正偉發表於《淮陰師專學報》第 18 卷的〈野味——司馬中原的散文〉認爲「司馬中原的散文，迎面撲來的是一股濃鬱的野味……他的散文裡通俗的意蘊、樸素的鄉野價值觀，淵博而鮮活的鄉土民俗知識，獨特的民間文學視角，構成一種特殊的審美風味：野味。」

這種觀點，筆者並不同意。不過，作品本來就是一個開放的文本，讓讀者「百家齊放」地閱讀。筆者並不完全否定他詮釋馬中原散文的野味主要來自三個方面：取材俗，入情真，結構隨意。」反而是，從劉氏的說法，增加一些討論的空間。

劉氏說：「拈出一個俗字，說他的散文，當然是想與所謂雅的散文相

區別的。」，實際上，筆者認為司馬中原選擇鄉野題材，但文筆典雅、情感豐厚，而技巧也很多可圈可點之處。

在整體討論司馬中原散文的篇章偏少的情況，劉氏此文算是比較珍貴的文章，其中把司馬中原的散文歸為三類：一類是敘事寫景，歌頌親情、友情，懷人感事的；一類是象徵散文；一類是雜感。

早期討論司馬中原的創作，都免不了政治的解讀，《荒原》就被認為是反共文學（因此大陸學者幾乎都避而不談此書），套用司馬中原自己的話來說：「與其說我反共，不如說我反暴力。」。在國共兩黨激戰時，身在國民黨方的作家當然是反共；反之，共產黨作家亦然。這是局勢使然，不必討論。不過令人奇怪的是，劉氏此文發表於 1996 年，兩岸局勢已經緩和，為什麼還會出現如下文字：「正是國民黨瘋狂叫囂『一年準備，二年反攻，三年掃蕩，五年成功』的謊言之際……」頗為令人不解。

宋瑞發表於 1978 年 11 月 26 日《新生報》的〈從《月光河》看司馬中原〉最能代表早期作家書寫評論的風格；也就是，以隨筆的方式書寫讀後感式的批評。

宋瑞此文雖然不長，可是出現相當多精彩的評語，例如說司馬中原的散文之筆「亮麗奇拔」、「佩服他的卻是思想的層次」、「以其如椽之筆去勾畫他生命中的夢痕，描摹其記憶中的漣漪時，便歷歷如繪，好像長江大河……」、「（他）把生命當作一本大剪貼簿的資料，將美好的事物給剪存下來，於是，在夜深人靜之際，他一個人獨坐於孤燈之下翻閱這本記憶的剪貼簿，把心靈沉浸在夢痕中，去品味由過往的日子釀成的佳釀，那絲絲的流散的記憶的脈絡，便從心田的紡織機上條理明晰地編織成匹匹的錦繡文章。」諸如此類，純粹是作家感性之筆寫出真情實感，讓人動容。

也因為是作家隨筆的路數，接著宋瑞突然筆鋒一轉，大談他讀小說《荒原》的歷程感想等，實在有點突兀。等到談過癮了，就再轉回來：「在他小說之外讀到的他的散文，韻味雋永，節奏有如詩篇，我又覺得他亦是一個詩人的材料。」回頭談幾句散文，居然又再跳回《荒原》與散文一起

匆匆談一下，讓人覺得文章還沒有寫完，尤其好像還沒開始好好談題目上的《月光河》呢！

即使這樣，仍然不能掩蓋宋瑞文章的可貴之處，尤其他的論點和劉正偉成爲對比，是饒富意味的事情。筆者比較同意宋瑞的觀點。

司馬中原最可翫賞的是感性散文，這是他最貼心的文類，蒼涼淒美與深情浪漫幾乎是司馬中原抒情散文的底紋。鋪陳其上的則是婉轉如珠、瀏亮如玉的語言（正如宋瑞說的「亮麗奇拔」）。閱讀司馬中原典型的抒情散文，不論是視覺、觸覺與整個心靈上都有撫觸墨綠綢緞般極爲細緻溫潤的感覺，讓人很難想像他同是書寫《狂風沙》裡關八爺的作者。

司馬中原的抒情散文，時常出現兩種人物；一種是絕美而柔弱、通曉詩書事理的薄命紅顏，可說是他小說《綠楊村》中三姊妹造型的延伸，也是他心目中揮之不去的女性原型；另一種是司馬中原親身經歷的苦難時代常有的流浪漢，蒼蒼涼涼走過亂世，永遠沒有根，懷抱著對於逝去事物的無限惆悵，這種人物，在司馬的小說中，往往擴展成俠客、路客，在仗義拔刀之外共同具備的感性身世。

像《綠楊村》這樣的小說，幾乎都用他抒情散文的優美文字來鋪陳，光是那篇序文，讀了就讓人迴腸蕩氣呢。

劉正偉說司馬中原散文中有一類是「象徵散文」，可惜劉氏沒有繼續發揮。司馬中原寓言體的散文也是可圈可點，值得再三玩味。他個人的身世，時常不知不覺流露其中，例如〈黑陶〉這種看似詠物的小品就是代表之一。

〈黑陶〉用第一人稱描寫一具中國鄉下民間家常使用的物品「黑陶」：「我總是那幾種鄉野習見的形式，經鄉野心靈捏塑，使我具有質樸、愚拙、魯鈍的外表。」（完全應了劉正偉說的「取材俗」）

黑陶是「幾乎覓不著任何文明的裝飾，我恆赤裸，我的顏色原出自火燒的泥土。笨拙的方形連鎖迴紋，是我的束帶，一莖芽，數片葉，就是我生命的基形。」用鄉野的泥土爲原料、由鄉野的天然藝術家塑造而成、長

得簡單質樸甚至笨拙魯鈍，讀者明顯可以看出黑陶最大特色是「土氣」，土氣是遠離文明的。

被比擬成人的黑陶，有他的個性、有鮮明的好惡：他喜歡鄉野、喜歡自然、喜歡單純、只想當原始粗陋的黑陶，到井底汲水。他厭棄知識文明、他不喜歡被編派、不喜歡離開鄉野。可是「人」在江湖身不由己，有一天，黑陶被當成文明世界所謂的藝術品，被轉手、被移位、被改名換姓。離開鄉野的黑陶覺得被「囚」在壁架上，其痛苦可想而知。

當然更痛苦的是它的名字老是被胡亂編派。號稱藝術家的老頭稱黑陶「多麼古典！」（黑陶把這稱讚當成名字是多麼具有諷刺效果！），而他的兒子卻稱黑陶「多麼現代！」，這可不是讚美黑陶兼具古典與現代，而是更加深刻的諷刺所謂的藝術家、收藏家們。

讀者讀啊讀的，就會發現這篇文章是繼承了中國傳統詠物風格的小品。文章裡黑陶的特色跟書寫者自己的特色被縮合起來，表面寫黑陶，其實寫自己。也因此，全篇描寫黑陶的外在形象並不多，反而側重它的精神特質。詠物小品時常捏塑物品本身並不存在的特色，最明顯的是它的個性、它的脾氣，但因為完全的擬人化了，讓讀者更容易接收到作者所要投射的主題。

文章一開頭：「黑陶，我是。」已經隱隱暗示沒有出現的隱藏作者「我」也是一具黑陶。不過這個句型最可貴的地方在於倒裝句型，黑陶放在前面，強化黑陶的地位、強化黑陶精神的重要。

至於這篇文章的結構，像司馬中原其他寓言體作品一樣，很有機紓。文章一開頭用的是「黑陶，我是。」這個倒裝句型出現兩次，它和「我是黑陶」參差出現在整篇文章中，成為整篇文章的支柱。讀者如果注意，這篇散文具有音樂的弦律，這四個字正是它的主弦律。論者時常說司馬中原的散文像詩，〈黑陶〉就是，並不輸給陸蠡。

以上簡單談一下，只是要表示司馬中原散文並不像劉正偉說的「結構隨意」呢。

　　司馬中原的散文中，除了議論性的專欄外，抒情懷舊和鄉野趣譚是他創作中兩個主要的方向。「鄉野趣譚」本來是用散文表現鄉野傳奇的另一種方式；後來又成爲他用短篇小說發展出系列的「鄉野傳奇」。

## 結語

　　整體來說，司馬中原是當代臺灣文壇的重要作家，但相對的，研究司馬中原的論文實在偏少，更遺憾的是：還沒有一位作家或學者能長時間、或全面性地研究他的作品。

# 輯四◎
## 重要評論文章選刊

# 春風一樣悠悠地吹著

## 司馬中原先生專訪

◎陳義芝[*]

他記憶中的故鄉是在戰火中焚燒的荒原，是籠罩在「夢一般的沉寂而震
撼山野的哀痛」中。這種無處掩藏的絕境，和他要「揹歷史和民族的重
量」的決心，揉合在他感動力極強的散文裡，是只屬於這個時代，這個
生存境界的。[1]

的確！司馬中原秉其深沉遒勁的筆力，在小說創作的領域為人類悲
劇、人性本真，做了最圓全的表露和批判。

倘若我們在欣賞故事的同時，能扣緊他小說取材的時代性與寫作情
懷，那麼，任何一位讀者，都可真誠而熱烈地體認出一種深濃獨具底民族
意識和歷史光芒。

在古道、西風、夕陽殘照的悲涼裡，司馬中原的作品也含容了小橋、
流水、人家的溫厚、恬靜，這樣自足的生命觀照，彷彿春風一樣，悠悠地
吹著，綠遍千里，廣澤大地，非常深入人心！他的談吐、他的風範、他對
年輕一代的提攜鼓勵，無不如此。十餘年來，「足跡遍歷國內大專院校，發
表演說六百餘場次，並曾應邀訪美訪菲，與廣大海外青年接觸，作坦誠的
心靈交通」（見《司馬中原自選集》〈小傳〉）。

「期盼你們升起如燦燦的星群」，是他對年輕朋友的期勉。我們常常想
著，這樣一位含沙帶血的巨樹，他的生活空間如何？心靈風貌又如何？

---

[*]發表文章時為臺灣師範大學國文系學生，現為臺灣師範大學國文系副教授。
[1]《中外文學》第 2 卷第 3 期齊邦媛先生作〈司馬中原筆下震撼山野的哀痛〉。

頂著臺北盆地七月天的燠熱，終於，我們前去叩「華欣」的門，與司馬先生在會議室，作成下述的錄音談話：

問：在一篇題名〈望月草〉的散文，您曾寫道：「不經過淒苦不會知道真甜」又說「我有我的夢谷，在每夜燈笠的圓光中，老牆斑斑的雨跡裡，也在病榻間她的臉上……。」您一生的經歷非常豐富，首先，我們想請您談談生命過往一些可感懷可追憶的事。

答：譬如說在我的童年期，人們活在一個非常安寧的小天地裡，那是我生命中最早期的記憶。像我們家鄉的小鎮，只有兩三百戶人家，每一張臉都很容易熟悉。因為北方的鹽霜常會從地氣升起來，去侵染牆面，所以很多的磚塊都會有不同的凹凸，閉起眼睛去摸那個凹凸的古老的牆，一直接著，從這一端摸到那一端，都很熟悉。每一家都有每一家小小的日月。有一年冬天，天落雪，我從半夜醒來聽到雞的叫聲，那時，外面一片潔白，我們覺得這個世界就好像落了雪的原野，而那雞的聲音，遠遠地有了呼應，彷彿撞在天的壁上又撞回來。覺得這個世界就是這樣小。在一聲雞啼的包容裡，覺得整個世界每一個生命都應該有他們自己的很寧靜、很美的夢。是不是每一家人都枕著枕在作他們的夢？可是世界並不是這個樣子——慢慢地長大——我們怕流動的東西，像風，捲著沙的風，吹到遠處去。像流動的河水，綠綠的，它去了，去到一個陌生的地方。生命如果像那個樣子就覺得很苦，所以我個人在童年有一個感覺，那就是：生命生存的境界，不是要求甜美，而是要和諧、寧靜。但是世界不是這個樣子。慢慢的，我們就看見揹著一身風沙來的，帶著一臉風塵去的。有一年冬天，也是落雪的時候，我看到一個瞎了眼的老乞丐，當我們圍著爐火歡笑的時候，他一個人默默的走過街上。他的眼睛沒有眼球，凹下去的，像兩個酒盞，盛滿的不是酒，是夕陽的光。一步一個腳印，他走過去。第二天，聽說那個老人死在風雪裡，我就有一個感歎：人不是都像我們這個樣子——每一家都有爐火。有溫暖的地方，也有淒寒。有幸福的地方也有悲苦。後來接著抗戰了，我們才知道成年人給我們的一個理想的世界，而實際的世

界它有戰爭、水火、刀兵、動亂、竊盜各種緣於人性的那個東西，讓世界改變。在悲劇的體認上，我們不恐懼自然的災害，因為人類如果齊心合力，運用智慧，可以克服那種災變。獨獨對於人為的悲劇，我們覺得非常惻然──非常痛楚──為什麼自以為萬物之靈與天地同位格的人會這樣？──造成一種悲苦和亂。我不知道你們年輕人有沒有這種經驗，在深秋葉落或黃昏時候，你在暮靄迷離中去過一個落了葉的樹林子，游魚一般的落葉打在你的臉上，它們曾經綠過，在春天的風裡招舞過，但是它落下去了，變成泥的一部分。同樣的經驗我有過，就是在亂離之際，從南到北走那幾千里幾萬里的時候，我遇到過很多這樣的落葉，這是中國的生命，他們像游魚一樣打著我的臉而後落下去，變為中國的泥土。從這一點看，說他是人為的變化或自然的變化都好。任何一個生命來到這個世界上，他們都抱著滿腔求生的熱望，他有他卑微的那一種追求幸福和安樂的夢境。但是他們被硝煙、戰亂、烽火、飢餓撕裂了，又變為泥土。有一種無言的抗議在中國的土地上，如果你穿過歷史和很多亂離去看，那些抗議在春天就變成亂離離的草、變成花。所以我們看風景不是光看表態的風景──花枝搖雪，野草迷失。你要把它同歷史和人類各種生存的景況合起來去看，你可以看到在它們上面有很多已經消逝了的生命，他們的歎息，他們的哀怨。我想，在過往的經歷裡，我總是懷著一種夢。把不幸和悲愁揹在我的背上，去嚮往一種記憶開初的那樣的一種天地。

　　問：您在童年目睹並身受戰亂對中國基層社會的摧殘，而初來臺灣時生活一度非常艱困，這兩點促使您真正地「用生命去丈量道路」。我們以為您的小說創作重點受這樣的生命背景影響很大，諸如：人性的掙扎寫真和人生的衝突反抗；請您談談對這一方面的看法，好嗎？

　　答：很多人即使沒有受過什麼教育，他都知道什麼是好的，什麼是不好的。他都有一個基本的價值判斷。人很難決定行善行惡，他不能左右他自己，好像一個犯罪的人，在法庭上痛哭流涕，懊悔得要命。但是他做了，他為什麼要做呢？可見人性裡面還有一股獸性，生物的本能，沒有能

夠充分運用人與天地並列爲「三才」的那種至廣至大的精神去體悟人性。心理學家談到人有幾種「我」：一種是「本我」，就是生理的我；一種是「自我」，就是精神的我。如果精神的我受抑於生理的我，這種人就自私了，因爲生理是需要的、需求的。如果讓一個人以精神的我爲主導，協助生理的我，那麼，這個人就有精神、有文化感了，他是付出的。一般講起來，這種修爲儒家很注重。但是因爲大家爲著生活奔忙，沒有時間打開心靈去接納這種觀念。所以我常講，人必自渡而後渡人。這個「自渡」的工夫是很難的。我們有時候讀《易經》：「大人者與天地合其德，與日月合其明，與四時合其序，與鬼神合其吉凶」，這種期勉很高很大，但是很少人能將七情六欲洗清，達到起升之境。心像明鏡一樣，體認萬事萬物那種沛乎宇宙的精神是不容易做得到的。佛家也說過一句很重要的話「凡具有人相，我相，眾生相，壽者相者，皆非菩薩。」什麼叫人相？譬如說：有人無我，把自己本位忘記掉。好比有一個太太，她天天爲主服務，跑教堂，很熱心的去爲人解決問題，可是自己有兩個小孩放在家裡也不管，淹死掉了，她丈夫就跑到教堂找牧師，說你再這個樣子我家裡交給你好了，這叫人相。中國人說：「君子務本，本立而道生。」你自己家不能齊，又怎麼去平天下，去治國？本末先後要分清！光爲了人喊破嘴皮，把自己家弄得亂七八糟，這是不行的。「我相」就是爲自己，不見人只見我。我吃飽了沒有？我喝足了沒有社會給了我什麼？國家給了我什麼？民族給了我什麼？歷史給了我什麼？都沒有給我什麼，我爲什麼給出，這種人就是。「眾生相」就是你沒有那種開闊的胸襟，透視萬物的道的境界，而是固執的、保守的，認爲我自己這樣就是對的——一個小方塊。你是一個小方塊。他是一個小方塊。你在芸芸眾生中。談不上偉大！「壽者相」，比如：我們現在做老師啦，我們扳著臉孔，用我們有限的經驗，企圖去統罩一個無限發展的生命。一副訓人的面孔，不讓人家有發言的權利，壓下來的那種味道，這種人就是壽者相。這是造成代溝的主要原因。絕非菩薩，菩薩並非一定是神是佛，而是完整的人。人生是不完整的，世界上充滿了「絕非菩薩」

的這種人群，這是很自然的。我們無法期望世界上的人都達憐憫的境界。但是我們覺得文學通過無限人生可以柔化人心，使人心那種髒的欲望慢慢昇華，它是一種無形的教化。這種功能是長遠的。它不同於政治建設和社會改革，那是局部的，就是這一代如何改而已。我們期望文學能夠超升，因為人寫文章，不單是要進入生活，同生活融合，而且要提煉生活，把生活向上面提一提，同時要創造生活。這個世界不理想，你把你的理想拿出來。通過一個心靈，貢獻出來，悠悠地春風一樣，自自然然給人家仰望，給人家感動。

問：您的小說常將時代悲苦與人生運命的衰遲給結在一起，因之顯露出許多纖細的情感，飽蘊了無可奈何的蒼涼，這除了正面陽剛地肯定了人的存在價值外，是否反面地也意味著人類個體無法逃避的悲劇？

答：悲劇是這樣的，譬如說：人均有生、老、病、死。死亡對他的家人說是一種悲劇，但從文學的觀點看，它不是結果，不是終極，它是一種完成。它告訴你每一個人可以用的光陰就是這樣多，你要去掌握它，去創造它。所以，因為有死，大家才曉得創造。如果大家都活 3000 年，我敢保證，大家都先去睡 2000 年，還考什麼試呢？時間太長了嘛，急什麼呢！我有的是時間。那麼，人就成了廢物，沒有什麼能激發你去做事情。每一個人都朝死亡去奔向，有些人會含笑而終，就是因為生命是一種創發完成的過程，在這個過程當中，他完成了，他盡了力，所謂盡心而已，這是我的一個看法。我並不完全相信命運，但也不否認命運的存在，我以為人有很多型格，有些人是政治家型的，有些人是天才的藝術家型的，也有是莽夫型的，譬如張飛那一型格的人，他可以去賣草鞋、打鐵，他也可以做大將軍，看他的人生態度廣不廣，他可以在這裡邊去選擇，如果張飛說我不要做張飛，他要做貝多芬，天天拿五線譜來畫那些豆芽菜，他畫了一輩子連貝多芬的邊都沒沾著，張飛卻沒有了。因為你 40 年沒做張飛的事，怎麼會有張飛呢？那他就什麼都不是。所以一個人不是天生完整得可以幹好任何事，人最重要的還是要知道如何來運用自己所長，在你所喜歡和經驗吻合

的方向中，自然成形去創造，而不是非要替天行道，勉強那樣是不行的。

　　問：這樣說，您的人生態度仍是非常積極的。

　　答：是的，有時候有一種蒼涼之感，因爲什麼呢？——現在命運的悲劇時代已經過去了，不像希臘時代對我們的壓力那樣大，人慢慢懂得知命，但是環境悲劇還是有的——你爲什麼不生在抗戰那個時代呢？爲什麼生在這個軟綿綿的時代？冥冥然這個大的環境還是有使人屈困難伸的感覺。不過，任何時代都有開創新局之人，任何時代也都有服務貢獻犧牲的美德。如果你能克服這個時代去頂風抑浪，那麼，人還是可以創造的。我們並不消極，而是在悲懷感歎之餘，更積極的去發掘去創造。

　　問：我們覺得有些個體彷彿註定了悲劇命運，譬如您所寫的〈黑河〉，娼妓在淪落的刹那所承受於環境的那種哀苦無告的凄傷……。

　　答：是的，這完全是環境的悲劇！環境悲劇說起來也是很自然的，因爲有些地方飽滿，必定有些地方飢貧，這個世界不是均衡的。如果我們深入去研究，還有一種性格悲劇，這種悲劇更深。天下本無事，看起來你應該很快樂，別人也都這麼認爲，可是或者由於智慧太高，或者因爲欲情太深，總覺得屈困難伸，內在不平。這樣，我們叫它爲靈魂的悲劇。梅特林克、易卜生以後，慢慢的演變出一種社會悲劇。社會上人與人關係的調整，典章制度的是否可行，個體在群體當中所產生的問題——不單是自然的問題——，好的社會學家、政治改革家，應該在這一方面多加注意的。

　　問：身爲作家，對社會種種人爲的不平，您持的是何種態度？

　　答：你不必選擇什麼態度。你在這個社會之中，你是其中的一個，你有自己的本位。如果你是最基層的，當然你對最基層的就最關心。如果你是胡蘭成型的，那當然也可以吟吟風、弄弄月去。就文學整體來說，怎麼樣的態度，我們無法替別人去定。因爲創作是心靈的產物，心靈的產物是在絕對的自由的情況下完成的。如果讓人家捏著鼻子硬灌你一種社會意識去寫作的話，那你寫不出來怎麼辦？對於言志或載道的爭端，多少年不得結論，就是沒有人聽你左右，這種爭端應該是內在的爭端，就是在你創作

的時候，問你自己的態度如何。

**問**：有人強調小說必然走向寫實風格。偉大的作品必須反映群眾生活的悲苦與其心靈所感受的創傷，對這一點，你看法如何？

**答**：我覺得那倒不一定。文學是面對無限人生的，不一定從生活現實中去取材，看一個作家他的背景、他的心智、他內在對人生的基本觀點而去決定。一個園子裡有花有草有山有石，作家創作的類型是不同的。不過在某一個特定的時空，比如說抗戰時期，大家的苦難一至，所以大家的目標和生存最尖銳的苦處都在那兒。這種風貌不是由於外在的吶喊，是自然形成的。我以為，世上沒有「絕對」的，不需要那個「必然」的字眼。舉例來說：「我是一個拉板車的，我拉了一天板車很累，我喜歡看看一朵小花，看一個非常幽靜的東西，使我心靈寬廣，解除疲勞，如果你在副刊上發表一篇叫「拉板車的痛苦」，那我會罵你，因為我已經痛苦，而你卻又要叫我進入那個自己熟得不能再熟的痛苦。所以有時候，要有一些引申性的作品、慰安性的作品或者超脫性的作品，超越這個現實或遠遠地用一個理想去反映這個現實，用多變的方式，而不是同一樣。如果寫實主義的作品都一樣的話，就等於我們大家都穿上那種藍布的制服，那就沒有味道了。就不是一個花花朵朵的世界了。文學作品是一種美的境界，當我們站在橫貫公路上，看到美的風景，我們欣賞那種美，背著手吟哦，或者唱一首歌，那是人生一種自然的風景。如果你硬說：「你這個沒心肝的，你踩在人家的血跡上。」風景就煞掉了！前人的犧牲留給下一代一種美，不是給下一代說：「你們一定要記得我啊，不記得我就沒有心肝。」不是這樣狹隘的胸懷！所以很多的悲劇痛苦會激發我們的創造感和對這個世界的嚮往感。讓我們想到「現實」：「哦，原來是這樣的不平，這樣的悲苦。」在理性生活、道德選擇和美的追求上，我以為還是以一種比較寬廣的態度來看，才是對的。

**問**：政府播遷臺灣後，大陸淪陷，我們理應存有一種感時憂國的情懷，針對這方面，請您談談小說作家在創作上的成果，是否仍有待加強？

**答**：我覺得比較薄弱。當初剛剛經過亂離，到了這個地方，許多人心中還有丘壑在。現在這種軟性的生活一過，許多作家在都市的迷霧中生活，無形中，精神方面就鬆懈下去了。有的時候只是消遣消遣地做做這種心性遊戲。慢慢的，心中的丘壑已經平了。我們拿年輕一代的取材面來看，大部分都是寫一把傘下的愛情、夢囈式的戀愛這一類，或者寫一種社會上變態的流向，很少在一種壯闊的方面著眼——從高山到平原，從大海到農田，各種身分非常撼動人性的部分。不管是悲的或者喜的，這種格局都沒有形成。取材面偏失，廣度不夠。而且這些年來，雖然各地方所需要作品的量非常大，但是質較差，很少再有人耐得住孤燈寂寞，全心全意去寫作。所以在反映時代方面，差！所謂反映時代，並不是要有充分的戰鬥經驗才可以寫作。每一個時代的面貌變遷不同，但是很多很平凡的題材，如果是俱見人性的，一樣讓人震撼。我以前好像跟你提過莫泊桑寫的〈兩兄弟〉，一個掉下池子，一個伸手去救，他們的手慢慢要鬆脫之際，兩個弟兄的眼裡都有了明亮的眼淚，那種至情之淚——抓著手就是兄弟——鬆開手就天人永隔的基本情感，極為感人！像這種題材，在任何時代都會有。我們如果以人心為皈依，以人性為探索指標，必可寫出非常好的作品的。

**問**：也就是說貴在掌握住一種永恆性的東西，不一定要寫生活？

**答**：也不是那樣說，文學有很多種特性，像：永恆性、獨創性、生活性、時代性，沒有一部作品能夠包羅萬象。你從這個方向，他從那個方向，從不同的角度，大家匯起來，就呈現出民族多樣性的面貌了。如果你生活平淡平凡，你對時代茫然無知，偏要你去寫整個時代，那是不可能的。

**問**：您早年的巨著《荒原》與姜貴的《旋風》、紀剛的《滾滾遼河》，同被譽為戰後寫實風格延續的傑出作品。晚近，您著力於鄉野傳奇故事，同時檢討了民族的特質，請仔細談談這種創作方向的演變，好嗎？

**答**：我是一個專業寫作的人，整天都在寫。我本來想把鄉野傳說當作一個個的短篇來處理，很多年還沒寫完，於是很多人就以為司馬專門講故

事。其實不是。那是我要寫的一部分。那一部分同《聊齋》不一樣。它是中國老百姓還在固執地、相信著、期望著的那個境界，也就是整個民族內在精神層面裡的一層，這一層是最基層最鄉野也就是最原始的、大多數人心中有的。文學不講世界上它真的有沒有，是講人心裡有沒有，譬如說人心裡有迷信沒有？有鬼神沒有？你說沒有，人家心裡有。中國人的精神層面，表面上看是固執的、懼怖的、超現實的、荒謬的，事實上透過這些故事，你可以看到一個民族裸現的心靈。宿命感，在科學上說是不對的，但它有時會變成一種勇氣，比如說：步兵往上拉，只要老子心不偷，涼颼颼，怎麼會一槍打到老子的頭？！只要沒做虧心事，他勇敢的很呢！「該死不得活！」就上了。中國的這種堅忍，要從許多內在的意識和觀念裡去找。前幾日我演講專門談中國的「意識」這個東西，它是一種心理學，也是一種最高的精神學。我的「傳說」中，最重要的精神放在這裡。閻王爺這東西，我們大家都知道它沒有，可是中國人的心裡有，他頭一縮說：「好！這輩子我承認你橫霸，可是到閻王爺那裡，會還我一個公道。」期望於超現實的一種公正的巨大的力量，來洗雪他的屈辱和不平。正因為有這種精神的支持，他才能通過無數非人的生活，而活下去，像大陸老百姓在赤色暴力下，忍！等待報應出現的觀念仍在。所以我們應該從故事背後去看真正的精神面貌。盡我所知的把中國各種流變的傳說捕捉下來，用想像補正它的不足。我這一部鄉野小說，最近有一個法國巴黎大學的學生沙普丁菲若亭，正在研究作品背後的一些東西，還有一位韓魯謝帝克先生以人類學的眼光去看、去探索。「會看的看門道，不會看的看熱鬧」（司馬很豪情的笑了笑）。現在大部分的都是看熱鬧的。

問：您寫作這些鄉野傳奇，有沒有考慮到文學技巧？

答：我考慮到。而且非常煩惱，比方說，如果我們採用短篇小說那種精鍊的結構、形式，多用了一些西洋技巧，那麼，傳說的韻味就沒有了。如果用傳說的方式，則又難免冗雜、鬆懈。可是我最後還是採用了後者——像一個老頭娓娓說故事的方式。因為那是典型的中國式，題材的本身就

必須要那種方式，不用那種方式，就不是傳說。像〈黎明列車〉那種新銳的手法，我完全不用。

問：《狂風沙》的故事，能不能歸類到您所謂的「傳說」中？

答：我很多的長篇小說都有很重的傳說的成分在。很多小的場景、情節都溶化進去了。傳說在中國是很重要的一部分，人一開口談話都是那種東西，它與人的意識根蒂相連。

問：〈黎明列車〉是一篇史詩性的短篇，既悲壯又溫柔可感，請仔細談談這一篇寫作的語言和結構？

答：那是我親身感受的一個故事。在上海的時候，認識一個女孩子，我和她同在一個站車底下躲砲彈，砲彈的光是紅的，我們的臉就是紅的。砲彈的光是綠的，我們的臉就是綠的，砲彈打到你身上，你就成為泥土了。生命像風中的落葉一樣，非常難測。後來我們跟著船到了這兒。大家為了保衛自己的生存，不願再那樣孤零，無助的被砲火撕裂。人要站起來！她做了女兵。我做了男二等兵。結果在一個開滿了鳳凰花的樹底下開晚會，我又見到了她。不知道名字，她像一隻撲翅飛翔的鳥，唱一隻戰鬥的歌，我在火光中望著她明亮的眼睛，感覺生命在一個大的環境中，雖然是孤苦的，但是它總得站起來。又過了一些年，有一個早晨，我坐車到臺南去，跟她坐一個座子，彼此笑了笑，有似曾相識之感，最後一句話也沒講，她就下車了。我把很多記憶和當時的景況連起來寫我自己生活的感受，三次相逢未交一語卻都從戰亂中站了起來的那種感覺。因為通篇都是詩的感情，連心裡狀況也是在飛躍的、不斷奔馳的過程中，時時刻刻隨著火車動，所以只有用詩的節奏、飛翔的語言去表露我當時的那種心理狀態。

問：您有一個短篇〈窮途〉描寫一位揹狗皮捲兒的流浪人。充滿壯志蒿萊，寶劍沉埋的悽愴之情。能否回憶一下當時的創作心情？

答：我是懷鄉很重的人，懷念的是鄉土以及中國的老百姓，凡是愛國家愛民族的人無不如此，同歷史同文化溶為一體。人在年輕的時候，往往

意氣奮發，想要蓬車萬里，到各處去遨遊一番。總認為自己生存的地方不好。比如說有些人嫌臺灣這個島太小太狹，跑到美國新大陸去，結果沒有根，活得並不快活。〈窮途〉是寫北山村一個在陰寒之中生活的小孩，想要到外邊去尋找理想，但等到了外邊，所有的理想都變異了，不是他所想像的那樣美。臨老時，他看到一個燈火，一個家宅。他想如果那是我的家，我一定要死在那裡，醉在那裡，不能再去了。可是那一家宅的主人在年輕的時候就離開了別人死也不肯離家的家到天涯去流浪，還沒有回來。所以女主人基於關顧流落在外的丈夫的潛意識，很關顧一個在外邊流落的人。風寒之夜拿一床棉被蓋在他的身上，第二天早上他去的時候，女主人流淚。她看一看好像是來的，結果再看一看，還是去的……。這樣的凄涼。到手的東西往往覺得不好。我是寫人的「共性」。我們懷念童年生活的土地和家宅，但是那些東西已不存在了，經過幾十年的動盪，那些樹和房子早就變成平地或荒野了，可是在你生命中這些溫暖，仍然存在，你朝思著想要回到那個地方去。我在這篇作品中充分地表現了葉落歸根的「故土之思」。

問：論者一向以為：司馬是具有「反映大時代」意圖的一個作家，長篇如《荒原》、《狂風沙》，短篇如〈戰馬的血祭〉。在藝術創作的處理上，除了因為傳奇必須選擇這種方式外，您是否有其他獨特的看法？

答：對最中國風味的題材，你最好採取原始的自然主義的風格，把很多意韻和主觀的暗示都撤掉，讓人物客體去表現，讓讀者去思索。如果我一定捏著鼻子去迎隨，說我的觀念是這樣我的看法是這樣，橫加在書裡面。雖然比較深刻，但是看起來是有限、不是無限。訴諸讀者的意象，甚至在文字以外你去想像，這個權利充分付給讀者，表現得比較寬廣。所以我就採取了前者，不做人物的特別刻畫，一反歐美式小說切刻式的方法，歸諸自然，很單純，但有無數層次，老嫗一樣的可以看懂。所謂「智者識大，愚者識小」。

問：對於高度的機械文明的所帶來精神蠻荒和情緒罪惡，您是否將作

不斷的挖掘、批判？

　　**答**：那當然是必要的，因為現實畢竟非常重要。理想是要返顧現實，而現實是要奔向理想的。為什麼當代有些作家他寫了幾年，漸漸的走下坡了？因為他同這個時代不能契合。很多新的變異性，他不再繼續去觀察、去深入。所以你必須要捉住時代的眼睛，要不斷的把生命留駐在現實裡，不斷的，才有新的作品出現。人的成長不是年歲的增加而是精神的增大。

　　**問**：請您談談當今小說的語言運用如何？

　　**答**：大體上說這幾十年來，小說創作在語言的運用，整體的認知，尤其是小說家精神世界輻射的廣度上，比上一年代都有顯著的進步，尤其受歐美新文藝思潮的感染以及中國民族本位的體認，小說家中不乏有很多具有真知灼見的人。但是整個作品的表現，我們覺得生活度還不夠紮實，特別是年輕的作家，他並不是對哲學思想性有什麼眼光，而是他用生命本然的那種充分的感情去呈現，雖不乏可喜之作，但厚度不夠。今天小說創作的風貌，大體上也有幾類的，比方說超現實的理想性的小說，非常少。鄉土氣韻比較深厚的，前期如西甯、彩華都還做得不壞，後期的春明也表現得相當紮實。但對一個事態的掌握、透視、引申性還不夠。往往還是作者個人感情的依附，有時候很好，有時候比較弱。這需要時間慢慢的去磨練。最大的一個毛病是稿費低，大家不能專心一意的寫，把大部分心力花在生活上、社會的適應上，這樣子，發展的高度有限。我們倒希望有人能把很多的精神和生命投入到寫作裡邊。譬如打球，老是那幾個人打，老都老嘍！我們期望有很多個體的民族的新秀不斷的出來。就因為你靠著一兩個天才來撐場子，萬一他有了什麼變動使他的寫作無法繼續下去，這個損失就無法補償了。

　　**問**：據說「聯副」非常鼓勵新進作家，採用簽約發薪的方法積極培植。這樣是不是一個很好的方式？

　　**答**：這樣很好。但是「聯副」一家做也不行。問題在有些變成了「寵兒」躊躇滿志，而另一些復起的、沒有簽約的，又怎麼辦呢？除非所有的

報紙都一齊這樣做，否則「不患寡而患不公」，少數的年輕「寵兒」會使得其他人洩氣的。其實，這不是金錢問題，而是整個社會觀念問題，如果，我們文化感能充沛起來，一個成名作家能夠被人仰望，享受到社會應得的地位，那麼做父母的一定會鼓勵他的孩子，朝這個方向努力。急切地「揠苗助長」，不是幸事，因為一個孩子剛剛受人注意，他很有發展希望，如果我們為文一捧，他反而心慌了，不能好好去走他面前的那一條長遠的路。當源源的燈光照著稿紙，那是最孤單無助的時候，如果你不能讓他有平衡的心情，而認為「我不得了了」！那他的創作前途也就完了。

問：〈童歌〉一篇中，隨處可見「黑」的意象，譬如：「都在遠遠的黑裡笑著」，「書上的黑字總跳著，跳到遠遠的地方，或著跳進心上一點黑」，「琴弦流滴著使人酸鼻的淒楚，唱詞又遠又朦朧，彷彿只是一道黑」……等等。「黑」在您的心中，是否形成一種很強烈的生命實感的色調？

答：我想那種顏色是我生命的底色。因為遠，因為朦朧，在很多人際關係的變化和衝盪裡，我很多記憶都慢慢變成深色調，隱隱約約，無以名之，曰：黑。如果你在記憶的開初，去回味的話，也一定是深色的。「黑」是生命背後一幅墨沉沉的圖畫，那幅圖畫是活的，我很多感悟從那裡出來，同整個歷史、文化結合為一。

問：今後小說發展的趨向如何？

答：時代是不斷變的，我們所掌握的事件也是。不過，不管怎麼變，萬變不離其宗。我認為一個靈敏的作家對於任何東西永恆的心性，都會去區分去平衡去思考；對人類生存的更高期望，也都應該去擁抱去延展。人性往那裡去？作品就往那裡去。過去文學史上各種風格流尚的經驗都可以被檢討被吸取。

問：請教您在長、短篇創作的取材、醞釀方面有何不同？

答：有很顯著的不同。短篇小說是單一的事件，這個事件不是故事。（人活著的時候，心一動也是事件，例如一個人單戀另一個人，它是無形的心靈事件。有形事件，譬如我打你一拳；大家都看到了。一輛計程車壓

死一個人也是有形事件；那個人的痛苦，則是無形事件。）所以說，短篇小說有時候是敏銳的感覺的色彩，心可以飛花無數的那種情感。長篇小說故事需要客觀的、科學的去做一個自我檢討：在這篇小說中那些東西是你所熟悉的？那些是你不熟悉的？你一定要去找材料去尋覓生活。譬如說：大腿長得太粗，小腿長得太細，對於太細的這一部分，你必須去尋找血肉來補足。所以有時候要做一些筆錄，一些生活的日記，多種人物的活動性格及有關於這個題材的綜合性考慮。

問：為體驗生活而當舞女者，如何？

答：那是沒有必要的。因為人是自然人，你寫你的感情，你經驗世界最充足的部分。我不能說因為要寫巴黎，就跑去巴黎住三年，連中國人都不當了。也不能因為要寫殺人者，就真的去殺人。經驗不夠，可以借用別人的也可以運用人性的尺度、科學的推理，做一番想像，去造境人生。為了寫作而故意去做什麼，沒有真誠的內感，是沒有必要的。

談到這兒，小說家夏楚先生突然推門進來喊：司馬夫人在樓上已經等一個多鐘頭了！

司馬匆匆地起座離去。我們的訪問也不得不煞車叫停。

——原載《中華文藝》第 79 期，1977 年 9 月號

——選自辛鬱等編《作家的成長》
臺北：華欣文化事業中心，1978 年 7 月

# 我對文學的信念
## 司馬中原演講實錄

◎司馬中原

### 抗戰風暴吹醒農民夢

我很小的時候就開始塗鴉，每個夜晚，在燈下用筆桿記錄著自己的思維，至長大到壯年。直到看著一根根的頭髮掉落在稿紙上，我還是否認自己是一個創作的人。我只是一個「生活者」，對於生命具有一種執著追求的本能，也在我所生存的特定時空當中，盡量深入生活的裡層，用人群、時代和自我做爲對比，以尋找生存的價值。

童年時期，我生長在一個荒涼的小鎮上，身爲農民子弟的我，不曾進過任何學校，每天看著長輩們辛辛苦苦的耕耘在自己的田地上，心中便非常企慕長大後，也能赤著腳、扶著犁把平靜的過一生的日子。等到抗戰的風暴掀起，離開了家鄉，用自己赤裸的雙足去丈量中國的土地後，我的觀念改變了，做一個農民的夢破碎了。然後，我成了中國最年輕的士兵，在血和火的教育當中，用中國的河山和人群的悲痛，做爲教育我自己的課本。就這樣，戰亂和流離使我從無知到略識文字，更且識得大民族的百孔千瘡。因此，如果這幾十年摸索和追求的過程當中，還算得上有些微貢獻的話，這種智慧和供給的來源絕不是個人的，而是屬於民族的整體，尤其是那些被犧牲的生命——他們所懷抱的生存願望和埋沒在地土裡的卑微理想。

## 生存位格的認知到創作

　　小時候，我摸索試讀的書本，大部分是中國古典的書籍，如經史子集一類的，根本是半通不通的讀，也不能說是無師自通，因為根本就不通。後來我嘗試讀歷史，從中我感覺到咱們老古人非常企重後來者。在浩浩的民族長河裡，在大自然的綿延當中，把我們人放在同一個位格裡。古人說：「三才者，天、地、人；三光者，日、月、星。」古人把我們人放在同一位格，也就是說一個生命從萌芽到成長，要不斷的心懷日月，來拓廣精神的世界；在大我的生命裡，要能吐納風雲、氣吞宇宙，要立志做到像這樣有胸襟的人。

　　我常常問：「文學藝術是什麼？」從書本上我們可以得到許多不同的解釋和答覆。但是有一位老將軍曾對我說：「所謂文，就是一種本質、一種內容。人本的本質，屬於人為了拓廣生存而產生的精神的創造。」如果人類絕滅了，那麼一切文學藝術的價值也轉歸於烏有，因為它是人所創造的。至於內容，是要以人無限的人生為其內涵。人明高度的理性生活，而在我們的思維展放之際，我們究竟以何種態度來面對人生？我想任何一個從事創作的人，必會把它列為首要的思考。在道德的生活範圍內，我們是求善的，這種道德觀念的建立，不是泛社會道德，而是每一個人從自我的生命出發的。對於事物判斷的標準，是與非、黑與白，都需要去研究、去探討、去肯定、再肯定。古人教導我們要「擇善固執」，找到那最好的就服膺它、保守它，可是誰能找到那最好的呢？所以「止於至善」只是對於人類本身，一種最崇高，但很難達到的理想境界。是以我們求善，必須虛心的追求，因為人本身就不是絕對的動物，也沒有辦法創造絕對。且我們在生存之年，就宣布自己已經掌握到一個真理時，這個人便僵化了。移動的本身就是真理，人需要不斷地像風一樣的追求，把「止於至善」的嚮往，用我們整個的生命，如流水一般流到大的時空當中，流到歷史和文化的深處去，流到各類人群的生活裡層，流入他們的心靈。去思考、去學習、去吸

取、以飽滿我們自己。

## 「我在其中」的生活態度

我曾問一位老先生：「智是什麼？」他說：「智者，日知也；必也日進新知方可有智。」年輕的朋友們往往懷有極大的抱負，對科技知識的了解，對歷史文化的研究，對文學藝術的探討，自覺頗有心得。但是到了某種程度以後便會停滯。原因在於我們常會經恆執守著某種概念，做為本身出發的基點，而這些概念卻阻擋了我們再朝前面去的路。人在嬰兒期是吸取力最強的時期、從無到有學得最快，也進步得最速，一旦自我的意識強了，就會把個人接觸的事物看成對立體。譬如說：晚上看月亮，因為我們已知道月亮是地球的衛星，且知道她距離我們有多遠的距離；至於我們自己，則是地球上一種叫人類的生物。人與月亮間是對立而無大關係的。可是一個嬰兒在搖籃裡看月亮，就有不同的結果了。他看到月亮，他自己就是月亮，所以他從無到有學習發展得相當快。一般人慣於用眼睛去看事物的表態，但一個創造的人，應該像嬰兒一樣，用心靈的眼睛去看事物的神髓，看到事物的裡面去。文學所講究的乃是「我在其中」，如果是我在其上，我在其旁，只消新聞記者就可以做到了。所以身為創作者，最要緊在不斷的吸取追求當中，要能敞開胸懷；唯有心虛方能容物，切不可使既有的皮毛知識，阻擋了自己的再進深。

## 美的境界

在人類的感情生活中，人人追求著美，所不同的是觀點和標準的差異。實際上，在精神生活、行為生活當中，凡是有境界的人生，就有美。比如林覺民，他為了他所看不見的後人，創造一個在其意想中、人道的、自由的、康樂的、新的國度。他把手榴彈當作生命，把生命當做手榴彈投擲出去；而其遺留給親人的書信，凡是讀過的人無不熱淚盈眶，滿心感動，這就是一種境界。在形式上，他的行跡是一齣悽慘壯烈的大悲劇，然

而在選擇上、意識上卻是最高的自由體現。又我們在青春得冒泡時。又醉又夢的光景也是一種美。青春之美。到了中年，覺得人生塵埃初定，雲色蒼茫，那也是一種美，蒼涼之美。邁入老年，當老伴遠去，往事一幕幕浮現心頭時，孤獨悲涼之感逐充塞全身，那也是一種美，孤獨之美。所以我說人生好比一座七寶樓臺，每一層有每一層的境界，每一面有每一面的風景。真正的美在人生的每一個階段，每一個角落我們一定要細心去品味，因為文學藝術不論是那種型式，所追求的都是情境。

## 愛心連絡全德

《聖經》上說：「愛心是連絡全德的。」如果一個人沒有愛，就像鳴的鑼、響的鈸，都是空洞的。當我們在人生的道路上，從內或從外追尋愛和真摯的情感時，要釋放自己的精神，要把自己溶合在大我裡。「我既非我，非我即我。」應該是每一個偉大的政治家、思想家、哲學家、文學家、藝術家在有生之年，不常追尋的人生境界。而文學就像陽光一樣，普照著世上人類浩瀚的各種生活，可以批判、可以歌頌、可以啟發、可以鼓舞、也可以創造。但是，不論什麼樣的形式和內容，其最原始的關心和愛才是真正的、永久長存的東西，才能決定作品的價值。

文學的世界面對著無限的人生，有怎樣的人生，就有怎樣的文學。人類有理性的生活、道德的生活、感情、宗教的生活、精神的生活等各樣的生活，其追求的種種，在在都將成為文學的源流。但是「愛」是所有一切的根，至於不同的生活模式，相異的文學藝術形式，都只是眾樹上繁衍出來，向四面八方生長的枝椏而已。

## 破除凡人四種相貌

近年來，我案頭上經常放著座右銘，寫著：「凡人具有人相、我相、眾生相、壽者相。」下面我就向各位說明這幾個字的意思。

我有一個朋友的太太篤信宗教，每天早上都到教會去服事神，到公園

去發單張，告訴世人如果不信上帝，就要受審判。她對拯救世界的心，在行為的表現上是很夠的。可是自從她迷於宗教以後，她的先生就沒有吃過一頓熱的晚飯，後來他的兒子也在新店溪游水淹死了。她為了救世界，而沒有盡到做妻子、母親的責任，恰如古人所說的：「一室之不治，何以天下國家為。」這便是一個「人相」的人。

其次是「我相」。抽煙的人大概可分為四等，有煙有火的是頭等煙客，有煙無火的是二等煙客，無煙有火的是三等煙客。第四等煙客即無煙又無火，卻偏要抽的人。「我相」的人便是「無煙無火卻偏要抽」的惡客。一個人大學畢業了，就問：社會給我什麼？國家給我什麼？教育界給了我什麼？要升官沒機會，要發財沒著落，想生個兒子，老婆又不孕，彷彿全世界都對不起他。於是得過且過，晃蕩到了中年，便發出「學書學劍兩無成，一事無成兩鬢白。」的慨歎；然後又唱平劇自憐說：「我好比潛水龍，被困在那沙灘。」今天我們中年一輩，有太多這種「我相」的人。實則，不論做人、求學或婚姻都是互助的，不問別人給你什麼，而要先問你自己到底給了別人什麼。一個好的創作者，絕不是「我相」的人。否則在創作的過程中，便考慮名、利等等外在因素，如何能有偉大不朽的思維和呈現？

第三是「眾生相」。青年知識分子的人生原則，常是一種理直氣壯的肯定，認為我有我的思維，我有我的獨立價值評斷的標準，我有一個還不算小的世界，可以在其中自由的悠游。但是，你怎麼不曾想到，你的世界只是淺水的池塘，如果你一直悠遊在其中，則你永遠是沙丁魚，不會是鯨魚。而當你在池塘中，遇到一條剛游進來的魚時，他瞪你一眼，你也回瞪一眼過去，於是很快便抬槓罵架起來，彼此不能相容。一個人自我意識過於濃厚，他的概念支配整個意識是很強烈的，所以很容易就和別人抬槓激論，到了劍拔弩張，不能相容的時候，便狠狠的說：「你走你的陽關道，我過我的獨木橋。」原本擇善固執是好的，但這種人沒有「擇善」的虛懷，卻已犯了「固執」的毛病，這就是「眾生相」。

　　精神的世界無限廣大，爲什麼說我們要以天地之心爲心呢？就是說，若有反對自己的意見，不妨先聽，進而過濾、吸收變成自己生命的一部分。我們常看到有學養的老先生，有著泱泱如海的聲容，聽他講話真使人如沐春風，已逝的俞大綱先生就是這樣的一位長者。他絕對沒有給人年齡隔離的感覺，而始終笑得像年輕人，對於每一個他學生的學生的學生，都親和的與你聊天。你想和他抬槓，根本無法抬起，因爲你是小魚，他是大海包容了你。所以我們要有進境，就要打破「眾生相」，要以無盡的胸襟吞吐這個世界。

　　另有一種「壽者相」。一些有知識的老先生，白髮蒼蒼，道德文章遠看好像一座山，望之亦儼然，但即之卻也不溫。這種人書是讀了不少，可是沒有溶到生命裡面去，所以造成封閉感。此外，很多家長，老是希望用有限的個人人生經驗，籠罩年齡的孩子都無限發展的生命，遂致產生代代之間自然的疏離，這都是「壽者相」。文學是在現實的當中，覓取和諧與平衡，而不是像彎刀、像斧頭站在這一面打擊那一面。授者是造成代溝的，我們一定要打破這種牢固的觀念，要做繼往開來的橋樑。

## 與萬化冥合的大人

　　《易經》上說過：「大人者，與天地合其德，與日月合其明，與四時合其序，與鬼神合其吉凶。」

　　「與天地合其德」──即勉勵我們要做大人。天地蘊育人類，賜予我們靈性、智慧和衣食，我們要能同天地合一，把天地給予我們的這種德性和能力，表現在言語、行爲上，再付與同時代，甚至未來的人，這實在需要極大的寬容的心態。

　　「與日月合其明」──有些英雄人物，往往表現過於剛烈。就像太陽本是溫暖的象徵，可是夏天折射的強烈日光，便叫人都躲起來了。所以有時我們也應該像月亮那般溫柔，那麼美，那麼撫慰人的創痛，給人夢境和安息。像日月一樣，當堅持我們做人的大原則時，則要剛；當柔和時，則

要以如水的胸襟去覆蓋一切。

「與四時合時序」——不要停止在抱怨夏天好熱，秋天好蕭瑟，冬天好冷的階段；而要進一步去感知這人生就像春夏秋冬一樣，四季有不同的風光，不同的境界，這人生從頭到尾都是值回票價的。一個人能以此種態度去領略人生，經驗四時，就不會沮喪、抱怨和沉淪，而是一直奮發、昂揚的向前邁去。

「與鬼神合其吉凶」——我們看到很多競選人到廟裡燒香問卦，祈求鬼神保佑他當選。這是一種什麼樣的心態？什麼樣的文化態度？什麼樣的知識分子？中國儒家最瞧不起的就是「不問蒼生，問鬼神」的人。天下滔滔百姓受苦受難，社會問題層出不窮，而一個想要執政的人，卻對自己的命運沒有信心，那麼他到底要憑什麼來領導？領導國家？

所以「與鬼神合其吉凶」就是坦蕩蕩的胸懷，凡事本著愛心，不問明天是吉、是凶、是禍、是福，而是以道義的承擔和無限的愛心迎向前去。這也是文化人精神的最重要支撐點，如果每一個人都像一支燭光，那麼黑夜也會變成天明。

## 躺在民族母土上的失眠者

現代社會非常的冷漠，很多人早晨吃燒餅油條，打開報紙首先看的是社會版，看看有否凶殺姦淫案？有否車禍？是否很多人留學？如果很多，就多吃一套油條燒餅。他拿別人生命的痛苦，當作胃藥來醫治自己的腸胃。很多人也常喜歡拿長篇大道理來教訓指摘人的過失，卻笑著說：「我也不過偶爾為之罷了。在這樣複雜的社會，無論你有再高的知識程度，都是教育者，你的一言一行都在教育別人；每一個人也都是受教育者，別人的一言一行也時時在教育你。只要生活一天，就要有關人的心懷，不斷的學習探討。至於我，我說過我不是一個純粹的創作者，而是對於社會的沉淪，對於民族的悲劇——一直通到民族的心臟裡的那種悲劇，不斷反覆翻騰焦慮在心頭，常常失眠，等待天明的人。

　　有人遺憾他不是生在烈火熊熊的時代，所以他不能產生偉大的作品。我卻以為每一個人都必須面對他自己所面臨的時代和現實，一切不幸痛苦的時代都是產生偉大人物的時代。因為總有一些頂峰超邁的生命，用他們大的憐憫，認真的思考，付出的態度來光輝那個時代，使它不斷向上。所以無論今天社會分工多麼細，人類休閒生活如何的被剝奪，時代暴力如何的可怕，人性深處求智求安的心，對於尋求合理生存的嚮往，卻始終是一種浩浩的力量，一種莫可抵禦的力量。當世界不斷的向前走時，我深信文學、藝術的力量還是非常巨大的。

　　這幾十年，每天晚上我常和許多初識的年輕朋友共聚燈光。正因為戰亂的緣故，使我特別重視緣分，中國人說：「同車同船都是緣」，更何況共一夕燈光呢？今天得以和為我們多風雨苦難的民族，為我們歷史上的創痕，關心的朋友在此刻相見，那真是不得了的「緣」。古人告訴我們：「青春是財富」，和各位相比，你們都是大富翁，我的日子已經很少，我已經很貧窮了。但儘管我個人是非常的淺薄、木訥，我還是願意奮我所學和餘力，與諸位在文學藝術的長途上、在面對人生浩瀚的海洋上，一起去追尋。我深深的希望，有一天諸位像星群一樣升起來閃爍之時，我們仍有機會在一起仰望。在未來遙遠長程的追求當中，更期待能望到你們的背影，以做為我們的光榮。謝謝各位

——選自《政大文藝》第 2 期，1979 年 5 月

# 談小說的文字運用
## 訪司馬中原先生

◎黃武忠<sup>*</sup>

　　司馬中原先生，本名吳延玫，1933 年生，蘇北人。專事寫作，已結集出書之小說集，計有：《狂風沙》、《鄉野奇談》、《荒原》、《青春行》、《煙雲》、《綠楊村》、《路客與刀客》、《呆虎傳》、《割緣》、《闖將》、《巫蠱》……等，達五、六十部之多，大部分是民族風格比較濃烈的作品。

　　文字是作者與讀者之間的橋樑，作者藉著語言文字把思想和感受傳達給讀者。是以，一篇好的作品，往往需要看作者的文字運用是否簡潔流暢，恰到好處？因此文字運用也是作者必須研究的課題。

　　有人說，小說的文字就是散文的累積與組合。司馬中原先生認為：

> 散文是以作者本身為軸心，是用所謂萬事萬物皆到心裡來。即是對外界的各種感受，化成各種感覺向外投訴。所以散文是用我心應天心，用天心去證我心的一種寫法。

　　任何的藝術文體都以散文為基礎，可是小說卻與散文有些差異。司馬中原先生說：

> 小說必須有幾個元素：首先是事件。事件有兩種情況，一是有形事件，即行為事件；一是無形事件，即精神事件。也就是我們心理的各種發展

---

*黃武忠（1950～2005）文學評論家、散文家、小說家。臺南人。發表文章時就讀東吳大學中國文學系夜間部。

狀況，同外界一切行為所促成的事件。次為背景，即這一事件所發生的時空。再次是心理狀況，即這個人物在此一事件中，所產生的精神與心理的反應。

司馬中原先生又強調說：

> 小說的文字是生活語言做為重要基礎而產生的，比較廣博，生活性非常的強。作者若沒有一個鮮活的廣大生活語彙作為基礎的話，只用文字還是不夠的。

那麼在使用這種生活語言時，是用具體形象的語言好呢？還是抽象概念性的語言好呢？司馬中原先生說：「這要看各種不同的事件，不同的狀況來決定。我覺得小說文字運用時，首先考慮到的該是何種事件？怎樣特定的時空。」

例如：古代有古代的語言，現代有現代的詞兒。階層的高低之行業的不同，都有他們習慣用的語言。因此要根據事件來決定他的語言基礎，這是短篇如此。假使是長篇則要用符合性語言，這個場景的語言與另一場景的語言又不一樣，比較博雜。不只是靠抽象或具象的語言就足夠。關於文字的駕馭，寫過 56 部小說的司馬中原先生，已能如行雲流水，運用自如。他說：

> 有時寫得細膩，就用很多散文風的句子進去。有時要直接反映，就用一些踏實的句子加入。實在的場景，就用實在的文字去寫；空靈的場景，就用虛的文字去寫，變化多端。

而小說文字是否又要經過修飾呢？司馬中原先生說：「修飾是必然的，但不能刻意去修飾，而使逼真的感受了距離，所謂『隔與不隔之感』，不

隔還是重要的。」

　　他認為：「小說的文字運用是要從內在感覺建立先開始的，首先建立的是顏色感。」

　　例如：我們寫林覺民烈士為了締造一個人道的新國度，拋頭灑血，把生命擲出去，來開創國家。首先感覺到的該是這個小說基本顏色是什麼？用橘紅的顏色，像黃昏雲那樣的璀璨、壯烈、淒厲。用此種色調去塗染這篇小說，便能濃郁著悲劇感的背景、壯烈的背景、撼動人心的背景。若要寫一個童年的回憶，一個很深很黑的夢，就得用黑色來做基本色調。像鴿子的翅膀，像陰天的黃昏雲，像沒有陽光照射到的森林深處，夜影迷離的狀況，這樣才能把濛濃與遙遠都感覺出來。

　　表現事件，在文字運用上，內心尚有何種感覺需要建立呢？司馬中原先生說：「除了顏色的感覺之外，還需建立一種無聲的音樂感，無聲的音樂感在內心裡醞釀的結果，可以產生一種節奏。」

　　比方說：一個老人，他眼睛瞎了，在黃昏時候從我們眼前走過。那兩顆沒有眼球的眼，裝滿夕陽的光，像裝著酒一樣。他慢慢地走，走到秋山落葉的樹林裡，被霧擋住了，天也就漸漸地晚了、暗了。當我們看到此一場景時，我們要在小說中如何描寫呢？心理一定要有音樂感。像月夜裡洞簫的空洞淒冷哀怨的聲音，非常的遲緩低沉。我們要用這種音樂的催眠性，把此一場景寫出來，自然就有一種音樂性固定在作品上。假使來一曲風流寡婦去寫那個老人，則音樂的節奏就完全錯了。我們看到很多短篇小說，明明是該慢的，他卻快；該快的，他卻慢，節奏的掌握不行，這是內心音樂感未建立起來的關係。

　　司馬中原先生接著說：「內心除了顏色、音樂感而外，還要建立一種畫面的感覺，寫一篇小說就像畫一幅圖一樣，如何的去捉筆？去把景物勾陳出來，使形像凸出。」

　　一種技巧和方法，往往是前人無數經驗累積所提煉出來的結果。司馬中原先生，在他多年的寫作經驗中，當小說人物出來後，他在文字運用上

有著他的方法。他說：

勾勒法：即一個大場景，很多人物，我們不能像照相機一樣，每個人都平均的去照他。我們要像素描畫家一樣，去這裡勾一筆，那裡勾一筆，把整個景緻凸出來，把要點特性給勾勒出來，是屬於蜻蜓點水的那種方法。

砌刻法：即一個粗獷的人物，我們要像木刻家的雕刀一般，把這個人物深深的雕在讀者的心裡。一刀一刀費力的去刻他，把人物的形象刻出來。

暈染法：我們寫到杏花煙雨江南，柔美的空氣，靈秀的山水，遙遠的記憶和無限的思念時，我們就不能寫得太清楚，必須用感情的水份去盡量暈染，使它出來之後，濛濛濃濃的像詩一樣。

描摹法：如我們要離開一個親人，那麼讓我看看你的臉吧！讓我再看你一次吧！深深的看了一眼，那麼眉毛眼睛都得很清楚，就需要用細細的筆去描摹。

這種場景和人物，如果用張大千畫墨荷的筆來暈染，那麼在潑墨的情況下，母親的臉可要像張飛了。這是不行的，有時要用水筆、實筆，帶著一種感情的滋潤去寫。有時要用乾筆，把北國的風沙和野淋淋的人群，用一種蒼勁而有力的筆調去寫。談到這裡，司馬中原先生認為：

寫文章的方法千變萬化，文字的運用方面，是深深的寫、淺淺的寫、濃濃的寫、濕濕的寫。亦即我們用的這支筆，已不是一支單純的墨水筆，而是像畫家所用的畫筆。有時是大筆，澆滿了水的畫，有時是擰乾的筆，能夠畫眉毛的那種紅豆相思筆。

寫小說時，必要變化的去寫，否則文字將是平凡的，或者流於個人的散文

風韻。

　　司馬中原先生，在斯文的語調中，已把文字運用的四種方法傾囊而出。至於一般初學寫作者，容易患上那些毛病呢？他說：

　　「運用文字方面，初寫稿時，常揣己自己的個性凌駕在客體的、所創作人物的頭上。文字運用雖然是筆隨心轉，可是心卻要隨人物而轉，這都是有連帶關係的。文字在運用以前，各關係都得特別考慮，如果內在的觀感錯誤，外在的文字也就會用錯。」

　　這一點是相當重要的，作者必須能居於超脫的地位，去把客觀事實加以描述，否則文字運用不當，寫出來的作品千篇一律等於自己。其他還有那些缺點呢？司馬中原先生說：

　　平常在文字上的缺點是文字感太重。此點我們要像脫衣服一樣，慢慢的脫掉。因為你用的文字都是非常通俗的字眼，我們必須想辦法把通俗的字眼，用鮮活的生活語言來代替。

　　譬如：枝頭的果子結得很大，我們若用文字去形容的話，就是「果實豐盈」、「碩大豐盈」、「鮮紅欲滴」、「垂垂累累」，就只這幾句話，換來換去還是這幾句。可是我們若從生活中去找，就大不相同了。有一個老兵，他種蘋果和梨，我們說：「老丁，你今年的收成不錯啊！」他用微帶山東話的口音說：「不賴哪（ㄋㄟ）！小的能壓斷枝幹，大的能砸爛人頭誒（ㄟ）！」這就是生活語言代替了垂垂累累。如果不從生活裡去尋找那個根蒂，把那些語言擦出來再加以藝術的鍛鍊的話，就永遠只能寫「垂垂累累」的文字。結果沒有人能看得進去，也撞動不了別人，產生不了形像。

　　小說的語言是完全同生活打成一片的，有多廣的生活，就有多廣的題材選擇度，要有這樣的題材選擇度，也必須要有多廣的生活來支援。司馬中原先生說：

生活很淺窄的人，只是用一種假想的概念性語言文字去寫稿的話，他的語言分配度一定不夠。因此，想做一位小說作家，如何去剔除他個人習慣性的文字運用感覺？而虛心的從生活中重新接受東西，是非常重要的。

　　例如：你聽一個老年人講鄉土上的故事，那個老人沒念過書，他也不懂新文藝的形容詞。可是他講得恐怖時，讓你不敢伸腿到被子外面來。他講到美的時候，你感覺到美得不得了。因此你就想寫這個老人講過的故事，用自己的文字去寫，結果整個給破壞了。所以文字如果用得不恰當，就產生了一種所謂「為文損意」，寫文章反而把意思損害。此種情況很多，所以我們寫小說！在文字運用上已不是單純的文字，而是同生活連在一起的。

　　文字之運用有所謂虛實，節奏有快慢，這是文章中，或小說裡不可缺少的東西。因此司馬中原先生一再的強調，他說：

　　「文字的虛實快慢關係是一致的。快的文字是實在的文字，就是場景要跳換的地方，或節奏需要快的時候寫，慢的文字是虛的文字，虛的文字要抓起來寫，就是用明喻、暗喻、主觀的比喻、客觀的比喻，然後用象徵的，暗示的、側面的，多種寫法去寫。想把它留住，它就不動。所以文字的快慢虛實和節奏感有很大的關係。」

　　有的人不快不慢的寫，這樣的小說便沒有高低潮起伏的氣勢。因此，作者要順著自然，根據事態去靈活的運筆，不可一味埋頭的寫，否則寫出來的作品一定很貧乏。

　　最後我們用岳武穆的一句話來做為此篇訪問稿的結語，他說：「陳而後戰，兵法之常，運用之妙，存乎一心。」其實文字運用本無定法，只要努力的寫，用多了便慢慢熟練。

——選自《臺灣時報》1978 年 5 月 26 日，第 9 版

# 燈前夜話
## 簡記 40 年寫作生涯

◎司馬中原

　　小時候，瞎子替我算命，斷言我這輩子命定是個耕田的，如今回顧起來，他算得挺準，我是以筆尖為犁，日夜耕耘著稿紙，在精神上仍然是個農民。

　　40 年當中，我的寫作生涯，可分為四個時期，最先是塗鴉期，其次是實驗期，後來是墾拓期，到了目前，應該到定植期了。

　　塗鴉期是在戰亂中開始的，那時寫作欲望極強，易受外界的影響，讀了什麼作品，都想摹倣，讀了《鏡花緣》，便寫新鏡花緣，讀了《江湖奇俠傳》，便寫新江湖奇俠傳，有一個時期迷無名氏，寫出的文字便和他極為相近，後來也迷張愛玲，但我靈性不足，學她學不來。抗戰後期，我迷過駱賓基、端木蕻良、蕭紅等人的作品，這對我爾後作品的風格，多少有些影響。

　　那時候，我只是一個粗識文字的孩童，找些質地粗劣的廢紙，翻過來訂成本子，一本一本的供我塗鴉之用，有時在逃難途中，寄居到這裡那裡，我始終帶著這些本子和筆，在如豆的燈下寫個沒完，我寫的作品，從沒考慮投寄，只留給自己看，有一篇題名〈鄉愁〉的散文，我看一遍哭一回，可見得有我的真情在裡面。

　　後來進入軍隊，我寫作的習慣始終沒改，我的背包總比別人重些，因為裡面常多放了一些書本，那時談不上「伏案」，根本沒有桌子，我用一塊方形圖板放在膝上，坐在繩索串成的小板凳上，就可以動筆啦。軍隊經常行軍調動，我已經習慣領受一切的陌生，有時駐紮在寒風流咽的街廊下

面，我在營火跳動的光暈中，寫我的〈征程詩草〉，還寫過一冊叫〈煙鬼日記〉，因爲我七歲開始吸煙，想戒又戒不掉，在軍中成爲年紀最小的老煙槍。那篇〈煙鬼日記〉，寫得妙趣橫生，全連傳閱，包括連上官長都成爲我的讀者，排長斷言有一天我會成爲作家，而我不敢有這個夢。五四之後，作家不是留英就是留日留美，滿肚皮墨水，我這個小老粗，哪敢做什麼作家。

來臺後，不論駐紮哪裡，我首先就打聽何處有圖書館，設法借書看，也和一些愛好文藝的弟兄們交換書籍，逢到假日，我們就自然的聚在一起，討論寫作，交換對閱讀的感受，我們把寫成的作品分別投寄出去，居然也紛紛刊登到報紙雜誌上了。頭一回看自己寫的稿子變成鉛字，那種興奮的感覺，真是難以形容，我們雖不是作家，但至少是個具名的作者啦。

那時軍中的寫作風氣極盛，真是天時地利人和俱備，把愛好文藝的朋友都弄到一塊兒去了，像楊念慈、朱西甯、段彩華、舒暢、張拓蕪、李冰、王牧之，都算鳳山客；尹雪曼、彭邦楨、林今開等人在高雄；墨人、郭嗣汾、洛夫、瘂弦、張默等在左營；郭良蕙、郭晉秀等在屏東；羊令野、疾夫、金刀、阿坦等在嘉義；潘壘、馬各等在臺南，我們逐漸結識，變成骨頭連著筋的交友，分別寫作，共同墾拓，這個墾拓圈逐漸擴大，和北部的公孫嬿，東北部的田源、吳東權，以及流動性較高的辛鬱、蔡文甫、沙牧、魏子雲、高陽、李春陽、管管……慢慢都成爲朋友，相互鼓勵激盪，在 1949 至 1956 年這個階段，該說是軍中文藝的勃發期，主宰文壇的，也就是這許多朋友。

說來慚愧，在這許多文友當中，我是忝列榜末的，我的資質魯鈍，毫無學養，使我一時拿不出像樣的作品。1953 年的春天，我和吳惟靜女士結婚，她是寫詩的，亟力鼓勵我繼續努力寫下去。文友大荒、彩羽、楊海晏等人，也都常爲我打氣，婚後我賃居大樹鄉的農家，看病寫稿很勤，曾寫過長篇〈大楊樹〉、〈魔火〉，但至今仍沒出版。我用司馬中原的筆名，在《半月文藝》上，發表了一些短篇，同時用侖琿的筆名，在《野風》雜誌

上發表了一些短篇，奇怪的是：我投寄報紙副刊的稿子，十有八九都吃退稿，只有「新生副刊」、《掃蕩報》副刊，用過我兩篇散文而已。

從大樹鄉遷到鳳山鎮，我寫的稿子投寄各報，像如今玩飛盤遊戲一樣──怎麼投出去就怎麼飛回來，尤其是《中央日報》副刊，連一篇也沒用過。當時我已有三個子女，環境十分清苦，借債三千元買了一間竹造克難房子，連朝大雨，使沒有地基的房屋塌陷了，臨時買了幾根粗竹，把房頂重新支撐起來，變成有屋無牆，冬季寒風直灌，我深夜寫稿，得把一床軍毯裹在身上，邊寫邊和冷風作戰，所得的結果，卻仍退稿如故。

同一時期，惟靜投稿海外，如《蕉風》、《祖國週刊》等，倒有詩作發表，她用稿費讓我得嚐肉味，並勸勉我不妨先從海外打出路。我聽從她的建議，不久竟成為《祖國週刊》主要作者之一，編輯來信催稿時竟說：「我們編輯群，已經都成為你的熱心讀者，一期不見你的稿子，我們都覺遺憾。」

由於我在海外發表作品很多，國內才加以注意，我的稿子採用率便逐漸增高。惟靜在《人間世》發表一連串的作品（她用筆名「蘇菲」），我在「中華副刊」、「聯合副刊」，也有作品出現了，（當時一篇稿費，可抵全月薪金。）那時孩子多，書房在客廳裡，惟靜表示，書桌讓給我，她放棄寫作帶孩子，讓我專心去寫。這段時期，是我的寫作實驗期，談不上風格的形成，只是在摸索前行。冬天，我們守著風痕雨跡的小屋寫稿，夏季把檯燈移到室外，在鳳凰樹蔭下面，我寫稿子，惟靜編織毛衣，而她卻是我寫作生涯中最大的助力。她寫作比我早，成就比我高，卻因家庭生活，犧牲她自己，全心成就了我，回想起來，何止是感念而已，當時如果沒有她的安慰與支持，根本沒有今天的我。

1961 年我退役為民，出版了長篇小說《荒原》，短篇小說集《靈語》和《加拉猛之墓》，這是我從實驗期轉變為墾拓期的開始，那時已越過經常退稿的難關，我為《皇冠》雜誌及各報刊定期撰稿，寫了《大夜班》（後改名《魔夜》）、《狂風沙》，尤其是《狂風沙》一書出版後，我的寫作生活轉

為真正的專業，多年來已經沒有退稿紀錄了。

　　1967 年遷居臺北，我寫得非常猛銳，可以說是經常挑燈守夜，直到雞鳴破曉方才入睡。時間像波浪般的推湧而前，轉眼又過了 20 年，我從少年轉入中年，近來也常有老之將至的感覺了。這數十年來，我究竟做了些什麼呢？歸納起來，有幾點是可以一提的。

　　我這人，天生魯愚，自知不敏，便用古人「勤能補拙」的話，力勉自己努力閱讀，勤寫不輟，許多年都默守著長夜，到凌晨三點才入睡，把心裡所感，都記入文學性的筆記中，使寫作題材豐廣。我恆以柔和寬廣、誠懇虛心的態度，面對生活；用寧靜淡泊、專一精進的精神，面對稿紙；以古人古事為師，時人時事為友，後人後世為念。現實的困貧，不會使我沮喪怨尤，因為我多年來所過的，仍為「二等兵」的生活；一張公車票，一包香煙就可出門，娛樂也不必花錢，爬爬小山，下兩盤圍棋，種種花草，就感到至樂。我和內子，已有多年沒添置新的衣物。有一回，《汽車天地》雜誌打電話來，希望訪問我，他們說要做一個「名人名車」專欄，問我使用哪個廠牌的名車，我直截了當的告訴她：免了，我是搭公車的，根本沒有自備車。

　　在衣食住行四項當中，我們唯一著墨的，大概就是居住環境了。成家卅餘年，我被屋漏和淹水弄怕了，書籍底稿的損失，常使我心痛不已。在北市吳興街的二層住宅，特選不淹水的地方，雖在陋巷之巷中，但無車馬之喧，我們在那裡居住 16 年，後來孩子大了，藏書多了，根本無法容納，才建造辛亥路山坡上的新宅。這裡地處山腰，視界廣闊，晨間鳥啼雞唱，夜有流水蟲鳴，我把書房設在極靜的地下層，沒有電視，只有收錄音機，以低微的音樂陪伴我閱讀和寫作，由於是獨棟別墅型建築，鄰舍都在十公尺之外，彼此均無雜音干擾，這樣的寫作環境，和當年相比，真是有天上地下的差別了。

　　真實說來，我寧願安守家宅，把多年積蓄的題材，整理消化，再循序把它們寫出來，這是我的本務；事實上卻很難辦得到。因為寫作之外的事

務太多了。也許是早年我為文藝青年的服務工作做得太多，朝後便被更多的青年朋友纏住，演講、座談、訪問、上節目、評審、開一些總是開不完的會，幾乎把我白天的時間占光；這樣欲罷不能的忙碌一直持續了很多年，我實在太疲倦了。

今年冬季，我坐在深夜的爐火邊，沉沉的思索著，人應該不易初志，不改初衷，我考慮要盡力摒擋不必要的外務，讓自己在沉寂中安定下來，集中精神去做一些該做的事，雖然過去幾十年裡，我寫過 60 部書，但大部分都是匆忙中趕出來，較之古人「窮畢生精力而成一書」的精神相比，實甚汗顏，到了鬢現星霜的年齡，能寫的時間已經不太多了，昔年寫稿，肩上趴著孩子，懷裡抱著孩子，還能一鼓作氣寫下去，如今環境如此安定靜謐，正是最適合挑燈伏案的時機，如果讓繁冗的事務把寫作時間割裂，對自己的損失可就太大啦。

文學藝術，是面對無限人生的，我的經驗仍很貧薄，學養更有待充實加強，深入生活固然緊要，在孤寂中自省卻更為緊要，我願以真誠的愛心為鑰，開啟靈性之門，使我的生命，更為寬廣圓融，使我未來的作品，得能更上層樓，古人說：為伊消得人憔悴，我對文學擁抱的熱狂，正是如此罷。

1986 年 1 月 24 日

──選自司馬中原《無弦琴》<br>臺北：皇冠出版社，1986 年 5 月

# 拾級而登

## 我投向創作的動機和過程

◎司馬中原

　　做孩子的時刻，街坊鄰舍們曾經用不同的言語品評過我，有人說我眨著兩眼不說話，活像一個小老頭，有人誇我聰明，但卻屬於聰明反被聰明誤的那種鬼頭聰明，誇讚還沒有擔心的多。有說我是「成則為王，敗則為寇」，說話的神氣真的斬釘削鐵，用從小看八十的觀念，硬要把人給「蓋棺論定」的樣子。我長大了究竟會變成什麼樣的人？題目倒很有趣，但我自己全不知道。

　　只知自己的心很敏感，充滿好奇的探究和不著邊際的幻想，把扁大的落日想成拎在手上的燈籠，把滿天的星斗想成一串懸在簷間的鐵馬，把飄落的雪花想成珍貴的白糖，把天上的銀河和屋後的小溪用幻想聯繫起來，每天夜晚，都做著奇奇怪怪的夢。

　　開始時，我的世界只有那麼大，高牆圍住的院落，院外的街，街外的村莊，曠野和覆碗似的墳塋，天是一塊拱形的蓋子，地是一塊圓盤，天地交接處的林木，就是世界的盡頭。我是一株初初萌芽的盆景，連許多鬍子花白，愛品評別人的老頭也是。

　　這能怪得誰？安貧守土原是中國傳統文化的根性，如果沒有瘟疫、饑荒，沒有澇、旱的災劫和兵燹，人們都願意自囚於承平，守著自己的家宅和土地終老，有一塊藍藍的傘蓋般的穹窿，已夠人優遊了。

　　戰亂前，我生存的環境是那樣的單純靜謐；總是春秋自然的輪移、照耀人眼的桃花、綠進天邊的柳線、漫野紛飛的蘆絮、橫越蒼空的雁陣、刻成一幅幅畫境般的景圖，和熱烘烘的趕集的人群、油亮的陽光、一野的塵

沙相映，人和自然是那樣的融契，彷彿永也不會改變。

唯一在感覺裡轉動著的是時間的輪子；墳墓，留著花白鬍子的老人，古老灰黯的房舍，鹽霜剝蝕的牆磚，太多的事物上，都留下時間輪輾的痕跡，夜晚坐在茶樓裡，聽說書人說起前朝前代那些煙煙雲雲的南征北戰，繁繁複複的離合悲歡，從而想到生命過逝之速，不由從心底泛出寒意來。時間在耳際呼嘯著，人是離弦的箭矢，飛著也是落著，歷史就這樣被留了下來，若干代生命刻印在上面，就像剝蝕了的磚面一樣，人，為什麼活著呢？這便成為非自詢不可的課題了？

這種繩結，是一時難以解開的，因為自己對世界茫然無知，連一點模糊的概念都未曾建立，如何去解答呢？看來只有敞開心靈，盡力去汲飲了。

也許因為生存環境的關係，我最先汲飲的、記憶的，都是如詩如夢的事物，充滿了柔與美的感受，我雖然不懂得用文字去描繪它，但心底卻迴盪著一種無聲的歌吟，那樣的生活鋪展成我早期生命的背景，對我爾後的習作生活，具有極為重要的影響。

隨著年齡的增長，新的經驗不斷流入，使我逐漸體認到，現實人間，遠非我想像的那樣單純，那樣美好，在戰亂的風暴把人吞捲進去之前，我已經從說書人急速敲響的鑼鼓聲裡，體會到歷史上天昏地暗，日色無光的廝殺，屍骨堆山，血流成河究竟是什麼樣的日子啊？為了想進一步的探究，我開始接觸書本。

老宅子的一座閣樓上，堆滿了破舊的坊本書，那是我唯一能夠看的，因為我認不得字，專看扉頁後面的繡像，我看到胸前生著一絡黑毛的劊子手，兩眼暴凸，叢髯飛張，正用鬼頭刀飛砍一個跪在法場上的囚人的頭顱，看到有人落著淚，滾釘板告御狀，有人被人從身後推落懸崖，在另一本書裡，我看到剮人的木驢，那是專為一個謀害親夫的淫婦準備的，……我把許多圖景和聽過的書比照起來，居然揣摩出畫上的情節。

人活著究竟為什麼呢？我又聽見發自內心深處的自詢的聲音了！要是

有一天，我能夠看得懂書本上的字，那該多好？我慕學的心，實起於求知的欲望，但抗戰的風暴一起，使我這一生再也無法進入學校的門牆了，既不能去上學，我只有去讀生活，去聽人講述各種人世間發生的故事，離開了故宅和家人，我曾用曠野當成眠床，天蓋當成被子，學習適應那種流浪；從倒地的屍體含怨的臉上，感受時代的悲劇，生活像活的泉水，溢滿我的心靈，使我湧溢著表達的願望，用文字去表達似乎是最實際的方法，──那是我學習去認字的主動動機，我一方面渴求閱讀，一方面渴求釋放內心的感受。

識字的過程並不艱難，正像捉甲蟲一樣，每天捉它三隻五隻，日積月累，使我很快的便能看書了，我最早看的書，仍然是唱詞類的最淺俗的坊本，後來才勉強能啃動一些說部和筆記小說。當然，寫白字，唸白字的情形太多了，有些根本認不得的字，我把它們叫「攔路虎」，只有捧著書去問旁人，遇到一隻打一隻，這種情形，一直持續到今天，我雖然塗鴉半輩子，說穿了，仍然是個常讀白字的人。

寫作除了情真意切，還在反映生活的同時，運用思維，人活著究竟是為什麼？這種自詢的聲音，仍在不斷逼著我去虛心的探求，我私心總以為：文學不是空洞的說理，它得透過生命中湧溢而出的真純的情感，透過悉心繪出的感人圖景和精神境界，像春風般的吹拂人心，我雖然極為淺浮愚拙，但卻不願更改初衷初志，寧可忍受著風雨和貧寒，一直堅守下去。

如果勉強說我的作品有怎樣的特色？我想，該是悲劇色彩異常濃烈罷？在《荒原》、《狂風沙》和《狼煙》裡，我寫反抗不人道時代現實的鄉野英雄的受難和犧牲，那是勇壯的悲劇。在「鄉野傳奇」和「秉燭夜譚」裡，我嘗試揭現古老中國原始的心靈，鬼、神、命運……那些鎖結在人意識深處的牢結，顯示出這一民族參差的精神層面，這些多半是寫保守愚昧的悲劇，也可以說是精神的悲劇──源自於外界現實的重壓。

苦難的生活經驗，給予我本身濃烈的悲劇感，也激發了我內心恆常懷有的，人道的悲情：當我在燈光世界裡執筆為文的時刻，這種感受更深更

切，刻骨銘心。我固執認為，悲劇不是沉落，而是人生儆醒和激發的起點，因此，我筆下的悲劇，多特別著重於人對命運、環境、性格的不歇的抗爭，顯示出生命本身就是一種壯美的完成！我更希望這些多屬人為的悲劇，只是人類生活中一種無可避免的過程；在通向未來的路上，人類必會醒覺起來，致力於和諧的，合理的、人道的境界的追尋。

這也許就是我不揣淺陋，奮筆不輟的緣由了。

將近卅年的時間，我的創作生活一直是艱辛的，最早在部隊裡，到東到西居無定所，我只能使用劣質的拍紙簿寫稿，把寫成的稿子揹著行軍，夜晚歇下來，自己做為讀者。一塊圖板放在膝蓋上，就是書桌，一隻繩穿的小板凳就是椅子，在操課和戰鬥的時間牙縫裡，胡亂的寫上幾行。成了家之後，有了一塊聊可遮風擋雨的屋頂，雖然也是租賃來的，前後搬過好幾次家，那要比行軍宿營的生活安定得多了，因此，作品的篇幅上，可以放寬一些，作品的產量，也有了顯著的增加。

從開始運筆的時刻起，我就沒考慮過表達技巧的問題，因為我根本不懂，只知道心裡有東西直撞出來，非抒發不可，就用筆尖順著心意去流放，流到哪裡是哪裡，是什麼樣就是什麼樣，結果是粗豪有餘，細膩不足，越是寫得多，遠稿也就越多。

後來我發現，生活語言的汲取和濾煉，文字的駕馭和適切運用，仍是極為要緊的，作品的表達技巧原無定法，全在於作者巧妙的運用，若想做到筆隨心轉，靈活自如，除了深深浸淫於生活，通過真誠的感受，細微的觀察，高度的想像之外，對文字運用內在感覺的培養，實為表達的關鍵，你想使作品顏采濃烈？你先要培養題材的色彩感，你想使作品洋溢著詩的情韻？你內心裡要有那種無聲的歌吟；你想以真摯的情境感動讀者？那你要把整個生命和筆尖合為一體，而這些，無法像科技知識那樣刻板傳授的，總結起來，仍著重於「靈」「悟」二字。

生命的本身，像是一座七寶樓臺，每一層有每一層的境界，每一面有每一面的風光，靈和悟會引導著我們去爬升，登得愈高，望得愈遠，參得

愈透，若能使天、人、物我合一，到我即非我，非我即我之境，御筆如古代俠士御劍，那時候，表達的阻礙網便再也網不住人了。

在南部無窗的斗室裡，我面壁讀書寫作，做了將近十年守夜的人，想是苦苦的想過，但限於學識經驗以及資質的魯鈍，我在作品方面，始終極為貧薄，徘徊在生命之塔的頂上層，無法向上攀升。

儘管這樣，我仍然沒有灰心，沒有氣餒，希望藉著對人生不斷的參悟，悉心求取境界，更盼藉著一腔熱愛和勤奮的運筆，使我在跌倒後能自行站立，再向前行。這些年來，夜夜孤燈串成的日子，留著我思想和感情的痕跡，無數張稿箋上，都曾落有我灰白的髮莖，將近六十部已經出版的作品，足以標明我的不屈，以及我對文學的熱愛和誠懇，文學所面對的，原就是無限的人生。

我並沒有像做孩子的時刻那些鄰舍們界定的那樣，沒有變成只會眨眼不會說話的小老頭，也沒有以一點鬼頭聰明自誤誤人，憑空浪擲掉寶貴的光陰。我沒有封疆之志，但也沒淪為盜寇。幾十年過去了，我仍然只是一個向人世探究和學習的學生。也許終其一生也難以攀登文學的高峰了，但我懂得抬頭去仰望，一心待著當今能有超越者出現，以他的作品，融合這時代人群的心志與願望，並代表我們全體，在歷史的長廊間卓立，那我們不是足夠寬慰，足夠安然麼？一個守著貧寒，守著長夜的靈魂，永遠感恩於中華大地的化育，歷史的鞭笞，文化的哺餵，創作對於我，已經是必須自承的責任，因我每一筆劃所表露的，無非是感念於你，期望於你的心胸。

我的付出雖很卑微，但你必將接納，不是嗎？我所愛的民族，我生是你的子民，死是你懷中的一掬泥土！你是我思想的根蒂，智慧的源頭，我只是將從你取得的還納給你，我的作品可以擲地無聲，我的生活可以像風一樣的貧窮，但我保有了你所賜予的感覺，在精神上，我始終富有！我自知不敏的縮立於歷史之外，是否仍將有冥頑之譏呢？——由於我凜承於你的意旨，無論發乎內心或見諸筆下，對人的位格，始終如一的堅持。

——選自高上秦編《我的第一步》

臺北：時報文化出版公司，1981 年 5 月

# 我的寫作生活

◎司馬中原

　　我本是個依鄉戀土的人，戰亂卻把我舉成一隻飄盪的風箏。失去家宅和土地，我無法像詩人那樣的去耕種一片雲，但以筆代犁，一償我農民的素願，卻是我能夠做到的；所以這卅多年來，我恆常守著夜和燈，一部書又一部書的寫下去，一疊疊原稿就是麥場邊的草垛子，空白稿紙是待耕的農田，把生命當成糧種，播種進去，它便生長出精神的禾穗，洋溢著人性的芬芳。我筆下所寫的，並非是單純的自我世界，而是主客體混融的生存世界，我的生命僅僅是影立其中而已。

　　如果說：寫作是一種精神的釋放，依照滿則溢的道理，如何汲取生活，去豐實我們生命的內涵，實在是很重要的。對於生活的汲取，我這半生得益於軍中特多，多采多姿的軍中生活，開啟了我的靈智，增進了我的知識，使我領略到一種非常人所能領略、剛性的溫柔，直到如今，回憶起來，我仍然充滿感恩虔敬之情。

　　記憶是從抗戰初期那些鄉野的游擊隊開始的，纏紅布的單刀，原始的纓槍、長矛、火銃、檯炮，品類不一的後膛槍，大小參差的馬和騾，威武並不怎麼威武，但行走在青紗帳裡，別有一種英挺驃悍之氣。無論如何，比起陷區伸著頭被敵人砍殺的人，他們為獨立自主的權利捨命抗爭著。開始接觸到他們時，既害怕又擔憂，只意識到死亡的危險，因為傳說像風一般的灌進耳朵，形容別處的游擊隊和日軍大部隊遭遇，殺得血染沙場，有一處漥野，八百多個使單刀的漢子被困殲了，另一處地方，游擊健兒們以血肉之軀和日軍坦克纏鬥，十多里的縱深陣地上盡是屍身。但後來，這些

悲慘壯烈的事聽多了，內心激憤增加，恐懼反而減少了；等到和游擊隊生活在一起，才逐漸明白決心豁命的人，根本沒把危險放在心上，他們粗獷的言語裡，充滿了高度的幽默感，臨死都要開玩笑並不是金聖歎的專利，他們那種豁達，絕非視死如歸所能形容的。

　　什麼叫英雄，什麼叫勇敢，他們生活裡從不興用這些字眼。有個朱小禿子常聽說城裡的日軍姦淫中國婦女，他恨得牙癢，發誓要捉一個鬼婆回來。他進城去刺探過，知道有個鬼婆，常會在清晨到西門外散步，他那麼有耐心，埋伏在那邊灌木叢裡等了很多天，像他小時候張網捕鳥一樣，終於給他等到了機會；他放下柴火擔子，攖住那個穿和服的鬼婆，繩捆索綁，扛在肩膀上，拔腳飛奔，一口氣奔有六七里地，那鬼婆拚命掙扎，用牙齒啃他搽了稀硫黃的禿頭，把頭皮咬掉巴掌大的一塊；他為了躲追兵，咬著牙苦忍，回到基地後，對大夥說：

　　「這個鬼婆娘，咬錯了地方了！她不咬下頭光咬上頭，我後腦勺上僅剩的幾根毛，全賣給她啦！」

　　小禿子把他擄來的鬼婆嘴巴摑得紅腫了，撕去她的衣裳，捆在一扇板門上，去請隊長來「開開洋葷」，卻被隊長狠狠訓斥了一頓，責他擅自行動，說明我們恨鬼子慘無人道，就不能跟他們學樣。隊長把我們反對敵軍姦淫燒殺的大張海報糊在那鬼婆的身上，找一匹馬捆了她，趕馬回城，讓那鬼婆做活見證，證明中國兵「非不能也，實不為也」，這實在是一種過癮。

　　朱小禿子不久後和日軍在村郊遭遇，大腿被釘了一槍，走不動了，夥伴趕上去搶救，他看到事機危急，理平槍口對夥伴說：

　　「我掩護，你們趕快突圍，誰想動我一動我斃誰！」

　　掩護夥伴突圍成功了，朱小禿子卻被掩上來的日軍用刺刀戳爛，三天後大夥兒為他收葬，沒有人稱他英雄，還是叫他小禿子，有人傷重了，夜晚夢到小禿子站在他床面前，便笑著說：

　　「我想我要走了，馬虎湯要趁熱喝才過癮。」

　　這一類收在記憶裡的故事，太多了，說上三天三夜也說不完，戰鬥生活就是這樣像烈火般的浪漫。軟軟的小曲一樣唱成赴死的軍歌：「妹子呀，嘭！我郎呀，轟！你他媽媽奶奶老子娘，去你個球！機槍張嘴哈哈笑，管你戰車迫擊炮！俺手榴彈開花，送你鬼雜種回家！」……在那樣為民族爭生存，為國家舉尊嚴時，詩並不是寫在雲上的。而我讀的三字經也不是「人之初，性本善」的那個版本。

　　和游擊隊比較起來，中央的正規軍就正規得多了，至少臉孔要沉凝些，不像朱小禿子那一型的，那麼嘻嘻哈哈、吱吱喳喳；他們只在夜來戰鬥稍歇的時辰，偶爾展放一些內心的感受，言語簡單樸實，既不亢奮，也沒有悲涼，戰鬥就是拚；拚都拚了，還有啥好講的？誰夠種，誰是漢子，熬起火來才知道，摟著槍，壓低帽簷假寐，可比無聊浪費吐沫星子好；看起來是沉鬱的隊伍，熬起火來卻最勇猛，因為他們的精神都專用在對敵上了。愈是具有充分戰鬥經驗的老兵，愈是抱著一股陰陰的擰勁，所謂士氣，並不是吼歌吼出來的。

　　誰是天生的兵胚子呢？脫掉那身軍裝，大夥兒便都還原成各色人等，只是在捨生忘死的戰場上，人性當中五毒蛇蟲般的欲望都滌盪了，人變得雄猛、溫厚而又單純。悲劇性的美感，烘托出人性的尊嚴。

　　我從沒被反覆的道理和教條感動過，感動我的是一張民族的臉。我深深相信革命就是一種理想的浪漫，當你盤馬長城，遠邊風吹瞇你遠矚的兩眼，醉意中的山河便奔流進你的脈管，那時你一心的詩便都濺到你的臉上；從別人臉上讀詩，天知道我是不是一個詩人？我寫過一本《征程詩草》，早已失落了。

　　到東到西的飄著，我不能算是一個舉槍戰鬥的兵，只是一個飽受戰火洗禮的孩童，耳聽的、眼見的、心感的，匯進生命裡來，使我亟欲傾訴給誰聽，這就是我學著塗鴉的基本因素；邊寫邊扔，邊扔邊寫，做為自己的讀者，卻也是一種過癮。

　　從抗戰末期到剿共戰爭當中，我的習作期一直是孤獨的，在我的周圍

沒遇上同好，沒有人教導我，更沒人和我討論什麼，著書立說，該是比天更高比雲更遠的夢，和生死一陣煙的戰友們觀念相去太遠，但我要是不寫出那些感動來，心裡就會滴血，為什麼人的日子要像這樣過呢？人原該白天有個原野，夜晚擁一盞家宅的燈啊！

直到來臺後，我才知道像我一樣想用文字吐露心胸的朋友多得很，而且都比我有智慧，有成就，他們絕大部分都在軍中。陸軍出身的端木方，以濃郁的鄉土風貌，平樸深厚的文筆，寫出《疤勳章》、《四喜子》、《星火》等傑作；徐文水氣勢雄渾，筆鋒銳利，像雕刀般的雕出「東門野蠻及其夥伴們」的英勇形象；楊念慈語言豐廣，行文自然流暢，粗獷處扣人心弦，細緻處刻繪入微，《廢園舊事》尤為其早期力作，讀來令人振奮不已；公孫嬿才華高絕，熱烈又浪漫，天生俠骨，兼具柔情，從《海的十年祭》到《孟良崗風雲》可見一般；段彩華的《幕後》，朱西甯的《大火炬的愛》，都展現了他們早期創作不凡的風格；尼洛的《咆哮荒塚》、《近鄉情怯》，對中共暴力本質的透視，尤為深刻，給人以一種慄怖的迫力。海軍出身的墨人，見識豐廣，創造力充沛，憂民愛國之情，躍然紙上；郭嗣汾寫大巴山、寫海上戰鬥生活，筆墨瀟灑，神韻生動，令人心折，溫新俠等人急起而前，作品亦頗有可觀。空軍出身的高陽、魏子雲、余之良、吳修邊……也有許多優異的作品推出。從海外歸隊的南郭，打過游擊的王藍，更都是早期軍中文藝開拓的先驅。

緊接著，吳東權、田原、李冰、蕭颯、朱煥文、鄧文來、洛夫、瘂弦、張默、夏楚、羊令野、張拓蕪、彭邦楨……，諸軍齊出，斬將奪旗，形成了自由文學第一度的大豐收。

總縮這一時期自由文學的發展，軍中的戰鬥文學蔚成主流是必然的。這些作品，反映了民族的苦難真貌，民眾攘臂而起，做無我的抗爭；那些悲慘的壯烈事蹟，都是真實的史詩，容或在作品技巧表現上未盡圓熟，但作者們生長的潛力卻是驚人的。

這種大風格的統一，實乃由於在同一時代裡，作者個人的經歷和感受

相同，和本民族絕大多數的心靈相契相融，才能湧起這樣一道巨浪。

　　經過這許多年，當初我所傾慕的作者，都已成相知的老友了。還記得當年共坐草坪，飲月談天，我們對中國文學發展前途的關切和討論，彼此呼應激勵，同相期勉的情誼，仍然歷歷在目，拳拳在心。我是一匹追隨在諸賢之後的劣馬，不敢揚鬃奔騰，自願當一名載重的馱馬，一步一個腳印的奔向前程。但我仍然要由衷的道出：軍中實在是一所廣闊深沉的生活大學，每個飽經亂離，奔馳疆場的戰鬥者，都是一部大書，夠人閱讀終生的。

　　從這些人的精神世界，我得以走進文化和歷史，真個是英雄無頌，勇者無名，我只能用心靈去溫炙了。

　　早期軍中的作家，大多居留南部，尤其是鳳山、左營兩地。我和彩華、西甯相識最早，舒暢、彩羽、大荒，也經常和我相聚；有時受訓來的作家，也物以類聚，很自然的聚了頭，沙牧、辛鬱、管管，都是這麼認識的。難得大家都一見如故，對彼此的作品，探討認真，批評熱烈，而且在聚散之間，都有著青山不改、綠水長流的默契。

　　事隔卅多年，證明這些來自各省的朋友們，都曾為中國文學的墾拓竭盡力量，彼此間的情誼久而彌芬，成為揮刀難斷的長流水。它不單是私人的情誼，而是面對整個民族的生存處境所產生的共同體認，促使我們產生了自覺的責任感；我們要以這種皎如日月的心胸，風示天下，我們像所有民族成員一樣，渴望經由本身的努力，使民主與自由在全中國真實的體現。

　　這許多年我和許多朋友們，在物質生活上是比較貧困的。婚後前十年，尚不能保有一座屬於自己的屋頂，有一度時期，我是當鋪的常客，遠道朋友蒞舍，當件毛衣去買酒是常事，比之李白的五花馬、千金裘要寒酸百倍，但我樂在其中，而且還把創作生活裡的零星瑣事，記在「面壁手記」裡面。——這是一部未曾發表過的書，別人看來，也許會覺得有些辛酸，而我是笑著寫成的，向生活戰鬥，只是生命的插曲而已。

　　不過，寫作者仍有著他最基本的需求。比較安定的生活和相當的餘閒，對作品質量仍有很深的影響，煮字療飢，為口腹碌碌奔走，會影響作品的精度，應該是被公認的；有些朋友們的才華，就這樣被淹沒，或者沒能達到應具的高度，談起來常令人扼腕：「某人應該寫得更多更好的……可是，生活磨人啦！」

　　而當事者的本身很少怨尤過，寫作是自己選擇的，無論在怎樣艱困的環境裡面，我們都會寫下去。在行軍途中暫行駐歇的街廊下面，在破落的古廟裡，一張帆布椅，一塊薄薄的圖板，就是我們的書桌；朋友們的很多早期作品，多半是這樣寫出來的；克服環境的障礙去運筆，何嘗不是一種戰鬥？生活的冶煉愈多，創作的心志應該愈為堅韌，一個作者作品的優劣，並非建立在生活環境的安適上；當我們讀到曹雪芹在一燈熒獨，四壁蕭條的景況中苦寫《紅樓夢》時，我們感懷於作者的沉潛寫作的精神，便抱有一分同情與希冀而已。

　　值得慶幸的是我的寫作環境尚稱安定。卅年來，我用這兩張書桌，寫禿了九枝鋼筆，一直到現在，我仍然沒有一間屬於自己的，被稱為「書房」的屋子。我把書桌放在臥室裡，挑燈趕稿時，用一張黑紙遮住朝床的那一面，免得燈光影響妻的睡眠，但她仍然自覺易受干擾，逃到客廳的沙發上去「獨宿」去了！我對自己這種鳩占鵲巢的做法，感到抱歉和無奈，唯一報償她的方法，就只有盡力的寫下去。她認為一個作者，不離開書桌和稿紙，才算是務本，這樣，我便變成一隻司晨的雄雞了。

　　有人問起我多產的原因，說來很簡單，我每夜都寫到凌晨三點多鐘，我作品的取材幅度較廣，題材蓄積得多，總是寫不完，我所寫的《狂風沙》、《狼煙》、《失去監獄的囚犯》，看來都很厚重，每部幾近百萬言；但對我來說，都還是分量較輕的小題材，我習慣把較重的題材放在後面，也許等我有了書房，換一張較大的書桌之後，就會動筆吧？我倒不執持於時代的使命感，但卻難以卸脫良心上的責任。如今，時代朝前進步著，社會的結構，生活的形式，都產生了很大的改變，做為一個小說作者，必須跟得

上時代的腳步；軍中出身的作家們，如何拓廣視界，汲取新知，不斷的作自我蛻變，求得作品的升高，實在是重要的課題。因此，我除了潛心閱讀和伏案爲文之外，更盡量分出時間來和青年朋友相處，彼此忘卻年齡上的差異和經驗的參差，樂以忘年，這樣結合成一種新的、生命的衍生力量，對彼此的創作，都會有很大的助力。

今天，社會上愛好文藝的人口，明顯的增加了。作家們雖貧而不困，每個人都有了自己的屋頂，上無片瓦下無立錐，早成爲歷史形容，文學和藝術，在自由開放的環境中，興盛是必然的。年輕一輩的作家，人才輩出，各顯才華可喜可賀；他們憑著關愛之心進入生活，以高度的敏銳感捕捉題材；若說反映一時一地的部分生活是夠了，但精神的深廣度，普遍較弱，對民族整體生存的關切也較淡漠，這也許受著個人經歷，和取材幅度的影響。我希望出版機構，能夠選印早期成功的作品，讓這一代的青年朋友，有重溫那個時代的機會，居安思危總是好的。我更盼當年那許多文壇猛將，能夠重新拾起筆來，披掛上陣，吐氣成雲。

這時代固有許多可變的，等待我們去學習，但也有許多不變的，像反抗暴力、崇尙自由，就是我們寫作的原始動力。在我們的民族中，暴力的根鬚一日不能盡除，我們就將奮鬥到底，在這點上，是沒有年齡分際的。

在眾多的題材裡面，我特別喜愛勇壯的悲劇，那也許根植於童年的經歷和感受。我總覺得，一個富強之國，合理的、人道的社會，是要經過每一世代的無數人努力奮鬥求取的，在求取過程中的流血犧牲，最使我撼動，我要高高舉起我心目裡的英雄們，使「英雄有頌，勇者留名」。我在最近出版的《駝鈴》一書的序言裡，曾這樣寫下：

　　讓我們在駝鈴的交響中，走到春天的懷裡去，飲一飲甘冽的清泉，看一
　　看仙人掌上的黃花。而我們是要走下去的，因為：
　　我們的前進就是中國的前進！

這是我的心聲，難道不是你的心聲麼？

——選自司馬中原《老爬蟲的告白》

臺北：九歌出版社，2000 年 10 月

# 三度空間
## 談司馬中原

◎大荒[*]

　　與司馬中原訂交，二十多年了，地點是鳳山步兵學校，時間已記不清楚，大約在民國 42 年吧，那是由彩羽引見的，同時認識的還有段彩華，第一印象是短小精靈，雄辯滔滔，頗令人起身不滿五尺，而心雄萬夫之想。記得那天散步時經過一座頹樓，他說要寫「沒有梯的樓」，後來竟真的寫出來了，不過寫出的故事，根本無關於樓，而是醫生用心理分析治療一位精神病患者了。

　　由於戎馬倥傯，東遷西調，彼此見面機會不多，書信亦少來往。不久，聽說他結婚了，又不久，聽說他當父親了，然後，他的孩子一個一個「問世」。當食指逐漸增多而未在文壇嶄露頭角期間，司馬要算是頂艱困的作家了，精力和毅志若稍微欠缺一點，一定不會有今天直挺挺的樣子，在一次信中，他曾說：「孩子們一個個在啃我的骨頭！」

　　一定還有很多人記得有段時間曾流行一首歌，名叫《一家八口一張床》，因歌詞卑俗，不久遭禁；但司馬中原卻過過一段這種貧苦的日子，那時我在鳳山受訓，放假時總是要去走走的，目擊那種淒涼，做為一個朋友，真是徘徊瞻顧，不能自己。

　　環境儘管惡劣如此，我們仍然會談文學，談寫作，論「談」，又多半是他講我聽。跟他聊天，一方面感覺到才智的火花，一方面感受到農夫般溫厚，後者這份氣質，直到今天，只能跟他剪燭西窗，仍如對陳酒般芬芳。

[*]大荒（1930～2003）詩人、散文家、小說家、劇作家。本名伍鳴皋。安徽蕪為人。發表文章時為介壽國中國文教師。

從協和路邊搬到協和路後，司馬中原才勉強住自建的房屋，那也不過是聊蔽風雨的違章建築吧？緊挨人家屋後狹長一條，算是名符其實的寄人籬下。關於這段時間的生活情景，他最近發表的〈面壁手記〉（7 月 27 日，《中國時報》）裡，曾有如下的寫照：「在島國南端我自築的陋室裡，我過著面壁自囚的生活。」這室是怎樣的陋呢？「竹架紅瓦的克難建築，並不能完全遮擋風雨，但對一個飽經憂患的生命而言，有這樣一個草草安頓的窩巢，業已是難得的夢想了。」那兒「白天光線很黝黯，唯一的光源來自屋頂狹小的天牕，牕面被一抹鳳凰木的葉蔭籠罩著。」接著，他寫道：「夏秋炎熱，和我共守貧寒的妻，不忍見我日夜困處無牕的斗室，汗出如蒸，便在小院樹蔭下放置一桌，牽線移燈，讓我在室外讀書或寫作。」好在他的名字逐漸響了起來，青年一代（指今天中年一代）詩人、作家，到了南部，差不多都要去看看他，等《荒原》問世，司馬中原一舉成名了。

《荒原》一書是司馬中原寫作生涯的轉捩點，也是他生命歷程中的轉捩點。即在整個文壇上，也劃了一個時代，奠了一個里程。大約在這時候，司馬退役了，揮毫北上，迅速成為文壇天之驕子，熠熠閃耀的火星。來臺北後，這顆行星變成恆星，座落吳興街後段，我也在兩年前卜居於此，彼此相距，跛著鞋子，不過五分鐘的路程，因此，可說是鄰居。若是在鄉下，必守望相助，雞犬之聲相聞。故他家有時候竟做了愚夫婦的「家事裁判廳」，司馬雖較我年輕，惟靜卻較拙妻為長，所以惟靜常把拙妻當妹妹來「訓」。

誰都知道，司馬中原的下一代，比起今天生子標準，多出兩倍，現在個個都在上學，其生活擔子之重，不言可知，故每年筆耕，至少要一百萬字。以此種數字龐大的產量，叫一般作家，恐怕非夙夜不懈不為功。而司馬，你到他家裡去，不是看他和孩子坐在地板上下棋，便是和家人訪客聊天，極少見到他伏案奮筆。這不能不佩服他創作方面的神奇。當然，就這年產數字來說，臺灣不是沒有堪與比肩人物，但能如他這樣多而不爛的，可說絕無僅有了。以上是在家庭中所見的悠閒，若連在外面種種文學活動

加起來算（據我的印象，他是活動最多的作家，除了純活動的「作家」），其精力之充沛，幾令人難以相信了。

曾經有人稱司馬中原為鄉土作家，這稱號姑不論是否切當，但在他身上，確保有某種程度的農民性格，也許我是農家出身的關係，坦白說，我是十分落伍的喜歡這份質樸。我用「某種程度」來形容司馬的農民性格，意思很明顯，他不僅只有這傾向的人格。但這一部分是彌足珍貴的。

大約在民國 51 年，我遠戍金門，不記得是返臺受訓還是考試，返前線的前夕，我就便去鳳山看他，從下午聊到晚上，等到想起要走，已經是深夜了，所有班車都已停駛，而我必須當夜趕回高雄，因必須趕上次日船期。結果司馬用他那輛破爛單車，載我到高雄壽山腳下，單程恐怕就有十幾公里，當他回到家，一定得天亮了。現在想想，當時彼此是多窮，連計程車都坐不起，但窮得多可愛：這份友情，是我畢生不能忘懷的。這是他的農民性格表現之一。

兩月前，司馬中原繼訪美歸來之後，匆匆赴菲華僑文藝班講學，去，我們沒送，回，我們沒接。回來第二天晚上，風塵未淨，勞頓未復，便來舍下寒暄，並送我們一些菲製土產。其實，司馬遠在前年，當我搬進現在的房子，他們夫婦就送過我們一套精緻咖啡盃，以慶祝我獲得蝸居。而我對這種桃李之投，從未作瓊瑤之報。去年他的女公子考上臺大，我曾打算送點什麼作為祝賀的，竟也一拖再拖，終至未果。想起來真汗顏不已。

以上是我和司馬中原私人交往中一些小事的瑣記。若就「我所熟稔的作家」這個專欄來說，該就此打住了。但我忍不住要談談他的文章。我只是談談，絕不是批評，原因之一是對他以下幾句話有所感觸。他說：「我的日子沒有什麼變化，夜夜守著一盞檯燈，筆耕如昔，幾十部書，幾千萬字，寫落了我的額髮，寫白了我的兩鬢，缺乏嚴正的批評，也未見顯著的回響，文學的長途，就是這樣的寂寞。」我的閒談，算是替司馬，或者也算替文壇破破悶吧。

瘂弦曾說：小說家中，能搶詩人飯碗的，恐怕只有司馬。那是大家一

起酒後飯餘說的笑話，但準確性卻十分高，短文像若干小品，長的如《魔夜》，處處都洋溢著詩的情調和氣氛。譬如〈如歌的行板〉中一小段：

> 離開那一顆短促的故事，我進入風。
>
> 用生命去丈量道路，春秋的橫紋會使人變成斑馬。我不知為什麼雁聲會把高天啼冷？蘆葦會哀泣？寒風會流咽？溪流會低訴？……眾多曾有過的感覺是啄木鳥的尖喙，啄蝕我心靈的古木，喙起無數紛繁的、連鎖著的叮咚。

我想這是司馬中原心的底層的聲音，哀而不傷，淒而不厲，以空空靈靈的文字托出委委婉婉的情感，真是感人至深。若無詩人情懷，何能臻此？

歷來文學史家給作家分類，大致以兩方面著眼，其一是作品主題大小，其二是氣魄及其完成程度。通常較次要的作家，大多屬於主題單純氣格軟弱，反之，主題複雜氣魄雄渾的，則是大作家的特徵。司馬能否成為大作家，尚待其繼續的努力，但毫無疑問，他具備了大作家的條件。

在臺灣文壇上，二十多年來，出現了不少思想深刻技巧優秀的小說家，他們都有可欽的成就。就藝術本身說，有的作品差不多已達完美的程度，可是究予人以一種精巧的感覺，彷彿坐火車旅行臺灣，一路有山有海，有隧道平原，剛覺風景佳麗，已到終站了，這時你必有山重水複終無路，柳暗花明竟絕村的惆悵。這無關於才性，而是環境使他們走哀調，唱低腔，欲語而先流淚，未慷慨而已嗚咽。

一句話，缺少陽剛氣象，故儘管：

> 其文如升初日，如清風，如雲，如霞，如煙，如幽林曲澗，如淪，如漾，如珠玉之輝，如鴻鵠之鳴而入廖廓。」畢竟未免「頹廢而幽闇」。

這一段引言是桐城派三祖之一姚鼐論陰柔之美的名言。反過來，再看姚氏

怎樣論陽剛之美：「其文如霆，如電，如長風之出谷，如崇山峻崖，如決大川，如奔騏驥；其光也如杲日，如火，如金鏐鐵。」而司馬中原兼有陰柔與陽剛的美。他之所以能二者得兼，當然與出身蘇北荒原有關，正如當年司馬遷之能寫出《史記》，與生於龍門，牧於河山之陽，以及「南游江淮，上會稽，探禹穴，闚九疑，浮於沅湘，及北涉汶泗」有關。

　　陽剛之氣發揮出來就是雄渾、悲壯。長河落日，大漠孤煙。司馬中原這份美，齊邦媛女士（今日極少數學院人士留心現代文學創作者之一）曾以標題形容為「震撼山野的哀痛」。什麼哀痛？即中華民族的悲劇感。這種悲劇感是全民的，演了足足一個世紀，除了極幸運者（大多是投機分子），沒有黃帝子孫不是中國這個大舞臺上的演員，其中血淚流得最多、最慘的，又是農民！何以故？蓋安土重遷的觀念，深入人心，而農民們又是土地直接依賴者，從生到死，守著一小塊土地，情形簡直像樹木一樣。在任何風裡，雨裡，冰雪裡，雷電裡，頂多彎彎腰，低低頭，卻決不離開一步。因為，一離開田地，他們就失去希望了。一百年來，軍閥、土匪，一言以蔽之，凡是持槍的歹徒，無不把他們當作砧板上的肉來蹂躪、壓榨！

　　司馬中原深深了解這一點，不僅了解，且在其中度過童年少年。以一個目擊的，或者說直接身受的證人資格下筆，其真摯感動，自是意料中事。

　　現在摘司馬中原第一部長篇《荒原》片段來印證。

　　鼓聲，那古老土地心臟上跳動的音響，又一次響了。荒天野地裡的鼓聲帶著數不清的忍飢受難人們的願望，以歷史的開初一直響下來，在高不可及的蒼天下面，鼓聲響得沉重而且蒼涼……。

　　鼓聲！循環不息的打出同一種單調的點子，像歷史的暴雨，咚咚！咚咚咚！咚咚！咚咚咚！

　　這歷史的暴雨，正代表了農民的願望──「經歷無數世代的掙扎，只求

一切暴力不要過分施予，讓他們各自依附土地，仰望蒼天而生存」。

——頁 40．大業書店

這掙扎，這願望，顯得多麼悲苦！

這是蒼涼的一面。再看：

紅草荒原在那裡，旋轉著在廟頂口呈現，那些野塋塋的角稜稜的風物不斷的觸動著他，使他深深感覺今夜。邪魔，可不是？……他要牢牢的縛住他們（日本鬼子）像蛛網粘住蚊蚋，他的心繫在神的眼裡。……媽的血還留在那裡。他也曾多次咬著牙賭下報仇的血咒，那些那些，隨著他的血在體內循環！……媽的血那樣紅，涔涔的從額間傷口流滴下來，流過她蒼白的臉頰……即使有雷聲暴起，也震不開她的眼瞳了。殺！殺！殺！殺！殺！刀矛！箭鏃！斧口！鎗尖！許多閃光的、蠻野的鐵器的影像在黑夜裡揮動，突進！砍劈！殺！殺！殺！殺！殺！他心裡被填滿了這種聲音。」

——頁 142

這是凄愴陰慘的一面。再看：

晚霞燒得正烈，天上的紅霞映著地上的紅草，放眼朝南望，遍天徹地都是紅的，像誰燒一片燭天大火……狼在遠處發出單獨一聲初嗥。滿天的驚鳥也都被這奇異的天象迷亂了，彷彿尋不著牠們棲宿的窩，儘在拍打著翅膀，東飛西撞，發出悽惶的喧噪。

——頁 32

寥寥幾筆，一個大悲劇的山雨欲來，已充分預示了，其悲壯恰如隱隱的雷聲，自遠而近，由弱而強，終會霹靂一聲，碰出一天的雷火。

　　司馬中原大多數長篇，以大陸北方農村為背景的，隨處都會找到以上動人心魄的文字。這種能力是司馬最大的本錢。但若僅此，又未免一味粗獷了，他另一種迷人的特色是輕柔如水。如：

> 可憐的碧琴表姐，迷住她的若不是什麼狐仙，就該是這片綠柳如煙的大宅院了⋯⋯這不是人間的村落！只是一座疑幻疑真的翡翠色的魔瓶⋯⋯
>
> ──《綠楊村》，頁122

再揀一小段看看：

> 她挽著盛滿落花的花邊籃子站起身來，臉頰飄過兩朵紅雲，暈暈地，淡淡地，上升到眼鼻間。她的小小紅唇半張著，露出晶圓齊整的白牙齒。
>
> ──同上，頁65

著墨不多，不已活脫一幅美人畫嗎？

　　關於司馬中原的文字，我已「點」得太多，下面再談談他的小說題材。

　　司馬中原寫的書，包括電影腳本，總共三十幾部，若總計長短篇數，恐已超過一百。其題材之豐繁，亦非當代任何作家能夠望其項背。我想長於發掘寫作材料，也是小說家成功的大條件。當然，這些題材必須具有相當的意義才行，否則，題材儘多，一味鴛鴦蝴蝶，或是虛玄莫測的武俠，也無啥意思。現在，我們來鳥瞰一下司馬的全部著作，從而見出其寫作的重心。

　　《荒原》是司馬成名作，是早期的結束，中期的開拓，是以蘇北洪澤湖一帶為背景的中國農民（實際上代表全體中國平民）的大悲劇，是中國農民對抗不能忍受的暴力的大悲劇，暴力的具體象徵是旱、潦、瘟、火、兵燹等等。老實說，這些暴力也是古老中國的典型災禍，只是《荒原》中

的老百姓受到特別不幸的時空交錯和夾叉，他們的反抗特別孤立無援，所以產生命定性的慘烈和悲壯。

《靈語》是短篇集子，共收 14 篇短篇，其中收了新手法的嘗試作品〈黎明列車〉，心理分析的〈沒有梯的樓〉，性慾的象徵——妓女生涯的〈洪荒〉，過去曾經風光過，而今賦閒的失意人物的〈插柳〉，寓褒貶正邪的狐仙故事〈雨夜的訪客〉、〈靈語〉本身是追憶性的文字，性質有點像散文。

《加拉猛之墓》也收了 14 個短篇，其中〈瓶花〉曾被認為是冶艷的作品，實際是靈與肉、愛情與非愛情的衝突與戰鬥的細膩之作。〈山〉、〈童歌〉，都是半透明的兒時印象，〈黑河〉是妓女罪惡和苦難的象徵。〈鄉巴佬捉賊〉，僅看題目，就夠產生生動有趣的聯想了。〈加拉猛之墓〉是臺灣山胞文明開發中不可避免的衝突。

《雷神》是傳記小說，記述曾以炸彈刺清攝政王的黃花崗 72 烈士之一喻培倫的一生壯烈事蹟。

《山靈》是中篇小說集，共收兩篇，其中〈山靈〉一篇，乃是以開發橫貫公路為背景，一個退役軍人勇炸危崖殉身的故事。

《刀兵塚》是鄉野上的故事，敘述有一流落荒野的墳墓，多少代之後，有人來認墳，但認墳的有兩家，打多少年官司，也無法確定到底是誰家的祖先。結果兩家都在那兒定居，合供那座荒塚，主旨在闡揚中國落葉歸根的傳統，樹立以土地為中心的觀念。

《巨漩》是寫臺灣從農業進入工業的轉變期生活，時代約在民國 38 年到 40 幾年。

《驟雨》也是寫鄉土上的故事，一個沉冤終於洗雪之故事，算是鄉野傳說的長篇。

《十音鑼》是第四本短篇小說集，因身邊無書，不能介紹。《荒鄉異聞》也是傳說的長篇。

《魔夜》是一間大醫院一夜間發生的故事，目的在寫人們某些精神活

動，除後部理論嫌多外，事象之現顯，極具魔幻性的魅力。司馬中原寫這本書，試驗性很大，我覺得這試驗是相當成功的。

《狂風沙》是司馬中原最長的長篇，以蘇北、皖東、魯南為背景的野性故事，拍過電影，改編過電視連續劇。主題彷彿是《荒原》的連續，不過，「狂」作的暴力為寫主角是兵燹，悲劇感也沒《荒原》重，因為它有一位足智多謀，驍勇善戰的英雄領導抗爭，且終於戰勝。

《啼明鳥》是寫臺灣大學生生活，以東海做背景，描寫一般大學生在無重大刺激情形下過著軟性生活的情形，入學等於一更一，然後二更三更，等五更鼓聲一響，已離開校門，回首大學四年生活，似乎在夢中度過一般。曾經做過大學生的，多少會引為「知己」吧？

《綠楊村》是司馬中原太太一位姊姊的生活。代表 1930 年代部分婦女生活型態，主旨是指出：那種優美的生活經不住風雨的考驗。全篇像一首抒情詩那樣純。

《青春行》是司馬中原的自傳，從 1 歲到 15 歲的經歷，據他自己說，其中引證若干事件，都是比較真實的。從那 15 年中，可以略窺時代的橫切面。

《路客與刀客》是鄉野傳說的第一集，顧名思義，自然寫的是江湖生活，曾拍過電影。大約因此有人誤入司馬於武俠作家之林吧。

《紅絲鳳》是鄉野傳說第 2 集，《天網》第 3 集，《十八里旱湖》也是這類作品。《煙雲》、《石鼓莊》是兩個中短篇小說集，就分量來說，也許較早期的短篇要重些。

《狼煙》共 64 萬字，或者要算司馬最具工力的長篇，本期已有西甯兄的專文討論。

《凌煙閣外》寫抗戰期間一個平平常常的兵從生到死全生命過程。他雖是無藉藉名終其一生，但有他生命的真實精神，單純而樸質，他始終想著老家。譬如主角身上懷一顆棗核，戰鬥到那裡帶到那裡，準備帶回老家去種，這在土地上生根的強烈願望終於沒有完成，他死在外面，死時棗核

還在身上。這是一個令人淒然下淚的結局。

《流星雨》是寫早期漢族移民開拓臺灣的故事，寫地域性的隔閡（如閩南與客家，漢族與土著）所衍生之衝突與衝突之破解，時間約從康熙時代起，直到彼此完全平息。這是一本發人深省的書，說明血（意氣與偏見）引起戰鬥，血（死亡）也教訓了人們。

《霜天》、《餓狼》、《煙雲》等短中篇集子，不及細述，《遇邪記》仍是鄉野傳說一部分。以上是司馬除散文外的全部作品，此外尚有《紅肚兜》、《野市》及《大漠英雄傳》三個電影腳本。

縱觀全部，可見司馬作品背景很遼闊，但基調仍在北方，後期鄉野傳說部分，似乎又是往後的重心。他說鄉野傳說不是《聊齋》，而是近百年來中國原始心胸的表露，故事似乎有點神奇，但不是為神奇，而是人們因日子過不下去，必須從超現實中尋求安慰與寄託。目前，這一部分作品已受到國外部分人類學家的注意，因為從這裡可以看到這個民族的神祕的根鬚。

司馬中原的人與文速寫如上。給人的印象是深，是厚，是廣。到目前為止，也許某些作品還嫌不夠精鍊，但這是他生活壓力使然；若假以時日，待不須數字為炊，司馬必有千錘百鍊，無懈可擊的作品出現。使他的名字進入第四度空間。

# 試論司馬中原

◎李英豪*

一

　　英國文學批評家李維斯（F. R. Leavis）認為做為一個小說家，首先就得對人生經驗有活潑的吸收和組織能力。（見《偉大的傳統》一書）這觀點雖非放諸四海皆準，但到底道出了一個小說家必須容納其所觀察所感受的生命底全部。他既要走出書齋，接觸外界現實和探掘內心現實，而且其職責非在使現實復活，卻是在賦生生命。不能賦生生命之小說，在感受上、經驗上、觀念上，必是稀薄的；在表現上、風格上、語言上、必是柔弱和失敗的。就算一個經驗貧乏的小說家如何賣弄新奇的花巧，那只不過成為一種庸俗的虛飾，成為一種自我的掩飾。

　　我第一句要說的話是：司馬中原的小說是個人豐實經驗最真誠的一大展露；通過創造的語言和粗獷的氣息，顯示了濃烈的民族悲劇感。他寫農民、寫獵戶、寫軍人、寫小人物，他寫村莊、寫澤地、寫森林、寫紅草荒原，他寫戰亂流離、寫童年回憶、寫生存情境和傳說。也許在現代冷漠的大廈夾縫間，我們已失去純樸的、原始的、率真的原野生命，而在機械文明之熱鍋中打滾；但我們無法否定司馬中原自己最真實的經驗方向，那可能和沒有根地生長在城市裡的我們所感受到的如此不同。從長篇《荒原》到短篇〈加拉猛之墓〉，從〈加拉猛之墓〉到〈靈語〉，從古老社會承平的理想到人們倔強默忍地接受不斷的悲劇，都無不包含著中國這個民族的無

*發表文章時專事寫作，現已退休。

數苦難與隱祕欲望。司馬中原就緊抓住了民族悲劇的整體及其本質形態，予以濃烈的詩意的表現。

　　做爲一個小說家，司馬中原的成功不在其說故事的本領，而在於其對無數生存情境的顯露，在於個人對這個民族最原始真誠的情感；這種種顯露與情感仍未足構成一個小說家的偉大，他的偉大更有賴於文體和語言上個人的表現力；或在說，更有賴於表現力與意想所融渾成的整體。小說家對於生存情境的表現，誠是一種極端的痛苦，因爲他一面負馱著個人生命和整個民族的重量，一面好像一個母親生產，從子宮臍帶中創造生命。即此，他必須具有一種良心——表現的良心。一個批評家要去觸及一個藝術家的「良心」，毋疑常是件冒險透頂的事；但卻不得不試求去觸及，以作價值的決定和自我的發現；那是他的責任。同時，他更有責任從一部小說的整體中，發掘小說家文體的結構和語言的動向；也許這種發掘徒然，但或多少或可以提供出小說家如何去顯露其個人所感察的存在情境，成爲一種照示。那並非一種「註解」，因爲所謂價值標準，不就是分析的絕對論；批評的方法架構是不斷創展著的，我試求去剖示司馬中原的「表現的良心」，恐怕就是爲求自我發現的一種冒險；也許這比較接近一種「試論批評」（"Critiquessagiste"）或「量食批評」（"La Critique de Nourritures"）——試圖從啓知和暗示方面去探掘的「韌性」批評。我希望一方面能保持自己的觀點，一方面在試論中甩掉自己的個性；這種矛盾的掙扎與追求，既是一種「重量」、一種「痛苦」，也必須秉著一種良心——批評的良心。我的試論只是一種啓知、一種探掘，從而達至一種「照示」；而將尺秤還歸於司馬中原作品的本身，希望不會再蹈悟一子《西遊記真詮》或張逢原《西遊正旨》之覆轍，把一個富有活潑生命力的世界，墳成一堆牛糞！

二

　　司馬中原不是一個現代主義者，但我們絕不能因此對他的小說稍加貶抑。任何小說家均有其自己生命的動向和不斷進變的風格，沒有其他作家

作品可以追替。只要這種動向是「真實」的，風格是創造的，則所謂「新」不「新」，已無固定的限界和意義；作品中使人抓住的「現實感」，即已萬古常新。比如《荒原》，雖試圖架構中國農民苦難災患的壁畫，主要以寫實做爲表現方法，但卻處處顯出司馬中原非常穩健的求「新」步向。

在進一步對司馬中原的作品作檢視之先，我們不妨觀察其創作的觀點與思想的軌跡。那不但顯示其創造的源溯，抑且供出其風格、文體、語言等背後的骨架。

（一）

司馬中原的創作觀在於一個「穩」字。他不願像沒根的浮萍。在體驗上，他將生命力灌注到悲劇感異常濃重的東方；在表面上，卻把詩與歷史，主觀與客觀，個人與群體等等對立的因素，壓縮到一個平面中去。他的作品底呼吸不是急速而致窒息的，也不是「苟延殘喘」或染滿舶來氣息的；而是整個民族的統納，密邇了東方那種堅苦含蘊的精神真質。他先要抓住泥土，打好底子；再從這片負荷著全部現實的泥土中生長。因而他的表現，在求外在與內心的一貫，以顯露個人在民族中的「原質」。他所選擇來顯露這些「原質」的空間，多是在抗戰期間前後的原野和村莊。但司馬中原不純在反映時代的感覺，而是反映在那片時空中的個人感覺，從「靜謐、沉默而蒼涼」的悲感中來發現生命根本的啓示。這種感覺與啓示所形成的力量，才足以震撼心靈。

我所謂「穩」，最好還是用司馬中原自己的話去闡明：

> 文學好比一棵樹。五四以來幾十年來算是根；我們今天是要做幹的；有了幹，然後生枝；有了枝，然後長葉；有了葉，然後開花；有了花，然後才能結果。如果我們都熱情過火，大談果實與收成，這個果能走半空長出來嗎？我們這一代，要作幹。……所以我之求新，是緩緩的探求，而非枉想一舉而獲。

——見 1963 年 8 月 6 日給筆者的信

　　這正正道出他的寫作態度；再證諸他的大部分作品，可見司馬中原穩穩握著「新寫實主義」，做爲骨幹。我說「新寫實主義」，而非「自然主義」，實非有意強歸檔案，而卻在暗示著：司馬中原雖然擅說「故事」，但他並非只是一個高明的說故事者。自然主義多以攝影機或其他「科學方法」去「淘糞缸」（Philip Rahv 的〈論自然主義小說之沒落〉早有的論），寫實主義稍爲拙劣的都流爲單線式的敘述。但司馬中原的小說方法卻異常錯綜流動，綜合了意識經驗與自我感覺，呈示生命一種本然狀態和情境多變的殊相；也就是以人爲本位，以心靈世界爲根基，非聊受社會歷史純客觀的支配的控壓，那不是意大利新寫實主義的螟蛉子，而是接近主觀世界的新寫實手法，一方面哄發人物情境的「原貌」，一面擴展現實事象的平面幅度。累積詳解只能說出事象的浮面皮相，卻無法探掘現實的深度。以司馬中原來說，故事裡的「現實」與人物的勾畫，都是一種「手段」——一種顯示個人在民族中所處情境的媒介。其中篇〈霜天〉是一個典例；短篇〈戰馬的血祭〉、〈初獵〉和〈野市〉也是好例子。他這組作品，都是將粗獷、原始、質樸的生命深入曲線式的故事中，成爲凝神寂照而又直感的體驗底湧現，建構雙重的現實面。那不是紀德所稱之「故事」（Recit 或 Sotie），而是對人對情境的攝寫所構成的整個「真實」。那也不是宋人話本如〈拗相公〉、〈錯斬崔寧〉、〈西山一窟鬼〉等討好「聽」眾的敘述公式，而是基於對山間荒地和質樸的民族勾起一分最摯誠的感情。司馬中原心目中的「世道人心」其實是最本然的、原始的。在寫實的角度和對象選擇上，司馬中原似乎十分邁近五四時的東北作家；但後者不少農村小說家（如李輝英），屬平樸的文體作家，而欠缺生命深度的體驗。

　　中原短篇〈插柳〉和〈髑髏地〉都是很現實的描寫。〈野煙〉、〈野市〉及中篇〈夏季市場〉更能將人物的粗獷或猥瑣立體起來。司馬中原的短篇都多採「點——線——面」的寫法；以事象或人做爲點，交織成一個敏銳的感受網和觀察網，剖視了事象和人不同的現實平面；但非直線進行，卻如顆顆石子投在水中，水波隨即環繞著中心（落點）層層的向四周擴散。

〈插柳〉中寫史二爺,〈野市〉中寫鐵子,〈店門裡外〉中寫楊十三官,〈夏季市場〉中寫疤二……都是藉這古老民族中的小人物底形象,交切成現實的平面。這些平面透過司馬中原內在的視覺,濃結成一種「現實感」;亨利‧詹姆士所謂「特殊對象描寫的具體性」。在這方面,司馬中原的寫實手法(寫人、寫景、寫事態、寫情境……)著實很「傳統」;他努力在構建「現實之氛圍」,以求繪出「現實之幻象」,這種「現實之幻象」,使予人一種親切感、重量感。

從現代小說之講求壓縮與內在流動而言,《史記》立體人物的手法,《水滸傳》將傳說與想象揉合到粗獷人物身上的筆觸,可能已很「落伍」。但司馬中原「踏實求新」的態度,顯露了他絕非一個好高騖遠的小說家。所謂「筌可以棄,而魚未獲,則不得無筌」。(見《抱朴子》)我們如認為這是「抱殘守闕」,只有顯出自己狹窄浮薄的眼光。在這裡,我願借用 Philip Rahv 的一番話:

> 某些激進作家有一種武斷,以為自然主義式微了,便可同時一筆推翻終止寫實主義的原則。這點當使人不盡同意。寫實主義的根本原則在解剖現實世界,深入其無面目可認的表面,將之轉化為象徵和意象;與自然主義不可同日而語;如要想扼殺這個,實是極端的退化或逃避。我們可以說,關於寫實主義的原則,誠是現代心靈中最寶貴的體認,導使文學吸收、把握和容括人存在的根本事實。
>
> ——見氏著 "Image and Idea",頁 153

這觀照並非意味著今日的小說須要拘泥於寫實主義,而是說明我們無法平空架建,必得有自己汲取滋養料的根幹,司馬中原非純是個寫實主義者,但他毋疑是從寫實主義出發,來去展發自己的意想、風格和文體。

(二)

司馬中原的表現既是集中於這個民族母體真實內涵的探究,也就不能

不試把內心現實和社會現實結合一起。為求流露這民族的悲劇感，多求解析人性的整體，司馬中原是人本的──他本諸東方的凝蘊精神和人道觀點。他把人從自然中提升到人心靈的本位，那是粗真的、誠樸的、直感的；不囿囹於文明、法律、主義……，而還歸到個人心靈自由的世界，還歸到活潑潑的生命中去。由於那是人本的、心靈的，因此必是反暴力的，反壓逼的。

杜斯妥也夫斯基說出了：「世界上最難的事是保持自己的真面目。」

喬伊斯進一步指出：「人的精神是一種繼續不斷的肯定。」

中國的農民雖是執持的，但卻有其堅忍的一面；雖逆來順受，但在順應自然之理中，抗拒著一切殘暴的命運，抗拒著一切入侵的外力，保存著一個本然凝和的宇宙，保存著人性尊嚴的原質。也就是說，司馬中原小說的「網眼」落在農民、獵戶、軍人……等形象自己真面目的保有上，否定了摧毀這真面目的暴力與桎梏，而肯定個人人道的精神。民族的戰亂流離，使生長在村野農莊的人驚覺，從而以本然的力量，掙求做為一個人生存底最低限度的自由。這是司馬中原大部分小說的核心，一切層層的事象與情境，都無不繞匝著這種觀念的核心進行。〈野市〉中的鐵子，便很本然的為了保有這份自由，抓起扁擔，挺身去鬥那個獨占獵場、砸翻皮毛攤兒、擅使響鞭的小閻王。當他從小閻王那兒奪了鞭子，挫了對方的威風後，卻說：「我不要贏你……我的皮毛攤子沒擺在你們的地方……蘆草地也不是西鮑村一族的獵場。」小閻王是強橫暴力的象徵，鐵子並非要「贏」他，而是要保有那份個人生存的自由。這種「安份守己」、「樂天安命」但「忍無可忍」的人生態度，是很「中國化」的。當〈初獵〉中的看林人老岳說：「自覺一個人活在世上，應該約束自己。」獵者便答道：「按理說：各人都管好自己，世界早該太平了。可是常常『人不由己』哩！」就由於這「人不由己」，便造成暴力的蠢起與孳生。

生命常如出獵、打仗、比鬥、在溢滿火血暴亂與天災人禍後面，在疲憊哀鬱底下，躍動著一種求存活個人的欲望與隱祕力量。屠格涅夫的小說

人物雖具有出獵欲望，但歸結是空無的，海明威筆下的戰爭、比鬥情境，
卻是西方的，且迸射很濃的失落觀念。司馬中原是位肯定人的心靈底中國
小說家，外界的暴亂和人性心靈相對峙，前者常切入、逼壓、甚至淹沒後
者，後者爲維護本有的象限，卻從忍受，進而反抗，以圖減輕或消除這種
暴亂的入侵，司馬中原短篇〈沒有梯的樓〉，雖是試圖從佛洛依德式的精神
心析學，探究柔雲的心理意識，「尋找那架能夠通達她精神深處的梯子」，
但卻在顯示暴亂的入侵，足以擾亂心靈與人性純真的一部分，使之邁近瘋
狂，扭曲與分裂。心靈逐間歇地失去均衡，人性亦逐漸陷於崩潰的邊緣。
這個民族所發生的暴亂使人如影隨形，記憶猶新，在純真的心靈上抹上最
難抹去的陰影。司馬中原即旁敲側擊，提示了暴亂的背景：

> ……到處是紅的火！紅的火！到處是碎瓦、人屍、鮮血、和煙霧！煙
> 霧！你爬上（我爬上）一座已經著了火的樓，一座幽古、黑暗、空無一
> 人的樓，每一扇牕都是一張醉紅的臉、嘩笑的臉、鬼魔的臉、死亡的
> 臉！你（我）爬上去，但大火卻滾延過來，燒斷了你（我）身後的木
> 梯。（媽喲！媽……）

> ……母親在呼喚著你（我），但他不知在那裡？！（光球逼近，逼近！暈
> 眩，暈眩！）她不知在那裡？滿街全是慘毒的紅，像煮沸了一樣響著各
> 種怪異的聲音。新的染著火光的血泊。瘋狂追逐的刀刺。曳光彈撞碎在
> 高牆上迸散的紅的綠的奇幻的光雨像一些倒挂的蓮蓬。（媽喲！媽…
> 喲…！）只在心裡有這樣一種呼喊，一個溫熱的世界遠遠隕落如流星。
> 「撕！」的一聲，你（我）挽著的牕簾被撕落了！你（我）便不斷的撕
> 落每一扇牕簾並且叫喊。（媽喲……媽……）

　　這裡暗喻著：世界、社會的混亂與非人性的暴力，逼害著最純真（像
一個五歲小孩）的「自我」，使個人在惶恐中失去人性的部分，失去自己要

保有的真面目。人性，在這個民族與時代的大暴亂中，正像在〈沒有梯的樓〉裡的柔雲，在煙火、血腥、殘垣的屍體中，進入幽暗與虛脫的空間，再無回到原來位置去的梯子，社會的面目是怎樣？是已失去生命，失去自然，失去單純性，失去合理性；代之而興的為暴亂、為瘋狂。人性在這種社會對峙中，迷失了方向，不知自己（小焉者可說個人，大焉者則及由個人構成的整個民族（在那裡，逐隕落而崩陷。當這種種恐怖景象過去後，仍深深鑴蝕在人心底層中，擾亂著人的精神意識，但病人卻堅持：「我沒有病！」這種人的不安與錯亂是由暴力的刺激所造成；不合理的暴力使生命的目的動搖。人們崇拜強暴和力量，卻釀成扼殺人性的野心與威權。從這意念出發，我們可發現司馬中原的迷惑與希冀——對生命、對世界的個人觀照，而探究著心靈人性與社會暴力底對峙。他說出：

> ……每個人的內心都包藏著一些從不顯示的瘋狂，像猜忌、無窮的欲望、夢想等等的。一般所謂「常人」，只是經常保有一種依順社會傳統的表面控制；當那控制破裂，便形成突發的瘋狂。但一般所謂「瘋人」，心靈實在比較清醒單純，他們只是固執的保有他們自己獨特的境界——一種實際上透明的冷寂或者是一種驚恐的螺旋……

> 如果整個世界全充滿那種瘋人。……那麼，我想這世界仍將保持一種完美不至像今天一樣的混亂和下沉，那些左右世界的「超人」，實際上就是真正的瘋子，不過缺乏那種權威的敢於指認的醫生吧！

司馬中原的指出便在再認和展發「清醒單純」、「自己獨特的境界」，也就是生命之原質與個人之精神性。小說中的醫生所指出柔雲的意識狀貌和病源，可以說就是人性存在的當前情境，也就是民族悲劇性之所在。他控訴著：「真正的瘋子」是由人自己所造成的「暴力」。他批判著：這種種暴力使本然的人性變成不合理。他指示著：個人在虛空與混亂中，必須困苦

的求存。人雖在民族母體裡受盡種種災難，但生存是唯一的責任——這種堅忍的「人本」態度，正是數十年來深厚的東方精神：包蘊著人與宇宙一體的共存。站在人文的立場上，司馬中原毋疑一個是「敢於指認的醫生」。所以當「光球」（令人迷眩的暴力世界）逼近時，柔雲隱隱有「媽喲，媽……」的一種叫喊——一種人性的叫喊。醫生說：「因為她擁有母親的聲音的喚醒。」

其實就是司馬中原要說的：這個暴力的世界必需具有最真切、本然的人性聲音的喚醒！紀德以為：一個偉大的藝術家只應有一種掛念，即是使自己成為最人性的。司馬中原雖仍是在進向「偉大」的階梯中，但說他是一個主「人性」的、人文的、人本的或人道的小說家，相信不是一種貶抑與囿限；而是揭示了他思想與意念、情感與表現的脊椎。小說時至今日，相信仍離不開人在社會中生存情況真實的顯現；其主位仍是以「人」為本。拿西方的小說家來個比照吧！這種個人和其所存在的社會間底頑和壕溝，在小說裡頭是經常存在的，在自然主義時代，這種個人性，常淹沒於群性中，於社會中（如左拉的《盧貢-馬卡爾家族》（*Les Rougon-Macquar*）。其後一些小說家試圖在小說中，完全切離社會境況的因素；較好的，則成為個人的渴欲或理想主義；較壞的，則反成為非人性的乖戾怪異，或沿襲了價值的空無論。如哈代，看出了個人性是和社會性對立的；而人性的悲劇，便在於自覺在受社會和暴力的逼壓和挫敗所致。如康拉德，即顯露了二者分離不諧的狀況。如詹姆士，在小說中涉及群體的場景時，仍很少社會因子存在。如喬伊斯，差不多每一題材都在展露二者背道而馳的關係。如勞倫斯，個人和社會「極端關係」更顯而易見，而且衝突十分「尖銳化」：個人努力掙扎、奮鬥、抗拒著社會道學而造成近乎暴力的鎖禁，以回復人性之本然。（勞倫斯之試圖完全踏離社會制限及界空，卻常反把自己曳回社會的制限及界空中，結果迴入了理想主義之陷阱。）吳爾芙夫人更以個人來主控著整部小說所躍露的情境。人在社會中所形成的暴力，不論是潛在的或是披露的使人性降至零點。今日的小說家雖不必再奢

言「載道」，以訓人生；但他卻起碼要有責任來揭出失去生命的「雙重現實」（內、止），而回歸到「我」的真質與「本位」中。易言之，他必須繪出人性的全部重量；不但從事生命最真實的探索，從個人的方向中使「自然」就範，抑且使充滿暴力的不合理的生命提升，提升至自我選擇的有生命力的存在；使無生命的變成有生命。司馬中原在創作意圖中，就無時不流露了這一點（長篇《荒原》是最好的例子）。他同時看準人性與暴力、個人與社會的對峙和衝突，但在表現上，卻和西方的小說家大異其趣。他的人道觀不是一種富戲劇性的「抽離」，而是基於民族悲劇的徹悟。司馬中原要保存和展發這些民族悲劇感，以發揮人性最本然的力量（包含了反抗暴力的意識）。也就是說，他的悲劇性不是直接衝突的結果，而是處於一個無窮時空中自然的運轉。因此，他不像勞倫斯、吳爾芙夫人等刻刻求「跳離」，而在包納，將自我和整個民族的悲劇包融一起，而進一步去顯示這個整體。他沒有如卡夫卡般離棄人的地位去探掘人的存在真質，沒有如雷馬克去描繪在戰亂暴力的人生中所殘留下來的人性……。他仍站在一個農民、一個軍人、一個獵戶……一個人的地位中探究，透過浮面的物質文明……看見一片被暴力剷平的荒野，無數仰視哀泣的生靈空聽著五千年歷史長風莽莽的呼號。我們其誰？我們只是一群站立於歷史曠野上一無所有的受難者。（見〈從荒野出發〉）。這種悲劇的產生，必然根諸人道——自覺意識。當人性不被涉及，便無所謂悲劇的意蘊。悲劇的意蘊乃在強調人性。《荒原》中的歪胡癩兒，其悲劇感不單在抗暴中必然接受死亡的運數，而在其自覺意識；從他率真的直感中，使人觸到這民族的脈搏。土匪、鬼子、八路和狼這些沒有人性的魑魅魍魎，把這片土地，弄得烏煙瘴氣。他們都是人為暴力的象徵。水淹、瘟疫、火災和乾旱等天災，使這民族中的老百姓，默默忍受一切在時空中流轉的苦難；這是自然的暴力。這悲劇式的英雄的悲劇感是肯定而非否定的。他是個信天信神不如信自己的行動者。唯其如此，司馬中原才在他這個人物（六指兒貴隆也是，且更為率真）上統納和完成這民族受難者悲劇性的崇高情感。如陳世驤在〈中國詩

之分析與鑒賞示例〉中說：「我們中國文學裡，從沒有像古希臘那樣的悲劇……但我們有另外一種方法和形式，來完成這高級悲劇效果。」（見《詩論》頁 10）司馬中原的小說是同時利用時空（抗日前後洪澤湖的紅草荒原）和悲劇人物（如歪胡癲兒和貴隆），結合起來，反襯和暗喻人性抗拒暴力的形象。也就是他發現：人性之所以失去，部分由於過分理性的約束，那多少相等於情感的放縱。「人可以不讀聖賢書」，但在重重天劫人禍中，必須強韌的學曉如何對抗一切暴力而生存，而離不開真實生命之地平線。

　　所以，從縱切面看，我們得承認：司馬中原在表現論上，是一個穩實求進的「新寫實主義」者；在人生觀及思想根苗上，卻是一個民族意識很濃重的反暴力重心靈的人文主義者（Humanist）。或者正確點說，他不是什麼一個「主義者」，而是一個生命深切的體驗者、創造者。

# 三

　　個人既在永在消長的社會威權中，認清自己內在，今日的小說勢必逐漸移向詩和歷史的結合中去。詩和歷史原是兩個「極端」，但在今日世界中，個人內在濃縮的心態和外在事件現象的聚列，已相剋相生，不可分割。詩的顯現方法可以通過無數意象，藉心之網幕捕住美之閃光和心象情境的動向，歷史可從事象的系列中，包涵現實發展的「真實」。司馬中原的表現，其小說的文體和語言，都是詩的，以呈現內心的原貌。如〈瓶花〉、如〈靈語〉、如〈鳥羽〉、如〈童歌〉、如〈黎明列車〉等短篇，都是詩的。那裡面有意念的潛浮流動，藉心象的形貌去表露意想，在情節上是稀薄的，但在情境和心象的處理上是濃縮的、密邇的、朦朧的。在中國語言的活用方面，具有相當完美的「肌理」（"texture"）。這種擊破文字傳統單線的表現法，來捕捉內在複雜交錯的經驗，具有一種反小說的傾向，但不是像 Duras，Grillet 或 Sarrault 那些「反小說派」作品般如顯微鏡的將事物放大，不厭冗厭詳盡的觀察描寫（那其實很接近一種新自然主義的手法）。而是邁乎一種「詩小說」。在情緒的表現手法上，使我們憶起了五四時的穆木

天的詩（如〈流亡者之歌〉、〈旅心〉和長詩〈在哈拉巴嶺上〉，一面表現抗
日的濃烈氣息，一面弔懷東北故鄉）和陸蠡的散文（如〈囚綠記〉）。司馬
中原的長篇、中篇和部分短篇，卻又是接近「史」的。在《荒原》中，他
從湖東百里荒的澤地傳說說起，其歷史的線向是由民國初年，進到抗土
匪、打鬼子，再從抗日進到打八路。他自己說是兼負「歷史責任」，而對中
國近年苦難做了「雙面的批判」：批判了農民的粗樸和人道，也批判了他們
的迷信和愚騃；批判了日本軍閥（以杉胛為代表）和八路（以蘇大混兒為
代表）之反人道，也批判了這個古老民族的保守與不長進。司馬中原的世
界就是說明了雙重的意識觀念。他的人物都有著極濃重的歷史負荷，負荷
著安貧樂道的數千年文化，負荷著存在時空的一切苦難災劫，負荷著不想
被人奴役的自足生命觀，負荷著被文明蝕損的自己……。也就是說，他的
人物無不投在這歷史巨幅上，與歷史結合一起，司馬中原試圖在其人道的
世界裡摧毀一種律法：暴力的人為的律法；卻在另一方面建立一種主客相
關的人道秩序。這是他在寫小說中魂縈夢繞的基本觀念。說得清楚些，司
馬中原是在歷史客體現實的系列上，架構他主觀人道的詩底秩序。因而一
方面是史的寫實，一方面是詩的象徵與暗喻。

　　文孫在〈一篇現代小說中象徵技巧的分析〉（見《文學雜誌》），論美國
女小說家凱塞琳・安・波特之《盛開的猶大花》時，說：「……寫實和象徵
的不同，前者努力要將看得見的東西忠實而客觀地刻畫出來，像一幀精細
的浮雕；後者更要將那看不見說不出的隱祕底欲望、興奮、個人的激動和
心底深處的自我，藉著前面提到的種種象徵技巧表達出來，像一首
詩。……歷史的修撰接近寫實，詩人喜採象徵，現代小說發展的趨向，似
乎正日漸放棄敘述歷史的方式，而企圖接近於詩的表現。」

　　司馬中原的表現手法部分雖與詩寄邇，但他仍未致於放棄「史」的方
法，更未曾稍稍放棄其「史」的批判良心。我們可以看出他試將二者結
合。短篇〈髑髏地〉中，便有一些這樣的描繪：

又一天看太陽沉落，沒有什麼鳥飛過紫霾霾的天。一匹飢餓的馱馬高嘶起來，在風中。我們習慣等候，另外一天，另外一些故事，沒有人知道那將是些什麼。

而我們流淌在路上，在路上，在路上，成一條苦難中國的不息的流水！

流水那樣的淌過去。我們走著，我們跟刮遍大野的風同行。火在那兒燒，我們到那兒去，從這裡的陌生到那裡的陌生。

這裡顯然用近乎詩的烘托和象徵手法，勾出戰地曠野中「我們這些軍人」所處的情境，更重要的是藉詩的表現手法來提供整個民族的壁畫。這個民族的歷史背景與現狀是怎樣？紫霾霾，在風中。生長在這悲慘歷史的時空中的「我們」的感覺是怎樣？猶如看太陽沉落，從風火到風火，從陌生到陌生。飢餓的馱馬的嘶叫正襯出了這民族歷史的一頁頁蒼涼、痛苦、與淒厲。而歷史就在「挺在上一代墳塚間這一代的殘屍」中不斷流淌。主觀的「我」，就站在充滿風霜火血的災野路上。司馬中原在處理這些情境時，同時提出主觀存在的原貌與客體現實的真正情境。他雖在說故事，但卻在反故事性，他採用了詩的賦比興，結集了如許多壓縮的意象去堆構成一個歷史情境。我們要注意，上面所引雖是「斷章」，但可見司馬中原在寫出了其「內在的景致」；這是基於印象的強烈統合與意向集中，司馬中原小說的軍人都是粗獷的漢子，雖「今晚談心喘氣，明早有一個看不見太陽出」但他們內心的世界不是一個狂暴的世界，他們已厭倦「大捷」、「勝利」那類不切實際字眼；因而非擁有如海明威世界中軍士們虛無的價值觀，也不像無名氏的《野獸‧野獸‧野獸》或《火燒的都門》那種瘋狂與「浪漫」。他們的內心常含有原始的觀感和體驗，本身就是一片自然的曠野。他們感覺這歷史荒地的悲慘與無意義，但卻以個人的率真面對這民族的悲情，以一種中國人特有的堅忍、沉默和內蘊的人生觀，將「我」和

「自然」的無限流轉，化成一種意力；也就是在直感中，尋找一種人性的價值觀；從蒼涼的歷史背後，掘出生命一種無意義的意義。

在《荒原》裡，這種同時顯現了心理動向和歷史動向的結合手法，更是層出不窮。在大水淹了澤地，而無數人死於這場「天災」（其實不是）後，貴隆和銀花一對小夫婦在泡紅的眼球裡驚醒：

> 澤地在那種驚天動地的碰擊裡旋轉起來，人成了蒙眼的驢，光聽磨盤響，不知走在那個方向。「神呀！神呀！老天菩薩呀！」許多衰老蒼涼聲音傷逝在曠野的風中，而災難接踵滾壓過來，任何祈盼不能阻擋。

——頁 160

從人物的心理動向言，命運是無形象的，非意志所可及；突來的慘變與自然的苦難，並沒有使司馬中原世界中這些人物和其所處情境分開，反使他們的自我因而和整個多難的世界結合：一種浩劫後的感覺。中國的農民遇上無可挽救的災難，即求神呼天，在心理本質上，蒼天成為無法搖撼的力量，他們仍得在浩劫後繼續生存。和荒亂沒起時差不了許多：「活著全憑自然的感受！」這種「價值觀」，是超越人力制限的一種東方式的「宿命論」，但卻又是一種以「直感」（詩的）去接受自然肯定的人道觀。從歷史動向言，時空的流淌密密構成種種情境，使生存在這些情境裡的人物誰也看不見誰。這些動亂的情境，造成民族歷史上的迷惑。歷史和人物一樣，不知走在那個方向！司馬中原收在《春雷》集中的短篇〈灼子〉與〈傘沿的夢〉等也是這些縮影。

可以說，一個好的小說家懂得如何處理他的人物和人物所生存的情境間底關係。由於從「人」出發，司馬中原不得不常集結於人物在某時空或情境中的意識形態、內心的流動、和在瞬間對情境的性格上反應。也就不能不運用濃縮、暗示、喻象、象徵、聯想、烘托和內心動作的描繪等詩的表現方法來處理人物心理的動向，把人物自身注入情境中。（如〈夏季市

場〉，寫疤二在黑夜裡，躺在檔板上流湧著的幻想、欲望和夢。如〈黎明列車〉，藉種種對比暗喻，寫曠野上列車中生命朦朧的感覺。如《荒原》，貴隆染上瘟疫時，空幻的投進生死光暗不具任何意義的非意識狀態中，展現了由現實情境所引起的夢魘⋯⋯。）由於人和歷史情境和生存情境必然產生關係，他也不能不誠敬的敘述人物在情境中的行爲動態，以及剖切歷史現實的殊相與橫斷面。因此，他的小說非但是「人與人內心的裁判者」（Clande Bernard 語），抑且是人內心與歷史情境的聯結者。我們可以說，《荒原》便是司馬中原詩與史世界中一大綜合，乾脆點說，就於一部「史詩」的小說。

　　當司馬中原的小說同時結合「詩」和「史」時，不單婚媾了「想像」和「敘述」的因子，抑且涉及心靈與文化的聯貫。一個深入生命的小說家，豈能對身處的文化情境不作透徹獨到的認識？文化基本的確認，常豐富了小說的「題材」與「內容」。增強小說家所探究的幅源，不同文化有著不同的歷史背景。小說家即需深入自己所生長其中的文化，而非盲目做其他人的螟蛉子或複製品。湯馬斯曼筆下的德國「魔山」文化；普魯斯特筆下的法國上流社會文化；福克納筆下的美國南部文化；巴斯特立克筆下的俄國文化，喬伊斯筆下的愛爾蘭文化⋯⋯都有著其特色。這些偉大的小說家都自覺著自己的文化意識，真誠的運用獨創的文學方法表現了其原貌。正像夏濟安教授所說：

　　⋯⋯自從民國以來到今天為止，中國社會還是保留著很多中國的特色。中國人——尤其是士大夫和農民——的性格裡，仍最顯露著很濃重的中國的色彩；要了解他們的心理：他們的苦悶和快樂，他們的忠厚和狡猾，小說家對於形成他們性格的民族文化，一定先得要有點認識。

　　　　　　　　　　　　　　　　　——見〈舊文化與新小說〉

司馬中原無疑在這方面有著深厚的認識，他不但試求從他的小說中去了解

這個民族文化歷史的真貌，而且是試圖發掘其原始的感情。這種感情，這種了解，形成他小說中不斷發展著的世界，而表出融合作者個人本然感情的「現實」真相。這是司馬中原比中國當代小說家更優勝和穩實的一點。

# 四

其次，讓我們檢視一下司馬中原的文體，語言與經驗的連鎖關係，一個小說家必須整合他個人所迷惑的經驗與表現，整合他個人的意念與情感。這整合透視了他的內貌和對生命的看法，使事象經感性組織起來，使意念升化；也就是繪出他整個人格。他經驗的方向固然重要，而他如何轉位和表出其經驗的方向則更為重要。英國文學批評家赫伯特・里德（Herbert Read）在〈文學的本質〉便說：「自我是感覺的綜合，是從意識的經驗產生的，是從內心所見問題各部的相互關係產生的。」而一個小說家的文體與語言，則必是依據無數的意識經驗和生活經驗的錘鍊，那才是活的，有創造力的。詩人的命根是語言。小說傾於詩的表現，也就漸傾於由自由獨立的語言運用所組合的「文體」。那非理論的、哲學的、而是生命的流露；故小說的語言文體無法是抽象的演繹，而得從情境的疊合中具體的顯現中國文字的特色。司馬中原的文體和感受有著極密切的關係，也就是說，他敏銳的感受力與真切生動的表現，使他的語言存有一種自然的內力，而使他的文體具有現實的深刻性。他擅運用洪澤湖東、江蘇一帶的土語、吐譚、俚語和歇後語（除了以現代素材為根本的短篇，如〈洪荒〉、〈沒有梯的樓〉、〈瓶花〉等，比較少些）。一方面顯現了粗獷的氣息，一方面卻捕捉著語言本身所構成的朦朧與輻射性。中國的語言本身即富有很大的展延性，在意義上更富含蘊性和反射性。司馬中原本身是個豐實的生命體驗者，因而個人的感受面自然多方面的擴大。（《荒原》中他對於植物的性態、瘟疫的種類症狀、黑道上的暗語、天時地勢、槍銃的性能，……等等「常識」，熟如指掌。那不是翻字典，啃死知識所能信手拈來，而是由於經驗的豐實與觀察的深度所致。如一個小說家缺乏最起碼的「常識」，已不

可能是一個真正的或好的小說家。）他已不甘從單線或平面上去運用，而將語言立體起來，發揮其複合性和樸實粗獷兼有的美。那不單在於其文體流瀉了民族和形象性，而是渾結著感知。我們不能希冀從不變的、邏輯的、死的語言文體中，認識小說所欲顯現的「現實」情境真相（這包括了「內在現實」而言）。慣用與呆板的單一語言已不能再適切繁複多變的經驗。故司馬中原不惜在語言上染上地方或民族的色彩和在該時空中的精神，從多方面去展發中國語言的多樣性，也就是創建了他獨特的文體。在文體方面，段彩華和朱西甯雖和司馬中原異常接近，但各各有著不同的經驗方向；那同樣是不可追替的。

　　中國自五四迄今的小說，很少小說家不在蒼白貧血的語言文體中打圈子，在文字中耍花槍，或把語言僵化在固定的鑄型中，喪失了人物本身的感情與知能，也就是喪失了小說家所感受的生命活力。司馬中原在荒原、戰野、農邨、城鎮、村地……中，汲取了無數語言的乳汁，予以個人新的組合與運用（外國的喬伊斯，在語言的創造上更是驚人的）。

　　《荒原》裡一個獵戶領班的語言就很自然的吐出來：「天劫呀！東邊有鬼，西邊有妖，癩蛤蟆淌眼淚，烏頭老括子早晚報兇！天上的彩虹南北走，朝後的日子怎麼過法兒？！」在獵戶的口氣裡，夾雜了中國洪澤湖東獵戶的迷信、蒼涼、與希冀，夾雜了民諺、氣候和小動物鍊達的描繪，已忠實可怖的顯露了一項事實的真相、一種存在的情境、以及那人所代表的天道觀。這些語言同時顯現了：這樣兒的人物，在其心中，自有其自己的經驗世界。〈山〉、〈童歌〉、〈荒地〉都是通過兒童的瞳孔和語言描繪著天真的欲望、憶念和好奇。〈插柳〉，司馬中原在描寫史二爺這個沉湎在昔日「光榮」而如今沒落卻還撐臉的形象時，卻如此諷刺的說：「肚皮又叫了。史二爺躺在小巷口那把班竹躺椅上皺了皺眉毛。人不怕窮，窮要窮得有個架子！香煙抽抽茶吃吃，腳枒搓搓痰吐吐，躺在藤椅上，不失上等人的派頭。」他一面捕捉這個空幻的眷戀以往的家道中落者之不面對現實，一面卻藉語言本身（如「香煙抽抽茶吃吃，腳枒搓搓痰吐吐）挖苦和表現了整

個活的人物來。這種人物刻畫的手法，雖像《紅樓夢》或五四許多寫實小說，採取很「傳統」的方法，但卻活用了語言，造成人物與小說文體本身多樣的統一。所謂「什麼人說什麼話」，這是很基本的小說方法，就是當小說家應用意識流技巧，或心理描述，或內心獨白時，也不能忘卻這基本的小說原則。司馬中原在應用種種新的小說技巧時，也沒有忘記這起碼一點。如《荒原》中六指兒貴隆染上瘟疫進入非意識狀態（頁 178～179）。如〈夏季市場〉疤二在烏伯中夢幻占有老板施吉的太太（《詩散文木刻》第 5 期，頁 73）的胡思亂想。如〈洪荒〉中古吉那種起伏跌宕肉欲的情感……。從閨房空寂的少婦、到弄猴人、到鄉巴佬、到販皮貨的、到打獵的、到土匪、到娼妓、到莊霸、到銃衛，到小孩、到學徒、到中央軍……都無不有其個別的語言世界。我們無法以詩人文藝腔的調兒，代替或強加在他們的世界裡。那不單使語言失實、文體失諧、且整部小說的「現實情境」都因此失真。司馬中原的成功，部分即在其小說語言文體的再造上，充任了無限經驗的全體。

章學誠也說出：「文人固能文矣，文人所書之人，不必盡能文也。敘事之文，作者之言也，為文為質，唯其所欲，期如其事而已矣。記言之文，則非作者之言也，為文為質，期於適如其人之言，非作者所能自主也。……與其文而失實，何如質以傳真也。」這話雖用在古文上，但在談回歸到個人內心現實去之當代小說，恐怕也有點「真理」。

司馬中原在「語言的自由運用」（"autonomy of language"）上，既統任了其感受與經驗，構成個人一種獨特的小說文體的「風格」；也就不能依靠單一性的想像，而更須在小說中，引申情境之意蘊，並超出之。他的小說仍憑藉語言文體做情境真貌的介體，以語言文體表現與其觀念與經驗，我們便卻得從其語言文體所渾結的「風格」（"style"）中，感覺和再現其經驗的觀念。欣賞司馬中原的小說我們更不能忽略這點。當然，他在語言文體的創造上，和其他有敏銳觀察力和感受力的小說家一樣，遭受雙重的危險：

（一）表現力故常受縮於語言文體創造上自身的限制，但由於這限制而扎根於自己的風格太深時，就易拘泥於一。

（二）須知具體情境也可表現生命抽象的「原體」，人的心理也是有「動作」和「姿勢」的：如何將小說語言注入想像經驗中；在組合具體情境，描述內心的「動作」和「姿勢」時，不損害意念的表現呢？

司馬中原早期一小部分作品，即失敗於此。在〈洪荒〉中，他卻努力的在這方面加以征服。

Bonamy Dobree 在《現代散文風格》中，說得對：「字句，比喻，以及接近事物的方法，都全因久用而成俗濫，它們像錢一樣，會慢慢地磨光，以致看不出錢面上是些什麼……因此，好的作家就永遠在做著鑄造新幣的工作。當然，他也許不能發現多少新字，甚至連一個也不能。但他卻可以把那些字用了新的方法，加以安排，加以組合，不是由於懶惰的重覆，而是由於直接的觀察體會，選其新鮮與精確之處而用之：極力避免那些因時間而空虛了的表現，以及那些已無所傳達了的形容詞。」

這番話就暗示出：小說家語言文體的問題，是屬於小說家「心力」的事，也就是其人格綜合的部分。司馬中原對這人格的給出，毋疑是誠實和獨特的。

# 五

我上面說過一個小說家必有其自己所迷惑的觀念與情境。司馬中原所迷惑的是什麼？是這充滿悲慘與哀感的東方古老民族底天空荒野：是「我們生存的每一悸動中回溯的悲愴與瞻望的微笑」；是「眼中躍起嬰孩時代迷茫的恐怖」。這迷惑繞著許多情境，成為司馬中原的世界存在底核；不論我們讀他那一篇小說——長篇、中篇、短篇——我們都離不開這存在底核。即此，他的小說遂成為生命之轉化。如果他的小說有「焦點」，則經驗和表現本身的渾結就是「焦點」。因此，司馬中原從荒原上每個人多樣的生活面影與內心痛苦中，使自然變易掌中，使自己成為無數的東方風景。司馬中

原的信念是什麼？他小說中生命的價值觀在那裡？就是「以忍耐通過東方的悲劇」，「穿過悲劇，再無悲劇」，「活著，全爲妳（母親——生命的母親）及同時代人共同的盼望，我要舉起這種盼望像摩西舉起銅蛇在這一個悲劇年代的東方」。（〈靈語〉）其小說的價值也就不在迷亂處失落，而在「穿過悲劇再無悲劇」的生命底肯定。寫草原上的野蠻，寫抗暴時的勇敢，寫童騃中的希冀……都無非是在增強這種生之肯定價值。

在題材上，司馬中原就較近五四時的那群東北作家。如端木蕻良（即曹家京），如黑丁，如駱賓基。端木蕻良選擇的空間不是司馬中原的湖東澤地，而是內蒙草原，像長篇《科爾沁旗草原》、《大地的海》，短篇小說集《憎恨》，也是寫這民族的戰亂流離，寫草原駿馬中人們生活的面影，寫農莊抗日時的悲慘。美麗、粗獷、真實。在題材取擷上和民族情境顯露上，司馬中原很近端木蕻良，但在自我經驗轉位和生存象徵情境的表現上，司馬中原卻又有其獨立超然的世界。黑丁也同樣是以東北爲題材，但作品（如〈回家〉）除氣宇剛愎外，心理分析的細膩筆緻獨到；但比起司馬中原，黑丁擷拾的題材就太廣泛，以致常流於觀念上的稀薄。在文字表達和感覺的捕捉上，我不能不說司馬中原或多或少受駱賓基的啓示，正如他自己所說：「駱賓基的作品，把原始的意象的朦朧，超距，無定的感覺，籍文字作原態傳達。」（見 1963 年 5 月 20 日給筆者的信）駱賓基語言文字的表象，無疑容納了自己的一切經驗，但卻仍是止於印象的攝寫，如其長篇《邊陲線上》，雖以吉林的延吉邊地爲背景，（在空間上不同司馬中原，在時間背景上也較早，那片時空是中、韓人聯合抗日暴力的時空。」以火、血、哭泣、殺喊和呻吟的展布（司馬中原在《荒原》中即力透紙背，揭出這時代驚怖的迷亂和顫人的災難，和駱賓基對這悲劇民族的生死存亡和堅強的抗爭都是異常關懷的。）結實的描出人最單純的生存意欲，但卻常常分岔去捕捉情感的朦朧境界。司馬中原則較駱賓基更成功的，他的意象已非止於原態「傳達」，而進一步做生存情境原態的呈露；也就是說，司馬中原沒有駱賓基那樣依恃小說語言的介體，而把他的「心力」，更集中於文體

的組合和情境的顯露上。如果硬要強做比較，駱賓基的語言力結集於其小說現象的「延續」上，司馬中原的語言力卻結集於其現象的「流動」和「內在的景致」中；前者有著印象主義的筆緻，後者卻是綜合了印象、象徵、感覺、表現、心理意識等的新寫實。但創造的價值同是肯定的。

## 六

由於內心與表象世界構成司馬中原小說中生命的「戲劇」（不同於西方之所謂矛盾衝擊的「戲劇性」），他的小說就常出現許多「象徵性場景」（"Symbolic scene"）和「戲劇動向」；大部分是成功的，只有小部分太抓緊這些場景，這些動向凝成的觀念。

「象徵性場景」和「戲劇動向」常是現實之變相與轉化。《荒原》既是司馬中原第一階段作品表現與經驗方向的綜合，我們可拈例子來加闡論。當石倫老爹在圩垛上和莊民抗蘇大混兒時，我們看到了生命的悽怖與野蠻：

> 盲目的殺喊聲在白茫茫的大雨裡騰揚，像原始的洪荒中怪獸的呼吼：在守圩人中間，幾千幾萬年前初民的野性從心底湧突出來，摧毀了溫良馴服的習性，化成一種不可遏阻的狂濤，混入那樣嘶啞慘烈的殺喊，撞擊著什麼似的濕響在昏天黑地的暴雨中。閃光在抖動，雷聲在碾壓四野，獸一般野蠻的廝殺在圩垛上進行著。帶傷的在爬動，垂死的在呻吟，死屍橫七豎八，樹根一樣的絆人。

> 三具重疊的人屍伏在土圩的垛口，一條血淋淋的人腿橫在他眼前，斷了手的小羊角躺在他左邊，魏四的腰眼拖一截花白的肚腸……地上全是水窪，全是雨水滲著人血，從窪緣溢出來，淌向圩下去，閃電過去，一切都化為惡毒毒的黑暗。

——頁 119

這個初進入世界去的少年六指兒貴隆，所目睹的情景，刺破了他過往承平的夢。這種現實之慘狀，既提示司馬中原要寫的迷亂時空，同時象徵著：這個世界已失去人性（回復我上面所指的的「人道觀」），人的溫良爲狂暴的雷聲撕破，而我們（民族，人類）所處的情景，是一切價值的缺失。從這段「象徵性的場景」來看，人性已在迷亂的時代世紀中帶傷，人的生存情境是混血的水潭，是黑暗的荒原。司馬中原之創造歪胡癩兒，提示了不論這個民族，抑或全人類，雖面對非人力所能挽的流轉不息的「命運」，但卻仍得反抗著暴力與死亡遍布的世界。

　　瘟疫的一節（第九章）更是象徵了這個民族，這人類世界不能逃避的命運。這「象徵性場景」使人想起卡謬（Albert Camus）的小說《瘟疫》（一譯「黑死病」），同時想起卡謬的半象徵性人物雷依醫生（Dr. Rieux）。卡謬的提示是處境的整體，在顯示人類自己身上的瘟疫和孤獨無援的隔離，顯露的情境是荒謬的。但司馬中原的情境在東方的悲劇性。荒原上的人在經過一場大水後，以爲可以從死寂的泥淤中再長生命，熬過種種災難，祈盼澤地安然。但這種現實的幻象隨即破滅，死亡的黑手又伸進來。人類的悲劇命運並未終止；而在死亡統治的大地中，「誰也救不了誰，誰也拉不住誰」。司馬中原就在這瘟疫場景中架造了一個悲劇，抗逆著一個悲劇：那是民族的命運人類的命運。大水後，瘟疫後釘在屍體上撣也撣不去的蒼蠅，正象徵著隨死亡而孳生的么么小醜（蘇大混兒這形象即是其中的蒼蠅，張世和也是）。但，司馬中原藉這種種悲劇式、災難式的象徵性場景和動向，建立了他的中心信念：

　　　「死樹並不倒不去，每一枝幹，每一椏叉，仍然保持著原有的樣式，一
　　　種不屈的痛苦的掙扎那樣顯露在九月的蒼空下面，它們靜立。」這就是
　　　我們整個民族的情境。所謂悲劇的抗爭，在司馬中原的世界並無預想的
　　　結果，那只展示了生命的強韌。在大瘟疫後，他的世界中的人物仍「深
　　　涵著忍耐和等待」，而「他們是生長在土裡的樹，自然的學會了這種大地

的精神。」

——頁186

所以司馬中原在描寫了荒原上接踵而至數不完的苦難後，在最末一章中描寫荒原上紅草、荊棘、金橘，觀音柳等生長（當然裡面仍有寄生的菟絲子和毒莽草），一面暗喻著這時代人物的形象，一面象徵著生命的堅韌力之不會被摧毀。

　　至於出獵、鬥狼、傳說和母性形象，亦常是司馬中原所採擷的象徵性場景和動向。如《加拉猛之墓》中所收之短篇〈山〉、〈紅砂岡〉、〈鄉巴佬捉賊〉等，即懷有很濃的出獵欲望——對生命探究的欲望，向自然索求的欲望。如《荒原》中歪胡癩兒鬥狼，其實是在抗鬥著侵擾人性的野蠻，在抗鬥著一種自然的暴力（朱西甯的短篇〈狼〉，段彩華的短篇〈雪夜狼打轉〉均多少含有這種根於生命原始的象徵。）如〈雨夜的訪客〉和《荒原》的開頭，都套入了荒渺的傳說；將傳說和人性配合，來探發著人類「內心常常興起的迷茫的恐懼」（〈雨夜的訪客〉）：來顯示這個古老民族人們最原始的靈性與直感的信仰（《荒原》的開頭）。由於那些荒野的傳說與荒原上的人們底生存直接有著察切的關係，同而成了最原性的象徵（關於這點，可參見拙論《現代小說與神話傳說》）。〈雨夜的訪客〉雖抓不住狐仙傳說的觀念原貌來顯示情境的真相，但卻提出了小說一項寶藏，說出「中國的一些傳說裡，像圓光、關亡、扶乩、湘西的趕屍、封銃、北方的鬼、狐、南方的五通、魘物……等」所啟發的想象性和「意義」。《荒原》前頭水淹泗澤兩縣的神話，在統合整部小說的架構上，手法雖近《紅樓夢》開始時。甄士隱夢幻識通靈那段荒誕之說；但泗澤這傳說的重要性更在融蘊了這民族的本然觀念，也就象徵著暗喻著整個民族悲劇的原質。又如司馬中原的母性形象，即顯示司馬中原積壓於無意識裡的童年記憶，他是生命泉源的象徵，民族母體的投影，如〈靈語〉、〈鳥羽〉、〈童歌〉等，他的世界即溢滿這份積壓於無意識裡的原始感情；這感情對生命成為一種激發，

一種安撫。那和卡夫卡「原父」的形象正正相反，「原父」是罪的符號；但司馬中原的母性形象卻是人道的愛底象徵。固然發現這些流動的憶念底美，但同時應掘出這母體的內涵情感。

# 七

五四時的文學批評家劉西渭在《咀華集》中，說，我們很容易從分析一個作家時，將之確限，猶如將一朵鮮花摘下，捏成碎片。而更重要的是，是小說家自己對自己的確限，一棵樹如無新的吸養，無論如何碩健，也終會枯掉的。風格和想象的固限，常造成公式化的「常數」或「不變因子」，那很易成為貧乏乾枯而失去活力。小說家一定要不斷有新鮮血液的汲取，將經驗網向廣處深處擴展。一個好的小說家的表現，文體等等固然「不可追替」，而他每一部小說，每一篇作品也應是自己其他作品所「不可追替」的。我們要擴展經驗的源幅，正視自己及所生長的時代，更得增強自己的表現力。小說無法以同一方向截取人生，人生本身就充滿無數動向。確定性對於創作者永是危險的。（比如 Algnced de Vigny，就是固限於象徵主義，使日後作品徒有新美學觀而無新倫理觀，有栩栩如生的表象，而無鮮活的血液補充。）司馬中原實是目下一個很有天份的小說家，他當能體悟於此，因此我們見出他努力的吸收，進展。他當會了解到：荒原的世界固然包含著一個偉大的母體，但若然《荒原》這小說是成功的，則它不必再被「追替」。我們應當明瞭到：五四東北作家對農村草原的經驗，寫起來雖駕輕就熟，但太「熟」，就成了「概念化」。批評家指摘海明威的「有與無」脫離現代生活的主流，其實並不是，而實際上是因「有與無」重蹈海明威自己的老路，固限了觀念的發展而成為概念化。司馬中原在形象活活的塑造上、民族情境的顯露上、語言文體的創造上……已表現得那麼好，但這仍得不斷擴闊生命的網限，不息的進變和塑造。「否定」自己是痛苦的事情，但從這種否定中進向另一種更新的肯定，卻是必須經歷的。《荒原》在題材上表現上已是司馬中原整個世界的一大包納（其《加拉猛

之墓》及《靈語》集中的短篇只是這世界的縮影），但我們可說那是司馬中原第一階段的作品。〈洪荒〉（供出現代人的生存境況）和〈黎明列車〉（供出現代生命的動向），以我看來，對司馬中原是異常重要的開端，這兩篇小說雖非達至預期的成功，但它們在各方面的試驗，使我們窺見司馬中原的世界是動的，是生長著。那應是第二階段合新的起點。我們正等待著這世界新的標發。我相信這標發亦正開始著。司馬中原的長篇〈大夜班〉對我便懷有這麼一種殷切的希冀。不錯，我們這一代要作「幹」，但一棵生長中的樹必得同時有它的枝葉，來營養和支撐整體的生長。我的觀察是：以司馬中原的經驗和表現力，實更宜於創造幅度較廣的長篇。如法國的里維埃（Jaques Riviere）所展示，現今小說家有的更遼闊而豐富的寶藏，那兒無數尚未成形的事物混沌地等待著去接受生命。那不能有一個既定的方向，而是隨自身的成長而轉變。那不是用過去來解釋現在，而企圖用現在去解釋過去。由此，未來小說必是長篇和幅度廣的，全面支起著人性，它可以敘寫整個時代——其起伏，其全部的錯綜性。

## 八

司馬中原，只要他小說的世界是不斷生長著，則在這片小說的荒原上，必然會屹立著這不朽的名字！

——1964 年 2 月初於香港

——選自張默、管管主編《從流動出發：現代小說批評》
臺中：普天出版社，1972 年 1 月

# 震撼山野的哀痛

## 司馬中原《荒原》

◎齊邦媛[*]

　　臺灣光復後這二十多年的文學創作在中國文學發展史上是個獨特的時期，或者更嚴格的說，是個獨特時期的拓荒階段。它不是已有成就的延續，而是載滿了工具和糧食的蓬車，正在探勘新天新地。西方文學的寫作技巧和現代世界的人生觀揉進了中國的舊題材，使我們文字的運用更流暢，表現繁複的思想方式也比較成熟。有了這種有利的條件，我們的文學無論走那一條路──傳統文學，民族文學，社會寫實文學，或是純藝術性文學──遠景都是廣闊的。

　　就題材而論，這二十多年的文學作品有將近一半是具象化的鄉愁。由於對家鄉和往事固執的懷念，我們產生了一種獨特的民族文學。雖然講了有趣的故事，卻同時嚴肅地檢討了我們民族的特質。司馬中原的小說可以作代表的例子。

　　司馬中原這個筆名已經直截了當地，宣言式地說明了他寫作的情懷。（可惜的是他的作品直到今天仍是擠在花花綠綠的娛樂消遣性的書堆裡，銷路還比不上那些鄰居。好不容易找到一本十年前大業書局舊版的《荒原》，封面是那片蒼涼的禿山澤地。但是今年出的新版封面卻很「現代」的畫上了幾股大火。）由文學理論來說，司馬中原並不是一位很「現代」的作家，和西方一些以荒原為題的名著比，他的成名作《荒原》顯得太單純太質樸了。不管 20 世紀有多少文學理論者如福斯特（E. M. Forster）說過

[*]發表文章時為國立編譯館人文社會組主任，現為臺灣大學外國語文學系榮譽教授。

每本小說裡要有故事，這個嶄新的時代是個不許純說故事的時代。艾略特（T. S. Eliot）的《荒原》是以知識分子的深度，典雅地隱喻現代人生活境界的荒蕪。即使雷馬克（M. Remarque）筆下的戰爭也都是勢均力敵的技術比賽，沒有大群人的顛沛流離乃至世代相傳的受苦命運。歐洲人煙稠密，科學發達，容不得天災人禍製造長期的荒原。司馬中原這本長篇小說的背景，實際上，幾乎是他所有故事的背景，是片雄渾的，孕育了古老苦難的大草原。在這片草原上是些野火燒不盡的善惡，愛恨對立的史詩性的故事。這些質樸的故事，由他誠懇地寫下，竟產生了懾人的感動力，那片蒼天下覆蓋的荒地應當生出這種血性漢子，在讀者心中栩栩如生。因為這是我們的時代，我們的苦難，不夠「現代」又有什麼關係！

　　他也不屬於「過去」。白話文創作中期的作家也有以鄉野題材著名的，只是他們筆下沉睡的鄉野常是一個象徵，在政治型態劇變，國家個人的生存雖在動盪中卻充滿了「可能性」的展望的象徵。司馬中原生長在中日戰爭期中，他曾用童稚的眼睛看到逃難的人潮經過他在洪澤湖畔的家鄉，而於十多歲時被迫割捨了親情的依戀，投軍，渡海來到臺灣。他記憶中的故鄉是在戰火中焚燒的荒原，是籠罩在「夢一般的沉寂而震撼山野的哀痛」中。這種無處掩藏的絕境，和他要「背負歷史和民族的重量」的決心，揉合在他感動力極強的作品裡，是屬於這個時代，這個生存境界的。

　　自從他的第一本長篇小說《荒原》民國 42 年初版以來，20 年間司馬中原的作品已達 24 本，產量實在令人擔憂的多。他好似一口氣不停地講了許多生動的故事，總不免有重複或枯竭的危險。幸好他的重要作品的題材並不龐雜，除了少數的例外——如《雷神》為革命青年喻培倫的傳記小說；《魔夜》描寫陰森的死亡現象而象徵著人生的困境；《啼明鳥》寫今日大學生的愛情故事等——他的重要作品可以按主題和表現形式分為三類：史詩性的；純抒情的；和鄉野傳聞。

　　史詩性的小說是司馬中原以山河戀為經，以 30 年前抗日剿匪的戰爭為緯，襯托出人性正邪之爭的作品。這些經驗由他的筆尖給予讀者「一種悲

憤的敲擊，揭露出東方古老大地上人們艱困的生存狀貌」，而「深深體會到他們如何在現實悲劇之上，建立起肯定的生存的價值觀」。（見《荒原》民國 54 年〈再版前記〉）這一類作品以《荒原》和今年 4 月中旬才在《中國時報》「人間」版連載完稿的《狼煙》爲代表。若把他這兩本書的書名聯綴起來成爲「荒原狼煙」，可見貫穿他 20 年寫作生涯的是一首激情洶湧的民族苦難而不屈服的史詩。他那夢魂縈繞的家鄉——蘇北魯南接壤的大草原如何在狼煙中成爲荒地，它質樸鄉民的靈魂在恐懼，迷信，貪婪的折磨下也淪爲知性的荒原。在哀痛的心情中，軍人出身的作者總忘不了塑造出一位或數位強有力的正面人物，賦他們以渾忘小我的悲天憫人的熱忱和近乎神奇的力量去保鄉衛民，阻擋殘暴，奮鬥至肝腦塗地爲止。

第二類是純抒情作品。最成功的有散文詩體的〈黎明列車〉、〈鳥羽〉和〈靈語〉等短篇，收在《靈語》集內。自傳式的《青春行》提供了可貴的研究資料，使我們看到作者的真實人生經驗。而半是童年的回憶，半是對我國舊文化型態的軟弱嬌慵的生活方式無情批判的《綠楊村》，和純是刻畫鄉土人物的《煙雲》都是作者才華又一面的展露。一個人寫鐵血容易；另一個人寫情景動人，而司馬中原卻擅寫鐵血上的迷惘，導源於一種宇宙性的英雄概念，忠誠地爲柔弱和善良的人群而戰，同時也保衛了中國人性裡最珍惜的澹泊的自我世界。這種忠誠由溫存的夫妻之愛延伸到友情，在司馬中原的長篇中閃著人性的光輝，形成了一種積極的抒情體，賦予他所創造的英雄可信的凡人情操。《荒原》的 300 頁裡只有三頁寫它中心人物歪胡癩兒的兒女柔情：

> 他記起那個春夜，記得河水滾過滿布漂石河心的聲音，那夜的月色很柔媚，像妻漾著笑的臉，臉上亮著春華。妻剛生過頭胎子不久，他跟她抱著孩子翻過大石稜稜的荒山走岳家……

> ……她從他手裡接過孩子，解懷餵奶，他們坐在一塊石上，肩靠肩，在

> 流寒的風裡互傳溫暖，兩人滿心有話也給了星，給了河，給了嘩嘩的流
> 水；在那樣溫存的黝黯裡，野蛛絲黏黏的，一忽兒黏上他的手，一忽兒
> 又飄上了她的臉，他伸手替她去捏，捏開她臉頰上那根絲，她回手去捏
> 他肩上的那一根，兩人捏的是一根絲的兩頭。他不能忘卻，無數心裡的
> 蛛絲那樣把他和她牽連在一起在那早春的充滿情愛的永夜。

──《荒原》，頁 229～230

這樣的情景似乎是不足爲奇，而在這個火和血的故事裡卻令人難忘，亂世
的青春和青春的柔情很快就被野狼衝破，之後是無盡的流浪，戰鬥，以上
的情景是他面臨又一次死亡挑戰的前夕所回憶的。

> ……就在今夜，他要選取多年前他和妻共擁的月亮；那樣的月光和那樣
> 溫柔的情愛使他勇悍的和一切出自黑暗的野獸抗鬥，鬼子，八路，或是
> 一隻侵迫安寧的狼。

──《荒原》，頁 235

這種半敘事，半抒情的片段給《荒原》以血肉之軀。

他的第三種作品數量最大，長篇的有《狂風沙》和《刀兵塚》，短篇的
散落在《靈語》和《煙雲》中十多篇，主要的收在定名爲「鄉野傳聞」的
五本集子裡，除了一本名爲《鄉野異聞》而取材布局都嫌軟弱的中篇之
外，共有 27 篇。這些趣味性很高的故事都發生在他所熟知的鄉土上，30、
40 年乃至更久以前，當春草般自生自滅的鄉民仍在無知、迷信和天災人禍
的混亂中討生活的時候，他們也曾編織了一些傳說抒解世代相傳的苦難。
司馬中原在氣惱他們逆來順受的愚昧之餘，創造了略帶誇張性的來去飄忽
的俠義漢子，一則去阻擋暴力，再則做爲民族性的憂傷的補償。讀完了沉
痛撼人的《荒原》再讀這些鄉野傳聞，令人感覺到鬱積血淚傾流後的一種
對比性的平靜。這種大火燎原前和死亡肆虐後的復甦境界，是純中國式的

史詩境界。這種對比性的平靜襯出極端的動盪。在幾乎每一個中國人的童年回憶裡都似乎有那一棵村前的大樹，在那棵大樹下都有孩童圍坐聽鄉野故事的境界。枝葉覆蓋的樹蔭下經常有那口井，夏天井裡常鎮著沁涼的瓜果；也鎮著些古老的，陰森的，奇奇怪怪的傳說。當聽故事的孩子長大了，家鄉是個萬里外的舊夢，透過懷念的彩網，它們時時侵上心頭，在司馬中原、朱西甯、段彩華等有力的筆下，「以藝術的誠懇，在『人』的基礎上，表達我由這些傳說中所獲得的真純的感動。」（見〈狂風沙後記〉，頁6）──這分真誠的感動融化，凝固，成爲具象化的鄉愁，是臺灣 25 年來文學創作的特色之一。

這些古井和亂葬崗的標準農村景色必曾啓發了許多作家的靈感，從「古詩十九首」的作者到司馬中原等人，死亡的猙獰面目之外另有動人心魄的魅力。〈鄉野傳聞〉中有好幾篇精彩的鬼怪故事，如〈火葬〉、〈大黑蛾〉（在《路客與刀客》集內）和〈打鬼救夫〉（《天網》集內）等篇。作者在〈大黑蛾〉的開篇兩頁可以作他這套傳聞的總序，他承認這些故事用現代人的知識、理性和思考去分析，立刻會指出它們的荒謬和無稽之處來，但是它們曾被人一代一代地相信過，傳述過，因此他「有權利」把它們保存下來。他用象徵手法描寫那些傳統式的村屋「長年經受煙燻火烤的牆壁，灰褐中又泛著些煙黃……由於那種顏色的濡染，使你產生出若干原始的、可怖的聯想、像鬼靈、妖魅，以及死亡……等等的」，這種陰黯的生存方式，加上只有文明古國才有的精細的想像力，產生了生死糾纏的鬼故事，婆媳關係的困境是〈火葬〉的背景；〈大黑蛾〉用一種迷信鬼祟的方式講命運的神祕威脅；〈打鬼救夫〉的死人復活去簡直是匪夷所思，但是讀者卻不免歎服它設計的藝術性，在這一方面，主題的重要性比不上創作的藝術性。它們只是保存了中國文化的一些有趣的特質而已。

〈鄉野傳聞〉的另一組故事如〈路客與刀客〉、〈十八里旱湖〉、〈山〉、〈靖鄉〉等篇都重複了一個正邪之爭的主題，和《荒原》不同的是：它們的邪惡力量是殺業深重的土匪，而不是日軍或共匪。相同的是，受害的人

都是善良的鄉民，他們在暴力威脅和蹂躪之下苟延殘喘。這時，飄然而至，挺身而出保衛鄉土的豪情俠義漢子神話式地出現了。〈路客與刀客〉中的賀一郎和〈狂風沙〉中的關八爺前後輝映；〈十八里旱湖〉的沙老頭兒和〈山〉中的駝背老爹也屬同型，都有以一當百的武功，都具有悲天憫人的胸懷。民族感情濃厚深摯的司馬中原藉他們的行為動機肯定——「人」存在的價值。而這種挺身而出濟弱鋤強的俠義行為既不同於西方中世紀的騎士行徑——或為個人的榮譽，或為效忠王侯；也不同於一般中國武俠的出於門戶恩怨。他們的行為幾乎是天道和人道的實現。為了襯托出這種人物的使命半是天意，作者用了十頁的篇幅，濡滿了濃濃的詩意描寫路客出場的小荒鋪，荒山，澗谷，小溪和白髮似的蘆葦……（《路客與刀客》頁 321〜331）這種詩意伴著賀一郎直至終篇，故事講完了，作者回憶那講故事的逃荒老人如何深信「世上多幾個賀一郎就夠了」時的心情：

> 在古老的北國鄉野上，有多少這樣愚駿的，可悲憫的，終生浸在酸苦和
> 盼望當中的靈魂，——總是「人」的靈魂，使我的心頭有淚如雨。
> 沒有神奇荒誕的賀一郎那種傳說裡人物，你們能否使那些仍然活著痛苦
> 靈魂活得安然呢？
> 「這才是重要的。」

同樣的結論和問題出現在「山」的結尾，只是有個比較肯定的期望：

> 總有另一些太陽從另一些傳統裡升起來，溫暖著人們寒冷的心胸！

司馬中原常有輕鬆幽默的一面，譬如〈七里墳的鬼話〉（《路客與刀客》中），用一群野鬼的胡鬧諷刺腐儒的多烘，進而諷刺世人的虛偽；鬧劇式的〈祝老三的趣話〉（《紅絲鳳》集內）描寫一個笨強盜的霉運，即使寫正邪掙扎的〈十八里旱湖〉也和〈山〉等篇的嚴肅態度不同。這篇裡的強盜綽

號八馬，常有軟弱的時候，他最後的敗亡也窩囊得很，被沙老頭使腰帶勒住脖子拖在馬後跑……槍聲在八盤溝上響著，鄉團用的是八馬的槍火。被拴在廊柱上的八馬聽著賣豆沙包的喊聲和公雞的啼聲都帶著憐憫意味了：「八馬啊，都殺脖子啊；八馬啊！都——殺脖子……啊！」

「鄉野傳聞」的 27 篇短篇中有三篇是藝術品評逸話如〈紅絲鳳〉；七篇地方色彩的悲歡離合等主題的故事，應待日後另作評介。

最早聽到司馬中原的名字是報紙上電影廣告宣傳由他小說改編的《狂風沙》和《路客與刀客》兩部影片。為了「愛國的緣故」我曾專程去看了，當時的失望至今仍清楚地記得，畫面上只見一片片的猩紅，「血流成河，屍積如山」的場面一再出現，看不出作者有什麼民族意識，更看不到什麼悲天憫人的情懷。直到一年前我開始中國現代文學的英譯工作，為了研究遷臺後二十餘年文學創作的發展，我夜以繼日地詳讀編輯小組提出的和朋友學生們推薦的有代表性的作品，（可惜在臺灣無法有系統地買到或蒐集到一切該讀的作品！）讀到司馬中原的《靈語》集裡面的〈黎明列車〉（已譯成英文）、〈鳥羽〉、〈戰馬的血祭〉和紀念母親的〈靈語〉，我漸漸產生了一個新的期待，這個時而極溫柔，時而極強悍的筆是怎樣磨銳的？於是我以學術研究的態度讀他的《荒原》，繼之以《青春行》和《煙雲》，和他的所有作品。終於落入了一種長期的思索——這樣的主題，這種寫作技巧，對我國當代文學的發展將有什麼樣的影響呢？

無可置疑的這本《荒原》和姜貴的《旋風》，乃至紀剛的《滾滾遼河》都將會在中國文學史上代表我們這奇特而可貴的時代，它們都以雄渾的筆觸寫我們國土上剛剛發生的苦難，和一些可敬的靈魂在國家和個人的苦難中不屈的奮鬥。難得的是它們的所做所為都並非建立在口號和標語上。譬如司馬中原，在他的書內寫活了這些正邪，知與無知之間掙扎的人物，即使他們的稀奇古怪的綽號也有真實感，什麼歪胡癲兒、丁三挖、王四褂褡、二紅眼、薛大痕眼、馬老實、朱小亂子、孫小敗壞、蘇大混兒、狗王爺、狗屎蛋兒……都是中國北方人真正的口氣，那一個鄉野趕集時不聽到

這些呼喚呢。《萩村傳》有極相似的特色。

由最近三個月司馬中原在《聯合報》副刊連載的〈流星雨〉看來，他的題材範圍已轉至臺灣的初期移民的狹窄鄉土觀。他仍然起勁地寫血淋淋的殺伐，（是他的軍中經驗被作家的想像力誇大了？）泉州漳州兩派移民為了爭地盤而兄弟鬩牆，地盤的象徵是供奉祖師爺的廟宇。在〈流星雨〉裡他似乎是批判了地域性的鄉土觀念，雖然這種反感似乎與他的「落葉歸根」觀念互相矛盾，在〈《刀兵塚》後記〉中他說：

> 在古老的中國，落葉歸根的歎息該不是低沉無力的，屬於暮年的調子，而是一種強韌的觀念──雜亂中流落異地的祖先，如果不能回歸鄉里，他們的子孫也會盡力完成他們的心願。

作者的這種矛盾應該是尋求答案時必然的過程吧。

寫這篇評介的時候，我讀到《中外文學》第 2 卷第 2 期劉紹銘的〈現代中國小說之時間與現實觀念〉一文，和對於他批評「臺灣作家走向『自我』，藉以對他們自己的存在作更深的探討。」他憂慮，「臺灣年輕的一代，潛在著的憮然冷漠與挫折」深有同感。因此更加強了我評介司馬中原，鼓勵同型作家的信念。此文未著重寫作技術的分析，我認為文學史上的重點先是「在這樣一個時代，他們說了什麼？」全世界關心臺灣命運和前途的人，也有同樣的問題吧。

與其讓臺灣和國外的讀者只看我們的文學遺產，知道像《武家坡》、《四郎探母》那類的不合理故事，不如請他們看看這一類誠懇的（也許未全定型的）我們自己時代寫的故事，看看我們怎樣保存，檢視我們的鄉土民情，期待我們的民族達到和平自尊的境界。

以這樣的心情期待著，我又想到《荒原》的結局第 16 章，火劫之後，剩下的孤兒火生三歲的時候，他的母親「教他認野菜的名字，帶他上歪胡癩兒的墳，像上一代的母親一樣，在小油盞的光霧裡，為他講述很多的故

事⋯⋯」那時荒原上的紅草和許多不知名的花又燦爛的復甦了靜謐、沉默而蒼涼的天地。

——原載民國 63 年（1974 年）4 月號《中外文學》月刊（第 3 卷第 6 期）

——選自齊邦媛《千年之淚》

臺北：爾雅出版社，1990 年 7 月

# 司馬中原英雄的衰亡與昇揚

◎高全之[*]

　　司馬中原的長篇小說《狂風沙》自 1965 年 3 月開始在臺北《皇冠》雜誌（第 23 卷第 1 期，總號第 133 期）逐月連載，至 1967 年 2 月的《皇冠》雜誌（第 26 卷第 6 期，總號第 156 期）爲止。1967 年 5 月，《狂風沙》單行本由《皇冠》雜誌初版發行。根據作者自述，這本小說的構思始於 1955 年（見該書〈《狂風沙》后記〉，以下簡稱〈后記〉），定稿於 1966 年（見書末作者自註）[1]，曾經過十年經營。這本小說是在邊寫邊連載的情形下完成的（見〈后記〉），並且，我們比較單行本與連載中的內容就可以知道，這本小說在初版前後，並沒有修改或刪增。

　　了解以上那些寫作過程，對我們欣賞《狂風沙》，並非毫無幫助。至少我們可以領會到兩件事。其一，在那種情勢裡，作者可能無法完全有效的掩飾他的主題。某些長久縈繞於作者的心理事實，可能會不得不做較爲坦誠、直率的流露。

　　《狂風沙》的主要趣味，正建立在這個真實的基礎上。作者經營關東山這個英雄形象，本身的英雄崇拜[2]產生了改變。關東山由做爲神明的英雄沉澱爲厄運基層人，再自厄運基層裡升揚，聳立成做爲有德者的英雄。在英雄類別的轉變過程裡，讀者的英雄崇拜受到壓抑，然後得到補償性的滿

[*]發表文章時爲電腦軟體分析師，現爲電腦軟體工程師。

[1]本文根據〈司馬中原的語言〉（《幼獅文藝》月刊第 216 期）與〈司馬中原與《狂風沙》〉（《中華文藝》月刊第 1 卷第 5 期）改寫而成。本文的論點與舊作大不相同，所以敢於發表，以取代舊作。改寫期間曾蒙姚一葦先生，柯慶明先生撥冗指正，在此誌謝。

[2]湯姆斯·卡萊爾（Thomas Carlyle），1975～1866，蘇格蘭作家。這句話引自何欣譯《英雄與英雄崇拜》（臺北：國立編譯館出版，1963 年 10 月）。

足。這一點，我們自本文第二節開始，再詳細討論。

其二，我們不能盡信作者本人對作品的解釋。對我們讀者而言，這是一個有悠久傳統的諍言。創作完成以後，作品就是個自身俱足的生命，可以容納不同角度產生的不同解釋。作者本人對作品的解釋，可能是片面真實的，也可能竟然是有意隱瞞實情的。

我們先舉個簡單的例子，說明這件事的重要。時下好以政黨屬性來區分中國小說的批評者，或許會很單純的認可〈后記〉自陳的反共立場：

「我覺得那一時代的背景，和前赤色大陸的時代背景相同，往昔鹽梟們所受的痛苦與輪迴，慘痛的悲劇正在重演，我實在值得寫一部這樣的書。」

事實上，這段話充其量只可以做為司馬中原中篇小說《餓狼》[3]的註腳。《狂風沙》衡稱時局，並不採取《餓狼》那種一味評擊諷刺共產黨的立場。關東山曾說「即使北伐軍平定北洋，太平軍還得靠人心維繫才得久長」（頁 1325）；他由牯爺的事件擔憂到「誰敢說在北伐陣營中，沒有牯爺那種披著人皮的欲獸」，所以他祝禱：「願一切掌權人敞開仁懷，披覆萬民」、「願北伐軍好自為之罷」（頁 1348）；並且對北伐軍何總指揮闡釋「全民宗奉的三民主義的主要內容」喃喃自語：「道理確是不錯的，朝後麼？該看怎樣去行了！」（頁 1345）

《狂風沙》衡稱時局，確有保留而謹慎的一面。我們可以引用作者對長篇小說《荒原》[4]的話，為這種態度找到前例。《荒原》曾被批評者簡略而認真的稱為「一本極夠分量與水準的反共小說」[5]。司馬中原在 1963 年致李英豪的信上說：

「與其說我反共，不如說，我反對一切暴力。一切文明必須建築在人道觀點上；否則，那沒有根基的文明便成了深陷的沙丘。中國農民是迷

---

[3]長篇小說《餓狼》，陸軍總司令部，1972 年 12 月。
[4]《荒原》，1962 年 4 月大業書局初版印行。1973 年 2 月皇冠出版社重印發行。
[5]見吳友詩〈評《荒原》〉文。該文收入皇冠出版社重印發行。

信、保守、固執；但有著溫良、知足和人道的一面。他們有權保有他們的世界。（這種世界是合情合理的生存條件的，他們並不想干犯或改變別人。）任何政治家不配指導他們，只能用一種緩緩靜靜的風，吹拂他們，使他們從一個古老的夢境引渡到另一個新的夢境。」[6]

司馬中原當時曾很具體的指出：《荒原》這本書「從何指揮身上批評政府當時的保守和部分顢頇，不但荏弱也不夠深入」，但是對「中國近年苦難的責任，我作了雙面的批判。我批判了共產黨無視於人道，我也根據事實，對政府當時的保守和部分顢頇，作了《春秋》之責。」[7]

作者雖然沒有對《狂風沙》做類似的闡釋，但是他在《狂風沙》裡衡稱時局，與《荒原》的態度，十分相近。自由中國的作家在表明他們對時局、政治、社會的看法的時候，確實享有相當程度的自由。比那些好以政黨屬性來區分中國作家的批評者所了解的自由，要大得多。

我們還會列舉作者本人對作品的解釋，與事實不符的實例。

二

我們借用卡萊爾「英雄崇拜」的定義，來討論關東山在《狂風沙》裡的屬性。簡單的說：英雄指「偉大人物」，崇拜「就是沒有限制的羨慕敬佩」[8]。我們曾指出，關東山在《狂風沙》裡，由做為神明的英雄沉澱為厄運基層人再自厄運基層升揚成做為有德者的英雄。本文將分三個層次說明關東山這種英雄類型的轉變。本節討論第一個層次：關東山成為神明英雄的原因方式。

基本上，關東山做為神明的英雄，是《狂風沙》最重要的一項假設。作者視這項假設為傳說故事的一部分，而作者本人，則矢志忠於傳說。做為自我檢討，〈后記〉自陳：這本書的企圖在「復活並重現一個時代」、「召

---

[6]見張默〈從荒原出發〉文。該文收入皇冠出版社重印的《荒原》書內。
[7]見魏子雲〈款步於《荒原》內外〉文。該文收入皇冠出版社重印的《荒原》書內。
[8]同註2。

回一個已逝的時代，勾勒出它全部的面影，賦予那些人物的生命」；它是用「傳統的寫實手法」去鋪陳「人物造成的事件」。所謂「傳統的寫實手法」沒有明確的界定。我們在〈后記〉裡歸納，大略得到以下三項說明：1.忠實記錄傳說裡「精於擊技的人物」，以傳說的觀點爲觀點，不以「現代若干觀點」去存疑。這樣就避免了「中國鄉野傳說」和「現代若干觀點」之間「自然的衝突性」。2.「在作品中盡量吸取民間傳說中質樸的美，卻不願使作品的精神落入古老傳奇的窠臼」。所謂「古老傳奇的窠臼」和「質樸的美」也沒有明確的界定；「窠臼」大概指脂粉男人藉裙帶關係，得名利忘道義的固定故事形式。那些故事的人物「多無左右命運，改變環境的能力，也缺乏那種醒覺」，所以「質樸的美」大概指剛性、獷悍、愚拙和樸訥這些性質。3.「盡量取用他們本身的生活語言，使用鄉土氣習濃烈的，平樸野獷的文字，盡量避免使用現代的文明社會中習見的詞彙」。

〈后記〉一再強調《狂風沙》故事來源的可靠性，以求得「穩固的『史』的基礎」和「史的依據」。提到作者自我創造的成分（如童年印象，如「作者是否能在作品中充實其生活的肌理；賦作品以真實的血肉」），則強調作者本身「原始的誇強性」，要盡量附合民間傳說「適度的誇強性」。

《狂風沙》的故事，發生於司馬中原誕生以前[9]的北伐時期。〈后記〉似乎認爲這個故事可以是對那個特定時空的客觀描述，可以是一種自外於作者本人的客觀存在。至少，《狂風沙》正是對那個傳說世界的追求，一種減少作者自我創造成分的追求。事實並非如此。我們將在以下列舉的實例裡看出，作者刻畫關東山在傳說裡做爲神明英雄，具有豐富的想像力和創意。所以關東山做爲神明英雄，其原因不只在於它是傳說裡的一部分，也在於它是作者內心潛藏的英雄崇拜的一部分。

司馬中原主要用兩種方式，來奠定關東山神明英雄的地位。其一，是以俠義小說裡的俠士豪傑，來影射關東山。其中最重要的，當然，是以關

---

[9]司馬中原原名吳延玫，1933 年生。

東山做為《三國演義》關雲長和《水滸傳》關勝的延續。延續的主要憑介，在於造型與社會地位。我們用 120 回本《三國演義》和 70 回本《水滸傳》做個比較。

造型。關雲長：「身長九尺，髯長二尺；面如重棗，脣若塗脂；丹鳳眼，臥蠶眉；相貌堂堂，威風凜凜」（第一回「宴桃園豪傑三結義，斬黃巾英雄首立功」）；關勝：「生得規模與祖上雲長相似，使一口青龍偃月刀，人稱大刀關勝」，「端的好表人材：堂堂八尺五六身軀，細細三柳髭鬚，兩眉入鬢，鳳眼朝天；面如重棗，脣若塗硃」（第 62 回「宋江兵打大名城，關勝議取梁山泊」）；關東山：在三里灣沒鼻子老頭眼裡，「論人品，論氣度，多少年來這間荒舖裡沒款待過這樣的客人；他的身材在十幾個大漢裡算是最高的，兩隻厚敦敦的肩膀真能擔得山，可就沒有那幫掌車的那股野氣；他頭上的黑熊皮帽子，帽頂鑲著極珍貴的水瀨皮，傳說裡雪花都不朝上落；他一身玄緞的長袍斜對角披在黑緞的腰縧裡，露出銀色貂毛裡子，縧兩面插著兩把全新帶烤藍的匣槍，兩隻皮靴的軟帶上，插著八把雪亮的小撬子，他紅塗塗的那張長方大臉帶著一股說不出的霜寒味，儘管兩道又濃又長的眉下兩隻溫厚的──眼，總帶著似笑非笑的樣兒，可一看多了，就有點兒逼得人打寒噤想到堂上供著的關公」（頁 24）

社會地位。關雲長：荊門州當陽縣玉泉山的普靜看見空中無頭的關雲長在關平周倉的擁護之中大叫「還我頭來」，就對他說：「昔非今是，一切休論；後果前因，彼此不爽。今將軍為呂蒙所害，大叫『還我頭來』，然則顏良，文醜五關六將等眾人之頭，又將向誰索耶？」於是關雲長恍然大悟，稽首皈依而去。「後往往於玉泉山顯聖護民。鄉人感其德，就於山頂上建廟，四時致祭」（第 77 回「玉泉山關公顯聖，洛陽城曹操感神」）。關勝：「……關勝義勇之將，世本忠臣，乃祖為神，家家立廟」（第 63 回「呼延灼月夜賺關勝，宋公明雪天擒索超」）。關東山：「又有人說孫傳芳當人提起關八，誇稱他是北地無出其右的豪士，黑松林義釋彭老漢，為單挑民間疾苦進天牢捨命，直可比擬上古代的關雲長」（頁 140）。

　　不僅如此。關東山羊角鎮單騎赴朱四判官約會，規模似乎追隨著《三國演義》關雲長單刀赴會東吳；萬家樓追殺朱四判官，手提七顆人頭回城（這事在小說裡曾經至少四度提起），業爺把保爺生前坐驥白馬一塊玉相贈，也似乎不離《三國演義》關雲長過五關斬六將，騎神駿赤兔馬的籠罩。除關雲長之外，也使用其他的俠士豪傑來影射。戴旺官以「相知懷璧，張良刺暴」為「大俠之風」，暗指關東山（頁 220）。萬家樓老帳房程青雲認為關東山：「何等的威風，何等的氣概，那一點也不輸演義說部裡的豪傑英雄」（頁 568）。瞎眼的關東山在萬家樓老百姓言談裡，隱約上承漢高祖劉邦，楚項羽的餘蔭，而明白指稱為「英雄」和「英雄人物」（頁 1251～1252）。這些影射都有助於在中國讀者心裡喚起一種勇武蓋世的英雄印象。就關東山領新六合幫走私鹽跑江湖這個身分而言，以關雲長來影射，也是一種合情理的附會：關雲長在中國幫會組織裡，確實曾形成某種代表義氣、勇武的象徵。[10]（這樣看來，大狗熊能順口引用《三國演義》馬謖失街亭的掌故（頁 698），不能算牽強）。最重要的，是使關東山承繼了那些俠士豪傑做為神明英雄的地位。

　　另一種奠定關東山為神明英雄的方式，是把關東山比擬為具有超自然力量（power）的事物。例如很多。風月堂老鴇母劉媽媽說：「誰不把八爺您當神看？」（頁 233）；北洋軍副師長說他「是條見首不見尾的雲龍」（頁424）；朱四判官在羊角鎮先戲稱關東山為「咱們的喪門神」，然後槍擊以身殉教喻的關東山：「『我看見了！我看見了！八……爺！』朱四判官忽然哀嚎著，屈膝跪在地上：『您不會記恨我罷？八爺，您不是人，您就是神！』」（頁 545）；萬家樓老帳房說關東山的抵達是「暴雨落飛龍」（頁 565）；在萬菡英心裡「他彷彿是一尊神祇，為拯苦救難履踏凡塵……」（頁 569），是忘我疾翔的「蒼鷹」（頁 697）；在許多鄉野傳說裡，「人們直把他當成活佛」，認為「像關八爺這種樣的俠士是上應天皇的」，「天要倒孫傳芳，鹽市

---

[10]見關雲，〈祕密社會與黑社會面面觀之 11──影響我國幫會的兩本小說〉，《中國時報》「人間」副刊，1973 年 3 月 15 日。

才顯出關八爺來的！」，「八爺是條神龍」（頁 686）；老木匠萬才對關東山
說：「您真是個神人？」（頁 1257），然後在秋夜獨思：「像八爺這樣的人
物，原是傳說中的一條神龍」（頁 1283）；小餛飩更虔誠了：「八爺就是那
樣的神祇」，「他總是一尊神，他心目裡的神」（頁 1285）；最後在牯爺的眼
裡：「這個瞎了眼的人就是活生生的果報神，他從陰森冷黯的地獄裡來，燒
起一把慘紅的報應的烈火」（頁 1327），形象十分恐怖。

　　這一種奠定關東山為神明英雄的方式，最主要的，是強調神明英雄必
需具備的力量。佛洛依德晚年的著作《迷幻》（*The Future of an Illusion*）論
及宗教的起源與功效，曾說：「神明維持三種工作：他們必須驅除人們對自
然的畏懼；在人們面臨命運的殘酷壓迫下，特別是死亡的威脅，神明就必
須設法緩和人們對這些威脅的恐懼。還有祂們必須在文明強迫加於苦難人
們身上時加以補償」。[11]根據這段話，我們省察關東山在《狂風沙》裡做為
神明英雄的工作。他領導新六合幫冒險走私鹽，養家活口，驅除他們對自
然的畏懼。他領導人民抗暴，緩和人們對命運，對死亡的恐懼。他在厄運
基層裡形成一種期待。如果說這種期待的本身，可以是厄運基層的補償，
那麼，關東山的神明英雄地位，於斯可以初定。

三

　　我們回味作者奠定關東山神明英雄地位的兩種方法，可以發現，關東
山的神性，完全經由小說裡的群眾或人物來渲染而成。作者一直避免讓關
東山本身在行為或談吐上，暗示或顯示他的神性。這麼看，既然關東山做
為神明英雄，是故事的一項假設，必然有另一種假設，在限制神明英雄那
種假設的範圍。確實如此。《狂風沙》一方面崇拜關東山如神明，另一方
面，又視之為常人。本節就討論這第二個層次，頗資玩味的問題。我們將
分析何以作者要訂定如此不同的假設，作者如何使這種假設合情理，最

---

[11]見石印漢、王杏慶合譯《迷幻》（香港：向日葵出版社，1971 年 10 月），臺北晨鐘出版社印行。

後，關東山向厄運基層印證自我以後，產生那些影響。（本文使用「厄運」一詞，指受難 suffering 的意思；「基層」，泛指社會群眾或平民，包括農民、鹽民）。

一種便捷的解釋是：視關東山爲人的這項假設，是傳說的一部分。這是作者忠於傳說的結果。比如小說開始時，追敘關東山的生活歷練：20 歲時候是老六合幫拉車索的小小子；老六合幫受剿散亡，關東山隻身劫法場不成，北走加入陸軍速成學堂，五年後做緝私隊長，義釋彭老漢以後自首進大牢，和獄卒一起到關東，在額爾古納河打老毛子兵（短篇〈邊陲〉就取材於額爾古納河邊民抵抗赤俄的故事），然後（32、33 歲）被向老三請回來領新六合幫走私鹽。這段描寫，就可能是對傳說忠實的記錄。

事實上，我們原來對這個傳說一無所知。不僅如此，幾乎所有司馬中原自稱爲傳說的故事，只有在小說裡的時空環境裡廣爲流傳。在他實際寫作的時空環境裡，這些故事在寫作前後，都沒有達到家喻戶曉的地步。如果說傳說是歷史的累積，如果說家喻戶曉是傳說的條件，司馬中原的小說，往往不過是傳說的雛型或流傳的起步而已。我們無法辨認作者是否忠實記錄口傳階段的傳說。相反的，我們可以很容易證明作者曾「用現代人的知識，理性，和思考去分析」[12]傳說，然後整修傳說，使傳說故事合情理。《狂風沙》視關東山爲厄運基層人，很可能就是整修傳說，使小說合情理的一項結果。我們舉個例子，說明作者對傳說懷疑的態度，以及對傳說做理性的思考。

《三國演義》裡關雲長死訊還沒有傳來，孔明說：「吾夜觀天象，見將星落到荊楚之地，已知雲長必然被禍（第 77 回）。可見羅貫中曾視關雲長爲上應將星。《水滸傳》的 108 好漢則根本是殿前太尉洪信在江西信州龍虎山「伏魔之殿」誤放下凡的妖魔（第一回「張天師祈禳瘟疫，洪太尉誤走

---

[12]被視爲「鄉野傳聞」五本集子「總序」的短篇，〈大黑蛾〉開始兩頁，曾重複〈后記〉的觀點說：「這些故事用現代人的知識，理性，和思考去分析，立刻會指出它們的荒謬和無稽之處來，但是他們曾被人一代一代地相信過，傳述過，因此他「有權利」把它們保存下來」。見齊邦媛〈司馬中原筆下震撼山野的哀痛〉文，載於《中外文學》第 2 卷第 3 期。

妖魔」），大刀關勝上應天勇星，是三十六天罡星之一（第 70 回「忠義堂石碣受天文，梁山泊英雄驚惡夢」）。做爲因襲模仿，《狂風沙》曾提及傳說裡關東山「上應天星」（第 686 頁）。但是作者對關東山那段生活歷練下的按語卻是：

「世上若沒有那多悲慘事，就顯不出關八爺那樣豪強的漢子了」（頁 119）。

這句話很重要。它使我們看出作者對傳說做了理性的思索。思索的目的，在尋求關東山氣度，豪情的形成原因，尋求一種合情理的解釋。再舉個例子：關東山在鹽市福昌棧主王大少的大花廳見到戴旺官師徒以後，曾經兩度回想關於他們的傳聞，回想裡有這樣兩段話：

「故事是鮮活的，但總帶有幾分荒誕，自己當初不止一次懷疑過，世上當真有聶隱、紅線之流的武俠嗎？……」（頁 166）

「自己是苦練國術多年的人，常覺得坊間那些南派的武俠小說無稽，什麼飛劍一起，百里取人首級，什麼師祖下山，猿鶴相隨……但像神拳太保戴老爺子師徒，確是具有一番不凡的身手。也許在羅老大的傳說裡，有些誇張失實的地方……」（204 頁）

司馬中原確實疑雲滿腹。關東山瞎眼以後，苦練盲目聽音，待機會復仇；出手以前，先激使牯爺讓自己先出手，終於手刃牯爺。這些安排，都是司馬中原力求自免於「無稽」的表示。瞎眼的關東山對老木匠說過：

「『其實這並不稀奇，』關八爺說：『世上凡事都有事理，只要想穿了，再加上苦練就成，古話說：熟能生巧，是一點兒也沒錯的……』」頁 1282）

老木匠不得不歡服他「說的句句在理」。做爲讀者，我們該對司馬中原歡服什麼？關東山後來以木匠手藝與武技相提並論，可見司馬中原對武俠技藝的取信是保留的。半信半疑，是一種存疑的態度。這種存疑，促使作者在《狂風沙》裡努力使傳聞中的武功合理化。如果傳說代表一種對傳聞中的武功完全採信的立場，司馬中原與傳說的距離，立即判然可鑑。

　　進一步看，司馬中原了解英雄崇拜乃發自基層民眾對戰事平復，政治清晨的渴盼。散文〈煙雲〉書僮老秦說得明白：「看書可不要過分迷書，這些小書上說某人是某種星宿臨凡的，實在全是假話」，他不相信歷朝歷代真有唱本描寫的太平盛世（君「正」臣「賢」，政「簡」刑「輕」）：「若真民無疾苦，會有這許多賺人眼淚的唱本兒？」。《狂風沙》也說：

　　「在久遠的歷史進程中，民間流布的傳說就已經具有了這樣一種特性，部分平樸的事實僅是它的核子。當它開始流布的同時，就好像在雪地上滾球一樣，加添了許多種神祕的，誇張的，想像的描述。到後來，每個轉述那些傳說的人，都自由的加上了他們內心潛藏的希望，使那些傳說中洋溢著廣大民間神祕的願望，也代表了民間潛在的反暴力的精神……雪球愈滾愈大，那些後來加添的富麗的描述，反而掩蓋了原有的事實，使事實降爲次要的了。」（頁 686）

　　《狂風沙》在轉述傳說的同時，不僅加添了許多誇張的，想像的描述，最重要的，這些描述大部分是免於無稽的，理性的。基於這種基本的了解，我們就不難領會長篇小說《綠楊村》裡，孟家四房鬧狐仙是長房爭取繼承產業所造的謠言（那時他稱長房爲「混沌愚蒙的鄉野世界」）的那種暗示。而且，如果〈后記〉所謂「現代若干觀點」指對傳說真實性的懷疑或拒絕的觀點，則「現代若干觀點」與忠實記錄傳說之間，就不會存在互斥的情勢。作者可以一方面忠實記錄，一方面又心存懷疑。兩者是不同層面的事。我們一方面讀到《狂風沙》鄔家瓦房鄔百萬（頁 300）或長頭夫人（頁 493）那種渲染洪鬧的鬼故事，一方面又可以讀到短篇〈狗屎蛋和尾巴神〉那種對迷信或愚昧的正面打擊。司馬中原就在那懷疑的層面裡，對傳說添加那些免於無稽的，理性的解釋。關東山做爲厄運基層人的這項假設，雖然可能原來是傳說的一部分，如果我們視爲作者對傳說添加的說明，當更具有說服力。

　　司馬中原主要用了兩種方法使關東山著實地向厄運基層人互相印證。其一，是關東山高度的自覺能力，其二，是女人，做爲人的層面上一種強

大而相牽制的力量的無情透察。第一種方法明顯而直接，第二種方法有力而迂迴。我們分別討論這兩種方法。

神明英雄關東山對當面稱他「神」的人，都不予理會。理由很簡單，他的人格塑型裡不允許那種自以爲神的狂妄存在。只有一次，當朱四判官跪在他面前哀嚎說：「你不會記恨我罷？八爺，你不是人，你就是神！」

「『我只是關八。』關八爺說，疼痛和暈眩使他咬住牙，額角滾下豆大的汗粒，他原來紅塗塗的臉慘白得可怕，但他聲音仍是溫柔的，充滿了對世上的哀憐：『我只盼你記得你的話，救救……鹽……市……罷。』剛說完話，他就咚的一聲攢倒在石砰的血泊裡了。」（頁 545）

「我只是關八」這個肯定特稱句子，相當於否定泛稱句「我不是神」；是基於否定的自我認定，劇力萬鈞。

除此以外，神明英雄關東山自覺爲厄運基層人的例子俯拾皆是：思潮裡先是自負：「……走不盡的野路，歷不盡的風霜，英雄也英雄過，俠義也俠義過，話又說回來，人間若沒有這多的不平事，哪還用得著英雄俠義去灑血拋頭？！古往今來，英雄俠義全是叫人間不平逼出來的……」（頁130），馬上有所更正：「……我不是什麼英雄豪傑，只是個肉和血做成的常人……」（頁 131）；在鹽市福昌棧說：「我關八不過是浪跡江湖的直性人……」（頁 162）；他對戴旺官說：「這種世道，想挺起脊樑來學著做一個人，也竟有這麼多的難處」（頁 220）；自忖：「打這種火，拼這種仗，到底是爲了什麼？自己不是保疆衛國的英雄好漢……」，「絕非是什麼樣忠肝義膽的豪雄，更非是江湖上聞名的好漢，只是一個想做一個『人』，肯做一個『人』的人」（頁 399）；自忖：「在亂世，任何一個想做一個『人』的人，都必得懷抱這種苦痛……」（頁 478）；自忖：「……想在這種劫難交加的亂世做個『人』，就不能不看這些，不能不想這些，看在眼裡兩眼滴血，想在心裡五內俱焚！做『人』，是的，一個『人』該挑的擔子就有這般重法，直能把人壓死……」頁 527）；對牯爺說：「我說過我不是什麼樣的英雄……」（頁 908）；自忖：「關東山好像只配做一個亂世人」（頁 1294）；在萬家樓

闔族宴席上說：「……我關某只不過是亂世裡一個莽夫……」（頁 1322）。

　　相對於關東山高度自覺的能力，女人透察的力量決不容忽視。我們先把話說遠一點。

　　《狂風沙》裡男人對婚姻的態度有兩個不相容的極端。一方面司馬中原對男人維持家庭生計這份傳統責任非常執著。舉幾個例子。他描寫六合幫弟兄時，話說得非常明白：「他們沒有那份閒情觀賞什麼雪景，也無視於寒冷迷離的命運，他們只想到黃瘦著臉亂髮蓬蓬的妻，飢餓啼號的兒女……」，「拿血汗換得那些，回去哺養家人已是他們最豐足的夢」（頁127）；寫石二矮子的生活態度：「人不存心欺人壓人，就該在這世上活下去，人活下去就得穿透苦難，穿透血海汪洋，去取得一碗飯分給妻兒。若談道理，道理也就這麼多了！」（頁 291）。後來在鄔家瓦房鬼故事裡，那些冤鬼決定讓鄔百萬發財，但是有三個條件：1.埋屍，2.請和尚唸經超度，3.「你發財之後，盼能找著咱們家小，多少施捨些，讓他們不致餓死」（頁302），做鬼也記得照顧家小。關東山打完鄔家瓦房那戰，自忖：「……這可是你關東山單憑一腔熱血獲得了的麼？也只有把死者姓名鄉里開給彭老漢，求他暗下差人去照顧死者的家小罷了……可哀的是那些死去的兄弟，有的仍有著白髮蕭蕭的老親娘，有的仍留下一堆凝望野胡胡蒼天的妻兒，即使彭老漢能照顧她們的生活，誰又能安慰得那些殘了破了的心靈？」（頁478）

　　另一方面，作者對婚姻避之猶恐不及。關東山正是例子。這個「生是一片雲，死是一場霧」（頁 27）的人，「自從踏上了江湖，使他連靜下來一溫遼遼的時間全沒有了」（頁 210）。他要在「一片苦難的海」裡救「那些災民」（頁 210）。救世責任感容不得本身的家小觀念（頁 786：「但家卻早已飄進雲裡了」）以及愛慕女人的念頭。從這個角度來看，關東山反而以為貪戀家室「日後行事反多了一層顧忌」，認為妻小是發展事業（一項磊落光明的事業）的障礙。

　　這兩個極端的看法，不僅形成關東山內在潛伏的矛盾，也促使短篇

「窮途」那個揹狗皮捲兒的流浪漢到處飄泊。年輕時候他住在山北，憧憬山南的繁榮，新婚夜「不甘心像條烏風蛇，只會盤著黑松枝，把這一生活埋在北山窩的寒冷裡面」，趁新娘倦睡就溜走了。但是傳說裡山南的繁榮是幾十年前的事情，已不復存在。他寧死也「不願再回北山村受那份奚落和訕笑」，靠彈琴賣唱到處流浪。他流浪的方向是朝向兩極的：「秋風抓起衫攏，使那人身子大仰著彷彿倒著朝後走的樣子，若不虧他背上豎起個長條狗皮捲兒和捲心露出的琴把兒，只怕是前後難分了」。他心裡不解「為什麼不能扔開心窩深處的一點兒黑？黑裡展現的老窩巢！」。當「迎客的紅燈籠裡，火舌兒受雨粒一激，撲突撲突的跳著」的時候，他遇見野店舖的女主人（她深深了解「男子漢都是天生的飄流命呀，人窩在巢裡，心底長出眼來，脖頸伸在歲月上望著遠方」），格外（與《荒原》歪胡癩兒一樣）體會家庭溫暖的重要。他了解到自己終究不會是女人房裡「守菊的狸貓」，所以「不必回頭」，繼續自懲似的流浪。

關東山的嚴肅的救世抱負使他免於責懲自己拒絕成家的決定，也使他無從體會家庭溫暖的重要。最重要的一點是，他沒能在婚姻以外尋求異性（心理與生理雙方面的）慰藉。這就提供了性壓抑的可能。

關東山的情形確實如此。舉幾個例子說明。周遭人物對女人的輕佻和不敬（比如大狗熊、稽核所長、王大少這些次要人物談到嫖妓時那種趾高氣揚，玩世不恭的姿態），他不但無動於衷，而且從來就無意駁斥。這種情形後來還延伸到張二花鞋身上。[13]關東山在鹽市福昌棧看見一個 15、16 歲的年輕妓女（後來證實為柴家堡柴二爺的姪女），立刻從姿態、神情、習慣上「判斷出她絕非是尋常人家的女兒，她身後一定有著某種私隱」；然後在搥腿侍候的時候「隔著衣裳，關八爺仍能感覺到傳自她內心的戰慄」；他「就著燈光仔細端詳著她的臉」，仍舊只是想到恩人獄卒秦嶺的女兒愛姑下落不明。花玉寶唱歌時，他「那有心腸去領略妓女的弦歌」。後來在如意

---

[13]張二花鞋後來在旅店裡見到兩個女人打架，衣衫盡碎，也完全無動於衷。

堂，老曹向他解釋「活馬九」：

「『顯見大少是個外行。』老曹說：『活馬老九您全不知道？她是滬上一代尤物，聽說，呃呃……聽說她……若是墊雞蛋，雞蛋不碎，若是換成一疊兒紙，擦得紙片一張一張的朝四面飛，……那才像騎活馬，夠銷魂的……」（頁 192）

這番話說得如意堂的萬三笑得彎腰，說話不成腔調；原先被「活馬九」這個諢號「弄糊塗」，而發問的關東山，這時「趁空見看了看妓院的客堂……」，想到卞三毛六，「暗暗的挫著牙」。我們實在不必諱言關東山潛在而強烈的性壓抑。

了解到這一種心理基礎，我們才容易掌握《狂風沙》這些安排的用意：（萬三嘴裡勝過活馬九的）小餛飩、（前身為名妓小荷花的）愛姑、小菊花、小叫天這些風塵女人都轉變為正義俠女；小姑奶奶萬菡英不為關東山辭婚惱怒，反而共襄盛舉，周濟難民（長篇《綠楊村》孟碧琴在男方辭婚以後，癡情悲哀，鬱鬱病終）。表面上這些安排強調了救世不讓鬚眉（這正是長篇《綠楊村》的主題，它為此責怪了小舅、小姨姨、孟碧琴、孟碧雲所代表的那「文弱而優柔」的「古老的知識世界」）對那種輕視女人的語調形成一股相牽制的力量，實際上它對關東山的性壓抑形成一種相補償的心理背景：直截了當的讓男女平等，共同節欲。[14]

那麼《狂風沙》裡美麗的女人站在異性的立場（有別於戴旺官自前輩的立場，或徐四自生死搏殺仇敵立場）視關東山為基層人，而非神，非英雄，就顯得自然而有說服力。舉幾個例子。

愛姑安慰萬菡英，肯定關東山有婚姻的需要：「小姑奶奶，我說，妳心裡若真有個關八爺，妳就說等著，等著四方安泰了，他自會找一處棲身處，不再飄遊。」（頁 149），最後等著了的，是小餛飩；愛姑在關東山的病榻前回想：「久久以來，關東山在她眼裡就是一尊使人敬愛的神：依照傳

---

[14]《狂風沙》對女人輕蔑的態度在短篇〈夏季市場〉、中篇《餓狼》裡極化：視女人為耗盡男人體力精神的淫蕩者。

說的描摹，他比得過許多唱本中歌頌的歷史英雄……」，但在身體卞三毛六施暴那夜，她了解到「他不是神」，現在面對病臥床榻的關東山，她再度了解「他到底不是神，他有著跟常人無別的血肉之身」，「他不是神」，「他不是當年無邪的心裡所幻想的神」（頁 672）；萬菡英在關東山辭婚離去以後發現「……他不是什麼英雄，不是什麼好漢，他只是一個關愛人的人，東飄西盪的生活著。」（頁 117）

《狂風沙》使關東山向厄運基層印證自我，主要產生了兩種影響。就正面的意義來看，我們可以很容易指出關東山使厄運基層開始具有反抗暴政與改變環境的醒覺。作者暗示：捨身救出，改變人類命運這類事，不再是神明英雄的事，而是基層民眾每一個人的事。相反的就負面的意義來看，關東山既已認同次厄運基層，肉體與心智就囿限於人。人的肉體與心智能力的極限，曾成爲《狂風沙》故事發展含情理的邏輯基礎，然而，也使《狂風沙》不僅憤世，而且虛無。

作者對世事的憤憤不平，可說是 1940 年代中國人熱切企求社會平靜，政治改革而不得滿足的自然反應。〈后記〉說：「在被迫保衛的一方，唯一的人道就是無我的抗爭」。這種反應，竟然擴大爲虛無感。虛無感配合死者的血和生者的憊產生，十分動人。

死者的血：鹽市戰後的沙窩子，「乾躁的浮動的流沙最是貪婪，它們飽飽的吸飲了無名的人血，然後再隨著長風去半空流浪，一面飛逐旋舞，一面細聲的，鬼魂低泣般的唱著那樣的幽歌。

虛……無，虛……無……

虛……無……無……啊！」（頁 1228）

生者的憊：「『去！去！』正當他們勒住牲口談話時，那個白頭髮的老太太捎著吹火筒出來；沉沉鬱鬱的冷著那張臉，冷漠中透出不知是厭惡還是疲倦的神情，叉著腰，嘟著嘴，像趕雞似的揮動吹火筒，嚷哭般的啞著嗓子說：『去！打仗別處打去！瀏河打了八晝夜，死人堆成山，鬼門關不收兇鬼，一到陰雨天，遍野鬼吠你們沒聽見？！（※瀏河，地名：蘇浙之戰

的戰場，此役蘇浙兩省軍閥火拼，傷亡慘重。）我三個兒子全死了，骨頭
上黃鏽了，你們還在我門口談打火？你們想拖走我死鬼兒子的鬼魂？」（頁
212）

　　當時由緝私隊長陪同巡視陣地的關東山對這無禮老婦恍若不聞不見。
司馬中原在〈后記〉裡對虛無感也不聞不見。

# 四

　　我們前面曾指出：《狂風沙》不止於使關東山向厄運基層印證自我而
已，在人的基礎上，它使關東山升揚為有德者的英雄。本節討論這第三個
層次的問題。我們將分析何以作者要使關東山成為有德者的英雄，他如何
使這種升揚合情理，最後，這種升揚成功以後，產生那些影響。

　　原因很簡單。本文第二節曾省關東山做為神明英雄的三項工作。我們
曾說：神明英雄關東山在厄運基層裡形成一種平靖亂世的期待。如果這種
期待的本身，可以是厄運基層的補償，那麼，關東山的神明英雄地位才可
以初定。經過本文第三節的討論後，我們可看出這種神明英雄的地位並不
穩固。本文第三節曾說明關東山向厄運基層印證自我，人的極限使關東山
無法具有〈后記〉所說的那種「左右命運，改變環境的能力」；影響所及，
使《狂風沙》憤慨和虛無。這種負面的影響，必然沖消那種對神明英雄的
期待，正意味了神明英雄的衰亡。因此，如果作者不願那種對神明英雄的
崇拜落空，就必須使關東山的英雄類型轉變，他必須在另一個價值標準裡
塑造出英雄形像。

　　這個價值標準就選定在人心的善惡上。作者把戰爭頻劇，政局動盪的
原因，歸結於外力無法改變的「貪邪的欲念」（頁 1325）。這種情形，於政
局領導人物「貪」「暴」「奸邪」[15]時，就形成暴力。所以，《狂風沙》塑造
關東山為理想的領袖人物，為有德者的英雄，使他的人格塑型，成為普遍

---

[15]司馬中原長篇小說《綠楊村》曾暗示「世上人心理」的「貪」、「暴」、「奸邪」使「柔若弱柳」的
　　舊式女人不合時宜。

行為的規範。它意味了作者所期待於政治領袖的德行：合於「中國王道」的溫柔敦厚、關懷別人、犧牲自己、感化別人，是「替老百姓服務的，都是像春風一樣悠悠的吹著他們」[16]。

司馬中原主要用了兩種方法，使關東山的人格塑型完美。其一，是正面描寫。舉幾個例子。關東山就是這樣一個私鹽販領袖：膽識、骨氣、仁義（頁 18）、救世忘己（頁 116）、恨酷刑酷吏（頁 241）、節淫節儉（頁 250、他「說服了鹽市上的官紳們，遣散了各堂子的姑娘和停止豪華的宴飲……」），愛心（頁 536）、寬懷（頁 908）、憑良心拓重擔（頁 1069）。

其二，是對比。這對比可分為兩方面來說明。一方面，我們以關東山與關雲長、關勝比較。《三國演義》關雲長不僅在世是個剛愎的人，升天為神，受普靜指點以後，還附體使呂蒙慘死，既報私仇也（和睜目吐痰嚇曹操一樣）維護自己勇武蓋世的自尊（曹操歎曰：「關將軍真天神也」）；最後顯靈求劉玄德出兵報仇，加速故事裡蜀漢的覆亡。相對於此，關東山報仇就光明磊落了。他最後手刃牯爺的時候，牯爺「早已不是一個尚存一絲人性的兇犯，而是一隻渴飲人血的豺狼」。作者這時在措詞上，牯爺（頁 1283）已不再和萬振全兄弟（頁 108）朱四判官（第頁 1065）同為地頭蛇，他已轉變為「狂獸」（頁 1329）。所以關東山「對他的一切悲憫同情均歸無用，唯一的方法就是了結掉他」。關東山躊躇再三，才想到「自身卻有著葬身槍下的預感」（頁 1332）。這個牯爺眼中的「果報神」關東山，顯得關雲長心胸窄狹，不識大體。

《水滸傳》大刀關勝占的篇幅不多。除了勇武和「人生世上，君知我報君，友知我報友」（第 63 回）那種迂闊的義氣以外，我們對他的個性了解不多。以他與關東山比較，最主要的，可以顯示出關東山做為受難者的那種印象。宋江念念不忘他們大多曾是「朝廷軍官」。關勝「乃是漢末三刀義勇武安王嫡派子孫」，並且曾為「蒲東巡檢，屈在下僚」（第 62 回）宋江

[16] 見孫瑋芒，〈荒原的靈語——夜訪司馬中原〉，《幼獅文藝》月刊第 241 期。

關勝等人雖然自認替天行道，專打世間不平事，但是他們沒有向厄運基層認同的可能。比較起來，司馬中原以關東山與厄運基層相互印證，就不遺餘力。他不惜放棄小說情節開始就鋪設的懸疑（誰是「剷除了跟長房交誼深厚的老六合幫的人？」，借用牯爺首次的意識流出現（頁 660）「而這卻是自己極不願做的……」）開始，讓牯爺自動現身向讀者洩漏機密，使得以後「野林裡死了紅眼萬樹，沙河口死了萬小喜兒，縱火焚燒萬梁舖，坑周六合幫的王大貴」諸事，以及關東山被剖雙眼，都暗示關東山與厄運基層相同，同屬於受計害的對象。這使我們在關東山那張紅塗塗的長方大臉之上，彷彿可以看見長篇《荒原》裡歪胡癩兒的那張臉：

　　「那張臉在紫紅的火光下哪裡是人臉，鼻子眼睛分不清，全是疤痕和筋肉凸起的痂結，好像一隻變形的南瓜。左眼被一道收縮的疤痕吊住，弄成永也閉不起的大圓球，眼珠半凸出在外面的溜打轉，右眼叫埋在一條灰鐵色的肉柱裡，即使睜著也像瞎了一樣。一隻耳朵被削去上半截兒，另一隻倒好好的，只是變了地方，耳眼朝後倒釘在痂疤上」（頁 56）。

　　關東山雖然不像歪胡癩兒具有形象化的受難的造型，但是受難，確實形成關東山人格塑型裡不可缺少的一部分。我們現在以關東山與《狂風沙》的罪惡比較，討論作者使關東山成為有德者英雄的另一方面的對比手法。《狂風沙》的最大罪惡，是執迷不悟於權力意志的無限伸張。長篇《青春行》說：「對人群存有支配欲望就該是暴力的根源」（頁 364），作者也說：「指導同支配他人的欲望事實上就是暴力的根源」，因為「指導同支配就必須限制別人」，壓迫別人。[17]朱四判官由關東山以身殉曉喻，發現自己一向執迷不悟，舉槍自盡。牯爺至死不悔，以至關東山萌生殺機。但是基本上，作者認定那種根植人心的「貪邪的欲念」在《狂風沙》裡揮之不去。相對於此，關東山在性格上雖然具有善感、自憐的傾向，在心理上雖然具有性壓抑的可能，在作者的道德標準上，他仍然是一個完美的足資模

---

[17]同前註。

仿的有德者。朱四判官那套土匪哲學做爲對比，可以顯示關東山處亂世心情不亂，具有擇善固執、處世泰然的美德。牯爺至死不悟做爲對比，可以顯示關東山的膽識、勇氣，和不可缺少。這兩個主要的對比，不僅使作者對關東山德行的正面描寫，得到有力的反證，最重要的，是合力襯出關東山不自知的真誠。真誠，是卡萊爾「偉大人物」的第一要義。[18]關東山遂昇揚爲有德者的英雄。

影響非常深遠。我們分兩點說明。第一種影響：由於作者強調關東山過人的膽識以及捨身忘我這兩種德行，使關東山做爲厄運基層人，一直不能充分享有《三國演義》和《水滸傳》讚揚的那種相知深切，共擔禍福的兄弟感情（《水滸傳》108 好漢甚至生生相會於世間），並且拒絕了《三國演義》和《水滸傳》認可的異性的慰藉。除了與神拳太保戴旺官、窩心腿方勝、張二花鞋、鐵扇子湯六刮這幾個俠士惺惺相惜以外，他一直在精神上自外於世界：對朱四判官那夥人，「他會像翼護六合幫這干弟兄一樣，盡力翼護他們，像面臨著蒼鷹的母雞翼護她的雞雛」（頁 400），對六合幫弟兄，則「我關東山」與「眼前這些兄弟」（頁 27）；對厄運基層則「我」與「一片苦難的海」裡「那些災民」（頁 210）；都是一種「我」與「你」的對立關係。探討起來，鹽梟的謀生方式並不見容於軍閥社會（〈后記〉稱鹽梟們「一度生存在極端孤絕的境界」）；而且因爲戰爭平息以後「跟隨他走道的六合幫那干漢子們風流雲散了」，他會像「離群孤雁」（第 568 頁），像「斷線的風箏」（頁 1337），關東山也曾惶惑於戰爭平息以後「假如還活著」的可能（頁 1293）。但是做爲「現代文明最大的缺陷就是付出感不夠」[19]的矯枉者關東山，卻一直沒有短篇〈窮途〉那種反觀自我的能力。《狂風沙》只是用後來大狗熊對憂心隱世關東山的尋訪，具體化那種孤立無援的處境，情狀狼狽。這樣看起來，關東山做爲 1960 年代小說的主角，

---

[18]見《英雄與英雄崇拜》頁 59。司馬中原一向反對「恩威並用」，而主張領導要以「誠德」爲本。見 1975 年 1 月 14 日《青年戰士報》郭風發「鐵夫」文。
[19]孫瑋芒，〈荒原的靈語——夜訪司馬中原〉，《幼獅文藝》月刊第 241 期。

未能免於隔絕、疏離的生存處境。司馬中原不是不知道關東山做爲有德者的英雄，他的行爲規範，具有這種難於仿效的不食人間煙火的一面。

進一步看，關東山所要削除或感化的對象，根本不是幾個少數的暴力當權者，而是與本身分離的一種人心欲望。由關東山可知，作者從來沒有把無限伸張的權力意志視爲一種普遍的人類本能，所以一直沒有把他的干戈由個人揮舞向個人自己，挖掘自我內在的心理問題。一如短篇〈路客與刀客寄望「世上多幾個賀一郎就夠了」，《狂風沙》寄望「無數無數的關東山，會在民族的苦難中繼起，迎向更大暴力，更狂的風沙」（頁 1953）。但是農民抗暴成功，又結合成新的統治力量，壓迫別人，就造成歷史上治亂間隔出現的循迴。[20]基於這種推理，《狂風沙》推演出人類命運的「歷史的輪迴」觀念。[21]這種推理與散文「煙雲」老奶奶單純以生命交替現象來解釋「輪迴」，並不全同，也與《三國演義》那種空泛的「天下分久必合，合久必分」，不盡全同。在這個基礎上，我們了解到關東山被剖雙眼的重要：做爲有德者的英雄，雙目失明至少使他減低了英雄崇拜擁立他爲新的當權者的可能。做爲盲者，隱世的關東山可以保持超然的對厄運基層關切、憂心，爲他們悲慘的命運「認真的悲哀過——人生到底都是牽牽扯扯無盡匆忙的。」[22]如果說「強人惡人造出來」基層人的厄運，是「世間悲劇的源頭」（頁 573），如果說「我對中國的悲劇有一個感覺：一個最深的悲劇，最不自知的悲劇」[23]，《狂風沙》的悲劇也許是：人不自知他具有無限伸張的權力意志，而這種權力意志侵害到他人的生存權利。

第二種影響：由於作者塑造關東山爲有德者的英雄，爲善惡爭執的完美者，就使《狂風沙》具有一種獨特的簡單的人性體察，一種決絕不肯深入的自限。《狂風沙》的人物，除了朱四判官以外，大都不曾而臨本身性格

---

[20]孫瑋芒，〈荒原的靈語——夜訪司馬中原〉，《幼獅文藝》月刊第 241 期。
[21]見〈后記〉，《狂風沙》。
[22]見散文〈煙雲〉。該文收入短篇小說集《煙雲》書，皇冠叢書第 225 號，版次與印行年月均未註明。
[23]孫瑋芒，〈荒原的靈語——夜訪司馬中原〉，《幼獅文藝》月刊第 241 期。。

激發的考驗，或因內在嚴重衝突矛盾而舉止失措。除了他和關東山以外，故事裡人物性格都固定在作者起初暗示或強調過的特點上。這些特點，大都可以用一個簡單的句子描述無遺。比如小牯爺：陰謀奪取萬家領導地位的惡人。套句佛斯特的術語，除了關東山和朱四判官爲圓形人物（round character）以外，他們大多是扁平人物（flat character）。[24]就性格特點來看，張二花鞋與萬再生可視爲關東山與朱四判官的重覆，所以顯得單調。相反的，萬菡英、石二矮子、大狗熊等人，卻有平衡關東山那凜然不可侵犯的人格塑型的作用。我們《狂風沙》的次要人物大都沒有〈興隆集的風波〉、〈七里墳的鬼話〉、〈祝老三的趣話〉、〈狗屎蛋與尾巴神〉那種諷世勸善的用意，他們本身性格刻畫大都不能深入，但是他們在其性格特點上，都生動可人。

作者在《狂風沙》十年的人性體察，可能不僅於此。但是《狂風沙》本身，確實在人性刻畫上有所選擇，劃地自限。我們以爲，這是作者表現創意的地方。這本書最大的興趣與成就，在於討論領導人物的能力限度與道德操守，在於說服我們崇拜有德者的英雄。除此之外，它忽略了人性內在欲望的深入討論。嚴格說來，在人性觀察上，這本書只是借用性格單一的人物，來討論幾個概念化的抽離的人性觀念。我們回憶作者在〈后記〉以外，曾多次強調創意的重要。他曾說：「在現實空間裡，有志寫作的人應該對他本身的生活環境，細心的觀察，深刻的進入，盡量拓寬他們的創作天地，去尋覓和他自己生命相連繫的題材，這樣還是有好的作品產生」。[25]《青春行》曾強調自我的重要，認爲作者的「生存情境」會「或多或少的潛流入作品中，它充溢對人生的愛，使作品披滿了光輝」（頁 6）。在這個基礎上，我們衡量《狂風沙》的語言，就很有意思。

本文第 2 節曾引〈后記〉這句話：這本書要儘量取用「他們本身的生

---

[24]見佛斯特（E. M. Forster）著；李文彬譯，《小說面面觀》（*Aspects of the Novel*）（臺北：志文出版社，1973 年 9 月）。

[25]見註 16。司馬中原對寫作的闡釋很多，目前我所讀到的，比較完整的一篇是〈小說素材的取擇和題材的處理〉。該文爲民國 65 年 3 月 26 日在清華大學演講的紀錄。見《清華人》雜誌第 6 期。

活語言」。這話只說準了一半。我們必須考慮一項相反而制衡的因素：我們無法完全重新經驗故事時空情境。因此，小說語言的取用，必然以現代人的經驗接受程度為準繩。我們的經驗取向和深淺都不一致，所以小說語言取用也不能說個絕對標準。只能概略說個「可接受性」。這個彈性很大的範疇，正是作者建立本身語言風格的活動的範疇。一般而言，只要作者本人能真正經驗他的語言，同為現代人，我們也大致（不一定完全）能經驗。因此，小說語言的可接受性，取決於作者是否自我省察到他的創作經驗——一個繁奧的創作過程的心理模式，並且完整（有效而節制）的藉寫作傳達這項創作經驗。這種自我省察是一種心智或直覺的能力。它使作者對自己的創作心理了然於懷（出乎其外），但又密切結合不致游離（入乎其內）。衡量小說藝術要求的一種基準是：作者傳達創作經驗是否完整、節制，而且有效。

《狂風沙》裡，這種直覺或心智的能力凝聚得不足。語言和情節，各舉一例。

夾註超載：

噯，「墜把兒」三，（黑道暗語：指姓陳的老三。），咱們「小架兒」不搭，（黑道暗語：小架兒就是雞的別稱。）「繩頭兒」不扯，（黑道暗語：繩頭兒即是牛。）跟它娘「琵琶」似的（琵琶，在黑道人稱「鴨子」為琵琶，取其兩形相似也。），擠在「草把兒」（黑道暗語：指姓萬的。）家的「稠子」上，（黑道暗語：意指集鎮。）替角把兒四，（指朱四判官。）開暗「扇兒」，（黑道暗語：扇兒指門，暗扇兒即暗裡開路。）把「方子」，（黑道暗語：「方子」即窗戶）即算今夜「水平」「風隱」，（黑道暗語：意指一切順心如意）咱們還是……喲，眼看它娘滿街走「長臉」，（黑道暗語：「長臉」指驢和驢馬）各院住的「黑炭頭兒」（黑道暗語：指肥豬），夜來扯不上「蒙頭子」，（黑道暗語：指被子）窩得慌！

——頁77

情節旁支：王大貴在樹林裡聽見烏鴉發狂鼓噪的聲音，咕哼一句，又啐出一口吐沫。敘述者立即開始說明這種反應是受傳說的影響，三喜鵲兒和烏鴉如何顯著不同；人們爲何喜歡三喜鵲兒，厭惡烏鴉呢？關於顏色的傳說是如何，關於噪叫聲音的傳說又如何，教條式的傳說有那些，童歌、謠歌形式的傳說又有那些，王大貴是如何受這些傳說影響。「王大貴只要一聽鳴噪聲，就知那是一大群烏鴉，他首先就想到遇著這些臭酸烏蟲，不是好兆頭，急忙詛咒兩聲，吐口吐沫來破它！（北方傳說，遇上烏鴉叫，這樣就可以破除晦氣了。）同時他又滿懷厭惡的勒住牲口……」（頁 830）。好不容易，王大貴才又開始有了活動。

　　這些鋪張源於（〈后記〉所意味的那種）對故事時空情境，從事客觀描述的追求。然而它們來自敘事者，作者本人，而不似散文〈煙雲〉藉奶奶之口，所以就缺乏那種悠揚抒情的語調。由此，我們可以看見作者炫學的目的。炫學在以上兩個例子裡，旁支作者的注意力在每個註解或關於鳥的傳說內容上，在作者創作過程的心理遞變脈絡裡，使自我省察能力疏忽於節制那股沛然莫之能禦的創作衝動，而暫時游離出來多餘的情緒。多餘的情緒具現爲夾註超載和情節不相干。所以，炫學使創作過程的心理模式不完整。如果說作品的一貫性是完整的創作過程心理模式具現於作品的性質，這種（多餘的情緒所具現的）夾註超載和情節旁支，就破壞了作品的一貫性。

　　然而相反的，這種鋪張往往是司馬中原的讀者所追求的趣味。一方面，他們以吸取新知識的心情，來追隨司馬中原炫耀的鄉野傳說知識，以滿足對民國 38 年以前中國大陸的懷念。另一方面，這種鋪張正好擴大了故事時空與讀者生活時空的距離，正好縮短了故事與讀者的心理距離；他們在粗心的閱讀裡，覺得司馬中原使他們暫時擺脫生活現實，使他們精神壓力暫時解脫。這兩種閱讀容易導致厭惡或低估：作者的鋪張也許出自自一己的想像或誇張，而且他對厄運基層也不過是熱愛和悲哀。

　　這就同時對作者和讀者說明了：人，必然要面對無可逃避的整個生命

現實與自我，以及兩者之間的平衡問題。自我省察，幫助作者和讀者選取適切的姿態和距離，來面對這種平衡的問題，並樹立作品不容等閒視之的基礎。

　　這麼說，作者與讀者的自我省察都應該加上耐性，以使其省察持續，然後貫穿的作品。

——民國 64 年 6 月

——選自高全之《當代中國小說評論》
臺北：幼獅文化公司，1978 年 12 月

# 論司馬中原的靈異小說

◎王溢嘉[*]

　　怪力亂神故事，在中國有非常深厚的傳統。散篇的不說，從晉朝干寶的《搜神記》到晚清俞樾的《右臺仙館筆記》，以專集問世的即多如汗牛充棟，令人目不暇給。這些集子有幾個特點：一是每篇故事都不長，屬短篇小說或極短篇小說。一是雖名之為「志怪小說」、「靈異小說」或「筆記小說」，但實際上，「筆記」的成分要大於「小說」的性質，幾乎所有的作者都強調這些故事並非出自自己的「創作」，而是得之於「聽聞」，所謂「聞則命筆，遂以成篇」[1]；而且作者的著力點並非在詞藻文采，而是在「俶詭可譎」、「游心駭耳」。[2]一是它們都屬「周邊文學」，因為「張皇鬼神，稱道靈異」的關係，而在嚴肅文學的殿堂裡被擠得靠邊站，但在民間，它們卻又擁有廣大的讀者群，在大眾文化或通俗文學裡占有醒目的地位。

　　司馬中原早年所出版的「秉燭夜談系列」及「鄉野傳說系列」中之部分單篇[3]、兩三年前所出版的「收鬼錄系列」之全部[4]及《夢緣》之部分[5]，正具有上述特點，而它們所承襲的可以說正是中國志怪或靈異小說的傳統。

---

[*]發表文章時為《健康世界》雜誌總編輯，現已退休，專事寫作。
[1]蒲松齡語。蒲松齡在《聊齋誌異》的序裡說：「才非干寶，雅愛搜神；情類黃州，喜人談鬼。聞則命筆，遂以成篇。」
[2]盛時彥在為紀曉嵐《閱微草堂筆記》所寫的序裡，說他「俶詭奇譎，無所不載」；袁枚在其《子不語》一書的序裡則說：「怪力亂神，游心駭耳」。
[3]「秉燭夜談」系列的六本書裡，只有十來篇屬靈異小說；在《鄉野傳說》系列的五本書裡，亦只有十來個故事涉及怪力亂神。
[4]在「收鬼錄」系列的三本書裡，全部是怪力亂神故事，其中《鬼話》有 16 篇，《吸血的殭屍》有 12 篇，《藏魂罈子》有 12 篇。
[5]《夢緣》的九篇故事裡，有五篇涉及靈異。

　　爲了論述上的方便，筆者將以上所舉諸系列各書中的相關故事，泛稱爲「司馬中原的靈異小說」。當然，在他更擅長、也更卓著的鄉野長篇小說裡，涉及「張皇鬼神，稱道靈異」的亦所在多有，但筆者一則無數兼顧，一則又恐治絲益棼，所以本文的討論就以上述範圍內的七、八十篇故事爲題材，而且在討論時將只提篇名，而不提書名。

## 一、「民間音樂」的演奏者

　　在取材上，司馬中原的靈異小說約略有下列幾個面向及來源：

　　一是發生在中國大陸，特別是黃淮一帶小鄉鎮裡的怪力亂神故事，時間大抵落在民國初年至抗戰期間，這些故事主要來自他早年在大陸的耳聞目睹，如〈七里墳的鬼話〉、〈黃昏魔井〉等，或是在臺後聽外省籍友人的轉述，如〈礦異〉、〈酆都野話〉等。它們大都出現在早年的「秉燭夜談」系列及「鄉野傳說」系列中。

　　一是以臺灣爲背景的靈異故事，時間落在臺灣光復前至最近幾年，它們主要得之於他搭計程車時聽司機的口述，如〈恐怖夜車〉、〈真與幻〉等；或是來自與他探討「靈魂」問題的年輕朋友之經驗談，如〈漂屍〉、〈魔形〉等。在比例上，這些故事最少，主要收集在「收鬼錄系列」之二《吸血的殭屍》一書中。

　　一是改寫自過去的志怪小說，有的只是將文言譯成白話，並稍加鋪衍而已。如〈屍變〉、〈活殭〉、〈攝物鬼〉等，我們都可以在清人陳嵩泉的《謏談》裡找到完全一樣的故事。[6]有的則是將過去的故事加個頭、添個尾，或是將「滿清」改爲「民國」，譬如〈棺床〉、〈鬼孽緣〉、〈冤鬼告狀〉等，我們都可以在清人袁枚的《子不語》裡找到它們的藍本。[7]在「收鬼錄」系列中，約有一半以上屬於這類故事。

---

[6]〈屍變〉、〈活殭〉、〈攝物鬼〉在陳嵩泉《謏談》裡的篇名分別是〈屍變〉、〈活殭屍〉、〈攝物妖〉，見臺灣廣文書局版《謏談》卷上，頁18，卷下，頁7、65。

[7]〈棺床〉、〈鬼孽緣〉、〈冤鬼告狀〉在袁枚《子不語》裡的篇名分別是〈棺床〉、〈兩殭屍野合〉、〈冤鬼戲臺告狀〉，見臺灣廣文書局版《正續子不語》卷三，頁9、8、5。

　　這樣的取材，相當程度反映了中國志怪小說的本質——它們是民間傳說的文學紀錄。就像胡懷琛所言[8]，一方面抄錄、增改前人的舊作，一方面新撰自己的耳聞目睹，乃是民間傳說的通例，在綿延不絕的歷史之流裡，每一階段具代表性的集子都是以前民間傳說的總匯，同時亦是下一階段民間傳說的根源。

　　但隨著時代的變遷，我們也可以看到一些演化的形貌。如果將司馬中原的靈異小說視為「現代版的志怪小說」，則不難發現在其中神仙的故事消失了，狐妖的傳奇式微了，而鬼魂及殭屍的故事卻依然活蹦亂跳。而且，鬼魂出沒的場合，也開始從野寺、廢屋搬進了醫院、殯儀館，從古井轉移到隧道，從轎子裡溜入了計程車內。這些消長和演變所代表的意義，我們容後再述，但變來變去，基本上是舊幹長新枝，舊枝換新葉，老樹依然盤根在「民間」這塊滋養它的土壤上。

　　如果我們拿音樂來做比喻，則民間傳說就像平易近人而又悅耳動聽的民間音樂，但它們的作者——也就是民間傳說的文學紀錄裡——事實上並非「作曲者」，而只是「演奏者」；他們演奏用的「樂譜」乃是來自民間，最少其中大部分關鍵的樂句是很早以前就留傳下來的，甚至是不能更改的。但演奏也不盡然是照譜宣歌的機械化動作，每一個高明的演奏者在演奏時，除了會選用他所偏好的樂器外，又都會即興地加些插曲、變奏、和聲等，以表現他個人的演奏風格。

　　司馬中原的靈異小說，就是這樣一種沾有泥土氣息的民間音樂，要賞析它們，我們需雙腦並用，時而用左腦去分析它們的音樂結構，也就是得之於口傳的「樂譜」部分；時而用右腦去欣賞他個人的演奏風格，也就是他潤飾、增改的部分。從文化的觀點來看，前者比後者來得重要，但從藝術的觀點來看，後者卻反而較前者重要，本文的討論將兼容並蓄這兩者。

---

[8]這是胡懷琛在《標點搜神記》序裡說的話。

## 二、集體意識與集體潛意識的糾葛

　　司馬中原在〈小說中靈異世界的探討〉這篇雜文裡說：「我寫那些東西，並不是怪力亂神，是裸現了我們古老民族的內在精神」[9]；所謂「民族的內在精神」，我們可以將它理解成是漢民族的「集體意識」和「集體潛意識」。但涉及靈異的民間傳奇或小說，並非中國所獨有，它們要「裸現」的還有更基本的、超乎文化的、為人類所共有的「集體意識」和「集體潛意識」。以前述的音樂比喻觀之，每個民族雖然都有各具特色的樂句和旋律，但在音樂結構上仍有一些舉世皆然的普同性，這些普同性形成了世界各地靈異傳奇樂譜的譜形及基調，它是我們首先應該加以析離出來的。

　　司馬中原的靈異小說描述最多的「死者重返人間」的故事，這類故事在本質上具有某種矛盾性，他在這些小說裡，曾以「我」的身分說：「沒有這許多鬼故事，人們只怕活得更孤單、更寂寞了」[10]，並暗示「否定靈魂的存在」乃是「過於武斷」[11]；這多少反映了人類「集體意識」裡的某種渴望——人生苦短，人們希望在肉身敗朽後，仍能以另一種方式存在，鬼、殭屍、附身與轉世等傳奇，可以說都是這種靈魂信仰的產物。但在他的小說裡，重返人間的死者，卻又多如他所言是「緊張、淒怖的」[12]，讓人打從心裡感到害怕的；這又反映了人類「集體潛意識」裡的某種畏嫌——在內心深處，大家對「死後繼續存在」其實是充滿懼怖與嫌惡的，當鬼現身時，絕大多數人的反應並非「靈魂存在終於獲得證明」的欣喜，而是毛骨悚然，並且想盡辦法要「他們」退出人世的舞臺。

　　這種矛盾絕非司馬中原的靈異小說所獨有，而是很多民族、文化中靈異傳奇共有的譜形及基調，這種形式的靈異傳奇可以說是人類「集體意識」與「集體潛意識」糾葛之下的產物，它生動地「裸現」了人類對生命

---

[9]參見《無弦琴》（臺北：皇冠出版社，1986 年），頁 74。
[10]參見〈七里墳的鬼話〉，《路客與刀客》（臺北：皇冠出版社，1970 年 2 月），頁 206。
[11]參見〈漂屍〉，《吸血的殭屍》（臺北：皇冠出版社，1989 年 7 月），頁 150。
[12]參見〈竹林壓下去〉，《吸血的殭屍》，頁 150。

與死亡的「雙情態度」——渴望靈魂不朽而又畏懼不死的靈魂，拒絕死亡而又接受死亡。

　　人們「愛」聽鬼故事，又「怕」聽鬼故事，也可以說是這種「雙情」態度的顯現，而在所有神仙、妖怪故事均告式微的今天，「死者重返人間」的靈異小說仍能一枝獨秀，我想主要就是因為它們觸動、撩撥了我們心中意識與潛意識、生命與死亡的矛盾糾葛，它們並沒有因人類社會的科技化及現代化而消失。

## 三、裸現漢民族的「內在精神」

　　當然，在這些小說裡，司馬中原透露更多的是屬於漢民族所獨有、或較特別的「文化意識」及「文化潛意識」[13]。茲舉數例如下：

　　世界各地的鬼，大抵皆在夜間出沒，從結構主義的觀點來看，這是人類「二元對比性」的思維特色使然，也頗符合漢民族的陰陽觀念。但中國人的陰陽觀念另有一種生剋關係，譬如在陽氣旺盛的地方，鬼魂較不容易出現，而「陰氣重」、「頭頂火焰弱」的人，特別是女人和小孩，容易見到鬼，或守靈時易引起屍變[14]，在司馬中原的靈異小說裡，即多次展現了這樣的觀念。

　　漢民族的靈魂觀念相當複雜，有「三魂七魄」之說，這使得人死後出現兩類不同的存在方式，大體而言，「有魂無魄」的是「鬼」，而「無魂有魄」的則是「殭屍」。所謂「人之魂善而魄惡，人之魂靈而魄愚……，魂在，則其人也；魂去，則其非人也。世之移屍走影，皆魄為之」[15]，「鬼」會思考、有感情、不必進食；而「殭屍」則六親不認、凶殘無比，但卻會在夜間外出飽饜它血食、攻擊與性的欲望（頗類精神分析所說的「原我」），是一種比鬼更令人懼怖、嫌惡的死後存在方式，司馬中原在他的小

---

[13]「文化意識」及「文化潛意識」分指同一文化圈內的族群，由傳統文化中涵攝而來的意識及潛意識精神內涵，它是後天的，但仍具有相當的普同性；此為筆者用語。
[14]參見〈遇邪記〉、〈火葬〉等文。
[15]參見袁枚《子不語》卷一〈南昌士人〉。

說裡，也很生動地傳遞了這樣的概念及情緒反應。

在〈鬼妻〉、〈陰陽配〉、〈紅鞋〉等文裡，說的是陽世男人娶女鬼為妻，或女鬼到陽間找丈夫的故事，這也是中國鬼故事的特色之一。過去大家常認為這是男人色欲幻想的外射，但從文化的觀點來看，它卻別具深意：第一，它是陰陽生剋觀念的產物，陰間的女鬼是「陰中之陰」，陽世的男人是「陽中之陽」，「陽中之陽」可以「補」虛寒的「陰中之陰」；但若是陰間的男鬼來找陽世的女人，則「陰中之陽」與「陽中之陰」，兩者各有所虛，就給人一種不搭調的感覺。第二，它可以說是中國冥婚習俗的文學化，未出嫁的閨女早夭，其親人需為她在陽世找一個丈夫（或同樣未娶早夭的男鬼），將她「嫁出去」；讓她享受男方陽世子孫的祭祀（否則就成了孤魂野鬼）；但未婚或沒有子嗣的男人，則只需在陽世親人中找一個過繼的兒子，來延續他的香火即可。此一習俗是從中國人的家族觀念衍生出來的，而在中國的靈異傳奇裡，較多女鬼到陽間找丈夫、但卻甚少男鬼到陽間找老婆的現象，可以說是上述文化理念的投影。

其他諸如回煞、縊鬼及血光鬼（難產而死的女鬼）找替身、裸死之鬼向活人求衣、鬼以冥紙購物或付計程車費、各種鎮鬼滅殭的法術等，也都是具有文化色彩的野性思考產物，它們一再出現於古老的民間傳說裡，當然也一再出現於司馬中原的靈異小說裡。

構成這些觀念的元素就像一個個音符，在人們的心中飄盪，慢慢組成契合人類普同心靈結構及族群特殊文化結構的音節、樂句與樂章，終至成為供人傳誦的民間傳說。但就像李維史陀（C. Levi-Strauss）所言，每一則傳說都只能呈現部分的樂句，都只是一個更大的交響樂中的和絃。[16]司馬中原以「死者重返人間」為題材的眾多小說，就像「靈異交響樂」，聆聽之餘，將它們拆解排比，異中求同，就得到上述「呈現人類普同心靈」及「裸現我們古老民族內在精神」的部分樂章和樂句，其中有些是我們意識

---

[16]此為李維史陀（C. Levi-Strauss）的神話及民間傳說理論。參見黃道琳譯，《結構主義之父——李維史陀》（臺北：桂冠圖書公司，1976 年），頁 71～72。

得到的（屬集體意識）、有些則是意識不到的（屬集體潛意識），它們雖然不是「完整的樂譜」[17]，但因據此演奏出來的音樂，跟我們的「種族記憶」及「文化記憶」是如此的契合，所以能在多數人的心靈深處產生回響。

## 四、靈異小說的「別有寓寄」

植根於民間傳說裡的靈異小說，它們所要傳遞的訊息，並非只有上述關於生命現象及未知世界的基本概念而已，就「功能」來說，靈異小說可分為兩大類：一類是只談靈異現象，著眼於它們的離奇恐怖，而不附加任何評價，有點類似報導文學；一類則是邊談靈異現象邊作文章，甚至強作解人，而使它們變成別有寓寄的寓言小說。在中國，這兩種類型都有，譬如干寶的《搜神記》屬於前類，而清人梁恭辰的《池上草堂筆記》則屬於後類。不過多數的志怪小說或筆記小說都是兩類雜然並陳，但因受「文以載道」觀念的影響，多數的作者或序者都強調他們旨在「要歸於醇正，欲使人知所勸懲」[18]。

司馬中原也說過類似的話：「很多像鬼、迷信的小說，在本質上不是宣揚迷信，作者一定另有所指，一定有對現社會的融合之處」、「外國這類靈異小說，恐怖是恐怖，像吸血鬼、蝙蝠妖……但這些小說除了恐怖之外，在人生的導向上並不及中國小說廣闊。」[19]

這種「另有所指」的項目還相當多，有的極為明顯，有的相當幽微，依其明暗度，我們可以析理出如下的光譜：

（一）諷刺橫行霸道的當權者及心術不正的老百姓：譬如在〈狐的傳說〉一文裡，抗戰期間，蘇北的老狐妖化為人形，雇船帶著狐子狐孫南下，躲避暴虐的日本兵，在途中厚賞善良的船伕王二呆，懲罰存心不良的鄭毛腿，最後還率領狐兵去打鬼子。

---

[17]要找出「完整的樂譜」，恐怕要分析古往今來的志怪小說。
[18]參見《閱微草堂筆記》序文。
[19]參見司馬中原〈小說中靈異世界的探討〉，《無弦琴》，頁75、79。

　　（二）為世間的不幸與不平提供因果報應式的救濟：譬如〈六角井夜譚〉裡的一對可憐母子，因刻客的撈毛兒不給水喝而慘死，死不瞑目的冤魂在身後即展開一連串恐怖的報仇行動，搞得撈毛兒家破人亡。又如〈野寺驚魂〉裡濫殺無辜的榮千總，夜宿野寺時，那些被他枉殺的冤鬼都一一現形，向他索命，結果榮千總活活被嚇死。

　　（三）為人世的無常提供死生有命的安慰：譬如在〈瘟鬼〉一文裡，鼠疫橫行，人心惶惶，活過 90 歲的葛二奶奶告訴大家：「瘟，是歸瘟神管的，祂手裡有一本瘟簿兒，註明瘟區在哪些地方，該死多少口人，凡是在劫的，全躲不過。」連老虎吃人也有「名冊」，譬如〈人化虎〉裡的霍老因罪而被罰變虎，「天朝給我一份名單，註明某年某月某日，該吃什麼人。」生死是早就註定了，煩惱擔憂也沒有用。

　　（四）嘲弄「不語怪力亂神」的儒家信徒：〈瘟鬼〉裡的老塾師「平素遵奉孔教」，從不信邪，但在夜晚上茅坑時，卻親眼看見了「過陰兵」，使他不得不信。在〈催鬼的魔咒〉一文裡，老儒李林吾「為了光大儒學，鼓勵鄉人拆毀狐廟，更揭發巫門訛詐錢財」，但最後卻被巫人侯某以魘術纏祟，不僅一命嗚呼，而且死後還變成殭屍，要撲殺同樣「尚儒」的兒子，而挽救這批儒家信徒的卻是一名老道士。

　　（五）為人類的懼鬼症提供文學性的心理治療：在荒廢的古屋、陰森的破廟、詭祕的墳場或棺材邊，出現了某些令人起疑的跡象，而挑起當事者及讀者心中的恐懼感，好像心理治療師挖掘病人心中的隱痛般，於是令人毛骨悚然的鬼魂或殭屍終於出現，當恐懼達到高峰時，故事本身又像治療師般開始「解釋」：有些其實不是鬼，而是活人，只因你心裡有鬼，所以把活人看成了鬼，譬如〈棺床〉一文裡以棺為床的老人；有些雖然是鬼，但卻是需要你幫忙的「弱者」，譬如〈礦異〉一文裡的裸死男女鬼魂；有些鬼只會找與它有冤仇的人麻煩，譬如〈竹林屋〉裡的女縊鬼；最後，人世還有各種剋制厲鬼、找替身鬼、殭屍的方法，逐退或消滅它們，譬如〈疫鬼〉、〈吸血的殭屍〉等文。整個故事的發展，雖以挑起人們的恐懼感為

始，但卻像一種「淨化療法」，含有減輕人們恐懼感的目的。

但我們很難釐清這些「別有寓寄」或「另有所指」，是靈異小說作者附加上去的、抑是原來就存在於民間傳說裡的。但據筆者的推想，它們應該是早就存在於民間傳說裡的，就像司馬中原所說，這些故事內容「在你出世之前的若干年代，確曾被無數已經歸入泥土的人們傳講過，議論過——也許憑藉他們神祕的心胸裡原存的意識，自作聰明的增添過或是刪節過，成了鄉野人們精神歷史的一部分」[20]。

但筆者不認為這一部分能代表漢民族靈異觀念的音符及樂句，它們應該是來自另一套觀念系統，但卻經常和靈異的樂曲「和奏」。絲竹競鳴，雖然表面上渾成一體，其實有著「相剋」的關係，大體而言，寓寄及諷頌越明顯的，就越失去靈異的神髓，像〈狐的傳說〉，簡直不能稱為「靈異小說」，而應該說是「寓言小說」了。

## 五、增改前人舊作的「新故事」

比較能代表司馬中原個人「演奏風格」的，應該是他根據前人舊作而增改的「新故事」。在這裡，筆者僅舉二例：

在清人羊朱翁的《耳郵》裡，有一則故事，全文甚短，抄錄如下：

楚士呂鳳梧，游於姑蘇，於舟中見一女子，美而艷。來橈去楫，一瞬即過，然思之盈盈在目也。是夕就枕，夢有人告曰：「舟中人汝妻也。」呂固未娶，不能無動，然無可蹤跡，亦姑置之。明年以貢入成均，遂如京師，偶於琉璃廠見一畫，畫中女子像酷似舟中人，上有詩云：「新妝宜面出簾來，共數庭花幾朵開；我比敬君差解事，不曾輕去畫齊臺。」呂不知敬君事，惘然莫測，姑以青蚨一貫買得之。是歲，以知縣籤分江西，與同官沈君甚相得。沈君者，蘇人也，一日至呂齋中，見畫大驚曰：「此

---

[20] 參見〈打鬼救夫〉，《天網》（臺北：皇冠出版社，1970年），頁1071。

亡婦像，僕所手繪，昔歲在京師，亡一篋，遂失此幀。君得無於都門市
上得之乎？」呂曰：「然，則僕曾見君夫人。」因告以吳門舟中相遇事，
沈曰：「否，否。吾婦前一年已物故矣。」呂曰：「若然，何相似之
甚？」沈曰：「此必吾姨也，吾妻父生二女，面目相同，雖家人不能辨
別。長即亡婦，君所見者，其妹也。」呂因以夢中語告。沈曰：「吾姨固
待聘者，當為君作寒月咎。」竟宛轉媒合之，一時以為佳語。按說苑載齊
王起九成之臺，募國中能畫者，賜之錢。有敬君常饑寒，其妻妙色，敬
君工畫，貪臺賜畫錢，去家日久，思憶其妻，畫像對之而笑。沈所用敬
君事即此，然事見藝文類聚所引，今本說苑無此文也。[21]

司馬中原的〈夢緣〉一文，雖然是改寫自這個故事，但卻動了一些手
腳。呂鳳梧成了一個視功名如糞土，載酒江湖的豪邁才子，他在舟中驚
艷，並做了那個美夢後，即像夸父追日般，海角天涯地去「逐夢」。在琉璃
廠看到那幅畫後，立刻知道畫中題詩的出處和含意（以顯示他的博學）。而
且，原故事裡的沈君，也成了早就與呂某詩酒流連的姑蘇名士沈贊訓，為
了解開夢謎及畫謎，呂某又千里迢迢南下，欲請沈君參詳，結果才發生如
原故事裡的情節，但還是多了另一種「異象」：沈某的小姨也「做著同樣的
夢，夢見她姊姊叮嚀她，姑蘇河上她所見的文士，日後就是她的丈夫。」

這種改寫透露出兩個訊息：一是司馬中原賦予原故事中人物鮮活的個
性，並將整個故事塗上一層浪漫的色彩，使它較符合現代「小說」的旋
律。一是他「奇上加奇」，讓原本也許只是「巧合」的故事，變成了「不能
用巧合解釋」的異象與奇緣。

在袁枚的《子不語》裡，有一則〈兩殭屍野合〉說：

有壯士某，客於湖廣，獨居古寺。一夕，月色甚佳，散步門外；見樹林

---

[21] 參見羊朱翁《耳郵》卷二（臺北：廣文書局，1969 年），頁 4。

中隱隱有戴唐巾飄然來者，疑其為鬼。旋至松林最密中，入一古墓，心知為殭屍。素聞殭屍失棺上蓋，便不能作祟；次夜先匿於樹林中，伺屍出，將竊取其蓋。二更後，屍果出，似有所往；尾之，至一大宅門外。其樓上窗中，先有紅衣婦人擲下白練一條牽引之，屍攀援而上，作絮語聲，不甚了了。壯士先回，竊其棺蓋藏之，仍伏於松深處。夜將闌，屍匆匆還，見棺失蓋，窘甚，遍覓良久，仍從原路跟蹌奔去。再尾之，至樓下，且躍且鳴，啊啊有聲。樓上婦亦相對憧憧，以手搖拒，似訝其不應再至者。雞忽鳴，屍倒於路側，明早行人盡至，各大駭，同往樓下訪之，乃周姓祠堂，樓停一柩，有女殭屍亦臥於棺外。眾人知為殭屍野合之怪，乃合屍於一處而焚之。[22]

　　這是一則類似報導文學的「純靈異」故事，故事中的男女殭屍及壯士都「不知何許人也」。司馬中原的〈鬼孽緣〉一文，顯然也是改寫自這個故事，除了「滿清」變成「民國」、「古寺」變成「火星廟」、「周家祠堂」變成「三元宮」外，男女殭屍也都有名有姓，而且還在生前發生過一場令人歡婉的愛情悲劇：俊美英勇的葉排長是鎮上的駐軍，如花似玉的李金姐是豆漿鋪的閨女，兩人因豆漿為媒，日久生情，「就好起來了」。葉排長的上司以他「無故擾民」而將之「砍頭示眾」，李金姐悲痛之餘，也跟著上吊殉情。葉排長的屍體寄柩火星廟，而李金姐的棺木則停放在三元宮。三更半夜，葉排長的殭屍蹦跳到三元宮，和李金姐的殭屍幽會。扮演「壯士」的顧木匠卻從中破壞好事，讓男殭屍回不了棺木。鎮民感歎葉排長和李金姐「骨枯肉爛，此情不渝」，遂說動李金姐的父親將女兒「嫁」給葉排長，火化兩屍，合葬一處，讓他們「你骨中有我，我骨中有你」。

　　這樣的增改，不僅對兩殭屍何以會在夜間幽會提出「解釋」，同時也因為這種「解釋」，而使一個詭怖的靈異故事脫胎換骨，成為一個充滿寓意的

---

[22]參見《正續子不語》卷三（臺北：廣文書局，1986年），頁8。

愛情故事。

## 六、「志怪」與「小說」的不同鋪陳

　　司馬中原也曾將他從計程車司機口中所聽到的現代版鬼故事，以兩種不同的方式呈現在他的集子裡，而提供我們賞析其「演奏風格」的另一條線索。

　　在〈恐怖夜車〉一文裡，「經常在雨夜搭乘計程車，並且習慣和司機開聊」的「我」，似乎就是司馬中原本人。他以白描的方式記錄了某計程車司機的經驗談：

　　計程車司機在落著小雨的秋天夜晚九點多鐘，於常德街口載了一位從臺大醫院出來的少婦，她說要到「過辛亥隧道」處。少婦一路上都沒開口，司機從後視鏡看到她的臉「蒼白沒有血色，兩隻眼窩，有些青黑浮腫」。車子開過隧道後，司機順著少婦的指點，把車子開上小山坡，在一幢兩層住宅前停了下來。少婦說她沒帶零錢，下車進屋去取錢。司機足足等了一刻鐘，還沒見她出來，便下車去按門鈴，結果出來的是一個中年太太，給他一百塊錢，並且神祕地說：「她是我的大女兒，前幾天，難產死在醫院裡，昨夜回來過，也是我付的車錢……。」

　　搭車的「我」只在文末說：「如果你一定要追問這些故事是真是假，那你就太迂太笨了」，「每一天都會有夜晚，每一個夜晚都有諸如此類的故事，害得我把耳朵都聽長了，你呢？願不願或敢不敢聽，那就全看你自己啦。」

　　這個故事也出現在〈真與幻〉一文裡，只是細節上稍有變化：搭車的人由蒼白沒有血色的少婦變成長髮飄逸的年輕小姐，搭車地點由臺大醫院門口轉到了隧道口，停車地點同樣在隧道後山的一幢二層住宅前，付錢的也是神祕女郎的母親：「難產而死」變成了「罹患腦炎而死」，但她仍每晚搭車回家探望她的母親。

　　說故事的雖也是計程車司機，但聽故事的乘客卻由「我」變成了將

「創意和感性」、「理性和科學」融為一體的年老雕塑家。他為了歸還向友人借的長袍馬掛（塑像穿著的服飾）而搭車到極樂殯儀館附近。在途中，司機向他講了上述故事，雕塑家勉強聽著，車外的風雨加大，為了禦寒，他打開包袱，將長袍馬掛加在自己的短袖港衫上。車子停在極樂殯儀館門口後，司機回頭取錢，卻像活見鬼般嚇得推開車門，飛奔而去。年老的雕塑家則在事後和他的老友相互感歎：「睜著眼的胖司機都會把活人當做鬼，何況閉上眼聽傳言的，一股腦兒跟著亂嚷亂嚷呢！」

就形式來說，〈恐怖夜車〉較像傳統的、筆記式的「志怪小說」，旨在「志怪」，而殊少「小說」的成分；〈真與幻〉則旨在「寫小說」，以明顯的對比去呈現司機遇鬼的「真」與「幻」。

## 七、對靈異的「藝術加工」

從這些對前人作品及自己耳聞的增改裡，筆者所獲得的印象是：司馬中原較常扮演的是「小說家」，而非「報導者」，他所呈現給我們的經常是經過「加工」的民間傳說。在「靈異加工」方面，他往往把本來已經夠玄、夠恐怖的東西說得更玄、更恐怖，似乎有意去撩撥、搔耙讀者的神經；在「藝術加工」方面，他則嘗試賦予片段的影像某些較具體或較深廣的結構──有些是傳統的道德結構，但更常見而且也更好的則是具有象徵性與延展性的詩的結構。

除了在〈夢緣〉、〈鬼孽緣〉、〈真與幻〉等有案可稽的增改作品裡可以看到這種痕跡外，〈討油〉一文更是兼具「靈異」與「小說」要件的上乘佳構，這個故事有很多對比與象徵：在荒旱與盜匪橫行的雙重壓力下，風化店的村民閉鎖在孤村裡苟且偷生，村外的野路及溝裡到處是死屍，村民不敢出村，恐懼、不安與罪惡感默默地滋長著。某天，來了個討水歇腳的路客，村人圍著他問長道短，過路客除了對村外的霉綠腐屍做一番恐怖的描述外，還說有一種專吃死屍腦髓的「人殃」在作祟，但「人殃」最怕聞到花生油的味道。過路客走後，村人更加懼怕，太陽一下山，連自家的門都

不敢出了。有事夜出時，也要在自己的嘴唇上沾點花生油。不久，在黑夜
裡，村人開始聽到門外有一種非人的哀泣聲隨風流轉著：「鄉親，老爺，給
咱們一點兒……油……啊！」大家認為這是村外的冤鬼來向他們討油的，
於是在恐懼與不忍中，家家戶戶在入夜後即在門前放一盞油，有人還看見
拎著燈籠的鬼影來取油。最後，一個不信邪的小伙子偷偷跟蹤來取油的鬼
影到村外，發現「他」竟然是前日到村裡歇腳的過路客，而更令人震驚的
是，他居然真的將討到的油塗抹在村外腐屍的嘴唇上──但油並未全部用
完，剩下的儲積在瓦罐裡，準備做自己北回故鄉的盤川。「這些油，不但救
了死屍，也救了我的命」，過路客向跟蹤來的小伙子說。而小伙子在回到村
裡後，並未將真相告訴村民，往後的夜裡，風中不再傳來令人毛骨悚然的
哀泣聲，村民認為這是鬼討油業已討夠了，不再受到「人殃」的侵擾，大
家的心裡都覺得很安慰，連小伙子和離去的過路客也都感到很安慰。當
然，自始至終，所有的人都相信「人殃」確實是存在的──雖然它並未真
的出現。在這篇故事裡，「人殃」成了一個別具深意的象徵。

美國知名的恐怖小說作家巴克（C. Barker）曾說：「我一直嘗試將我創
造的影像置於某個結構體中，希望在故事終了時，你了解到我為什麼要呈
現那些影像。」[23]在〈討油〉故事終了時，司馬中原說：

> 風吹著，沙揚著，火毒的日頭燒烤著，人們能忍得一切自然的荒旱和災
> 變，但極難忍受人謀不臧的苦痛；這些道理，都深深含蘊在極為原始的
> 傳說之中，憑著傳說的象徵，當人們遇著暴力迫壓時，他們就會用這些
> 傳言和現實作為比映。

身為一個「小說家」，其實是不用「說這些話」的，由讀者自行去領會
即可，而且〈討油〉繁複的對比與象徵所要告訴我們的，似乎也不只「這

---

[23]參見〈與恐怖小說家巴克談恐怖的人間真理〉一文，王溢嘉譯，《生命與科學對話錄》（臺北：野
鵝出版社，1984 年），頁 288。。

些」；當然，司馬中原所以會說這些話，牽涉到中國傳統志怪小說的「體例」問題，就好像蒲松齡在他的故事結尾處，總要來個「異史氏曰」一樣。就這點而言，司馬中原似乎又成了一個「傳統的依戀者」。

## 八、額外的「時代訊息」

　　基本上，司馬中原的靈異小說延襲的是中國志怪小說的傳統，是一種植基於民間傳說之上的書寫。但就像我在前面所說的，靈異傳奇反映的是「集體意識」與「集體潛意識」間的矛盾糾葛，這種矛盾糾葛同樣出現在對它們的書寫上，作者一方面嘗試以小說或文學的方式來書寫它們，但為了擺脫「張皇鬼神，稱道靈異」之嫌，又經常會在文中「表白」它們的寓奇，結果跟「純小說」或「純文學」又產生了某種扞格；另一方面，作者對他所書寫的靈異現象，他所投注的「同感心」經常超出一個小說家應有的份，讓人覺得它們並不是「虛假」的。這種矛盾多少表示了書寫者個人對生命與死亡、未知世界、靈異現象等即具有濃厚的「雙情態度」，本身就游走、徘徊於「真」與「幻」之間。

　　從某個角度來看，靈異小說屬於分析心理學家榮格（C. G. Jung）所說的「幻覺式小說」，所謂「幻覺」，絕非一句貶語，而是代表「本身具有存在道理，但卻不全為人所瞭解者」，「讀完此等小說，我們心中不會思及日常的生活，而是回憶起我們做過的夢、黑夜的恐怖以及那些時常令我們憂心如焚的疑慮」[24]，它所欲呈現的就是人類「集體潛意識」的內涵，而幻覺式小說的作者就是「集體潛意識」的代言人。

　　榮格認為，幻覺式小說的作者最好不要讓他的「個人意識」及「個人潛意識」介入他的小說中；但事實上，這是不可能的，我個人較樂於相信，靈異傳奇在民間口傳時，即有「集體意識」與「集體潛意識」的糾葛；而一個小說家在書寫它們的過程中，更有著「個人意識」與「個人潛

---

[24]參見 C. G. Jung 原著；黃奇銘譯，《尋求靈魂的現代人》（臺北，志文出版社，1989 年），頁189。

意識」間的拉鋸。而本文事實上就是想藉司馬中原的靈異小說來呈現這種糾葛與拉鋸；或者說，司馬中原的靈異小說向我們透露這種糾葛與拉鋸。

一個社會的「集體意識」與「集體潛意識」也一直處於糾葛和拉鋸狀態中，只要人對生命與死亡、未知世界存在著好奇與疑慮，有關靈異的傳言與書寫就將永遠存在下去。只是隨著時代的變遷會出現一些演化的形貌而已。從心理學的角度來看，能「與時俱化」的靈異故事，才能對人類的心靈造成較大的衝擊，譬如出現在臺大醫院裡或計程車內的鬼，比出現在冀南亂葬崗或淮河渡船上的鬼，能給現代人較強的「臨場感」，也能對他們的潛意識造成較大的衝擊，但綜觀司馬中原的靈異小說，他描述的還是以「遙遠」的故事居多，這也許跟他的「鄉野」寫作取向有關。

但即使讓鬼出現在臺大醫院或計程車裡，從生物學的角度來看，這仍只是「表現型」（"phenotype"）——也就是外在的變化，而非「基因型」（"genotype"）——本質上的變化，重返人間的死者在本質上並沒有什麼改變。當然，要以此來苛責作者缺乏「創意」是不公平的，因為他的主要工作是民間傳說的「代言」及「書寫」；但要以此來論斷民間百姓的「幻覺經驗」缺乏「創新」，恐怕也是弄錯了方向，某種「譜形」或「樂句」之所以會反覆出現，也許正表示它們代表了人類「集體潛意識」中關於生命與死亡、未知世界的「原型」（"archetype"）。「原型」像鳥類築巢般，是一種近乎本能的東西，它是不會變的，變的是我們要將巢築在那裡，以及對這樣的巢做出什麼樣的「意識評估」而已。

一個社會的「集體意識」與「集體潛意識」有著拉鋸及相互補償的關係，當「張皇鬼神，稱道靈異」的著作在坊間流行時，通常意味著它們獲得了滋養的土壤，也就是這個社會的「集體意識」變得狹隘，而讓人感到空虛、苦悶的時刻。這似乎是司馬中原的靈異小說所提供給我們的另一種「時代訊息」。

——選自林燿德、孟樊主編《流行天下：當代臺灣通俗文學論》

臺北：時報文化出版公司，1992 年 1 月

# 司馬中原的世界

◎姜穆[*]

　　杜國清在《艾略特文學評論選集》的譯序中，對於文學批評，介紹所謂新批評方法中，謂：「在文學批評的領域裡，捨棄將作品與作家生活關聯在一起的批評方法，而採取作品當做作品加以研讀的態度，成為後來『新批評』運動的源泉之一。」[1]艾略特對於新批評將作家與作品割離來評價，是始作俑者，而這種新批評的這一個公式，正被今天批評界的廣泛運用，作為今天文學批評的原則之一。

　　這一個原則，在中國是否行得通呢？而且這一原則是則放諸四海而皆準呢？我想這都是問題。我們對於文學作品與作家，常以「文如其人」來相提並論，作家與作品有不可割離的關係，杜威（John Deweg）在哈佛大學設置紀念威廉‧傑姆士（William James）的講座，講授「藝術哲學」，後來把講詞結集成書。杜威在這本書裡，認定藝術作品是與人生經驗分不開的，劉文潭先生在他所著的〈藝術即經驗〉一文中說：「照杜威看來，穿雲的高峰既非飄浮於空，亦非依伏於地，它們原是地球所具現之作用，就情形正如當我們讚賞奇特高妙的藝術之際，我們必須明瞭它們原是植根於日常的經驗；也即是由日常的經驗發榮滋長而成的。杜威認為：人生乃是一個充滿著艱險之奮鬥的歷程，人們為了利用環境以適應生存，滿足需要，經常須要排難解紛，化險為夷。唯其如此，我們才能在日常的經驗中發現

[*]姜穆（1929～2003）評論家、小說家、散文家、詩人。貴州錦屏人。發表文章時為《民生報》編輯。
[1]艾略特著；杜國清譯，〈譯序〉，《艾略特文學評論選集》。

到美感和藝術的萌芽。」[2]杜威的說法與沈約「夫志動於中則歌詠外發」的作家論是不謀而合的。作家與作品既然無法分開，那麼解析的文學批評，把作家與作品分割開來，無異是盲者摸象，只得一端，這樣的批評，不足師法。

　　基於這樣的認知，我們採取的批評方式，是綜合的，但是我要表示的是司馬中原的著作，自青白出版社出版他的《春雷》開始，到源成文化圖書供應社出版他的《狼神》爲止，已出版了 30 本小說，兩本散文，計一萬一千四百餘面[3]，僅只出版的部分，已近一千萬字，未出版部分，爲數約三千萬字[4]，要全部閱讀他的作品，再進行批評，假定每天閱讀三萬字計算，須費時四年餘，對於這一點，在目前的環境中，尚難以辦到。故這裡所論的司馬中原，只不過是他的作品部分而已，進一步的研究，尚須假以時日。

　　司馬中原（本名吳延玫），出生於江蘇省淮陰縣，從他在《司馬中原自選集》的自傳中了解，他的命運與所有中國人一樣，這一代的苦難是與生俱來的攣生兄弟，從《青春行》這部書裡，可以看到司馬中原在煙硝與血花中成長的過程。

　　司馬中原的作品，如《狂風沙》、《荒原》、《流星雨》等，對於中國苦難的一代中，描寫得相當深刻，他的小說凸出了農民對於近代災難的無奈，其中可以以《荒原》中的歪胡癩兒爲代表。歪胡癩兒在《荒原》的大流中，被政府的官員找機會訓，被日軍獵捕，被共產黨追殺，被僞軍擠壓。這樣一個人物，他卻抱住真理不放的直到他閉上了眼睛，才放棄他的抗爭。司馬中原自己說：他寫這本書是兼負了歷史責任的。他說：

　　　我寫《荒原》一書，是兼負歷史責任的。對於中國近年苦難的責任，我

---

[2]劉文潭著，《美學與藝術批評》（臺北：環宇出版社，1972 年），頁 187。
[3]見《司馬中原自選集》（臺北：黎明文化公司，1975 年 1 月），頁 255～256。
[4]見《司馬中原自選集》中的〈小傳〉（按係自傳性質），他自稱寫了四千萬字，頁 104。

作了雙面的批判。我批判了共產黨無視於人道，我也根據事實，對政府當時的保守和部分顢頇，作了《春秋》之責。[5]

魏子雲先生在批評《荒原》一書時，認爲他塑造歪胡癩兒這個人物，是他表達了最明媚的政治思想。魏先生在〈款步於《荒原》內外〉一文中說：

作者在歪胡癩兒身上映現了他內心的不平，像這麼一個有勇有謀（有膽有識）而又一心保國衛民的英雄，在敵後居然無地可容，「皇軍」通緝他，偽軍捉他，馬賊打他，而中央軍的何指揮，起先也不承認他是中央軍的人物，還要找機會抓到他，給他一頓教訓，當然老百姓卻管他是誰，只要你保國衛民，他們就擁護他，聽他，跟著他走。[6]

這是多麼無奈的一個人物，歪胡癩兒不只是他自己，他的無奈也是多數中國苦難的一代的無奈，司馬中原說他的作品兼具了歷史的責任也就在此了。

一篇好的小說，透過小說的藝術手段，他所表達的，乃是一篇好的社會論文，只不過社會學家、政治家們透過是論說的直指，小說家透過小說藝術，作情感的吐訴而已，兩者之間的目的相同，主題相同，所不同的，只是表現的方式不同罷了。

由此看來，小說的社會功能，自是在有意與無意之間表出論說文的主旨罷了。設將論說文與小說的功效作比較，則小說的說服功能，要比論說文的說服功能高出許多。司馬中原在他的作品裡所刻意營構的千頃廣廈，原就是這些。

小說（廣泛的說，是一切文學）的社會功能，既是如此，其影響力自然也相當大，1930 年代敵人便透過文學家的筆來發揮這種功能，而進行他

---

[5]見魏子雲〈款步於《荒原》內外〉，《荒原》（臺北：皇冠出版社，1973 年 3 月），頁 19。
[6]同前註。

們爭奪政權的鬥爭。基此，我以為一個作家他對人類負起一定的道德責任，司馬中原在這方面的成就，已近於思想家的成就。有人主張「文學是哲家的戲劇化」，其實文學家並不要去戲劇什麼，他有他自己的哲學，我們說司馬中原的小說，是司馬中原的哲學是沒有什麼不當的，在良心道德的驅策下，小說家有他們一定的責任。之華先生認為「文學創作是一項人文活動，因之文人活動涵有創作者的主觀意識，有其目的，有其價值取向」。司馬中原是自有其文學的道德觀的。他的道德觀是甚麼？張默先生批評司馬中原時說：

> 一個小說家的成就，不僅在他是否具有濃烈的民族意識，而在他是否能在整個民族生存與擴建的大動脈中，展布一己雪亮、犀利、真確的析示，穿過中國五千年歷史巨流，把那些迷亂、災難、劫數、悲憤等等切身的悒鬱痛楚之情一一劈出。他的靈犀歷史的紙背，而不為往昔豪華多彩的典籍所迷惑；他置身於無數的災難、流離與劫數，而不為長久無法驅逐的悽楚所掩蓋，他奔走於惡棍、流寇、共產匪徒滅絕人性的悲慘小徑，而不為那些蠻橫無理的霸道所屈服。[7]

不囿於歷史的光輝，而圖自我塑造，張默先生在十幾年前就已把司馬中原的內在世界予以揭露了。

他的作品是農民的宣言，他說「與其說我反共，不如說我反對一切暴力。」他的文學觀是甚麼？他說：「一切文明必須建立在人道觀點上；否則，那沒有根基的文明便成了深陷的沙丘。中國農民是迷信、保守、固執；但是有著溫良、知足和人道的一面。他們有權保有他們的世界。（這種世界是合情合理的生存條件，他們並不想干犯或改變別人。）任何政治家不配指導他們，只能用一陣緩緩靜靜的風，吹拂他們，使他們從一個古老

---

[7] 張默，〈從荒野出發：試論司馬中原的《荒原》〉，《荒原》（臺北：皇冠出版社，1973 年 3 月），頁 21～47。

的夢境引渡到另一個新的夢境。」[8]張默先生以為他這段話，充分瀰漫著清明的靈智，這是對的。這也就是司馬中原的文學觀。

從這樣的一個文學觀出發，他的作品，作了近代血的見證，即使他偶爾為之的「鄉野傳奇」，也是別有所指的。如他的《復仇》一書中，黑吉與杜洪的仇恨，也本著「恕道」兩個字予以解決。當然《狂風沙》更是這一代苦難中國人的部分歷史呈現。他的道德觀與人生觀，是之華（蕭玉井）先生所說的「使人產生高尚的情操，產生英烈的情懷，產生仁愛之心，產生敬業樂群的精神」[9]的那種道德觀與文學觀。他的作品，能產生《悲慘世界》、《湯姆叔叔的小木屋》、《唐‧吉訶德傳》、《黑奴籲天錄》、《雙城記》等作品一樣的社會批評力與歷史斷面的呈現。無疑的，他正邁向之華先生所說的「發乎人性，順乎人情，為符合絕大多數更好的生存，更好地生活行為標準」的那個境界。他的作品，是在他的意志控制下架構起來的，故我們也可以照金聖歎的說法，把他的作品同經史，或者同聖經一樣的經典去閱讀。他的作品，同樣地能把人生的境界提升。因此，我們可以說司馬中原並不想在他的作品中戲劇些什麼，那只不過是哲學與文學的一種自然關係罷了。對於這一點，尹雪曼先生曾在他所著的《中國文學概論》一書中，論及儒家思想與我國文學的創作關係時，他說：「往往是哲學領導文學，文學推展哲學，兩者互相依存。」尹雪曼先生的創發，使把文學當成哲學的工具來看、而又口口聲聲高喊為藝術而藝術、文學與政治脫離的口號的那些人又進了一步。那種論調只有把經濟（生產）作為基層建築，一切皆為這個基層建築服務的共產主義，才把文學當成哲學（也就是政治）的工具。陳繼法在《馬克思列寧主義藝術論》一書中指出：「俄共第 21 次大會中規定：『在發展和豐富的社會主義社會的精神文化方面，文學和藝術有重要的作用，文學和藝術在積極幫助共產主義社會的人的形成。我們的藝術所面臨的任務是：鮮明的刻畫人民──共產建設者的英雄功勛，再也

---

[8]司馬中原民國 52 年致李英豪的信，轉引自張默的〈從荒野出發：試論司馬中原的《荒原》〉。
[9]之華著，《血緣、土地、傳統》（臺北：精益書局，1977 年），頁 277。

沒有比這更崇高的任務了。文學、戲劇、電影、音樂、雕刻和繪畫工作者的任務，是要進一步提高創作的思想藝術水平，他們今後在對勞動人民進行共產主義教育、宣傳共產主義道德原則、發展多民族的社會主義文化，培養良好的藝術趣味方面，仍將是黨和國家的積極助手。」[10]這是恩格斯「政治、法權、哲學、宗教、文學、藝術等的發展是以經濟發展爲基礎」的一統天下，人人爲我的說法，更進一步露骨的表示了文學應戲劇什麼的「命令」。尹雪曼先生的文學觀，正可以用來解析司馬中原的作品，固然司馬中原有他自己的文學觀，也有他自己的目的，但是司馬中原總是在作家的道德責任下，從事他的創作。

我深以有這樣一個獨來獨往，在他的良知下，有他自己文學的、哲學的一個作家出現而高興。胡秋原先生說：「俄國沒有哲學，只有文學，俄國的文學就是他們的哲學。」那麼司馬中原是以他的文學爲他的哲學了。

要了解司馬中原思想的形成，讀他的《青春行》是有所幫助的。

魏闕（高全之）先生在《中華文藝》第 5 期，論〈司馬中原與《狂風沙》〉一文中說：

> 司馬自謂『青春行』是自己的第一部自傳性的小說，他（按指司馬中原）認為該書可以算是為出生到來臺前這一段生命做一個總結。來臺（按，魏註：司馬是時 16 歲）以後到 40 歲這段日子，算是第二個階段。這第二本構想中的自傳性小說已有了名字：「面壁」。[11]

由這本小說我們知道他是生在雜亂的年代裡，而且他沒有完成完整的正式的學校教育，但從他的作品裡，他對古典文學以及現代知識的廣博淵深，是有目共睹的，爲甚麼一位野生野長的作家，會有這種含蘊？這得歸功於他閱讀的速度，他曾說他每天能閱讀一百萬字（青年文藝獎「寂寞的路

---

[10]陳繼法著，〈緒論〉，《馬克斯列寧主義藝術論》（臺北：黎明文化公司，1974 年），頁8。
[11]見註4。

程」），這個閱讀速度是相當快速的，《青春行》裡的「我」就是這麼個人。

在《青春行》中的「我」（即司馬中原），所接受的苦難，是八年抗戰淪陷區暗無天日的生活，繼之抗戰勝利後共匪在蘇北的暴亂，然後從軍來臺，在鳳山接受軍訓等等，可以說他的生命，是由國族一連串的災難所構成。這樣的生活，這樣的成長過程，對他的影響，很可能是兩個極端：

一、仇恨的性格，對現實不滿，激烈時，則鋌而走險；溫和時，則消極悲觀。

二、寬厚的仁愛心，對於災難中的種種，發出人道的呼喚，其作品對於現實的苦難，則表向情。

司馬中原在苦難中試煉出來的性格與其道德觀，屬於後者，這種性格，也投射在他的作品中，故爾形成一種溫厚的愛心，他的全部作品，幾乎都圍繞著他這種道德的責任感而創作，《荒原》的反共，《荒原》的秉春秋之筆，乃與他的成長有著不可分割的關係；「復仇」中的恕道，是那種溫厚的性格所使然，他所有作品的思想大流，一概淵源於此，以老莊入於小說中，不足爲訓，他是自我成長，自我發明的，這是一代大家應當具備的情才，與拾人牙慧者，相去遠了。

他的小說有刻意經營者，也有天然自成者。木實花繁的作品很多。據魏闕寫的司馬中原（〈泥巴裡成長的司馬〉），他的〈鳥語〉，曾經改寫了 12 次，《荒原》則寫了四次[12]，而鄉野傳奇，則多數出於偶得的花實。故我們讀司馬中原的小說，大致可以分成兩類，第一類如《青春行》、《狂風沙》、《流星雨》、《荒原》等。第二類如《呆虎傳》、《鄉野傳奇》及收入源成出版社出版《狼神》中的〈地震〉等。前一類作品是屬於寫實的力作，第二類雖也有嚴正的主題，如「復仇」中的恕道等，但從表面上看，這類作品

---

[12] 見《荒原》，頁 388。

屬於遊戲文章，實則其中蘊含激勵人性向上、向善方面的影響力遠超過第
一類。這就是「大江日夜流」，自然之中有教化的道理。在方法上，他用了
道家的無爲而爲之的法則，故其作品，沒有斧鑿之痕，可讀性極高，我對
於他的鄉野傳奇主題部分，打一個譬喻，那是看似無情卻有情，所以有人
誤解他這一部分小說，近似「武俠」，這一點，我是不太同意的。

　　司馬中原的小說，第一類是代人叫喊的聲音，也是他叫喊的聲音。第
二類則是預言，故他應是卡來爾筆下的英雄之一。他被人誤解，但他並不
計較，一個大家，應有譽謗由之的氣概，司馬中原便是具備了這種心胸的
人。

　　讀他的小說，可以獲得快樂。閱讀小說者，多數從小說的趣味中獲
益，關於這一點，我們可以說小說的發展史中獲得結論。小說原是從平
話、傳奇演化而來，平話與傳奇，多數以趣味爲創作的中心。現代的小
說，由於各家各派的主張不同，而有不同的創作原動力，主要的還是以趣
味性來取悅讀者爲中心，那是小說主題的糖衣，沒有趣味性，則不必寫小
說，作者內心所想表現的主題，可以用論述文直接表達，那樣要來得便當
得多，小說必然須透過作者的匠心，予以藝術化，也就是趣味化的。佛斯
特論小說的創作時，特別強調了這一點。司馬中原在這方面的成就，是沒
有人可以比擬的。新會梁氏讀蘊藉含概的詩發生的感歎，可以借來說明讀
司馬中原的小說的心境。

　　梁氏說：

　　這類詩像用虎跑泉泡出的雨前龍井，望去連顏色也沒有，但吃下去幾點
　　鐘，還有餘香留在舌上。他是把情感收斂到十足，微微發出點來，藏著
　　不發的還有許多，但發出來的，確是全部的靈影，所以神妙。[13]

---

[13] 見梁啓超，《中國韻文裡頭所表現的情感》，（北京：中華書局，1958 年）頁 40。

　　司馬中原的小說，讀起來，便有梁啓超先生所說的，留有虎跑泉泡出的雨前龍井的餘味。他擁有國內外廣大的讀者群，大概就是與此有關吧。

　　另外，我們需要談一談他小說的結構，這是他在小說藝術方面，成就最高的一部分。

　　有人說：「我無師，我以自然爲師。」在《青春行》中，我們了解司馬中原是在泥中成長，是從所謂的閒書中去涉獵他的學問的。布烈莎特說：「崇高美不守什麼規律，至少可以說，不守任何外邊的權威可以應用的規律。」[14]他自我師法，創造他的結構。魏子雲先生批評《荒原》時，認爲他使用中國的平話方法，表現現代小說的藝術，這是沒有錯的，而張默及魏闕卻從他的小說中，找到了他把佛洛依德醫學上的理論運用對他的小說創作裡，這兩者基本上是衝突的，但是司馬中原卻能予以靈活運用，揉合在他的小說創作方法中，他把傳統的平話方法與現代的心理描寫，意識流等也運用得很純熟。

　　基此，他的小說結構是多變的，只是他更重視推理進程，故他小說的每一部分情節，每一個事物，每一個人，都與小說的發展有著密切關係。

　　寫小說如同營構大廈，不能發生任何錯誤，錯誤則有坍塌的危險，甚至根本無法營建。司馬中原的小說，在這方面，他正如福樓拜一樣的嚴謹認真，像《狂風沙》那樣的大部頭，結構居然如此的綿密，那得歸功於他所受的軍事訓練。軍事行動是每一環節都不容有疏漏，稍一疏漏，即將導致全軍覆滅。他說 14、15 歲起至 30 歲這一段時間裡，與朱西甯、段彩華、舒暢等人在鳳山一起接受那種訓練。以上所提到的這些人中，如今都已自成一家了，在文學的領域裡，也都占有一席之地，雖然他們之間的風格不盡相同，結構綿密這一點，是完全相同的。故我聯想到他們的思緒的綿密，與少年及中年時代所受的訓練有關。不僅止於他們幾位，凡出身於軍中的文學家中的小說家，其結構也都是綿密的。由此，我相信環境對於

---

[14]H. F. H. 布烈莎特著；林湘譯，《文學批評與鑑賞》，（臺北：源成文化圖書公司，1977 年 2 月）
　頁 208。

作家的影響極大。對於這一點，我覺得司馬中原又是幸運的一位了。

司馬中原的小說，有強烈的地方色彩，他在《荒原》中描寫那些山水，那些湖泊，那些人物，讀者可以摸觸得到，甚至可以聞到那芬芳的泥土。他是中國的鄉土，正如同川端氏的日本鄉土一樣，具有強烈的民族特質，他正如威廉所說的那樣，揆布爾（George W. Cable）代表新奧爾良（Creole New Orleans）；墨佛利小姐（Murfree）代表田納西的群山[15]，司馬中原則代表了中國的泥土，因爲他走了大半個中國。有關於這一部分，他的「鄉野傳奇」更富有泥土味。

他表現在這一方面的，不僅僅是地方風物、地理等等，最爲特出的是語言的凸出。

他是最善於表達的一位，文藝作家中，有號稱四大名嘴和四小名嘴者，司馬中原即爲四小名嘴之一。他不僅是在小說的藝術上善於運用語言，在平日言談中，他也是最善於表達的。同樣的問題，出自他的口中，就顯得特別深刻有緻，他的作品，也同他的四小名嘴那樣的凸出，他把過去的時代，透過他表達能力，強烈的光影正投射在我們的眼前。趙滋蕃先生說：「作者的意象和作品的形象，清晰而強烈地組構成當代的焦點！若非如此，恢復一個已逝的時代總是白費心機的。投影之濃淡決定了作品的時代感情和存在意義。」[16]他是以甚麼力量來抓住那個焦點？《荒原》使用語言上，有著極爲凸出的表現。

《荒原》的事件發生在洪澤湖東岸，書中的人物的語言，常用當地俚語、俗諺、童謠以及抗戰中，人們經常使用的特有語言。那些語言的交通幅度不小，富有地方色彩，卻是每個讀者都可懂的，只有抗戰時俗成的一種特有語言已經成爲語言的歷史了，即使這種成爲歷史的語言，司馬中原也能運用自如。他之所以能自如的運用那些語言，那與他的生活有關，抗戰時他就生活在淪陷的江蘇一帶。他的生活頗類沈從文，沈從文說他讀了

---

[15]威廉（Willoams. B. C.）著，《短篇小說作法的研究》，（臺北：商務印書館，1927 年），頁 154。

[16]見第一屆青年文藝獎，趙滋蕃著〈評司馬中原的荒原〉，《幼獅文藝》第 134 期（1965 年 2 月）。

一本大書[17]，司馬中原也讀了一本大書，那本大書便是他的生活。他在「寂寞的路程」（獲獎後的感官）一文中，曾作過相當的流露。他說：「我是一個沒唸過什麼學堂的人，筆桿抓在手裡比槍桿更為沉重。天知道我是怎樣愛上文學的？！小時候，認不得幾個字，看書看不下去，像武松似的打些攔路虎──生字。捧著書問這問那，自己也覺得沒有意思，後來不看書了，而去聽書。北方有些民間藝術，像唱書的，說書的，拉洋琴敲大鼓的，乞丐們的蓮花落和瞎子唱的唱腔，就是我最初的課本兒。」這正和沈從文當年看打鐵的、看殺頭的、看拉鞋底的、看榨油的完全沒有兩樣。他的大筆，以及他濃烈的地方色彩與空氣，是與他的成長過程，有著密不可分的關係。

司馬中原是葛洪先生的大庖，他浩若煙海，也沒有定味，當然他的成就已是讀者所公認，雖未蓋棺，他已占住這大流中的一脈，但是他還在壯年中，對於他的未來，尚無法加以論定，我相信在一陣沉靜之後，他當有突破性的進展。

在我們珍古卑今，尊洋鄙土的今天，讀讀他的土性，或對於我們有一種振奮的作用。他是「眇思自出於胸中」[18]，創作家是需要獨來獨往的，沒有師承，可能對他是一大益處，他沒有受到什麼囿限，任他發揮潛在的靈智，才有今天的司馬，他的世界是一個繁花齊放的世界。

──選自《文藝月刊》第 106 期，1978 年 4 月

---

[17]沈從文著，〈我讀一本小書同時又讀一本大書〉，《沈從文自傳》（北京：十月文藝出版社，1969 年 10 月），頁 8。
[18]王充《論衡》的〈超奇篇〉。

# 鄉愁的超越與困境
## 司馬中原與朱西甯的鄉土小說（節錄）

◎王德威*

　　鄉土小說是現代中國文學最重要的傳統之一。這一傳統由魯迅、許欽文、臺靜農等首開其端，而大盛於 1930、1940 年代。作家如沈從文、吳組湘、艾蕪、沙汀等，皆是其中佼佼者。鄉土作家以所熟悉的故里經驗為背景，或抒愁鄉塊壘，或寫民生疾苦，讚彈之間，早為半世紀中國土地的蛻變，留下深刻見證。大陸淪陷後，鄉土小說亦有了質變。彼岸的作家如趙樹里等奉行毛的延安談話精神、曾力求為鄉土小說點染革命色彩，卻終不免墜入樣板教條的窠臼。反觀臺灣作家，從 1950 年代的遙思故土，到 1970 年代的絮根本土，形式內容，兩皆可觀。在 1980 年代大陸「尋根」運動爆發前，臺灣的鄉土小說應可謂獨領風騷 30 年。

　　朱西甯與司馬中原是臺灣鄉土小說由「思故土」過渡到「念本土」階段，最值得注意的兩位作家。這兩位作家的成就，當然不僅止於鄉土文學。但我以為他們的鄉土作品，上承 1930、1940 年代的原鄉視野，下接王禎和、黃春明等的本土情懷，在文學史上的傳承關係上，扮演了極重要的角色。這兩位作家皆出身軍旅，且甚早相識，他們的背景情誼亦對個人作品產生微妙的影響、互動關係。這篇文章將以朱西甯與司馬中原早期的作品為例，討論他們對 1950、1960 年代鄉土小說的貢獻與特色，以及他們在擴充一己視野時，所遭遇的困境及因應的策略。

　　我所討論（司馬中原）的作品，主要是司馬中原的長篇《荒原》及

*發表文章時為哥倫比亞東亞系與比較文學系副教授，現為哈佛大學東亞語言文明系 Edward C. Henderson 講座教授。

《狂風沙》。藉著《荒原》與《狂風沙》，司馬中原證明了他是現代中國文學最有魅力的「說故事者」之一。他豐富的想像、華麗的辭藻，曾使一代讀者對那已失的山河，興起無限憧憬——即使「故鄉」是風沙狂奏的荒原，狐鬼擾攘的惡土！朱西甯則另闢蹊徑。他的鄉野是人性掙扎、欲望消長的舞臺。凋敝動盪的村鎮，固使朱常興天地不仁的浩歎，但並不能阻止他探勘人性深處的善惡風景。司馬的小說，有強烈的道德使命感。司馬將此一道德命題與政治相連鎖，終在他的鄉土上營造了一復國（或建國）神話；鄉土小說絕不止於懷念故土而已；它們間接透露了小說家（及讀者）詮釋、超拔歷史環境的不同敘事手段。

司馬中原的《荒原》初稿成於 1952 年，經過十載增刪，至 1962 年才問世。無論就風格或題材而言，這本小說都為司馬日後大量的鄉土小說，奠定堅實基礎。《荒原》的時代背景是 1940 年初。司馬敘述他所熟悉的家鄉——蘇北魯南接壤的大草原——如何在連年荒旱戰亂中，夷為荒原的慘痛史實。儘管荒原裡外豺狼出沒、盜匪橫行，它卻是司馬中原難以言說的鄉愁起點。荒原上的居民質樸無文、迷信頑固，但他們堅韌的秉性及對土地的執著，在在要使司馬肅然起敬。抗戰初期，這片洪澤湖以東的不毛之地成為三不管地帶，任由悍匪、日寇、土共輪番蹂躪。司馬中原寫農民在天災人禍間的困苦，沉鬱蒼涼，兀自透露詩史千年前的悲愴：「萬國盡征戰，烽火被崗巒；積屍草木腥，流血川原丹。何鄉為樂土，安敢尚盤桓！」（〈垂老別〉）齊邦媛教授曾謂司馬中原的筆下，寫出了「震撼山野的哀痛」，確是有感而發。[1]

然而僅稱道司馬中原悲天憫人的胸懷，仍不足以凸顯他鄉土小說的特色。自魯迅的〈故鄉〉、〈祝福〉以降，已有太多的作家寫苛政戰亂對黎民百姓的戕傷。藉著盛年不再、原鄉難歸的主題，這些作家間接批判現實、兼且一抒重整家園的渴望。《荒原》雖然承襲了這一傳統，但其內蘊的主題

---

[1]齊邦媛，〈震撼山野的哀痛——司馬中原的《荒原》〉，《千年之淚》（臺北：爾雅出版社，1990年），頁 75～88。

卻遠較前此的鄉土小說複雜。司馬中原少壯隨軍渡海來臺，對他們這一輩的作家而言，除了思鄉之苦外，更有「亡國」之痛。萬里江山，於今何在？夢斷天涯，恨不能歸！寫「故」鄉，正是寫「故」國。《荒原》之所能喚起一「史詩」般的感喟，未嘗不是司馬中原在鄉土視景之上，灌注了一則國家興亡的歷史寓言。

現代中國文學寫家與國間錯綜的依存關係，已有抗戰文學為先例（如老舍的《四世同堂》），而以 1950 年代的反共懷鄉文學，表現得最為淋漓盡致。但若追本溯源，我們要說《荒原》這樣的小說，特別使我們想起九一八事變後，流亡關內的東北作家所寫的作品，如蕭紅的《生死場》（1935年）、蕭軍的《八月的鄉村》（1935 年），和端木蕻良的《科爾沁旗的草原》（1932 年）等。日軍侵占東三省後，這幾位作家成為國土內的流亡者。在南遷的日子裡，他們所魂牽夢縈的，仍是關外的老家。故鄉的生活也許落後艱苦，但失去故鄉後，即使最辛酸不快的經驗，也必銘刻為最深刻的回憶軌跡。《生死場》與《科爾沁旗的草原》皆是以這樣的鄉愁姿態起始。蕭紅寫關外子民生生世世的苦難，誠摯婉轉；端木蕻良寫草原家族間的快意恩仇，磅礡動人。但《生死場》及《科爾沁旗的草原》的後半部均納入日軍侵華的史實。蕭紅與端木蕻良筆鋒一轉，將鄉土的命運寄託在國家復興的願望上，從而使他們的作品，平添了急切的歷史興替色彩。

夏志清教授在論端木蕻良的專文中，讚許《科爾沁旗的草原》是「第一部中國現代小說，為中國前途明示英勇的視境……它不僅為後來讚揚全民抗戰的英雄小說定出步調，且為許多回憶、記錄近代中國史實的巨型中共長篇立下榜樣。」[2]藉此觀點，我們可說司馬中原的《荒原》呼應了端木所首創的敘述模式，但卻從截然不同的意識形態角度，為中國近代史的血淚往事，留下紀錄。司馬與端木的相似處，尤可見諸兩人對土地所生的神話式膜拜。《科爾沁旗的草原》的第一章寫清代中葉山東飢民遷徙至白山黑

[2]夏志清，〈端木蕻良的《科爾沁旗的草原》〉，《夏志清文學評論集》（臺北：聯合文學出版社，1987年），頁 157。

水的草原間落戶，托庇狐仙，爲子孫打下兩百年的基業，充滿了傳奇氣息。而《荒原》的首章始自司馬中原對紅草荒原傳說的回顧，而以火神廟的神祕力量，作爲高潮。兩位作家的視野之廣，想像之奇，確是引人入勝。《科爾沁旗的草原》情節主要圍繞家族兒女恩怨發展，並不同於《荒原》的農民抗暴故事。但兩部小說的結局，再一次展現其大開大闔的史詩性結構特徵。《科》作在日軍壓境，東北面臨鉅變中戛然而止。正如第 19 章標題所示：「這是一個結局的結局；另一個開始的開始。」司馬的《荒原》則以荒原大火，玉石俱焚後，來年春草又綠，生機再現作結。兩作皆似完而實未完，預言一歷史性的輪迴。

但司馬中原在詮釋鄉土與國土相互依存的命運時，自有異於前輩之處。以《荒原》爲例，最凸出的就是他對英雄與英雄主義的處理。遭遇亂世，期待英雄出現以撥亂反正，原是民心的渴望。《荒原》中的英雄角色，可以分爲兩類。其一是以年輕的農民六指貴隆爲代表。貴隆出身貧苦，父母雙雙於戰亂中死去。娶媳銀花，亦是同病相憐。但生活的困蹇反而淬礪他殺敵報仇的決心，終於在荒原最後的戰役中，以身殉敵。貴隆這般的小人物，資質有限，卻能於平凡中成就不凡，當然符合了「有爲者亦若是」的古訓。但司馬心目中的真正英雄，卻是由歪胡癩兒這樣的人物所體現。歪胡癩兒名字古怪、其貌不揚，雖身負逃兵之罪，卻是一條鐵錚錚的漢子。他神出鬼沒於紅草原中，與各種勢力週旋。重然諾、輕生死，正義凜凜而又常保江湖不羈之氣。歪胡癩兒的造型儼然上通《史記》列傳中的豪俠刺客，爲素來少見英雄的現代中國寫實主義小說，注入「古典」的新血。配上司馬世故而流利的敘述聲音，由歪胡癩兒所引出的這一線情節，終於凌駕六指貴隆的故事——雖然後者更堪爲荒原多數人的表率。

司馬中原如此刻意誇張英雄的形象，已經反諷的投射一個英雄不再的歷史環境。但更尖銳的問題是，就算司馬中原的英雄果然存在，他對家國的命運又能如之何？無論歪胡癩兒如何的英勇多謀，僅憑匹馬單槍，並不能抗退大敵。《荒原》的尾聲亦提到，就在農民義軍孤軍奮鬥之際，「老中

央還在忍氣吞聲，真心真意的跟對方在會議桌上討論著『和平』。」[3]歪胡癩兒隱姓埋名，立志要作「無名」英雄。他以高適「相看白刃血紛紛，死節從來豈顧勳」（〈燕歌行〉）自明心跡。但啼笑之間，竟也有幾許疾沒世而名不稱的蒼涼，揮之不去。「無名」「英雄」，原就內蘊著自相矛盾。

　　時代考驗英雄，英雄卻不能創造時代。這該是司馬中原反共懷鄉小說中，最沉鬱難言的隱痛吧？《荒原》結束的時分，八路軍的勢力正日益坐大。歪胡癩兒和他的兄弟們也在 1948 年剿匪的戰爭中犧牲了。以後的歷史，對司馬一輩的作家，不啻每下愈況。但根植鄉土的國家與英雄神話，仍待繼續。於此耐人尋味的是，司馬中原的故事不再往下發展，反而倒退到更早的「過去」。他的皇皇鉅作《狂風沙》（1967 年）正是北伐前後，淮北鹽販除奸報國的傳說為背景。莫非在那更緲遠的時代，司馬方能召喚出更刻骨銘心的鄉愁想像，更動人心魄的英雄事蹟？

　　僅就這兩目的而論，《狂風沙》無疑是部成功的作品。這本書長達一千三百五十餘頁（皇冠版），細膩生動的記述司馬本人出生前，老黃河流域種種驚天動地的鄉野傳說。鋌而走險的鹽梟、殺機四伏的鹽市、兇悍狡猾的土匪、擁槍自重的鄉紳、貪婪愚昧的軍閥、身懷絕技的俠客，共同交織成司馬中原炫耀蒼莽的鄉土人文景觀。1930、1940 年代鄉土作品對現實的直接關注，於此逐漸隱去。取而代之的是鄉土化的稗官野史、傳奇化的豪傑列傳。司馬失去了《荒原》中那股「震撼山野」的悲愴，卻成就了傳統說書人滔滔不絕、圓融練達的世故觀照。如此他乃能運用華麗鋪張的辭彙，峰迴路轉的情節，為我們一面述說農民流亡的悲苦，一面誇耀萬家堡賽轎的奢豪；一面痛悼鹽市保衛戰的慘烈，一面取笑軍閥世界的荒唐；一面演繹歷史力量的無情，一面耽溺傳說想像的多姿。這些不同形式的情節，美醜紛陳、並行不悖，固然時有道德對比的意義，但更重要的，應是滿足司馬（及他的讀者）對「鄉土」幾近美學式的迷戀與好奇。

---

[3]《荒原》（高雄：大業書店，1966 年），頁 287。

司馬中原的英雄主義亦較《荒原》中更多有發揮。《狂風沙》的中心人物是人稱關八爺的關東山。關東山 20 歲出道時，只是爲鹽販老六合幫拉車的幫手。老六合幫受剿散亡後，關東山劫法場不成，入陸軍速成學堂，五年後成爲緝私隊長。但又因義釋彭老漢而自首入獄，再與獄卒北走關東，在額爾古納河畔打俄軍。小說開始時，關東山已重回淮北，領導新六合幫走私鹽。但關志不在販鹽謀利而已，他更關心生靈塗炭的家國命運。他勉力聯合地方正邪勢力，抵禦軍閥，以待北伐成功。爲了這一理論，關東山折衝奔波，吃虧受辱，甚至遭遇暗算，雙目失明。司馬寫這些過程，曲折動人。像關東山義懾土匪朱四判官，後者悔悟之餘，飲槍自戕；像鹽市俠隱張二花鞋等響應關東山號召，合力鋤奸等情節，讀來都能讓人津津樂道不已。

關東山仗義行俠、豪氣干雲，他的作爲顯然要比《荒原》中的歪胡癩兒更上層樓。高全之在他專論司馬中原英雄人物的文章中，已爲關東山畫下譜系。關的形象與地位，正與《三國演義》中的關雲長、《水滸傳》中的關勝，一脈相承。[4]司馬中原受傳統說部演義的影響，因此不言自明。做爲一「有德」的英雄，關東山令人無可疵議。但正如高文指出，這樣完美的形象之後，似乎總欠缺了什麼。比如關東山對性及個人欲望的壓抑，雖然成全了大我，就有不近「人」情之處。由於司馬中原堅持「一種獨特的簡單的人性體察，一種決不肯深入的自限。」[5]《狂風沙》一書最動人的時刻，往往不在於演述人與歷史逆境間種種不可測的搏鬥，而在於伸張邪不勝正的天理，及英雄人由「衰亡到昇揚」的道德境界[6]。儘管關東山的遭遇，已兼具悲劇人物知其不可爲而爲之的宿命氣息，以及唐吉訶德式的荒

---

[4]高全之，〈司馬中原的英雄衰亡與昇揚〉，收於李瑞騰編《中華現代文學大系評論卷一》（臺北：九歌出版社，1989 年），頁 326；亦見齊邦媛〈抬轎走出「狂風沙」〉，《千年之淚》（臺北：爾雅出版社，1990 年），頁 96。

[5]高全之，〈司馬中原英雄的衰亡與昇揚〉，《當代中國小說評論》（臺北：幼獅文化公司，1978 年 12 月），頁 345。

[6]同前註。

謬素質，他最終作為道德典範的意義，要大於一切。

回到前述的懷鄉小說傳統，我以為《狂風沙》的寫作雖出於強烈的歷史翻案動機（見司馬中原《狂風沙》後記），但全書的敘述風格卻在在透露回歸開國神話的欲望。屹立於彼岸的鄉土，似近實遠；存在於記憶深處的鄉愁，若幻若真。司馬原欲探討中國近代史曾被忽略的一頁，卻止於將那模糊的過去，妝點得更加神祕莫測。鄉土與國家、江湖與沙場在他的小說中不斷相互遞換衍異。在引人入勝的故事背後，我們終於發覺歷史退位、時間歸零。建國復國、感時懷鄉的呼聲，最後演變為一歲歲年年、循環不已的迴聲。這究竟是歷史的昇華，還是墮落？

《狂風沙》的「歷史」意義，因此也許不在它的內容，而在於它的形式。這本小說成於 1960 年代後期，恰是本土派的鄉土作家如黃春明、王禎和初試啼聲之際。反共復國的任務，仍待完成，大陸血腥的文革，正方興未艾。我們的作家鄉音未改，鄉夢已遠。在急遽變化的歷史環境裡，那蒼莽的狂風沙，將沉積於何處？從《荒原》的抗日剿匪，到《狂風沙》的東征北伐，司馬中原的「鄉土」時間指標愈益退卻，終長存在那影影綽綽的「民初」。馳騁鄉野上的豪傑英雄們，師老兵疲、難有突破之際，註定要逐漸消亡。《狂風沙》是司馬中原個人事業的高峰，但也凸現了這一型文學的困境。當關東山曾誓死捍衛的土地，為狐鬼幽靈所充斥；當往日的「神」話，變成了「鬼」話，司馬中原的鄉土小說，已悄悄的進入另一階段。

司馬中原力圖在故鄉的視野中，建立一復國建國的政治神話。當他激越的英雄主義愈益膨脹時，也正是故鄉現實形象逐漸模糊之際。朱西甯當然也是忠誠的愛國者，但他對宗教的向心力，引導他在鄉土上探求神恩救贖的各種可能。他的嘗試，始於像《鐵漿》這樣的選集，而以《旱魃》成就最大。儘管朱與司馬題材風格不同，他們卻分別由個人鄉土小說中，召喚出一政治的或宗教的天啓意義。弔詭的是，這一天啓層次顯現兩人的特色，也形成他們鄉土寫作的負擔。

朱西甯的《旱魃》於 1970 年出版時，臺灣本地作家的鄉土運動已是風

起雲湧。對司馬及朱而言，離鄉已經 20 年了，他們要如何說服下一代的讀者，「真正」的故鄉是在海峽彼岸，是在《荒原》與《旱魃》所呈現那樣的世界中？當金水嬸、青番公、罔市與阿土已嶄露頭角，我們的大戇轆兒、瘋大爺、刁小敗壞、張二花鞋等人物，只有漸行漸遠。原鄉的感觸，本起自時空的流轉，也必歸於歷史的滌蕩。由是觀之，我們要說司馬的英雄建國神話，朱的宗教啓悟寓言，原是因應歷史情境而生，卻有意無意間，轉化成他們抵擋時間，超越歷史的托喻方法，爲他們心目中的鄉土，找尋安身立命之基。然而俱往矣。從《荒原》到《旱魃》，司馬中原與朱西甯爲臺灣 1950、1960 年代鄉土小說的起落，留下見證。兩人 1970 年代後雖仍創作不絕，他們在文學史上的意義，應是在王禎和、黃春明崛起之際，已然確立。

　　但在 1990 年代的今天重審司馬及朱的作品，我們卻又發現一層新的歷史反諷。像《狂風沙》、《鐵漿》般的作品，也許不再得見於臺灣文壇，倒是 1980 年代大陸的尋根作家，從鄭萬隆到賈平凹，從莫言到劉恒，重新點染了朱及司馬曾魂縈夢繫的那片土地。從「統一」版的中國文學史角度來看，朱及司馬的作品彌補了大陸 1950、1960 年代鄉土想像的空白，實爲尋根作家亟應尋回的海外根源之一。這當然又是另一個頗值注意的文學話題了。

　　本文節錄自王德威〈鄉愁的超越與困境──司馬中原與朱西甯的鄉土小說〉。

──選自王德威《小說中國》<br>臺北：麥田出版公司，1993 年 6 月

# 合縱連橫
## 1960 年代臺灣小說（節錄）

◎范銘如*

　　1950 年代的兩大文學主流，「反共文學」與「懷鄉文學」仍然在 1960 年代占有一席之地，並且朝更細膩、更藝術性的方向發展；……。

　　兩位（按，指司馬中原、朱西甯）在 1950 年代崛起的軍中青年作家在 1960 年代創作更臻成熟，為懷鄉文學開拓更寬廣的疆域。司馬中原於民國 42 年出版的《荒原》，雄渾質樸的中國史詩性敘述，夾雜著若干西洋意識流和日本新感覺派的情調，立刻奠定他在文壇的根基。民國 56 年出版的《狂風沙》，又是重量級百萬字長篇鉅著。他創造了傳奇英雄關八爺，在淮北荒原的狂風沙中，由鹽梟群中出道，轉戰軍閥暴政與幫派恩怨，雖然為民除害，卻也落得雙目被剮、孑然一身。豪情神武的關八爺猶如武聖關公，安撫保衛苦難想生。司馬中原運用 20 頁詳細描述迎神賽會中豪華的神輛、轎夫的身手、種種迎神步驟與儀式過程，苦心營造神轎的意象以及關八爺神明似的救贖象徵，文字的華麗與誇飾，為中國現代小說中少見。

　　兩位懷鄉文學的健筆，雖然都承襲中國傳統小說對人物情節的鋪陳刻劃和敘述風格，卻也或多或少都有著西洋文學技巧的影子。例如司馬中原對意象的經營，朱西甯對結構的嚴密講究和對靈欲交戰的探討，兩者對文字精準的掌握和瑰奇絢麗的語彙創造，在在都不輸以新批評和佛洛伊德心理想派為師的現代主義文學。畢竟，司馬中原和朱西甯皆是五四文化薰陶下的文藝青年，而五四時期對西洋文學技法和觀念的援引，早已融冶出相

*發表文章時為淡江大學中國文學系兼任教授，現為政治大學臺灣文學研究所教授兼所長。

當圓熟新穎的中國文學經典了。懷鄉文學對大漠荒野和悲劇英雄的偏好，不能僅僅以青年人對英雄豪傑慣有的偶像崇拜情結來解釋而已，其中更投射了遷臺多士孤臣孽子般，知其不可而爲之的沉愴與勇氣。可惜他們的忠肝義膽、鐵血熱情，在另一批更年輕的初生之犢，以全新的創作技巧和概念席捲文壇後，也不免在暴起塵沙中凝滯，逐漸湮沒於荒煙蔓草之中。

——選自《淡江大學中文學報》第 8 期，2003 年 7 月

# 現象・經驗・表現（節錄）

◎葉維廉*

由特定的時間和空間出發的小說，除了小說易於落入解說性（我說
「易於」，非「必然」）之外，最大的問題是所謂「時間性」和「地方性」。
這些問題尤其是對作品與讀者之間的關係而發，換言之，作者在承受了經
驗以後，如果目的只在重演一切，與讀者毫無關係（好像沒有他們存在）。
如此「地方性」和「時間性」也不會產生，因爲它只有一個接受者：作者
本人。正因爲小說的目的仍是傳達——不是傳達道理，而是現象或經驗的
本身。當作者由特定的時間出發，他往往覺得「當時當地」的特色應該完
全納入，但「當時當地」的特色只能由「當時當地」的讀者可以完全感
應，十年以後的讀者讀那小說時就是一種努力，一種費勁，也就是一種距
離，再過一些年代就需要一種「注解」來重造當時的「文化氣候」，拍擊力
當然也就邃然銳減了。這個問題在司馬中原和朱西甯的小說中最爲顯著。
大家會問：所指是否如下列二例：

例一

徐三光光的腦袋上盤著辮子，腦袋垂得更低了。那辮子脫散了一圈，辮
梢便拖在畏縮的肩膀上。繩索把他厚棉襖勒出一道道的深痕，他是被五
花大綁的綁上了。

——朱西甯〈出殃〉

---

*詩人，文章時爲美國加州大學聖地牙哥校區比較文學系教授，現爲美國加州大學聖地牙哥校區卓
越教授。

例二

　　早在夏天裡，石二就暗中找過劉駝，托他過湖帶根「獨子拐兒」後膛槍
　　（註：原始步槍之一，無彈匣，每次只能裝一發，打一發——作者原
　　註，以下括號以內俱是。）石二曉得，買賣槍枝槍火的事，在周圍團
　　近，除了劉駝找不出旁人。劉駝面上是個猥狽人物，骨子裡專走黑道
　　兒，早先扒灰挖窟起家，後來也過湖拉過馬子（註：陸上大幫強盜），下
　　海勾過撇兒（註：私鹽販子和海盜結夥，動輒千人，常出沒蘇北鹽產地
　　東海岸地區）。及至馬子撇兒受官家招撫，像炸了箍的桶——散了板了，
　　劉駝這才拐回販販槍枝，做做小手。（註：強盜暗語，指順手牽羊的偷
　　竊。）

　　　　　　　　　　　　　　　　　　　　　　——司馬中原〈紅砂崗〉


兩個作者都要我們回到起碼 40、50 年前某一特定的時間及特定的地點去領
受這個由現象割切下來的經驗面，那種距離把它變爲一個已經過去、已經
死去的東西，讀者是遠看，而非在經驗的核心裡。但這也並不是說完全過
去的經驗不能再重演，因爲如果我堅持「現在的事物」，那就是以五十步笑
百步而已，所謂「現在的事物」在四、五十年後也是「死透」的過去。所
以問題不在可否納入過去的經驗和構成這經驗的事物，問題在如何避免那
些事物干涉到經驗的本身。如何可以使經驗（或構成這經驗的事件和行
動）純然的「活現」我們的意識裡（而非記錄給我們）。這個分別我在第一
部分裡已經提及，即是：演出一場戲，和敘述和解說一場戲的分別：演出
是直接，不失這一刻的衝擊力；解說和敘述是間接，無法直感。但爲了呈
露經驗的本身，有些受限於時間的事物是無法避免的，我們怎樣才算不讓
這些事物干涉經驗的本身呢，這就回到選擇上的問題來（不管這選擇是有
意還是無意的），在作者的美感活動裡，他揚棄的能力往往就是藝術的尺
度，我們不妨再用李白那首詩爲例：

鳳凰臺上鳳凰遊

鳳去臺空江自流

吳宮花草埋幽徑

晉代衣冠成古丘

鳳凰臺、吳宮、晉代嚴格來說都是有時間性和地方性的（因爲都是出自特定時空的典故），但都沒有干涉到經驗的本身。這正是因爲作者掌握住該經驗最明澈的一面，使之投射出來，尤其第二句近乎水銀燈的活動，使景物演出了含義。

我無數次提到「敘出」與「演出」的分別，並認爲「演出」是直接交感，易於超脫時間的束縛，（甚至作者堅持「自其變者而觀之」，）此理甚明，「敘出」的過程中易於把一刻內發生的事分析，接受者由經驗的事物移入作者的思維，有時根本未進入經驗，而依著作者的思維逡巡在外。譬如朱西甯的〈鎖殼門〉（這裡是爲了比較上的方便，像〈鎖殼門〉那樣的寫法是非常之多的），在實際經驗呈露之前，先來了一段歷史性的描述，如何「老黃河曾經衝進這旱湖，從這片土地上掠走了不知多少人畜和莊稼」，如何「在殘冬的風季裡，狂風就會不分晝夜的呼嘯」都不是經驗產生時的一刻，是作者對讀者解說的，由經驗以外拉入來的材料。這種描述進行騰一頁多，讀者還在聽作者（而非主角）縷縷訴說：

中國式的銅鎖是什麼形狀，鎖殼門的門樓便是什麼式樣。萬姓的祖宗們留下這個莊子……似乎都沒有比鎖殼門更能向他們的兒孫顯示出山高水深恆久的恩澤……靠著鎖殼門的蔭護，世代繁衍。這是根，是源。

試將這種講解式的文字和朱西甯自己的〈貓〉的開端一比：

那是懾人的、要命的一聲狂叫，來自樓上。

至於這一聲發自誰、屬於何種的家庭、爲何會狂叫等等，卻由這一刻所引起的事件的逐步演出中反映出來，而非像前例那樣由作者說明；讀者接觸這一經驗時，是當頭一棒，前因後果完全不知道，他依著事件的逐步演出才開始推斷（那推斷由讀者自發，非由作者說明。）

就是說：藝術的語言不同於科學的語言的地方是：藝術的語言只應雕塑行動的拋物線，不應加以評解和分析。（見第一部乙節。）只要作者不讓語言中的分析性和作者的講解的傾向干擾經驗展露的本身，則雖由「自其變者而觀之」而成的小說，仍可超脫時間的束縛，譬如司馬中原的〈沙窩子野舖〉。這篇小說的主題可以說是：機緣喪失所引起的一種哀傷，但「哀傷」二字固然沒有用在小說裡，連流露哀傷的語態及行動都減少到幾乎沒有，作者完全藉著事物的呈露代替了哀傷的說明。故事大約是這樣的：一個初出門販皮貨的年輕人和一個相士、一個果販在同一個路上相遇，他們都將經過沙窩子中的范家野舖，相士年年過此地，所以向販皮貨的年輕人提及野舖來，這樣使年輕人想起他父親說起舖裡的小姐，並曾囑他順道相親。他們在苦熱的途中終於來到野舖，在紅紙燈籠及狗吠中閨女出來迎客，他和閨女間語言不多（因爲初見），但有機會觸及「相親」一字，（此事閨女之父知道——那是小說後來流露的），但話沒有接上去。他在剛要入夢時，忽然聽見閨女隔著竹籬撥動吊桿打水的聲音：

「還在打水呀！快起更了吧？」年輕人想，不覺說出了聲。

閨女停了手，吊桿上挑著彎彎的月芽兒。

「快起一早了吧？店家姐。」年輕人望著月光下的人說。

「還早哩。」閨女說：「趕長路的客官總愛這樣問——趕長路真累人哩，大伏天。」

吊桿又動起來，咿咿呀呀地，閨女轉過臉去，望著月芽兒，年輕人有滿肚的話好說，卻一句也說不出口。這當兒，歇涼的全進來了。

一趟江南回來，已經霜降以後，狗吠了，「木板門關得嚴嚴的，聽不見裡

頭有動靜。銀月色的月光落在茅簷上」，主人在，相士也來了，酒也溫，「咿──呀──咿咿。」他推開牖望去，空見吊桿在風裡自起自落。店家姐一定是睡了啦。一路平安呀！客官。他記著那柔柔的聲音。然後，從店主與相士的談話中聽到閨女已嫁，也提到有這麼一個販皮貨的老頭想替兒子相親，那時偏無八字。年輕人一呆，碰的一聲杯子從手中滑落了。

風在沙窩子中間吼著。

年輕人從槽房裡拉出他的青驢，悄悄的走了。

吊車上兩盞紅著眼的燈籠仍然挑著夜色，碗大的黑字旋轉過來，一邊是「范家野舖」一邊是「賓至如歸」。客堂中央，曾爆過燈花的垂燈下，爐火上空自飄著中堆珠花銀花焚化了的輕煙。

痛失機緣的一種深深的哀傷，在這裡需要文字說明嗎？在事件逐步的演出中，我們已進入了主角的境遇了，我們亦見到他之所見，所見之物主角如何感受，我們也如何感受，無需去說明，其實，中間的哀傷，其顫動的幅度又怎是「痛失機緣」四字可以概括的！

　　我們知道這小說裡的事物都出自特定的時間和特定的空間的，就沙窩子野舖這一景物來說，在司馬中原別的小說裡可能會演繹為一大段歷史，（如他的《荒原》一書所為。）但他在這篇小說裡，完全集中覆射哀傷的本身，作者完全沒有走出主角的境遇去大發議論，大談歷史。有關沙窩子野舖的歷史，作者通過了相士在途中的對話（非出自作者的口中）很扼要的說出，而不是踏出小說以外，同時對主角的境遇不無關係，最重要的，作者讓主角的境遇控制一切受限時空的景物，使之服役於境遇本身。（相士口中的沙窩子的歷史是：昔之鹽河，今之黃沙漫漫，目的是說變幻不常──出自相士口中是合理的，這種人常說這種話──變幻不常與機緣不合當是一種內在的應合。）

　　〈紅砂岡〉和〈沙窩子野舖〉竟同出於司馬中原的手！前者勢將被人

遺忘，後者雖同是「自其變者而觀之」可能歷久不衰（這裡不談偉大，只求好到後人讀來仍沒有「隔」之感就不錯了）。

但〈沙窩子野舖〉仍是單線追尋，視野仍是受限於割切下來的時間，但自未分割的現象本身開始，不受限於一定的時間的小說，其所謂「意象併發」和「鳥瞰事物的活動」是怎樣進展的呢？

這類小說中最明顯的地方是邏輯思路的切斷，所謂邏輯思路，當與時間有關──此事件引起彼事件，過去此行為引起現在的變化──要從未分時間的現象開始，第一步就是要切斷邏輯的思路，也就是連續性（或繼起性）的切斷，繼起性切斷的結果就是併發性，把我們平時視為過去的事物，平時視為現在的事物，平時視為將來可能發生的事物（亦即想像中的事物）不定先後（即是不依循因果律的次序）同時呈露。在實際的視覺生活裡，要同時看到不同的地方的事物，只有鳥瞰；要同時感受以往的事物和現今的事物，只有任意識馳騁於起自無限的遠古伸入無限的將來的現象本身。（所以主張併發性和齊物論的莊子的首章〈逍遙遊〉，其高飛若垂天之雲的大鵬的意象並非偶然的，其主張摒棄知性也並非偶然的。）

起於這種視野的中國詩很多，但中國小說中則幾乎沒有，司馬中原的〈黎明列車〉也只是一種嘗試而已，它仍不能說是做到併發性，不但全篇起於對於一張臉的迷惑，不同時空的事物仍然重疊於一張臉上，而且全篇仍分這些段落：「第一次見到她」、「現在」、「第二次見到她」、「現在」、「第三次見到她」，顯然「現在」部分是主要的部分，其他就無意中變成「倒述」的鏡頭。可是由於作者把繼起性的時間所構成的邏輯思維設法切斷未（雖然未完全成功），經驗面交錯及跳越，而且他應用了水銀燈的技巧，頗有一些以上描述的趣味，現擇其一些段落以見其活動狀態（我省去的部分以不損原作律動為主）：

> 第一次見到她在一塊沒有名字的黑夜的曠野上。所有睡在那裡的逃難人全沒有名字。……日落之前有一個女子倒在路上她也沒有名字。路很

長。我們在曠野上過夜。路很長。有濃霜寒自我們的臉。並且我們流淚。……我聽見她低泣的聲音在一座螢螢的碑石那邊。「我想我要……死…了…誰說我…會活到…明天……」一個吸煙的老頭的臉在火中顯現。他為我說起她的故事：「她生在城裡，長在城裡。」而身後的城市正在紅彤彤的大火中陷落。如一片淒灩的晚霞。……她頭枕著碑石的座子，說了許多關於：金魚，貓咪，樓，那一類的夢話。

現在。我清醒於清晨六時零七分。列車停在月臺的簷影下等待開行……這是現在。她從群花下降中升起……

第二次見到她在另一個沒有名字的黑夜的曠野上。……火是紅的。風是紅的。風火中有我們盛放的青春。……江在那邊。船在江上，隔著五月的水霧和砲火的閃光無數人的眼睛只看見灰白色的船舷所垂下的方格形的攀登網……

車停在一個城市的站上。……她去了。……「晨安大地」我把它擲出車牎。我默默目注著披滿朝陽的原野，一剎那，彷彿自己是一個帝王。喀隆喀隆喀隆……我知我將往何處！（全長 11 頁，現只錄其前後一二小段。）


雖然我們可以把故事很容易的重造：十年後一個早上在火車中碰到一個十年前在曠野上見到的女子，這一刻鐘主角的意識時而過去時而現在，二者同樣清澈，同樣實在。但我們也注意到，沒有一個枝節是詳述的，作者只供給我們許多「鏡頭」，只給我們構成那「鏡頭」的一刻間最明澈的一面，至於構成該「鏡頭」的其他事物通通被摒棄。「一個吸煙的老頭的臉在火中顯現。」那老頭是誰，在什麼情況之下相遇，他怎樣知道那女子的故事……如此這般的受限於時空的細節都省略了，我們的意識就正面與現象本身接觸，因而視覺性也有凌駕時空之感。

——選自葉維廉《秩序的生長》

臺北：時報文化出版公司，1993 年 1 月

# 款步於《荒原》內外
## 兼論司馬中原之「新感覺」表現

◎魏子雲*

　　軍人出身的小說家，優秀者很多。他們大多承繼了「五四」以來的「寫實」與「新寫實」的傳統。（關於新寫實這個傳統，真是說來話長，本文不生枝節，留待他日專文討論。）而其中的幾位有才智的小說家，經過了十年來的努力，都已從「寫實」與「新寫實」的傳統中超越出來了。朱西甯與司馬中原便是其中兩位最具代表性的神荼鬱壘；他們不僅是軍中作家的神荼鬱壘（撐門面的），放在整個臺灣文壇來說，也是哼哈二將（見《封神榜》）。

　　這兩人都是從堅苦中冶鍊出來的。朱西甯雖然十年前由重光文藝出版社為他印了一本短篇小說集《大火炬的愛》，但直到十年後的今日，我們才見到他另兩本小說集：文星書店出版的《鐵漿》及大業書店出版的《狼》；司馬中原則在孜孜不懈地寫作十餘年之後，方行見到大業書店於去年出版的他第一本小說《荒原》及文星書店出版的第二本小說集《加拉猛之墓》；以及行將由大業書店出版的小說集《靈語》。自可想知這些作家之惜名。這些，都是題外話了。我們還是先到司馬中原的《荒原》裡蹓躂蹓躂吧。

　　《荒原》的地理環境是洪澤湖東岸的一處叢林與草莽荒原。洪澤湖位於蘇北與皖北之交，江蘇淮（陰）泗（陽）兩縣在其東北；安徽之泗縣在其西，盱眙在其南；源流與江蘇高郵、寶應之高郵湖互通，上游即淮水。清季即為淮水上逆泥沙淤塞。由於洪澤湖遍生紅草，住在洪澤湖四鄰各縣

*魏子雲（1918～2005）。散文家、小說家、評論家。安徽宿縣人。發表文章時為中興中學教師。

的人，均俗稱它為「紅草湖」（「紅草」與「洪澤」亦諧音）。那是一處八不管的地方，基乎它不僅界於縣與縣間，猶界於兩者之間，且接近魯境沂蒙山區，所以多年以來，那地方總是匪類出沒之地。筆者的出生地距洪澤湖不過百里（公里）之遙，雖未到過該處，「紅草湖」大名與傳說，兒時曾習聽不厭。尤其遇有匪亂，「紅草湖」的名字，被提到的時候更多。《荒原》的作者是淮陰人，正是在洪澤湖東北岸長大的孩子，顯然地，《荒原》就是他在那裡生活十餘年的苦難家鄉。我們看他把《荒原》周圍的地理形勢，描寫得多麼詳盡周密；固然，也許那未必就是地理學家從測量架下繪成的地理形勢圖，但在小說中，它則有如一部實地拍攝成的彩色影片之那麼清晰而蒙太奇地一幅幅呈現給讀者。

從故事上說，它並不是一篇完整的故事，它就抗戰末期到勝利初期——民國 30 年到民國 36 間，在荒原上發生的事故：日閥占據了城鎮，八路盤據了四鄉，潛伏在敵後的中央軍勢單力薄，平時東躲西藏，只能尋機會出奇兵；真空地帶土匪橫行，偽軍不但仗著「皇軍」的威勢欺凌鄉人，更勾通「八路」胡作非為；再加上天災疫癘的無情，洪澤湖的四野逐到處堆滿了苦難；他們好不容易盼到挑戰勝利，卻又被赤色匪軍，搶先占領，掀起清算鬥爭。但當地的人民，則在一位赤肝忠膽保國衛民而獨行獨闖的俠義漢子歪胡癩兒的感召下，幹了幾場抗日、反共、打土匪的轟烈事業。作者企圖在《荒原》中向讀者陳述的主要故事，就是這些。只能說《荒原》的故事是抗日勝利前後那幾年間，發生在蘇北紅草荒原上的一堆事件。

作者表達這些事件，看去雖以時間為經，以空間為緯——沿著時間的循序向前說去，而他卻不是依照老套，一件件縷理出來先後排列下去，他則是把那些事件一件件交錯地重疊起來而又相聯起來，恰像一把打開來的紙摺扇之和一紙奏摺那樣的不同。作者一下筆就述說洪澤湖來源的傳說，繼著便描寫湖東那片紅草荒原的地理環境，讓讀者先了解《荒原》的地理形勢及生活在《荒原》中的人家，然後才能貫通於那段時間在那個空間中發生的事件之脈絡。如以紙摺扇比喻《荒原》的故事之結構形式，那麼，

它的第一章有如紙摺扇柄上那個「鍵軸」，它已把故事中許多事件的脈絡，都根繫在它身上了。所以，從打開的摺扇上看去，一摺一摺地雖也像奏摺那樣的循序，而它們卻有一根脈絡，交錯地疊聯在那根鍵軸上。《荒原》的故事也似乎如此，全書 16 章，後面 15 章中所述說的故事，都像一根根聯在扇軸上的摺扇竹骨，看起來它們雖具有數字上的時間循序，而它們卻無不一件件交錯地根聯在第一章的背景上。這是《荒原》之不同於一般小說的故事方式。這也正是 20 世紀之現代藝術的表現技巧，它有如一幅現代繪畫，愛把時間上的事件交錯而重疊地堆在空間上作同一平面表現。《荒原》中表現出的事件，雖不是某些現代畫之平面的壓縮，卻也深受這種平面壓縮的技巧影響，使他產生了一種新的表現技巧。如照一幅現代畫來看，《荒原》的第一章等於畫布上的底色或襯景，其餘的那些章中的事件，則是交錯而重疊在那底色或襯景上的各種複雜線條。

展開《荒原》中那許多事件的骨幹，是六指兒貴隆與歪胡癩兒，這兩人就等於紙摺扇兩邊的那兩根主要骨骼，不僅《荒原》中的故事由他倆交替地展開正反兩面，更由他倆控制故事全局。在第 2 章，《荒原》的故事一開頭，六指兒貴隆與歪胡癩兒就先後顯現給讀者了。從人物的架設上看，這兩人雖有如紙摺扇兩邊的那兩根主要骨骼展開全局，但在小說人物的表現上，歪胡癩兒是作者運用中國農民在災患苦難中的理想意念塑造成一個合乎他們理想的英雄形象，六指兒貴隆則是承托著這個英雄形象的基石，所以在全部故事中，從始到終，貴隆一直表顯歪胡癩兒的基礎。

我們看，歪胡癩兒的神祕影子第一次在《荒原》中出現時，即從貴隆身上顯現出來：

> 兒子沒答他，一串玉蜀黍從他手中落下來，指著東邊說：「看林腳，爹，白的，白的，像匹馬。」
> ……
> 「什麼白的黑的，只是鳥雀驚窩」老癩子自言自語的：「鳥雀都是陰陽

眼。畫看陽，夜看陰，不定看見野鬼過路就驚了窩了。」

貴隆搖搖頭：「我明明看見白的，像是馬，喏，白的！又出現了！」

……

——《荒原》第 2 章，原書頁 33

繼著，這匹白馬便在荒原的土地上踏印著神祕的蹄印，白色的影子也在荒原上人們腦海間盪漾著。到第 3 章，貴隆在晚上出門替他爹看火，居然在狼壇前面和歪胡癩兒初次相遇了；歪胡癩兒的形像，第一次在貴隆身上顯現給讀者了（參閱原書頁 54）。此後，歪胡癩兒便一直和六指兒貴隆聯在一起，直到最後，歪胡癩兒戰死，也由貴隆在職場上背出他的屍體，把他葬了，然後，貴隆才在另一場血戰中捐軀；他的墳也由於貴隆的關係才被世人知道。作者要六指兒貴隆承托著歪胡癩兒，完成了中國農民之理想英雄的塑像後，《荒原》的故事便進入煞尾了。

作者向讀者陳述那些在《荒原》中發生的許多事件，並不只是單純地描述了那些事件的故事性，他更時時揉合了許許多多經常掛在中國農民口齒上的神鬼等傳說，以及根植在他們心理上的「人不獲罪於天」的觀念，使它們在故事中產生了一種民族性的馨香；那種在中華民族之思想本質上隨時洋溢著的芳香——也可以說是大部分中國農民之樸實性格。像老癩子聽見兒子貴隆說看見了一匹白馬，他的答話就是一例（見前引）；隨後他又想，「孩子家，耳尖眼亮，當真會看見一匹白馬？這幾年，自打鬼子來後，天塌了，地陷了，什麼邪魔全趁黑摸進澤地裡來了，官呀兵呀沒鬧完，那能再加上馬賊和土匪，只望那不是什麼白馬，是鳥雀驚窩，逢起小鬼捲起旋風穿林過，鳥雀不是常驚窩的嗎？」他如夏老爺說的，「慢慢等，慢慢熬，老天爺常有雲遮眼，可沒見有萬年不退的雲，只有萬年不變的天。劫數沒盡，急也沒有什麼用。」不只是在人物的語言中揉合了這些樸實性格，在整篇故事的質素中，也揉合了它們，便之在整篇故事中滋潤出這種中華民族的性格特質。這是司馬中原從中國舊小說中超越出來的一大成

就。同時，他更以「新感覺」地客觀描寫，把故事點染得更俏麗。

　　《荒原》的第 1 章，就是一篇全面性的「感覺」表達。但最值得做為例舉的地方，莫過於第 15 章中，當夏福棠到老貨郎施大家的時候，他這樣描寫著：

　　　　第二年的春天，老貨郎的小舖裡來了一位陌生的訪客。東關外，窄窄的石板街上正落著春雨，那人撐著一把油紙傘，找什麼似的望著招牌。石板凹處的積水面走著細細的銀小。那人在小舖門口站住了，隔著簷下的雨滴，朝灰黯的櫃檯裡說：「有個貨郎施老爺還住在這兒嗎？」

這一段中間的客觀景象描寫，看去雖像寫實的手法，實則，那並不是純寫實之只給讀者一個「實感」就夠了，「感覺」之表現目的，乃在於要求讀者從實感進入內在。橫光利一在他的《新感覺論》中曾說：「新感覺派之感覺表徵，是剝奪自然的外相，躍入物體自身的主觀之直感的觸發物。」我們再回頭看司馬中原這段的描寫「石板凹處的積水面走著細細的銀絲。那人在小舖門口站住了，隔著簷下的雨滴，朝灰黯的櫃檯裡說……」和寫實主義的手法，豈不是大不相同。這兩句描寫就是剝奪了自然外相的描寫。我們再看下一段：

　　　　一隻憔悴的灰狸貓從櫃檯板上跳下來，唻嗚──唻嗚──的叫了兩聲，拖著顫硬的尾巴，貼著牆根溜走了。沒有人回答他的話，簷下的雨滴打在傘沿上，響起一片滾豆的聲音。那人在沁骨寒氣裡踟躕著。一匹馱著北地來客的毛驢，踏亂一街水窪走過去，石板上的蹄聲敲碎了窄街的沉寂。」再下一段才寫到「一張亂髮蓬蓬的女人的白臉出現在簾子後面，手裡握著搧火的破扇子。「請問您找位？」……

上面那段純客觀的描寫，就是「新感覺」的特徵。通常：一般寫實派的作

家，在寫到夏福棠發出問話後，多不再去加上像這樣的一段客觀景象的描寫，頂多在後一段「一張亂髮蓬蓬……」的句子上面，再加上「半晌半晌」幾句就交代了。而一些流行小說家，他們似乎連後一段答問和上面的那句現實景象之形容詞，也不願費腦筋去想的，他們只會讓他們來上一大段廢話，根本不知道在敘事之外，還應當給讀者一些美感。讀者如能依照我舉的這種「感覺」描寫的句例，準能從《荒原》中尋出不少不同的「新感覺」之表現。但在他那本短篇小說集《加拉猛之墓》中，有一篇〈童歌〉，則純以新感覺的描寫來完成他的主題表達。它是我讀過的司馬中原的作品中最出色的一篇。

這篇小說的一開頭，就是新感覺的描寫：

> 黑裡揚起許多堆火，一條條活生生的觸目的紅，天是黑牙齒，地是紅牙齒，人們在火和夜當中呼喊著、哭泣著，捲在一種粗獷的錘擊一般的歌聲流出街梢。後膛槍、火銃、鐵叉、扁擔以及許多奇怪的東西在人頭上流著，人也流著，一街的火和夜全跟著他們流走了……

固然，這是現代詩的寫法，我們在此處看到了司馬中原深受現代詩的影響，但在他的小說中，給予讀者的感受，則是一種「躍入客體的主觀之直感的（瞬間的）觸發」（葉泥兄簡介橫光利一論及新感覺之表現時所說）。因為這篇小說是「童歌」——是他童年時代的追憶，所以他一開頭就憶起他兒時最感歡娛的出獵之夜的景象。正由於他能用現代詩之從感覺出發來表達這點追憶，那「躍入客體的主觀之直感的觸發」力，給予讀者美感感受遂更為深入。

它短，作者有力量像寫詩一樣的字斟句酌，連對話都使讀者從作者的主觀直感上，進入自然的內層。像「『嗨，街老了！』母親常對鄰人們呼歎著。」這句唱歎便是承接上一段街景描寫而來。說，「對街的拱廊黯而長，廊簷橫桁和柱角間，嵌著雕花板角，因為年深日久，早已朱紅斑駁了；一

些店舖的招牌縮在廊端暗處打盹，任燕子們在他們身上做起許多窩巢。」在這裡，古老的街市形象已經描寫出了。而這一段還是承接上一段的，上一段的開頭一句「牖上的玻璃是一面鏡子，嵌映著門外的街。」這一句真是絕妙的手法，它不僅隱喻了那孩子童年時代的寂寞，常常去凝視那嵌映在牖玻璃中的門外的街，更明喻了他的表現手法是非寫實的。於是，他只選擇了一些可以使讀者從直感上觸發到那街道「老」的感覺的地方去描寫，「參差的瓦脊朝兩面伸長，瓦面生滿黯色的苔，古老的瓦松呈肉色，寶塔似的，矗立在苔跡間自成一片林子，麻雀們在瓦松間跳來跳去，吱吱喳喳的喧囂。」像前面的這些有市街的古老描寫，都沒有直接說出一個「老」字，而後面便直接描寫出母親時常向鄰人們呼出一聲喟歎「嗐！街老了！」便是純粹地「新感覺」表現的那種直感的瞬間觸發。至於〈童歌〉在其他方面的「新感覺」表現，以及他其他作品中的新感覺描寫，本文不多例舉了。

　　在《荒原》中，作者對歪胡癩兒的塑造，開頭也以新感覺的描寫來烘托他。前面引述的那一段貴隆看見的白馬，就是一例。第 2 章結尾，描寫歪胡癩兒的第一次「現身」，給予讀者的感受，也是一種感覺的，「沒有人看見他，只聽見一聲長長的馬嘶……」把他現身的那段現實，又在讀者心理上蒙上了一種神祕感。到第 3 章，那騎白馬的人，被澤地人傳說得更神祕了：

　　有人看見牠急竄起來像天邊打了一道白閃，有人看見牠踩過澤地中間的水窪，留下一路蹄印在濕土上，只是沒看見馬上人的臉。」「那像是鬼變的，一連三晚，堡角現大星的時刻，我就看見牠立在荊家泓叉口附近，晚霞照眼，人和馬全留在林影裡，看上去模模糊糊一片，不等你探眼細瞧，牠一閃就沒了！

　　在歪胡癩兒第二次「現身」的時候，由碾旁的二黑兒用他看見他之後

的主觀感覺誇述出來：

　　——前兒晚上，我歇了碾，正要卸騾子牽牠上槽，騾韁剛抓上手，就聽到身後有牲口噴氣，我一扭頭，一個頭能頂著門框的大漢子牽著那匹鬼馬堵門站著，屋裡沒上燈，黑忽忽的，只看見他的影子落在門外的天上，肩頭聳出馬槍柄兒，腰眼還插著快機匣槍。我一楞，那漢子開口了，一口山東調：「嗳，夥計，我買點荳兒當馬料！」抖手扔過一條五斗裝的長麻袋。我丟了騾韁去扒豆兒，足足裝了四斗五升，那漢子跨一步，拎在手裡連肩膀都沒歪。「這是錢！」那漢子說。噹啷一聲，一塊銀洋落在碾盤上，聽聲音也知不是假的。我說：「一角六分大洋一斗，四斗五升合大洋七角二，沒錢找，怎辦？」他說，「下回再算好了！」身子一橫，就在門邊上馬，等我再怔忡過來追出去，甭說人影兒，連馬蹄聲也聽不見了，……

像這類描寫，若說它是一種「新感覺」表現，毋寧說他是從中國舊小說中學習來的一種表現方法，——更是從中國的說書家口中形容出的一部說部，然後，他再從這方法中超越出來，進入了像夏大爺——福棠歸來到施大小舖前的那種感覺表現，再進入「童歌」中那種純感覺的表現境界。可以說他的「新感覺」表現，就是這麼一步步進化出的。

　　僅以《荒原》來說，我所讚美的那種「新感覺」描寫，只是其中一部分，另外，他還運用了心理分析的表現技巧，如第 9 章貴隆染上瘟疫後，在病中的心理上幻覺的分析，也甚見工力。但可貴的還是他成功的運用了中國農民們自己的語言——那經常掛在他們嘴上的神話與鬼怪傳說，使之極其自然的揉合到《荒原》的故事裡，不僅「變奏」了「寫實」的基調，使我們感到作者已「從寫實主義（與自然主義）」的影響中擺脫了出來，更從爾見到他剖出的中國人之信仰（與思想）本質。這應是《荒原》最成功的地方。

正因為作者能成功的運用了中國農民們自己的語言來寫作《荒原》的故事，所以凡是出現在《荒原》中的人物，個個都躍出紙外。雖說，《荒原》中的幾位主要人物，個個都塗滿了一身的「傳奇」色彩，而那些人物的特殊行為，卻是經常在中國農民們口齒間傳說著的人物形象。這一點，他特別強調在歪胡癩兒身上，先用農民的傳說（傳說都是經過誇大和虛飾過的）加厚地渲染歪胡癩兒的傳奇色彩，等到歪胡癩兒的真身面對面顯現在傳說他的人群中間時，作者又以「武俠」的筆法來點染他的不凡。於是，我們明明知道那是作者彙集了中國農民們的理念，為他們塑造出的一個理想的傳奇人物，由於作者業已在他身上注入了藝術生命，這個人物遂活生生地在讀者心目中活躍起來了。中國舊小說中的人物不也都是這種形象嗎？

其他的人物，凡特出之處，亦多依據農民們傳說中的意象，做為他塑造人物的基本原素。像第 5 章，偽軍中的一位槍兵稀麻臉，隨同部隊下鄉提歪胡癩兒，遇上馬賊盧大胖子，隊伍便給沖垮了。這位外號稀麻臉的「二黃」想繞道回城，便端槍威嚇一位叫二黑兒的農民帶路。二黑兒想湊機會抓一個活「二黃」，就故意的把稀麻臉帶進了澤地中的叢林；帶到狼壇。在他脫下上衣擰擠露水時，稀麻臉一個猛不防，便被二黑兒抖起濕衣套住了脖子。二黑兒一斜肩，揹了對方就跑！稀麻臉咽喉被勒得哺哺響，噢噢呃呃，吐不出一句話來。二黑兒跑得更快。稀麻臉空自橫端著大槍，一些也用不上，朝空裡搗了幾下，手指一壓，響了一槍，就把槍給扔了。二黑兒絆著一條凸出的樹根，差點摔交。稀麻臉騰出手反扯他的肩膀，潑楞潑楞腿亂騷。二黑兒吸了一口氣，沒命的咬緊濕衣，朝雷莊那邊跑。……二黑兒奔至麥場上，還是不敢停住腳，扛著稀麻臉繞圈子跑，邊跑邊喊說：「雷莊的，都來瞧啊！我扛著個活二黃回來了！」等雷莊的看火的人（石家土堡正遭馬賊燒起大火），聚到賣場來，看到精赤著上身的二黑兒，扛著一個泥人在麥場上繞著圈子跑，人們叫他停下來，他還再跑上十來圈。像這種近乎「武俠」的筆法，固不能以自然主義的觀點去分析其真

實性，但這段描寫——還有另一些同類的描寫，傳達給讀者的「現實感」，則是真切的。而有些描寫，卻「武俠」得不能令人置信了。

在第 14 章——頁 281。寫土八路蘇大混兒在陳家集卞家煙坊開人民大會公審祁老大，逼問他歪胡癲兒到那裡去了？當蘇大混兒正下命令要槍斃祁老大的時候，擠在群眾中的貴隆，正站在煙坊中的煙榨旁邊，這時候，「那把巨斧形的切煙刀使貴隆在急中改變了主意，他從欄杆空隙間飛起一腳，踹中高高的刀架，二十多斤重的切煙伸出的刀柄脫開凹槽，筆直的從六尺高的架頂鍘落下來，正鍘中絞架的麻索，麻索中斷，上扇榨的榨身轟然一聲巨響和下扇榨合壓在一起，使蘇大混兒被活生生榨斷，上半身成為肉糊，下半身落在榨外的地上，榨縫裡流著鮮紅，飛濺的血雨激射到兩邊牆壁上。」儘管作者已在前面向讀者交代了煙榨環境的描寫，他描寫的榨身壓死蘇大混兒的情形不是不可能，令人相信的成分則太少了。

還有第 13 章——頁 271。在一個血戰場面中，描寫兩個人血戰的情況說：

> 油工扁頭伏在玉李樹邊的一座墳頭上，對面一個屍體和他頭對頭，彼此的刺刀全戳進對方的腮幫，兩人全沒死，卻誰也沒勁再去拔刺刀，就那樣昏昏沉沉的過了大半天，彼此把槍握得挺緊。他們把兩人穿通耳後的刺刀拔出來，對面那傢伙痛暈了。扁頭沒暈，他認準對方胸脯，端著槍朝著傾跌下去才暈，他的刺刀到底進了對方的胸脯。

以及第 14 章——頁 283，「突然從南面的泓涘發來匣槍，打得陳昆五扔了火棒子，捂著右腿打滾——那槍打得太巧，恰中在舊疤上。」再他如第 12 章寫吳大莊的那場戰鬥；第 10 章寫歪胡癲兒的收編馬賊盧大胖子之比賽槍法……等等，那都是「武俠」了。在情節上，第 7 章寫歪胡癲兒帶著貴隆闖過封鎖線去日軍杉枬駐地陳家集，在陳家集一家賭場裡和偽軍頭子張世和同桌對賭，安排了一個陣式，竟威逼張世和下條子收了集上偽軍的槍；

第 13 章寫歪胡癩兒去僞軍師部借軍火；⋯⋯這些描寫也都是間諜式的傳奇。它們夾在《荒原》之間，和那些典麗的「新感覺」及「心理分析」等描寫相比，特別顯得庸俗。他的小說，本由中國許多類舊小說傳統中蛻化而來，像這些地方，應是他尚未洗鍊到純淨地的原胚。

那麼，作者花了 20 萬字的篇幅，究竟在《荒原》中表達些什麼呢？無疑問的，它是一部表達中國人民反共情況的作品。更出於作者出身農民，他深切地體驗到中國農民的基本性格，他深知他們迷信、保守、固執；但善良知足；擁王反霸；以「忠恕」爲傳家立業之道；他們也從不希望干犯別人，但一旦遇有別人干犯他們時，不管那人是誰，他們也要起來反抗。這或許就是作者寫作《荒原》的基本思想。

一下筆作者就寫洪澤湖來源之神話的傳說，與住在荒原上那些人家的成家立業之艱苦經過，以及荒原經過的多次劫難的歷史；再寫他們的迷信、保守、善良、固執等性格。像這樣的布局自是作者企圖把這一片方圓不過數十里的澤地寫成爲整個中國農民歷經災患的縮影。抱負是大的。當然，像他所描寫的澤地人的那種迷信、保守、善良與固執等性格，的確是中國農民的性格典型。但作者尚未能把《荒原》那個小天地擴展開來，使人看去，總覺得《荒原》中的災患，仍居囿在《荒原》裡；像發生在《荒原》中的那些事件，也並不是全中國農民所遭受到的全部歷史背景，最多只限於中國的大部分地區。在那段時間裡，中國尚有很多地方，並沒有遭受到像《荒原》那樣同樣的災害。雖說，作者在《荒原》中確已把中國農民的典型性格表達出了，也由於他未能把那個小天地擴展開去，因而把他這個具有哲學意境的主題也淤塞到荒原的澤地裡面去了。

作者自己說：「我寫《荒原》一書，是兼負歷史責任的。對於中國近年苦難的責任，我作了雙面的批判。我批判了共產黨無視於人道，我也根據事實，對政府當時的保守和部分顢頇，作了《春秋》之責。」不錯，作者在歪胡癩兒身上映現了他內心的不平；像這麼一個有勇有謀（有膽有識）而又一心保國衛民的英雄，在敵後居然無地可容；「皇軍」通緝他，僞軍捉

他，馬賊打他，而中央軍的何指揮，起先也不承認他是中央軍的人物，還要找機會抓到他給他一頓教訓。當然，老百姓卻不管他是誰，只要你保國衛民他們就擁護他、聽他、跟著他走，這應是作者在《荒原》中表達出的最明媚的政治思想。切實而有力。但從何指揮身上批評「政府當時的保守和部分顢頇」等問題，不但茬弱也不深入。因為這個問題大而複雜，不是僅以何指揮一個那樣的人物可以顯現一切的。

他又特別為夏福棠穿插了一章（第 15 章），在故事的情節上說，這一章穿插得非常嚴實。由於他的歸來，交代了澤地在這幾年間遭受災害後的殘餘慘況，更由他交代了澤地人對歪胡癩兒的褒揚。這一章的結尾，夏大爺引用高適的〈燕歌行〉詩裡的兩句：「相看白刃血紛紛，死節從來豈顧勳。」做為無名無姓的歪胡癩兒的碑文，更是神來之筆。可是，夏福棠在這一章中向鄉鄰們發表的一些政治理論，以及作者在該章中分析夏福棠聽到說貴隆做了兩件大事——殺了蘇大混子並放火燒了紅草荒原火葬了不少匪軍之後的那段心理反應，雖係真理，卻都是一些浮在水上的石油滴，縱閃爍著逗人的明麗，也遠沒有它們被埋在地層下的日子，被人發現油苗時之令人更感興奮。

《荒原》之特別使我推崇之處，在於它的結構之嚴密精巧、自然、適體而柔和，我在前面曾用紙摺扇的形式作比，但我們如一根根把其中事件之交錯與疊聯情況創舉出來，尚須一篇專文討論，本文無篇幅細加分析了。不過，在第一章中，作者描繪荒原之地理形勢，時將澤地通向陳家集吳大莊以及通往縣城的要道交代出來，應是結構上的一些小疵吧。從這裡，我們可以想到司馬中原是一位極有才能的小說家，如果多讀他一些作品，更會從題材上發現他生活的豐富，以及感受性的敏捷，所以在表達技巧上也變化多端，可以想知他努力求「新」之勤之切。

固然，司馬中原的小說，尚未完成他的定型性的風格，但他大部分作品的氣韻，則源自中國舊小說的傳統，並吸取了中國說書家的口吻再揉合了現代藝術——現代詩、畫、小說等新的表現技巧，再加上他從民間撿拾

到的神鬼傳說予以揉成一體，遂給中國小說開創了一種嶄新地現代風格。
照目前來說，《荒原》就是這種新的現代風格的代表。可惜的是他未能把他
要表達的問題，從荒原澤地那個小天地中超越出來；也未能把他所表現的
那個時代駕馭到時間上去。這都是我個人的讀後感了。

——選自司馬中原《荒原》

臺北：皇冠出版社，1973 年 3 月

# 從荒野出發

## 試論司馬中原的《荒原》

◎張默[*]

一

　　《荒原》是一部文學巨著，這冊整整 300 頁的小書，它在中國當代智識分子心中所擁有的「親密的回響」與「激動的情誼」，誠然是難以描繪的。司馬中原，將因這部書的誕生，而觸達一個不是光榮頂點的頂點。

　　一個小說家的成就，不僅在他是否具有濃烈的民族意識，而在他是否能在整個民族生存與擴建的大動脈中，展布一己雪亮、犀利、真確的析示，穿過中國 5000 年歷史的巨流，把那些迷亂、災難、劫數、悲憤等等切身的悒鬱痛楚之情一一劈出。他的靈犀穿透歷史的紙背，而不爲往昔豪華多彩的典籍所迷惑；他置身於無數的災害，流離與浩劫，而不爲長久無法驅逐的悽楚所掩蓋；他奔走於惡棍、流寇、共產匪徒滅絕人性的悲慘小徑，而不爲那些蠻橫無理的霸道所屈服……誠如作者自己所說：「多少年來，中國的動亂，民族的流離，我是身受者；但中國的農民們的痛苦比我們更深，我寫《荒原》一書，實際上，是在爲全中國的農民說話，我本身就是那樣的農民，我認爲（並不全部肯定的），這世界任何個體，都有權保有它內在的心靈世界，誰要摧毀這個世界，它將被判定爲暴力。所以，與其說我反共，不如說，我反對一切暴力。一切文明必須建築在人道觀點上；否則，那沒有根基的文明便成了深陷的沙丘。中國農民是迷信、保

*「創世紀詩雜誌社」創辦人。

守、固執；但有著溫良、知足和人道的一面他們有權保有他們的世界。（這種世界是合情合理的生存條件的，他們並不想干犯或改變別人。）任何政治家不配指導他們，只能用一陣緩緩靜靜的風，吹拂他們，使他們從一個古老的夢境引渡到另一個新的夢境。」（〈致李英豪的信〉，1963 年）這段話裡充分瀰漫著司馬中原醒明的靈智，作者是從中國 1930 年代邁過來的血的見證人之一，他熱愛這個偉大的國家，他日夜在內心裡強烈呼喊：「東方，站起來！中國，站起來！」他曾毫不猶豫地為中國多難的歷史作證，為一切飽嚐種種浩劫的農民作證，是以他在《荒原》中所塑造的那些活生生的人物的影像，無一不是征服暴力的剋星。

荒原奔馳著。

從洪澤湖東一直綿延百餘里，古老的傳說像火種，一代一代傳遞著……作者穿過那些歷史的陳蹟，穿過紅草荒原上居民的自然、單一、純樸的特質，穿過無數災劫所織成的滿目蒼涼；他以一個小說家特有的敏感，展開他那新藝綜合體的創作，把發生在這裡將近四十年可歌可泣感人的事實一幕一幕強烈地播出。

《荒原》的成功，不在於故事的本身，不在於一股江河直下的滔滔的氣勢，不在於一股滿溢的同情，而是司馬中原所採取的統納的手法與文體，以及不斷的尋求和超越。在《荒原》中，作者以寫實的立場，向廣大苦難的民眾學習生活，向中國歷史學習神話與傳統，向意識流的浪子們學習「內心世界的湧托」，向象徵主義的選手們學習「隱喻與奧祕」。作者特別著重「群體」的呈現，使之壓縮在一個平面上，而以紅草荒原為背景，襯托出近半世紀來中國廣大農民苦難破碎的內在以及他們那一系列前仆後繼對人對天的不屈辱的抗爭。……

荒原沸騰著，而且怒吼著。

它，深深敲擊一代又一代的子民們的心。

這就是司馬中原所創造與放射的，現在讓我們從他深深的足跡中，一步一步沉重豪邁地踏過去。

## 二

變幻過多少歲月的容顏，古老荒誕的傳說依然傳遞著。紅草荒原依舊橫跨在洪澤湖和淤黃河之間，沒有什麼能驚醒它的夢。它只是朝天裸露著黃沙沌沌的胸膛，沐浴陽光和風雨，翼護著他懷中的子民，時間默默，它迎送一代又一代，生命花開花謝，這就是萬古長存的天理。

紅草，奇異的紅草；狼群，頗有靈性的狼群。每年十月的「火神祭」，夏老爺斬盡殺絕七十多個長毛的氣概，還有石家土堡慷慨樂施的雷氏兄弟，以及澤地上一些純樸老舊的故事。……他們用許許多多傳說變化他們下一代子孫的新夢。日子永遠飛逝，澤地與外界是隔絕著，紅草依然紅遍荒原，人民依然安心做活，透過那一片虛無縹緲的晴藍，他們看得見守護神靈正在洪澤湖的波面上映照著萬古長青的容顏。作者就此拉開了寬闊的序幕，讓人重溫一下 1930 年代苦難中國似乎並不模糊的記憶。

這是小小的第 1 章。

一年一度的火神祭的鼓聲敲響了。

鼓聲帶來東洋鬼子猖獗的野性，大清鄉慘絕人寰的景象，實在不忍卒睹，鬼子、八路、馬賊、旱匪、瘟疫等等接踵而至的災難，循環著。

夏老爹蒼勁的聲音；「老天常有雲遮眼，可沒有萬年不退的雲。」

老癩子夜夜敲打防火的梆子。

六指兒貴隆天天朝上冒，真是一晃功夫，驢槽擋不住他的胸膛了。

火、馬賊，齊指向雷莊。

年輕的鼓手二黑兒，潑風一般地閃動著雙臂，交打著筒子鼓。是的，火神祭終於在鼓聲所化出無數浮遊的彩剌裡登場了。

是的，「火神爺，你瞧瞧，受苦受難的一方人都來祭拜你了，你顯顯靈，罰罰那些胡作非為，依槍仗馬的邪魔吧！」

而不遠處卻驀然傳來一聲長長的馬嘶。

這是第 2 章。

日子刷刷地穿過去，六指兒貴隆已經長大成人了。

關於那匹忽隱忽顯的白馬的事，一直在澤地人們的心中虛懸著。

終於，六指兒貴隆在一個寒風的夜晚撞見了那匹白馬的主人歪胡癩兒，就這樣，釋盡了大家對他的疑團。

歪胡癩兒的命的確是從東洋鬼子的刀槍下拚來的。他的豪氣，他的正義感，深深激盪老癩子和貴隆他們的心。

可是他不願牽連澤地上的那些好人，終於，他走了，他要闖一闖紅草荒盪子，可是從來也沒有人能闖過這片紅草荒地，他走後不久，就聞見槍聲和狼嗥，讓所有惦記他的人都心寒了。

這是第 3 章。

臘月，紅草荒原的頭場大雪紛飛著。把老貨郎施大的挑子帶來了澤地。也帶來歪胡癩兒許許多多振奮人心的趣事。首先是他力除土匪刀疤劉五，奪了鬼子杉肸少佐的馬，又廢了杉肸的膀子，還有他把專門短路劫財的陳昆五也差一點給除了。……

走遍湖東百里地，歪胡癩兒的聲名是愈來愈大了。他是一把大紅傘，能替老百姓遮風擋太陽，然而那個杉肸少佐恨透他了，終有一天他要清鄉的。人們議論著，而不久，一張鮮明的告示終於被釘在便橋頭的大榆樹上，它像一根鋼針扎進每個人的心裡。

這是第 4 章。

春三月的太陽暖暖的照在禿龍河東的野地上。一小股二黃的保安隊向澤地拉過來，他們是來捉拿歪胡癩兒的，可是卻被馬賊盧志高的手下給砸了，而後東逃西竄，跑不出澤地，終於全被葬身在禿龍河岸的高地上。

這一切的一切，老癩子是親身經歷過的，兵荒馬亂，殺氣騰騰，太令人心寒了，想著，想著，他說：「貴隆，銀花，你們今年入冬就圓房吧！」

這是第 5 章。

八路的搶收隊在各地製造無情的荒亂，大批難民蜂湧到澤地，而跟著蘇大混兒那幫人也在乘機行事，他們不打日本，專打中央軍，何指揮是他

們的眼中釘。

可是澤地的人是絕不會把何指揮交出去的，於是雙方就硬碰硬，那種肉對肉血對血的廝殺，真是驚心動魄，這一回蘇大混兒是砸定了。

也因此六指兒貴隆悄悄地伴著重傷的何指揮，登上一輛運草的牛車，第一次離開孕育他的荒原。

這是第 6 章。

高高的張福堆像條千年大蟒，順河蜿蜒著，一輛牛車把六指兒貴隆、何指揮他們帶到這裡。

杉胛少佐清鄉的隊伍就要來了，熱烘烘的人群，一陣湧把六指兒貴隆也捲進去。

貴隆眼一黑，心一沉，彷彿憑空刷剌剌亮起一條大閃，他從聲音裡聽出那是誰，那刻在他心底的名字，歪胡癩兒。

就是歪胡癩兒，他也湊在人群裡看熱鬧，他要親眼看著杉胛的腦袋，哪裡好下手，他要攔住鬼子清鄉的隊伍，他要先繳掉保安大隊張世和那幫人的械，他要殺一殺他們的威風，他要……

這是第 7 章。

歪胡癩兒真的顯神功，他把杉胛的手下全宰了，杉胛本人被拖到各地給老百姓千刀萬剮的洩恨……。

除掉一個「人害」，另一個大水害更是殺人不眨眼，這是蘇大混兒他們放堰幹的，貴隆沒想到離開澤地只有十餘天，就來了這場水，他爺老癩子被淹死了，只剩下禿龍河畔的大榆樹還孤單單地站在那裡。

都走了，這回只剩下他和銀花兩個人了。

澤地，我不離開你。

這是第 8 章。

瘟疫和癘疫像水龍一樣，從澤地裡騰騰升起。

像大火捲燒乾草，一具一具蓆包的屍首從每扇門裡抬出來。

銀花，染上了。貴隆以全生命的熱救了她。

稍後，貴隆也染上了，歪胡癩兒以神奇的針灸救了他。

歪胡癩兒留在澤地裡了，他說是替吳大莊的何指揮把後門。

貴隆、銀花終於成了親。

這是第 9 章。

歪胡癩兒訓練起槍隊來了。他要把澤地的槍隊練成一塊硬骨頭，任你再快的刀，要想剁它總得捲捲口。

不多久，他碰上馬賊盧大胖子。

整個土堡忙碌著。

歪胡癩兒帶了六指兒貴隆、石七、二黑兒三個人，他們把住泓溪的高地，那一夜他們先活捉盧志高手下最得力的鄭老大，然後又單槍匹馬迎上盧志高。

雙方約定，比槍，「槍打人頭上的火把，每人響三槍」。誰輸沒話說，結果盧大胖子心服了。

在狂歡宴上，他們各自擺出江湖的俠氣。

澤地頭一回有一整冬的寧靜。

這是第 10 章。

民國 34 年的春荒，深深籠罩著整個澤地。

大夥兒在歪胡癩兒的指點下，學習到新奇的獵法。

他們相信春荒是會過去的。

一隻孤獨的狼闖進了澤地，惹得人心惶惶的。

歪胡癩兒決心要除掉牠。

就在他和貴隆倒拖著狼回土堡時，何指揮的隨從陳積財渾身是血，也進了土堡的柵門，吳大莊在血戰中。

這是第 11 章。

廝殺聲在各處爆裂，吳大莊深深陷入沉酣的戰火裡，何指揮領導一班人苦苦死守著。

八路專門揀鬼子氣衰時搶地盤。吳大莊好比一根扁擔，一頭挑著紅坭

墩子，一頭挑著澤地，他們要破這個長蛇陣，必須攔腰斬斷它。

在蘇大混兒拚命的慫恿下，猛撲一陣緊似一陣……三更、四更，堡裡已經彈盡援絕，何指揮想，這下子真的完了。

但是正當八路的一把火還未在堡裡燒起來，盧大胖子的馬群以及歪胡癩兒的槍隊都到了，打得那幫人喊爺叫媽，……一場三天三夜的血戰終於宣告結束。

這是第 12 章。

大運河依然從這裡流過去，只是血紅的太陽旗將要沒落了，八年的腥風血雨，擊碎了東洋倭寇侵略的迷夢。

這裡是離紅草荒原不遠的縣城，日軍正在等待中央的接收，可是八路又在暗中打它的主意。盧大胖子、何指揮、祁老大全在這一次對抗八路的激戰中陣亡了。

唉，「天上天鼓響，湖東將星沉」，任何人聽到那童謠都會感到撲鼻的悽酸。

這是第 13 章。

吳大莊陷落了，歪胡癩兒陣亡了。

他，六指兒貴隆，終於報了他的血海深仇。

蘇大混兒死在他一腳飛起的切煙刀的榨盤中。

澤地被劃成一個鄉區，所有的青壯都被新上任的鄉長陳昆五抓去了，只跑了一個貴隆。

是的，一把火燒死他們，貴隆狠一狠心，大火燒了三天三夜，不知多少惡貫滿盈的匪徒被燒死。六指兒貴隆他死時手臂仍指向東邊。

這是第 14 章。

民國 35 年 8 月初，一支中央精銳部隊經過澤地，像一道撕破黑夜的火閃，攻克了大運河與張福河交叉手臂上的縣城。

第二年春天，老貨郎施大的舖子來了一位陌生的訪客，他就是剛從省城回來的夏大爺，他是澤地唯一剩下來的人。

他送銀花去澤地，他爲歪胡癩兒的墓寫碑文，他擲筆而後仰天長嘯。

這是第 15 章。

春天在火後的荒原上生長著。

時間在荒原的呼吸裡細細流滴著。

銀花牽著她的孩子火生，已經三歲了。她相信有田有地有野菜；她們母子倆絕不會餓死的。

荒原僞沉睡在湖東。

它孕育多少代人的夢，它靜謐、沉默而蒼涼。

這是第 16 章。

三

以上就是《荒原》整個故事的縮影。我之所以做了如此精簡的覆述，旨在使讀過它的人重新感知一下作者生命的熱力，使未讀過它的人渴望馬上要去親近它甚至擁抱它，同時更使我在執筆時，好有一個前後呼應不致顧此失彼的焦慮。司馬中原爲這本書所花費的心血，實在是難以估計的，當我們欲檢視它和洞穿它，也非以全靈魂的奔赴不爲功。《荒原》敲著中國農民堅苦卓絕的迷夢，它的血，它的淚，它的一呼一吸，全部浸淫在我們永不泯滅的民族意識裡。作者藉他的筆觸，一一予以犀利的陳鋪，使那些「荒野的靈魂」一個一個又活生生地在我們的眼前跳出。它使人深省，使人戰慄，使人憤恨，更使人貼實地感知我們這一代的「荒野」在那裡，預示我們今天應該猛猛撲進的方向，去拯救那些暫時失去自己影子的塗炭的生靈。

細細咀嚼《荒原》這部書，使我十分驚異作者的才具，特別是他對中國農村背景是摸得那麼滾瓜爛熟，他所塑造的人物歪胡癩兒、六指兒貴隆、老癩子……無一不緊緊搔到人內心最深的癢處，他對紅草荒原的素描，對某些植物觀察的精細，對狼的性格的透剖，對銃槍的熟悉，對方言俚語的採拾，對人生存情境的展露，對打鬥氣氛緊迫過程的釀製，……等

等，我們所迷惑的不是司馬中原知識經驗的豐富，而是他如何使這些群體，都能透過他縝密的「想像之網」，一一很有秩序地射出。這些這些問題的答案，全是蘊含在這部傑作裡。讀者雖可從一些評論文章中窺見作者創作《荒原》的內貌，但如能參照評論並細心檢閱原書，進而再去創造你自己所發現的趣味與喜悅，那不僅是司馬中原的期望，也是每一位努力評論它的人共同的期望。

作者的血與淚是深深地灑在中國廣大的土地上，我以為這是司馬中原最動人的特色之一。與其說《荒原》是一部傑出的作品，不如說它是一部有血有淚揭示人性最深的作品。

試想如果我們置身 1920、1930 年代，中國廣大農村所受的兵燹、災難是怎樣，洪澤湖區僅只不過是一個小小的影子。唯其作者是他們之中的一分子，所以他才能呼吸到那些災難背後真正的氣息，他為那些飽受屈辱而不變節的靈魂難過，他為他們堅強的韌性而喝采，中國之所以具有如此悠久之歷史，就是由這些偉大不屈的韌性中得來。司馬中原看中了這一點，集中全副精神，融合自己過往所吸收的智識經過，全部把它匯流在這部巨著裡。如果要我描述我讀《荒原》的感覺：「那真好比是一股濃烈熱熾的熔焰，直流入我們的血脈深處，使我們顫慄、激盪而滿足。」

開頭我們說過而作者自己也直認不諱，《荒原》是一部寫「群」的作品，由於它的繁複與廣博，而使我們在檢視它時，實有無限的茫然之感。它好像是一把亂頭絲，不知線頭到底在哪裡，要想抓住它的要害，我們必須還是從最基本的問題談起。首先我們不妨來檢視一下他所創造的文體和語言。歷來很多批評家都有這麼一句話：「風格即人格」。如果這話不錯，那麼司馬中原該是屬於粗獷耿直的一型（不是指他本人的外貌）。他的內裡確然是灼熱的、剛勁的、昂揚的，特別是他所特具的強烈的民族意識，偉大深厚的正義感，濃郁親切的同情心，這些都是他創作《荒原》的動力，再加上他長於觀察，富於創造，善於描述和控制以及他對語言的敏感與組織結構的能力，在在迫使他的文體都是屬於自己的。雖然有人指陳他的風

格是鄉土的，但他絕不同於抗戰時期那批東北作家，畢竟司馬中原離開那個年代較遠，他寫《荒原》是 1953 年，他很可以透過歷史的眼光，對當時的現實社會予以深刻的批判，當我們剛剛走過一程又到另一程，是很難馬上就能批判的，必須隔距一個時期，而作者寫《荒原》時，可以說正是時代。嚴格地說：司馬中原才是一個真正的寫實主義者。（青年評論家李英豪稱他為新寫實主義者，我想那可能是指他在這部書裡用了很多新的表現技巧之故。）他所寫的很少不符合當時的社會背景，這是最重要的，今天有很多小說作家，對話不倫不類，描述不切實際，似此已為成功埋下渺茫的影子。司馬中原特別重視這一點，他雖慣常運用俚語，運用極通俗的字眼，但是當他對某一人物或某一戰亂場面或是個人因觸及眼前某些景象而勾起內心一連串的回憶時，他都傾全力去想去感去寫，他絕不鬆弛他的聯想，更不懈怠他的筆鋒，所以在《荒原》中，是極難找出敗筆或呈現或描述或塑造等等不及與不力之處。

概括地說，司馬中原的文體仍是傳統的，不過他能揉和舊的、新的、現代的，使它們交互融會，通過作者強固創造所織成的極有張力的新語體。譬如第八章的頭一句話：「一條封鎖線像是一條蛇，歪胡癩兒一棍正砸在蛇頭上，蛇身打著結，痛苦地絞扭起來。」作者寫得如此生動有力，在《荒原》中像這類極富動感的描述真是太多太多了，以此當可推見其他及一切。

## 四

《荒原》的確是一座熠熠生輝的多面結晶體，它有一個中心思想為其緊緊束繫著。這個中心思想，就是一切暴力都是必須摧毀的。所以作者所塑造的歪胡癩兒，以我的觀點，他就是這部書的主角——一切暴力的剋星。整個情節就是圍繞著這個中心去推展，作者對歪胡癩兒有些地方雖然描述得過火一點，但是在那個年代，如果中國農民之中沒有像歪胡癩兒這麼一個人來做為精神的「景緻」與「支柱」，也就難以烘托出那個時代的特

色，我們對作者的苦心是應該深深敬領的。

除歪胡癩兒之外，作者另所塑造的老癩子——老一代中國農民的典型，他忠實善良而固執。六指兒貴隆——歷史煙火的繼承者，年輕一代的代表，他健壯，富正義感，一個不可忽視的不怕暴力的死敵。還有夏大爺、盧大胖子、何指揮、蘇大混兒、杉胛少佐……整個《荒原》就是以這十幾個人物為軸心，緊密地一層一層地連接起一部分的農民群眾，穿越那個烽火的年代，而使作者所描繪的種種得以長久地在人們的內裡凸出、鮮明而擴大。

司馬中原在創作時所呈示的「文學技巧」的「容貌」，我們是不能輕視的。但他一切的建構，無不與真實結下了不解緣。王夢鷗在〈現代文藝論〉一文裡說得好：「文藝作品是真善美的總和之具體表現，倘使寫作的態度是不真實的，寫作的對象是不真實的，則其作品內容如何能說服現代人，而使之感動。」作者早就致力於此，所以他在刻繪人物時，盡量使其不與現實脫節，就以歪胡癩兒為例，這個荒野裡「靈魂的靈魂」，一經透過司馬中原的筆觸，真是絕頂透了。

> 歪胡癩兒像一頭黑熊那樣獰猛和蠻野，一頓飯吃了三條懶龍捲兒，一耳鍋菜，飯後以酒當茶，仰起脖子，沒換氣喝了兩大海碗，殘酒聚在他刺蝟似的鬍樁子上，滿臉都沁著汗。
>
> ——頁57

> 那張臉在紫紅的火光下哪裡是人臉，鼻子眼睛分不清，全是疤痕和筋肉凸起的痂結，好像一隻變形的南瓜。左眼被一道收縮的疤痕吊住，弄成永也閉不起的大圓球，眼珠半凸出在外面的溜打轉，右眼叫埋在一條灰鐵色的肉桂裡，即使睜著也像瞎了一樣。一隻耳朵被削去上半截兒，另一隻倒好好的，只是變了地方，耳眼朝後倒釘在痂疤上。
>
> ——頁56

再看看他的豪氣以及斬殺鬼子的一幕——

我是一人做事一人當。」「我絕不能把馬留下來，牽連這一方人。你們照管自己罷。我是站著一個人，睡著一個人，生死一陣煙，不在意中的。

——頁 59

歪胡癩兒合手掄刀時，膀臂上蟠結的虯筋暴凸著，沁汗的臉額生出不尋常的扭曲，笑著挫動兩面牙盤，露出一口令人心寒的牙齒，刀尖在日光下跳動芒刺，他車吊著大半個身子，猛打一個旋轉，張世和的腦袋就直滾進河裡去了。他就這樣砍殺跪在石堤上的一排鬼子……「神在我的刀口上，誰殘殺過百姓，休想我寬懷大量，他們當初怎樣殺人，我就叫他們怎樣挨刀。」

——頁 149

下面一節，作者對歪胡癩兒的心理刻繪更見犀利，一個無名英雄的心思全被流露出來了。

在肅殺的秋天裡，歪胡癩兒的心是熱的。沒有人曉得他心裡的想法。凡敵後地區，不但是澤地，全像砧板上的肉，鬼子八路兩把快刀一起落剁你，別說血肉了，連骨頭也吃不住剁的。歪胡癩兒看清這點，他滿心想把澤地的槍隊練成一塊硬骨頭，憑你再快的刀，要想剁碎它總得捲捲口。他是個粗人，不懂得悲涼壯美的犧牲的行為裡有著多麼深遠的內涵，一個無名英雄的內心感受常是直接的，本身就含有無比的悲壯和蒼涼。

——頁 1922

還有許許多多關於歪胡癩兒極其動人的刻繪，譬如他怎樣除掉土匪刀疤劉

五，怎樣搭救吳大莊正在血戰中的何指揮，怎樣制服馬賊盧志高使他服服貼貼一心一意對付土八路，怎樣訓練銃槍隊，怎樣與群狼搏鬥，怎樣從事神奇的圍獵，以及在每次戰鬥中他所扮演的英勇的角色。總之他是澤地上所有人們心中的「大紅傘」。沒有他大家好像失去一層保障似的，他就是充滿著那麼一種奇特與安定的力量。

　　本書中另一不可忽視的年輕人物六指兒貴隆，也被作者緊緊抓住做為一步一步呈顯的對象。

　　　貴隆像一莖茁節的麥，日夜朝高拔，老癩子想，去年他媽入土前，他比驢槽高出一頭，一晃功夫，馬槽擋不住他胸脯了。

──頁34

　　　貴隆就是那樣長大的，熱天在泓裡泅泳像條水獺，冬天在雪地上光著下身奔跑，黃濃鼻涕常流到唇上就使袖子抹了，一冬過去，兩隻袖口像塗了蠟一般的硬而光亮。……如今他胳臂粗得像朔風裡的小樹，皮膚黑得像一把黑淤土。

──頁44

以上兩節是作者對正在成長中的貴隆勾了一個簡單的輪廓，他給予人的印象確是活生生的，好像此刻這一個年輕力壯的小伙子，就是站在我們的面前。

　　再如六指兒貴隆初次臨陣參加拚殺的一幕，作者對他的心理狀態也有極為真切的剖示。

　　　貴隆伏在垛口，彷彿被貼在熱燠燠的蒸籠蓋上，呼吸裡流著火，渾身裏著汗，濕衣貼在脊背上，手握著彎把銃，銃柄也汗津津的像抹了層糊漿，那不再只是等待，而是一種痛苦的煎熬；雷聲的巨輪從心裡碾過

去，他初次聞到焦糊的死的氣味。

——頁 116

……獸一般野蠻的廝殺在圩垛上進行著，帶傷的在爬動，垂死的在呻吟，死屍橫七豎八，樹根一樣的絆人。六指兒貴隆扔了彎把銃，端起那支上了刺刀的洋槍，在雨裡奔跑著，……一頭新異的陌生的獸蹲踞在他心裡，撕他咬他，使他血管膨脹，胸膛要爆裂開來，閃光再亮的時刻，他驀然醒過來，不知他做了些什麼。

——頁 119

小說作者對於人物心理的呈示必須與現實時空相結合，他不僅自己在創作時要培養那種不易掌握的情緒，尤其要能把自己全部的心靈伸入到他所創造的境界中去，然後再藉他的筆抒揚出來，叫人感覺那是真實的。司馬中原在這方面確實是個強者，他的筆不知不覺地引領你進入到他創造的情境，令人渾然忘我，而跟著他狂喜、跟著他憤怒、跟著他奔跑、跟著他把內裡全部的感受一一凌空劈出。

下面不妨檢視一下作者的另一面，他為東洋鬼子杉胛少佐所捏塑的猙獰可怖的造像。

在鬼子區，誰不知杉胛的名字是寫在活活開膛的胸脯上？！他算是橫行的螃蟹，清鄉的大王，傳說他睡覺，床頭還掛一張硝過的人皮……
……要是杉胛表演橫砍，一刀砍下去，杉胛就大聲數數，從吉、利、剎、西……數到整數為止，單見人頭滾，不見腔子噴血，非等數完十個數才朝外噴紅，那刀要是砍在人腰上，犯人的上半身照樣眨眼，兩手合稀泥似的抓著淌出來的肚腸，杉胛會指著那個半截兒活死人通過翻譯說：「日本皇軍是塔塔的，要照這樣，殺光所有毛猴子。」

——頁 81

可是儘管像這樣不可一世的兇狠殘暴的傢伙，結果還是被歪胡癩兒給宰了。這裡所徵示的是強權終必敵不住真理，天網恢恢疏而不漏，當歪胡癩兒綁著杉胖到處叫老百姓千刀萬剮他，真是萬眾歡騰大快人心。……這個強烈鮮明的對比，愈發襯出真理正義的不可侮。其他如為虎作倀的張世和，八路的走狗蘇大混兒，土匪頭子刀疤劉五，……等等，在作者精密的營建下，其結果無不是血債血還，走上毀滅的絕境。

## 五

　　司馬中原另一重要的特色是活用方言、俚語與口語。俗語說，什麼樣人說什麼話，《荒原》既然以廣大苦難的農民為對象，因此他對湖東一帶的方言口語，無不予以深入地研究與探擷，下面特別摘出一些片斷，它們讀來委實趣味橫生。

> 東邊有鬼，西邊有妖，癩蛤蟆淌眼淚，烏頭老括子早晚報凶，天上的彩虹南北走。（作者註：民諺：「東虹風，西虹雨，彩虹南北賣兒女」）朝後的日子怎麼過法兒？
>
> ——頁23

> 「天哪，女人放了腳，牌位似的伸在人眼前會成什麼樣子！」
> 「剪掉辮子，腦窩翹著一撮毛，不成了鴨子屁股嗎？」
>
> ——頁22

> 風吹鴨蛋殼，財去人安樂，……我也想透了，橫豎浮財不發家，我也只那點底兒，不如請他們進門，要什麼，統統拿去，他們取得金銀財寶，卻軋不走我幾頃老田，就算是散財消災吧！
>
> ——頁41

粗粗粗！粗！！粗！！！×他娘的粗過了火，麻十配了四六，鼓肚子鱉。

——頁 42

賣肉的張飛也曉得拿馬尾拖樹退敵兵，我算啥？能跟那些拜將封侯的古人比？！我只是個打不死的歪瓜！

——頁 197

我們這點兒人，只能零敲麥芽糖，敲下它一塊算一塊！有一個人不死，我們不將湖口一帶讓給他。

——頁 267

　　作者把方言、俚語、口語，交互運用到這步境地，的確值得喝采。《荒原》這部書所以能鮮明地深入讀者的思維，作者在這方面下的功夫實是一大助力。固然豐厚與知識可以促成一個作家的成功。但如本身沒有活用經驗知識的能力，儘管再偉大的寶藏放在面前，我們也只好眼睜睜地瞪著它。有人指出一個作家應不可忽視養成「具體描寫」的能力，我認為對話是其中重要的因素之一。司馬中原不僅具有深厚的寫實根基，而他對新的技巧在《荒原》中也是不斷地試煉著。時下中國讀者常常喜歡談的普魯斯特、喬哀思、卡夫卡等諸小說家，他們雖喜獨創新技巧，但是也並未漠視培養「具體描寫」的能力。作者能將傳統與現代的手法調和運用而並行不悖，《荒原》就是一個最好的例子。

## 六

　　司馬中原的精神境界是遼闊的，內在的逼力是強固的，他穿插運用現代技巧是覺得有所需要而非如此不足以表現時他才使用，並非如某些作者那樣，一味為新奇的感覺形式迷惑，而失去自己的本然面目。一個作家最可貴的莫過於此。

　　《荒原》中有幾節對意識流技巧的處理，可以說是相當的成功。譬如第九章對六指兒貴隆染上霍亂時內心混亂狀態的顯影：

> 在他眼裡……白色的阻隔，一切的晃動全是奇幻的。不規則的，不斷變
> 形，成為蛇，成為蚯蚓，……銀花的聲音飄在雲裡……箭鏃、箭鏃、箭
> 鏃，光盤、光盤、光盤。生命是一縷游絲，火焰上飄起一種吐訴……銅
> 錢走動在他背脊的算盤骨上，一個名字接著一個名字，……一種虛無的
> 叫喊是強烈的，「活下去、活下去、活下去！

　　　　　　　　　　　　　　　　　　　　　　　　　　——頁 197～180

　　這種意識與非意識的搏鬥，感覺與非感覺的撞擊，生命與無生命的掙扎，……全在作者細心的描繪下呈現出來。其實意識流技巧的運用是最艱困的。因為那不是白日夢，也絕不是胡亂的囈語，而是另一種精神境界的提升，如不能隨著主角內心的波動而推展，那是很不容易奏效的。

　　作者曾經指出增加作品生命的潛力，象徵是不能缺少的，譬如下面所引——「露落著。一行木楷花在溫柔的哀感裡張蕊了。」（頁 103）這是象徵希望的悄悄來臨。

> 血沒有火那樣紅，那樣亮，那樣隨著人的心志，無拘無束的滾騰。心裡
> 有無數觸覺，小小的觸覺，溫柔的觸覺，探出來，讓今夜的火光重新燭
> 照著。

　　　　　　　　　　　　　　　　　　　　　　　　　　　　　——頁 285

這一連串的觸覺是什麼，是徵示多彩多姿的過往，是一束永不熄滅的記憶，是關於禁火律的種種，它可能包含得太多了，一個人對生之留戀與緊握是與生俱來的，只要他能在這世界還有一眨眼的功夫，他也絕不放過靈魂觸角的搜索。這是作者描寫貴隆彌留前的一瞬，那情景是多麼悲愴啊。

下面一節是有關春天的，請看他的神來之筆：

> 歪胡癩兒揹上靠一旁的火銃，迎著愈來愈亮的晨光，挺著堅實結壯的胸
> 膛，伸一伸兩臂。他淡淡的影子是碩大而長的，一棵樹樣的伸布在沼澤
> 上。他各處的關筋全克克嚓嚓的發出有節奏的飽蘊著力量的響聲。初來
> 的春天的氣息在他身邊瀰漫著並進入他的呼吸，他野性的力量是勃勃然
> 的，像他周圍的春天一樣。——他把大地的生意帶進心裡去，在這一
> 剎，澤地上的春荒只像一條小泓，他只消一伸腳就跨過去了。（頁 219）

《荒原》中運用象徵手法之處甚多，譬如歪胡癩兒深夜搏鬥狼之一幕，就是充分利用象徵技巧把狼的心理過程一一分析與剖示。（頁 235～238）還有在石家土堡與蘇大混兒對陣時的幾節描述也是。

由上面觸及的象徵技巧，在《荒原》中連連出現且占了不少的空間，下面我提出另一個特徵是作者對於戲劇氣氛的培育與控制。特別是像《荒原》這樣大氣魄的著作，如果一味在兵燹、浩劫、瘟疫、殺戮的恐怖氣氛中大步前進，那可能逼得人喘不過氣來。下面特舉出兩個例子，以供喜歡探研司馬中原小說者的參考。

其一：是歪胡癩兒悉心設計身入賭窟，繳掉張世和那幫人的械，以堵住鬼子清鄉的隊伍。……正當大夥兒賭得起勁的時候，突然「砰」聲一響，就那麼很乾淨利落地把整個賊黨的人馬一網打盡。那一段描述最最令人震驚的。（請參閱原書頁 143～145）

其二：是馬賊盧志高與歪胡癩兒黑夜比槍的一幕。那幾節也寫得神龍活現，令人歎為觀止，讀來過癮極了。（見原書頁 205～208）

這兩個情節之安排，我以為特具戲劇意味，有值得提出之必要。前一個例子，是由輕鬆走向緊張，後一個例子則恰好相反（不能僅從表面去看它），這兩者正好成一凸出的對比，也許不是巧合而是作者故意如此建構當未可知。可見他在經營時確是非常的努力，使那些令人驚喜甚至突愕的場

面毫無保留地坦露在讀者的眼前。威廉・佛克納曾經讚美吳爾芙（Thomes Wolfe）的一段話很可借鏡。他說：「我對吳爾芙的崇拜，是他盡了最大的努力，把他所要說的東西都說出來了——他把人類的經驗統統放在一個針尖上。」是的，這裡所指的最後一句話「把人類的經驗統統放在一個針尖上」對作者而言是相當重要的，司馬中原的《荒原》，不僅是放在一個針尖上，而是他集中全力指向所有個體所組成的異常結實的各自獨立而又相互關聯的「生命原貌之尖頂」。

## 七

　　司馬中原是最富個人性的，不同於任何人，他就是他自己，海明威的「狂暴」，卡繆的「孤絕」，莫拉維亞的「放縱」，……他都是遠離的。人們特別喜歡他在《荒原》一書中所裸裎的一股赤裸裸的粗獷而又純真的氣息，以及那美好殷紅和成熟的石榴之品質。再三檢視《荒原》，它給我們迎面潑澆一頭火辣辣的狂喜，讓我們在「火浴」之中再去細細咀嚼它，那景象那感覺是多麼的尖銳啊！

　　總括地說，《荒原》的確是一部透視整個民族生存經驗與悲劇的交響曲，從第一章古老的傳說就開始了。以後一章緊似一章，從無冷場或支離殘破的現象。……紅草荒原的居民，雖然經歷了那麼多的劫難，使他們經年累月忙於保衛，忙於抗爭，可是他們確有著充分的自信，也正如夏老爺所說：「老天常有雲遮眼，但哪有萬年不退的雲。」暴力，暴力，暴力，終必一定是要被摧毀的。

　　作者在《荒原》的整個結構與過程的布建上，不僅緊迫有力，且每一部分，每一人物，無不都與原書本體發生極密切的關聯。不錯，他們的整個生存情境是顯得太慘絕一點，真是無一日不在應變中，無一日不在疑懼中無一日不在劫難中，……可是他們絕不屈服，只要有一個人，還存有一口氣，他們也會孤絕地拚到底。作者在結局時，拉出貴隆放了一把空前的大火，燒了三天三夜，把所有的匪徒所有的劫難都燒死了，偌大的荒原只

剩下銀花和火生（貴隆的遺腹子），看來的確是夠悲壯蒼涼的。那個火生就是作者特別塑造的人物，他是紅草荒原唯一新生的火種，整個民族生存延續的象徵，只要有一個人在，他們一定要不屈不撓地生活下去，不斷地抗爭下去。而銀花之所以戀戀於澤地，死也要回到澤地，正是符合中國人「落葉歸根」古老的傳統。同時銀花最後對火生所說的話也極發人深省。她說：「好生熬下去，我們在一起，有田地在，有野菜，也不會把母子倆餓死。」這不僅顯示她生存信心的強烈，更襯出她能承受得住任何苦難的打擊，中華民族子孫的偉大韌性在這裡充分流露無遺。作者緊緊地抓住這些特質，予以銳利的洞析，散灑人性的芬芳，故而導致《荒原》多方面的成功。

我們放眼目前勢況，今天的鐵幕大陸不正是一片茫茫無垠的大荒原，其慘絕的景象與共產匪徒的蠻橫獨裁與無人性，較之作者所描繪的 1930 年代的紅草荒原的劫窖，實更勝於千百倍。但是匪偽暴政現在已經開始崩潰了，紅衛兵到處興風作浪，實足顯示他們即將毀滅的預兆，而此起彼落的抗暴行動，就是火種，就是投手，就是摧毀毛記王朝的炸彈，他們就是千千萬萬個歪胡癩兒，千千萬萬個六指兒貴隆，千千萬萬個劫後餘孤的火生，我們中華民族的根是紮定了，誠如夏福棠所感知的那樣：

> 他原信只有高級知識分子才能從理論上認識共產主義的邪惡本質，做為一個真正的反共者；一般農民，尤其是像家鄉澤地那種落後地域，是不會從根本上認識反共的，他們反共只是一種天然的保衛，保衛他們傳統的意識以及那種意識下所表現的古老生活方式，他們迷信、固執、反抗一切暴力去改變他們！但事實擺在眼前，像歪胡癩兒像貴隆，僅僅憑藉著單純的直感，他們已經完成了最高潔最壯美的反抗暴力的行為！這種行為足使一些專談反共理論的人自然羞辱，有一天擊破共產邪勢人皮大鼓的，不在那些理論，而是那些原始的刀叉棍棒、牙齒和拳頭。

——頁 292

今天誰都已認清共產主義邪惡的本質，大陸廣大人民心中早已充滿著一股排山倒海的怒火，一經點燃，必會焰氣沖天把所有的共產匪徒燒成一團團的灰燼。作者以《荒原》為起點，但這一步是跨得相當的漂亮和穩健，深信他今後必會創造出更多堅實、更多極具對匪鬥爭經驗的撼人的大作品。

## 八

面對著 5000 年歷史漠漠之大風，司馬中原已把自己置身於一個廣闊的原野，他要風馳電掣地揮舞著他那枝千鈞之筆，把一切的妖魔鬼怪掃出去，把一切暴力一切邪惡一切黑暗掃出去。他的筆要嘔盡中國過往災難所有的苦水，他的筆要闡發固有道德與莊嚴人性所噴射的光華，他的筆要做健康真理正義的象徵，他的筆是屬於中國文學歷史的。

司馬中原曾經說過，他要為中國新文學捧出兩千萬字，深信以他創作《荒原》的才具，一定是可以做得到的，兩千萬字就是兩千萬具火把，把它們匯集起來，輻射出來，那是多麼的燦爛與輝煌。此刻，我們從《荒原》的背脊上踏過去，還能感受得到作者沸騰騰的熱血，聽得見作者最蒼茫最悽厲之呼喊，沉重且緊迫地敲擊著那一顆顆苦難的生靈。

「出發。出發。快快從荒野出發吧！」

——選自司馬中原《荒原》

臺北：皇冠出版社，1973 年 3 月

# 評《荒原》

◎吳友詩[*]

　　最近我們反攻復國基地的臺灣出現了一本極夠分量與水準的反共小說——《荒原》，它的光輝愈加照亮了自由中國文壇。這部軍中作家司馬中原先生的長篇鉅構，可說完全是用心血來鑄成的純粹藝術結晶品。這些年來，我們也讀到若干很好的以反共為主題的小說，但若論氣勢之雄偉，結構之嚴謹，這部作品允可推為其中佼佼者。做為一個小說家的司馬中原，其成功處，依我的歸納，可分三方面：第一、他具有特別銳敏的感受力，故其筆觸所至，處處放出一種特異的光彩，豪氣逼人。第二、他具有過人一等的觀察力，世物萬象，經過他的描繪，實有出神入化之妙，使人引起型「美的滿足感」（"Aesthetic Satisfaction"）。第三、他感情純真，而想像力高，所以用字遣詞，如探掘寶藏，豐富的意象，直似取之不盡，用之不竭。這些都是一位大小說家的必備條件，半出於先天稟賦，半得自後天培養，稟賦不足，功力不到，殆無法使其作品質純色麗，臻於藝術極詣之真善美至境。

　　先就這本小說的內涵來說，堪比擬為一篇血淚凝成的中國現代史詩，它寫的是占中國人口最大比例的農民分子在動亂的時代中抗拒暴虐的可歌可泣的故事；從傳統的與世無爭的美夢裡覺醒過來，以至「時日曷喪，與汝偕亡」的悲憤悽楚的結束之整個過程。作者把小說的背景放置在抗戰時期共匪猖亂的大陸一隅蘇皖之交的洪澤湖東岸的一處荒野僻地上。人物角

*吳友詩（1920～2006）。散文家、文學論述。本名吳詠九。廣東番禺人。發表文章時為空軍總司令文職祕書。

色便是那兒的單純樸實的鄉民，他們承襲了古老農村社會的傳統意識，敬天地，信鬼神，安貧樂道；但時代巨輪的輾壓，卻未輕易放過他們。原本一向聽天由命，視災難為家常便飯的僻鄉小民，承平是他們唯一企求，此外別無奢望，多少次的天災人禍，都歸諸於天劫，歷經憂患，在長毛、土匪、軍閥、日本鬼子的蹂躪侵壓下都沒被斬盡殺絕，還是一代代挺著頭皮活下來，可是一旦赤禍燎原，這塊小小幅度的地區，也終於化為焦土，民無噍類了。作者寫這本小說的主旨，是替歷史存照，主題明顯，所在多是。最清楚的一段話，作者是在最後才藉由大後方歸來的該地居民夏福棠的所見所感明白道出：

> 夏福棠混身震動了，他原始只有高級知識分子才能從理論上認識共產主義的邪惡本質，做為一個真正的反共者；一般農民，尤其像家鄉澤地那種落後地域，是不會從根本上認識反共的。他們反共，只是一種天然的保衛，保衛他們傳統的意識以及在那種意識下所表現的古老生活方式，他們迷信、固執、反抗一切暴力去改變他們！但事實擺在眼前，像歪胡癲兒、像貴隆，僅僅憑藉著單純的直感，他們已經完成了最高潔、最壯美的反抗暴力的行為！……

通篇都是緊緊扣住這一主題來發揮，可貴的是作者完全運用了文藝的高度手法，循由文學訴諸讀者的感情之力的特色，完成了這部反映時代的完美作品。

一本成功的小說，必須具備了多種條件，《荒原》除了主題嚴肅、意識明確，以及高度的藝術技巧之外，值得稱道的，還有就是它具有藝術品的完整性（Uniqueness）。全書脈絡一貫，氣韻一致，作者在章法結構安排上，顯具匠心，故通篇有如行雲流水，舒卷自如，毫無斧鑿痕跡，不蔓不支。小說的原始材料，均屬同一物質：它是農村的、鄉土的、中華民族固有氣質的綜合物。一開頭，落筆的氣勢即見不凡；我們看：

沒有人敲鑿古往的歲月去推究有關於洪澤湖的傳說，傳說是荒謬而神奇
的，像許多古老中國的神話一樣，具有和一個悠久民族觀念融和的特
質，使那荒誕的傳說在民間傳播著，歷經了無數世代的遞嬗，轉化成一
種使人安心，使人敬凜的力量。繼續流過歷史長河。

作者在這一章裡，用傳說的神話做開頭，追敘荒原的歷史淵源，以洗
鍊的文筆，使字裡行間充滿了濃烈的鄉土氣息，使人簡直可嗅到泥土氣味
與古樸的民風特質。他在敘述的傳說神話中點出了做為小說背景的這塊地
域的形勢；點出了紅草荒原和低凹澤地；點出了火患、水患、狼患以及歷
來的人為災禍。寫迷信的鄉民如何興建火神廟來祭天免災，如何修築狼壇
來奉祀狼神，如何構築土堡以禦土匪。舉凡這一切，都跟以後的故事進展
息息相關，引出這塊荒原地域上前前後後所發生的一連串血淚史來。這部
小說，對於文學作品構成的三個要素——人種（Race）、環境
（Surroundings）、時代（Epoch），一個也不少；但不能就說包含了這三個
要素的便是大小說，《荒原》的藝術價值，我們應予論列者尚多。

要討論一部文學作品，自不能忽略其做為文學作品的首要特色，那就
是得先看通過作者所經驗的感情和想像而訴諸讀者的感情和想像的程度如
何。美國大評論家湯瑪斯・狄・昆賽（Thomas De Quincey）有一句讜論可
以說明這點，他說：「先有『知識的文學』（"Literature of knowledge"），其
次有『力量的文學』（"Literature of power"），前者的職使是教人（To
teach），後者的職使是動人（To move）。」從而可知，屬於「力的文學」的
小說，主要的特色是能動人，換言之，便是要能喚起讀者的想像，刺激讀
者的感情，而使讀後情懷激越，不能自己。也就是說，文學便是一種通過
了想像、感情、及趣味的文字的思想表現，是作者把他的思想披上了感情
與想像的外衣而傳達給讀者的。《荒原》的作者的感情與想像，我們可以從
他所塑造的那位只有綽號而不肯自言姓名的主角（Hero）歪胡癩兒的性格

行誼上看出來。作者塑造這樣一位人物英雄，想是特意為中華民族血性男兒的光明志節、磊落心胸寫照，姑不論現實中是否真有其人，但無疑的在無形中這樣的人物卻是我們每個人心目中原本存有的理想完美的炎黃胄裔的典型。成功的是在作者的筆下把他寫活了。歪胡癩兒欺雖不脫傳奇色彩（因為他太神奇了），但作者憑其才華已使他的感情想像和讀者的感情想像打成一片。類似這樣的人物，歷來中外大小說家亦曾著意塑造過，近代小說中可與比擬而近似的是大仲馬筆下的基度山伯爵，但後者脫離真實太遠，而係出於為報私仇的感情與想像去塑造的；前者所通過的感情想像無異乃是全民族的感情與想像，他是千萬中華抗暴英雄的化身，也就是中華民族性的象徵。作者把他的行誼刻畫得那樣驚天動地，慷慨激昂，讀過這本小說的人，歪胡癩兒必然漫遊遠近活在他心中，使你油然而生仰慕效法之心。這就是文藝感染人心的功用。

　　作者安排歪胡癩兒出場，真是煞費心機的，他充分採用了戲劇性的延宕手法，一再由第三者口中道出他的樣貌行徑來，使讀者對之產生深刻而完整的印象。他時用正筆，時用側筆，把他寫得如神龍見首不見尾。但處處關顧到整個情節的串連。在此我引一兩段來說明作者在處理人物上的高度技巧，怎樣把屬於這個人的影像，在時間上分割開來，予以適度的支配。最初是：

　　　　正當澤地上的人們把香燭投進石製的大香爐上匍身跪拜火神的時候，廟
　　　東不遠的野林裡，有一個奇怪的漢子牽著一匹白馬，搭起手棚凝望著人
　　　們頭上升起的煙篆。帽簷的陰影鎖住他的眼和眉。「可憐，」他喃喃著：
　　　「別處早在扒廟了，這兒還在拜神呢……」
　　　而沒有人看見他，只聽見一聲長長的馬嘶……

　　　　　　　　　　　　　　　　　　　　　　　　──頁 43～第二章末尾

　　火神祭之後，那一聲奇怪的馬嘶被人久久談論著。有人以為又是東洋鬼

子放下來的馬哨，有人以為是剽掠雷莊的馬賊還沒走，無論如何，老癩子不再懷疑貴隆所看見的，他自己也聽見了馬嘶。

……（中略，下同）

沒等六指兒貴隆出門，澤地各處全發現那匹藏頭露尾的白馬的蹤跡了。牠是一匹異常高大的馬，馱著一個異常高大的漢子在各處出現著。老癩子夜晚騎驢出門喊火，帶回來許多不同的傳言，把傳言前後印證起來。那匹馬在荊家泓、雷溝，都被人看見過。十月是紅草荒原的狂風季，張福堆一線的鬼子封鎖線沒向前挪，打著中央旗號的何指揮還守在吳家大莊，湖裡八路的洪澤湖支隊更沒了影兒。在三不管的空檔中，澤地的人們，一心都擔心這匹馬，有人看見牠急竄起來像天邊打了一道白閃，有人看見牠踩過澤地中間的水窪，留下一路蹄印在濕土上，只是沒看見馬上人的臉。

「那像是鬼變的，」土堡的石七說：「一連三晚上，堡角現大星的時刻，我就看見牠立在荊家泓叉口附近，晚霞照眼，人和騍留在林影裡，看上去模模糊糊一片，不等你探眼細瞧，牠一閃就沒了！」

雷莊的人倒沒看見白馬，不過，放牛的孩子卻在狼壇附近找著幾堆野火的殘爐，被石塊和潮濕的樹根壓熄在那裡。「要是真有一人一馬留在澤地，」雷家的長工白二推斷說：「那人必定在狼壇附近宿過夜，天冷、霜濃，他生火烤，才留下灰爐。」

老癩子騎驢到青石屋，碾房裡的二黑兒講得更怕人了：「癩叔，你說邪不牙？！前兒晚上，我歇了碾，正要卸騾子牽牠上槽，騾韁剛拆上手，就聽到身後有牲口噴氣，我一扭頭，一個頭能頂著門框的大漢子牽著那匹鬼馬堵門站著，屋裡沒上燈，黑忽忽的，只看見他的影子落在門外的天上，肩頭聳出馬槍柄兒，腰眼裡還插著快機匣槍。我一楞，那漢子開口了，一口山東調：「噯，夥計！我買點苣兒當馬料！」抖手扔過一條五斗裝的長蔴袋。我丟了騾韁去扒苣兒，足足裝了四斗五升，那漢子跨過一步，拎在手裡連肩膀都沒歪。「這是錢！」那漢子說。噹啷一聲，一塊

銀洋落在碾盤上，聽聲音也知不是假的。我說：「一角六分大洋一斗，四斗五升合大洋七角二，沒錢找，怎辦？」他說：「下回再算好了！」身子一橫，就在門邊上馬，等我再怔忡過來追出去，甭說人影兒，連馬蹄聲也聽不見了……」

二黑兒這麼一形容，老癩子也給弄得摸不著頭腦了。若論身子結壯，走遍澤地也沒人能比得過二黑兒的；渾身筋肉滾成團兒，活像一窩不安分的肉老鼠，發起力來，能搖起半截陷在泥音石滾兒，平常掮麥掮豆，百把斤上肩面不改色。偏偏在二黑兒嘴裡，把那漢子說成了巨無霸，買豆兒既付現洋，不是馬賊，究竟又是那一路的人？

——頁 46～48

看作者如此花氣力去刻畫騎白馬的人物，讀者在心裡所構成的印象又是何等深刻。比率直的直接描寫，勝過多少？像這樣的製造氣氛來襯托主要人物的出現，小說功力之深，還要加上心機之巧妙。你再讀下去，直到六指兒貴隆替父出外敲防火梆子在狼壇遇見歪胡癩兒之前，還有一大段描述黑夜行路者疑神疑鬼勾憶起狼與鬼火和魅物的描寫，這是作者運用了情節的間歇作用，藉人的心裡的臆想或倒敘，來發揮小說故事左右映帶的刺激效果。（諸如這類的追溯設計（Flashback plot），高明的作家都喜運用，而如何揉合過去的事件與現在的故事過程混成一體，更非有絕大的才華莫辦。《荒原》的故事，分之可以成為許多一個個獨立的精彩短篇，合之又是一氣呵成，天衣無縫。這些地方，限於篇幅，在此不能列舉，且亦不勝枚舉，唯作者的編織故事、處理結構的才能，也是值得注意的。）然後，作者才讓這位主要人物露面：

六指兒貴隆再一抬眼，不由登登的朝後退了兩步。那張臉在紫紅的火光下哪像是人臉，鼻子眼睛分不清，全是疤痕和筋肉凸起的痂結，好像一隻變了形的南瓜。左眼被一道收縮的疤痕吊住，弄成永也閉不起的大圓

球，眼珠半凸在外面的溜打轉。右眼叫埋在一條灰鐵色的肉柱裡，即使睜著也像瞎了一樣。一隻耳朵被削去上半截兒，另一隻倒好好的，只是變了地方，耳眼朝後倒釘在痲疤上。

「這叫傷裡套傷。」歪胡癩兒笑著，滿臉都泛起不自然的痙攣：「人是肉做的，要打東洋鬼子，必得拿命換命！我這條命死過十七八回了，那以後的日子是撿來的！」

——頁56～57

這張「不像人臉的臉」，把歪胡癩兒一生的經歷都寫上去了。

藝術品原是想像的產物，較之實際事物直接訴之於人心目的狀態不同，它比原始的事物更能刺激人的想像。《荒原》的作者對於人物形態性格的刻畫，都很費過一番氣力來作巧妙的安排之同時特別注意氣氛的陪襯，歪胡癩兒這張臉的「來歷」，換成低手，就會平鋪直敘接著這個場面道出來。而作者卻又安排在另一個場面上，看他是怎樣寫：

就這樣，歪胡癩兒在火神廟裡過了一夜。

北風有點虎頭蛇尾，夜裡發潑狂吹，掃淨了廟前方場的落葉，到早上，像條懶牛尾巴，有氣無力，連沙灰全颭不起來了。太陽在層雲背後靜靜的走，一片淡淡的青白色，落在廟門前的石臺上歪胡癩兒盤腿坐在蒲團上，身邊放隻盛青麻的小扁，石縫裡插著攮子，攮柄上吊著蔴索，在細心的打著草鞋。「游擊隊，草鞋兵！」他把哇沫吐在手心裡搓著說：「爬山涉水，行軍趕路，離不得這玩意兒！」

老癩子蹲在對面，嘴裡咬著旱煙袋，煙嘴下盛煙葉的小皮囊晃動著，也不急於叭咽，只楞瞅著歪胡癩兒的臉，那些相連相結的疤痕在陽光下面顯出不同的顏色，紅一塊，紫一塊，青一塊，黑一塊，比野戲臺上的花臉黃天霸更獰猛得怕人。

「真是死裡淘出來的。」

老癩子帶點讚歎和悲憫的意味：「你帶了不少回傷。」

「記不清了！」歪胡癩兒說：「沒耳朵的這邊三條印兒，東洋刀砍的，那時鬼子初到魯南地，我還沒拉游擊呢！──一排全跪的是人，膝蓋陷在泥濘裡，面前是一條草溝。鬼子頭兒手叉腰，吱著金牙發號令，兩個鬼子兵，一高一矮，掄著東洋刀，芟草般的打兩頭朝中間砍，一個頭上只砍一刀，砍完跟著踢一腳，踢進草溝了事，鬼子兵每砍一個人，叫一聲：「八力！」我閉上眼，單聽一路「八力」叫過來蓋過滴血的哀嚎。輪著我，那鬼子不砍了，把東洋刀認著我頭皮上磨來盪去，磨得人從後頸麻到屁眼門，刀上的血全滴到我鼻尖上。……你問東洋刀好快？碗口粗的樹，一刀下去連皮分家，光得跟鉋過一樣，要不是鬼子刀鋒砍偏了，我這腦瓜哪還能坐在脖子上跟你說話？！早就變成血西瓜啦。」

六指兒貴隆坐在方場邊一條木段兒上，聽說東洋刀有那麼快法，不禁嘴咬舌頭，用手去摸脖頸，兩眼骨碌碌的望著歪胡癩兒半截耳朵。

──頁 58

接著，作者輕巧地一轉，寫他的馬的來歷，這又是一個故事，連帶點出鬼子頭兒杉胛少佐這個在本書中的重要角色來：

「去！去！」老癩子攆兒子說：「把黑驢替我牽開，槽裡加一斗麩子，兩升豆兒餵馬。──這匹馬是東洋馬不是？」他轉朝歪胡癩兒說：「瞧牠身段這麼高大……」

「銅騾，鐵驢，紙糊的馬！」歪胡癩兒說：「本國的川馬，口馬，也還有點騾子的耐勁兒，唯獨這種鬼子馬，骨架大，起步快，就它娘太嬌！頓頓離不得豆兒。這匹馬是鬼子頭兒杉胛少佐騎的，一個留仁丹鬍兒的小太君，喔，拖著東洋刀兒好神氣，每天剛濛濛亮就出城溜一趟馬。我伏在亂墳頭上，理平一槍打得他秤錘似的墜著韁繩，一路拖起黃煙。城頭上鬼哨排槍沒蓋著我，馬就換了主兒了！杉胛廢了左膀子，到處張佈

告，懸賞捉拿劫馬的毛猴子……嘿，別摸牠，小兄弟，小心牠踢你翻筋斗！」……

——頁 59

寫歪胡癩兒如此，寫其他相對的陪襯人物亦如此。如寫日本鬼子杉胛的蠻狠，寫草莽英雄盧大胖子的豪勇，以及任何一個角色，都把握了各個不同的樣貌性格，予人一種抹不去的印象。在此不能一一例舉。

打歪胡癩兒現身起，全書便在一連串的高潮中發展下去。所有的大事件的發生，都在他身上引起。這個原是打獵出身，因受鬼子侵害，逼得拉游擊，帶過中央常備旅的馬班，叫八路扯腿散了板，由北闖南來到紅草澤地準備等喘過氣來再豁著幹的漢子的來到，立時便使這塊小小幅員的地域起了壯闊譎偉的波瀾。《荒原》如果換個書名，可稱之為「歪胡癩兒傳」——一個胸懷民族仇恨誓死抗暴的英雄，行俠、仗義、勇敢、豪邁，知其不可為而為之，終於以身殉道，以行報國。事體雖是以他的行誼為經，如剪除土匪刀疤劉五、解決漢奸張世和、俘殺鬼子頭兒杉胛、收服馬賊盧大胖子、力拚八路蘇大混兒……這些一連串的轟轟烈烈事件；而這本小說主要表現的卻是一股歷史的逆流流過的痕印，正像書名「荒原」那樣蒼涼，日本軍閥的錯著，使它陷入了泥淖中拔不出來，也造成了中華民族曠古未有的悲慘命運，使共匪在我全民抗戰中坐大，以致會有大陸赤地的今天。

針對此，作者在後幾章中有好幾處很巧妙地運用了史家之筆：

櫻花在夢裡開了，又落了，在三味線顫音繞耳的春夜，日本海岸的浪花遠而溫柔；或有人夢見井上的紅葉，楓林邊，水井之湄的汲水婦的影子，在彩色郵便（註：明信片）上以癡迷的神情望著遠雁。……八年了，八年的腥風血雨使許多聯隊，師團，許多戰馬，槍炮和號角埋進無邊遼闊的支那野地，它那樣承載著無數鋼鐵，火流，和硝煙。是那片埋滿了數千年支那人祖先骸骨的野地上所孕育出來的生靈，用他們的鮮血

染紅了天壁；使皇族皇民所供奉的戰神經不住長年燒灼，在他們心裡崩
解⋯⋯

——頁254

當大地在寧靜中沉睡的時候，誰也想不到有一天它會憤怒，一場火對於
它，直如抖脫一冬老去的皮毛，湖水被陽光蒸發變成含有水粒的雲，降
下雨來沖刷它身上的灰燼，那些流沙會埋去樹木的殘骸，在死去的老樹
邊，又發出一蓬一簇的新芽。而幾十里的紅草又若無其事的生長了，初
茁出的草尖直立著，像一把把嫩綠的小劍，高舉在地上朝天宣誓，宣誓
它們永不死亡。

——頁295


《荒原》這本小說，主題深遠，是很成功的反共小說；內容紮實，是
很有力量的民族文章；從頭到尾都含有濃烈的風土特質。作者寫下了上一
代中國農民的悽蒼生涯，和他們的憤怒的情懷之覺醒，演出一部驚天地、
泣鬼神的悲壯史劇。上一代中國農民所遭遇的浩劫，現在中年以上的人想
必記憶猶新，恐怕今天在臺灣天堂裡的多數人還是模糊的。共匪的陰險狠
毒，只有親嘗過那些苦頭的人才知道。作者讓你走進歪胡癩兒的故事中，
讓他來告訴你：

「你聽過那種亂法沒有？」他記得歪胡癩兒啞得分叉的喉嚨：「城裡豎鬼
旗，鄉角住八路，真空地上土匪橫行！老中央退了，老天爺也眼閉了！
癩疥到處流傳，瘟疫遍地都是。在東的，朝西逃，在西的，朝東跑。沒
有一處是安身地。有的死在田裡，有的倒在路上，白眼朝著天！喝野草
汁兒的，死時臉也青得像草葉兒，吃石粉的，死時臉也白得像塊石頭。
路邊上，野狗啣著人骨頭走，也有沒斷氣就叫野狗分了家，上半截身拖
著腸子爬，逢人便央人幫他找腿。那吃大攤的饑民也像蝗蟲樣，樹林、

橋孔到處為家，土塊拿著枕頭，露天就是被蓋，死了也沒人收埋！……
什麼是你的？由地收了糧，不是你的！一年餵大幾口豬幾隻羊，不是你
的！你有路，有人短你！你穿衣，有人剝你，有隻鐲子，砍去你的手省
得抹，有隻金牙，也有人扳著你腦袋敲！什麼是你的？！你死了，一身
骨架兒也讓野狗塞了牙縫！什麼全不是你的！」

那算什麼樣的故事？那不是故事，是一種粗啞可怖的嘶喊聲，歪胡癩兒
講述它們，那隻被傷疤吊起的眼裡，曾射出一種奇異的光采，黑得像一
口望不見底的深井，那些話語像活泉一般，從他灼熱的肺腑中湧突出
來。許多陌生的，遼遠的泡沫圍著廟堂的燈燄舞躍著，使周圍變得悽慘
陰沉。

——頁 63

這種情景，真合了「八路一到，太陽全哭黑了眼眶兒。」一點都不
假。

得民者昌，失民者亡，今天在大陸被共匪壓迫著的數億同胞，他們就
會也像純粹由農村出身的六指兒貴隆一樣的揭竿而起，奮勇抗暴。下一代
的他們，也許還沒有分潤過國民政府所給予的溫暖，但無疑地，六指兒貴
隆便是他們每一個的影子，他們也會有他同樣的懷想：

老中央像個什麼樣兒，自己沒見過，也無從揣想。雖說爹在話裡常提那
三個字，提起來就歎著，眉尖上鎖著條條憂傷的皺紋，不是低著頭看
地，就是抬頭望天，彷彿老中央那三個字和天接著，和地連著，就相隔
千里萬里也分不開一樣。爹更常講述南軍打北洋的事，總拿這樣的話作
結：「要不是南軍打了北洋去，各省各地盤，把天下分成八瓣兒像刀切的
西瓜片兒，那成什麼話？！要不是南軍……嗨，那些將軍帥爺抱著地皮
啃，能啃得閻羅殿漏雨，地藏王搬家！」……

——頁 112

　　國民革命軍北伐的功業，永留在上一代人的記憶中；而抗戰的偉績，更是千古不朽；今天在大陸的人民，人心望漢之情，更不知何等殷切！政府雖暫時播遷臺灣，但中華民國，　蔣總統這幾個字和天接著，和地連著，就相隔千里萬里也分不開！

　　寫反映時代的小說，實並不簡單，尤其是反映一個大時代的人民的心聲。要評價《荒原》的文學價值，最宜引用趙友培先生在《新文藝》第 90 期中所撰〈愛情‧理想‧戰鬥〉一文裡面所說的話來說明：

　　　抒情，是文藝創造的基本條件之一。因此，文藝若要使人感動，不但不能沒有情感，而且情感的成分是越豐富越好，情感的品質越高尚越好。在各種情感之中，品質最高尚的是愛情：它的底層，是兩性之愛；再上一層，是骨肉之愛；又上一層，是朋友之愛，社會之愛；更上一層，是國家之愛，民族之愛；最高一層，是人類之愛。

《荒原》的作者經營這部小說，正好合符趙友培先生的論點，他懷著民族的感情，把他的經驗與想像，思想與抱負用文藝的形式提出來。這本書的成功處，就是作者選擇素材的嚴謹，不是漫無目標的胡亂湊合。今天我們是在戰鬥，文藝是反共戰爭中有力的武器，只有認清這一點的人，才能夠推出這樣的作品來，我想這和作者任職軍中不無關係，也可以代表說明今天致力於文藝工作者的心志胸懷。沒有這種心志胸懷，是不能鑽到一個時代的人心中去掘發其共同感念，寫出一個時代的大眾心聲來。作者在書中借書中人夏福棠的口說：「……人要有心，誰都能做歪胡癩兒，碑文勒在石頭上，遠不如把它勒在人心上。」（頁 293）《荒原》正是一塊中華男兒反共抗暴的無數無名英雄的詳細碑文，讀後使人肅然起敬，振奮無已。它是一個民族的感情所孕育凝成的時代藝術品，不啻是文天祥〈正氣歌〉的演繹。作者在這本書上所耗心血不知有多少，他在書末記載著：1953 年隆冬初稿。1955 年改寫。1959 年 11 月 7 日再次改寫。1962 年 10 月 10 日脫

稿。百鍊精鋼洵非旦夕可以完成。單是他的認真從事，就值給予最大敬意。若是這本書在深度與廣度上尚有不逮的地方，作者自己一定比任何人都清楚，憑他的才華，相信還有更完美的作品會產生出來，我們謹以興奮的心情，拭目待之。

——選自司馬中原《荒原》

臺北：皇冠出版社，1973 年 3 月

# 從《月光河》看司馬中原

◎宋瑞*

　　文友中擅於辭令者頗多，而司馬中原則是連吐屬都帶文藝腔的一個。他天生一顆文學的心靈，所以出口成章，說話從不打頓。由於思想敏捷，感情豐富，所以小說寫得那樣動人心弦。而我個人對他的多才多藝的激賞，特別以他的亮麗奇拔的散文之筆為最。

　　幾乎擁有上千萬字作品的一位作家，文字技巧已臻化境，自不消說。但我佩服他的卻是思想的層次。司馬的記憶力特別好，他可以把許多年前甚至幼小時的印象，向你歷歷如繪的講得一點都不漏，就像它是昨天才發生的一樣。難怪他一旦以其如椽之筆去勾畫他生命中的夢痕，描摹其記憶中的漣漪時，便歷歷如繪，好像長江大河，滔滔不絕了。他記憶的庫藏，積貯得比別人多，自然文章內容也要廣厚深遠得多了。

　　《月光河》，是他自稱展現其生命成長痕跡的一個散文集子。它不但回饋了他記憶中深刻的印象，舒洩了他強烈的情感，也展示了他的心志和願望。他向你揭示的一個敏感的文學心靈的意識之流，正是人類一直要想追尋的生命的奧祕的結果，當可作為你在自己生命歷程中所遭遇到卻感無法捕捉的一些人生樣相的印證。

　　你在被他那迴腸盪氣的筆觸感動之餘，不禁會問：何以他能這樣心手相應把它們刻畫得如此深邃呢？答案可以全在這個集子裡找到。他在自序中說：「這些年來，當我面對著廣大讀者群時，總有人問我若干探究性的問

*宋瑞（1920～2006）。散文家、翻譯家、評論家。本名吳詠九。廣東番禺人。發表文章時為勵志出版社發行人。

題，我想，它的答案都該在這冊書裡吧？生命中蘊藏著的奧祕，有時是很難正面解答的。」事實上，他之所以能用一支筆，做到了人家想做而從未如願以償的這樣盛大的名山事業，當然不是無因的。他雖不直接回答你，但他過往的被他加倍運用的時間財富，間接地都在他這本書的字裡行間告訴你是怎麼一種情形了。「日子梭織著，人人都曾著意將生命織成一匹綿緞，但從經歷裡品嚐自己的創建，得多少不輟的辛勤？」誰能有像他這樣的不輟的辛勤，誰能有像他這樣一顆敏感的文學心靈，也就會有這樣的洋洋灑灑的文筆。他是當「在寒冷的夜晚獨坐著，冷靜而平和的舒展思維，細數記憶的顆粒……」誰能像他這樣保有一份心靈的孤獨和閒靜，誰也才能體悟到性靈生活的實質。

文學作品的構成，需要很大的本錢，除了一副情感豐富的心靈，一個聰敏過人的頭腦，更需要的是生活的歷練。司馬的寫作題材，都是生活給他帶來的。他拜戰亂之「賜」，他流浪、飄泊、吃苦、受罪，多方面的生活哺餵著他，使他成長得自然與眾不同：

> 從一個流浪者到成為一個保衛國家的兵士，我把軍中當成生活大學，把生活當成浩瀚的海洋，何必為不開花的青春怨歎呢？我堅信，人在任何困苦艱難的環境中，都能夠造就他自己，付出他的光和熱，那似乎沒有別的奧祕，用誠懇虛心，學習著汲取人間知識，增加本身生命的深度和廣度，用對國旗的熱愛作為鎖鑰，開啟你智慧之門，你精神的形象，便會逐漸的傲岸起來。

> ——〈我的少年時代〉

一個作家，最要緊的是生活，但光是生活還不夠，得要會思想，會記憶並且能選擇應予珍藏的記憶，把生命當作一本大剪貼簿的資料，將美好的事物給剪存下來，於是，在夜深人靜之際，他一個人獨坐於孤燈之下翻閱這本記憶的剪貼簿，把心靈沉浸在夢痕中，去品味由過往的日子釀成的佳

釀，那絲絲的流散的記憶的脈絡，便從心田的紡織機上條理明晰地編織成匹匹的錦繡文章。我想司馬便是這樣一個人。

　　猶憶民國 52 年他推出那經營了幾連十年的長篇小說《荒原》的時際，我跟他還素昧生平，兩不相識；當我讀竟該書之後，內心的喜悅，一如我讀大仲馬的《基度山恩仇記》和羅曼・羅蘭的《約翰克利斯朵夫》一樣。當時，我便在書後空白寫上這麼一段話：「看膩了時下一些『新文藝腔』的小說，這本書的出現有如鶴立雞群，只要有一、二十隻這樣大手筆，自由中國文壇便可以驕傲於世上了。寫歷史性的為時代作見證的小說不易，特別像這樣類型的一部『大書』，若非氣魄蓋世，心胸龐大者，不敢提筆，作者想像力之豐富，頭腦之細密，實堪欽佩，通篇看來有如都是他親身經歷之事，讀此書也像你是在親身目擊其中每章每節的故事與其主角人物，他們活躍在紙上，呼之欲出，寫此書的作者心血不知耗費了多少。……一件藝術品，決不是漫無目標的瞎湊合，小說文藝尤其如此，不能抓到籃裡便是菜，而要像百鍊精細般地鎚鍊出來。」我手頭這本高雄大業書店於民國 52 年 8 月初版的《荒原》，紙質已發黃變色；但 15 年的歲月卻並未減退我對它的激賞，此時從我千百本的藏書中取出翻閱把玩，當年閱讀它的那種激情和狂喜，還是如在目前，我曾經帶著它在上班交通車上看，並向同車人稱讚作者的才情，許為當今不可多得健筆。以後司馬來臺北，活躍於文化界，我認識他之後經常在各種會上同席，才進一步了解他的為人，是一個饒具國家意識熱愛民族文化傳統的漢子，他時常抒發的憂時見解，極為感人，我每每感到他不寫方塊實在可惜；而在他小說之外讀到的他的散文，韻味雋永，節奏有如詩篇，我又覺得他亦是一個詩人的材料。我相信他的散文，也會和他的小說一樣存在下去的。在我評過他的《荒原》（約萬餘字的讀後感，載於當時尚未更改版式的 16 開本的《新文藝》雜誌）之後的 15 年的今天，我再度為他的散文篇章一抒胸臆，其痛快實一如當年愛讀小說的年紀所有的程度，雖屬我個人生命歷程中的點滴，也想與同好者分享這份喜悅，是則為能無記乎？

——選自《臺灣新生報》，1978 年 11 月 26 日，12 版

# 野味
司馬中原的散文

◎劉正偉[*]

　　司馬中原是以小說聞名於臺灣文壇的。在他近半個世紀的文學創作中，散文作品遠不如小說數量之大。《鄉思井》、《月光河》、《駝鈴》……幾個稱得上散文集的，也都是薄薄的小冊子。在讀過臺灣一些著名或流行散文作家作品後，再讀司馬中原的散文，迎面撲來的是一股濃郁的野味。無論是追思故園，抒發離家哀痛，還是描述家鄉淮陰的鄉野風俗，針砭經濟高度發達的臺灣社會中的人情世故……他的散文裡通俗的意蘊、樸素的鄉野價值觀，淵博而鮮活的鄉土民俗知識，獨特的民間文學視角，構成一種特殊的審美風味：野味。

　　這種野味使他的散文在不斷受歐風美雨襲擊的臺灣散文界獨樹一幟。具體地說，司馬中原散文的野味主要來自三個方面：取材俗，入情真，結構隨意。拈出一個俗字，說他的散文，當然是想與所謂雅的散文相區別的。司馬中原在近 50 年的文學創作中，創作觀雖有過變化，1960 年代甚至還嘗試過一些現代派的東西，但他的散文總是在濃郁的具有北方風俗民情的描述中，寄蘊著許多鄉野的人情，鄉野民眾的觀念、思想，在他富有濃郁的北方鄉野民俗的圖畫勾勒中，如數家珍地鋪采著繁富的民俗知識。在他的散文骨子裡，更浸透著那些在現今社會早已「過時」、只活在或屬於他的家鄉普通不過的鄉民心中的思想、精神和觀念。

　　俗，是他整個散文主題和取材的特色。

---

發表文章時為淮陰師專中文系博士生，現為浙江大學教育學院副院長。

　　一方水土養一方人。正如湘西之子沈從文，司馬中原對故鄉的無限感情，最明顯地表現在他對故鄉淮陰的地理環境，風俗人情、生活習慣、道德精神的描繪上，仿佛是一幅幅景致各異的風俗畫：窄窄的小鎮屋宇、石壕墳崗，街前屋後雨天漫溢的汪糖，悠閒的茶館，人頭攢聚的說書場，流離的耍猴人，遠去的趕毛驢的小商販，以及編鳥籠、糊風箏、打梭的童年遊戲……。作者幾乎一落筆就能勾勒出洪澤湖畔的這一方水土，讀者感受到的是故時風情之醇厚，民族亂離生活之艱辛以及遠離故土之傷痛。中國現代散文在五四新文學運動之後異常繁榮，周作人、梁遇春散文都以知識豐富而見長，司馬中原在散文創作中，繼承了這嚴特色，但他在散文中所鋪敘的知識卻不是一般正統文人所慣用的，而是流傳在鄉野民眾中代代相傳的活的知識：北方傳統節令知識，婚嫁喪娶，禁忌避諱……作者通過代代相延，具有長期穩定性和影響力的社會風俗、習慣、觀念的記述表現自己對故鄉文化的態度。無論是敘事寫景的短章還是縱談古今的長篇小品，司馬中原都以博雜而繁富的民俗知識，鄉野的價值觀為背景，縱古援今，旁征搏引，在冷靜幽默的敘述中，反映故鄉人曾經經歷過的獨具地域特色的生活。在《新年談賭》中他記述了昔時家鄉的風俗：從年卅到二月二期間流行的賭博之風。「姑娘家平時羞羞答答的，擲起骰子來，尖聲叫嚷得像挨了刀似的」，可見故鄉人對賭博之喜好程度。這是節令方面的風俗。在〈哭的藝術〉中，作者對舊時婦女的地位，作了這樣概括：「父死從夫，夫死從子，男人是青天，女人為蘿藤，一生都要依靠男人過活。丈夫就是頭頂上一塊天，死了丈夫塌了天。」最精采的是描述鄉野小寡婦上墳的哭號：

　　我的個青天啊，你的心是鐵打的嗎？狠心來個大撒手，把我扔在世上受苦情啊！……皇天啊！你要回來帶我走啊，哪怕它地獄十八層，有一層我就去一層啊！我怎情去碰閻羅的冷面孔，也不願受那些狂蜂浪蝶亂欺凌啊！有人講我是桃花煞，有人說我是白虎星，媒婆常到我門前轉，還

　　有幾個惡霸口口聲聲要搶親，我問你，我的哭告你要黃泉聽沒聽得清？
　　有一天，我真要被人給搶了去，我要罵你死鬼怎麼不顯靈阿！

　　是流傳在江淮一帶的古老的婚嫁禮俗——寡婦改嫁，必上前夫墳上哭別。還有飲食方面的知識，淮陰的猜酒行令知識……一個地方的社會風俗是當地的經濟、文化、政治和歷史發展到一定時期的產物口作為比較具體的一種顯型文化，它在行為方式上、心理上、觀念上都影響、制約著人們。T. S. 艾略特說：一個人應該感到自己並不僅僅是某個特定民族的公民，而且還是一個具有種種地方性忠誠的某一特定部分的公民……任何個人都可以形成對其出生地以外的地方以及對與其並無祖傳關係的團體的最熱烈的忠誠，但是，我認為，所有遷徙異地的團體，其成員都懷有強烈的地方性的感情。[1]司馬中原少年離別家鄉，對故鄉可謂念念不忘。他既對地處南北交通要衝，常遭兵災、天災的淮陰人的苦情有著切身的體驗，又對那些制約家鄉人的生活、思想、觀念的風俗、禮教和陳規陋習有著更為理智和清醒的認識與批判。他既對積極、健康的傳統給予充分肯定和認同，也對其中消極的、迷信的東西給予揭露和抨擊。正是通過那些民俗風情的描述，司馬中原窺測和解剖了家鄉人人格的方方面面：有積極的品質，更有種種不可原諒的劣根性。在〈鄉情瑣憶〉一文中，司馬中原以現代人強烈的歷史使命感列舉和檢討了淮陰人身上的種種劣根性。諸如好賭好酒，好吹牛，好以老賣老，好窩裡鬥……作者寄身海外，表現家鄉的陳規陋俗以及種種劣根性，目的只有一個：點化愚玩，移風易俗，批判陳腐，再造鄉人的精神和觀念，改變家鄉人民積弱頹落的心態。司馬中原的散文很少刻意地去追求一種故作高深的哲理，他的散文所表現的主題，有許多可以說都是北方鄉野上一代一代人常用來說教子孫的最平常不過簡單不過的道理。〈建好一個譜〉中，作者面對高度發達的商業社會中人們精神崩潰、道

---

[1]T. S. 艾略特著；楊民生、陳常錦譯，《基督教與文化》（四川：四川人民出版社，1989 年），頁137。

德失範，提出在人們心目中「建好一個譜」。「譜」就是社會精神規制。有了譜，凡事做起來，則不離譜即可。〈談因果〉中，他提出，人啊，還是本分點好。〈慨話逸樂〉一文，作者提出戒色：「色字頭上一把刀」，〈新春談賭〉，他勸賭說：「酒越喝越厚，錢越賭越薄」、「不賭之人半神仙。爲仙爲鬼，全在諸君一念之間呢！」這些明白如話的語言，樸實的觀念，隨著時代的發展，早被一般人拋棄了，但司馬中原卻如數家珍，娓娓道來，讀之感到分外古樸和純厚。

　　一個作家在作品裡所表現出來的感情，是他體驗到的人類的感情，但首先是他自己真實的感情。中國文學歷來視文以載道爲正宗，所謂載道也不過是載聖賢之道，君主之道，封建綱常禮教之道。「五四」以後，坦露個性品格、抒發自我情懷的小品文開始勃興。但「五四」以後的散文或多或少地受歐風美雨或傳統文人的影響，抒發的感情有的是名士氣派，有的故作閒情逸致，有的則感傷悲憫，多多少少被美化過，矯飾過。司馬中原自稱是鄉野樸夫，他在散文裡表現的是一個生活在現代社會普通的人的真實感情，它不雕琢，不賣弄，裸露在他的散文裡的是：親情、友誼、師道。真，始終藏在他的文字裡。〈生命的重量〉是回憶母親的一篇短章。母親是一個很瘦小的鄉下女人，她不識字，平時她把丈夫看成天，把兒子當作寶。她教育兒子，從不打罵。「養孩子像養鳥，越野越好養，只要順著她的性子從旁點拔點拔就成了。」父親去世後，她在夜深人靜時跪在燈前爲兒子的成長向上帝祈禱的一幕，充滿著悲劇色彩，令人感動。那種對兒子的愛，是母親心裡世界真實的披示。真，不僅表現在他對鄉野故舊的追憶，表現在他對鄉野古厚純樸之人情的認同和發掘，還表現在他對自己個性的暴露和解剖上。讀司馬中原抒寫個人生活的散文，常常最能領略到作者的情趣，機智和幽默。因爲他常常以一種別人少有直率和坦誠獨抒自己個性的「弱點」和「醜陋」。〈臭棋的樂趣〉津津樂道的不是對弈的勝負：

　　　下棋時，手抓一抒子，落子快得像小雞吃米，根本不用腦筋，也不懂得

章法和路數……我所得的樂趣完全在過自己的癮，一開始被追殺，沒眼龍亂竄，竄到最後還是沒有眼，那就罵自己來過癮；要是瞎貓碰到死老鼠，把死棋弄活了，那就捧自己為鬼才來過癮；輸得起是一種過癮，贏得樂更是一種過癮，著著都是新招，結果是後手死，發現自己竟是白癡到如許程度，也是一種過癮，遇上打劫一看所有的劫材都被自己錯當成先手走光了，也是一種悶氣的過癮。

這段文字頗能見作者的人生哲學，既有儒家的精進上達，亦有道家的曠達無為。文章的結尾有一段文字，記敘自己有一次與文友尼洛到圍棋會附設棋社下棋。置身高手如林之地，他感到十分尷尬，便對尼洛說：

「咱們今兒正經點，裝出高手的樣子就好了，落子前，要好好思考！」尼洛笑說：「思有思路，咱們連路數都不懂，思考什麼？」我說：「儘量下慢就好」，結果發現下慢棋對我們是一種虐待，滿腦子茫然無緒，白白浪費時間而已，走著走著就快起來，鄰枰方落三數子，我們已走完了一盤，嘩啦嘩啦扒棋子的聲音，聽來連自己都覺得臉紅，臭棋尾巴露了出來，只好夾尾開溜啦！

這一段文字把個硬要面子老玩童形象活靈活現地描繪出來，雖是「硬揭自己的傷疤」，但卻見出作者坦誠、樸拙和率直的個性來。

在〈習字的滄桑〉裡，他戲稱自己發明的歪體字如火努魯魯土著跳的草裙舞，看得人頭昏。〈養貓記〉記述自己存著悲憫的胸懷，雨夜拾回一隻病貓，因經常外出，很少照看，只落得病貓形銷骨立，全家抱怨聲起，才悟出「朱西甯養貓養狗，算是行有餘力，而對我來說……算是自不量力了吧。」這些，在一般作家士大夫那兒可能屬「隱私」，不會去觸及，但司馬中原 卻甘於苛責和解剖。雖然不無幽默，調侃，但那份愛心，那份對生活的態度和責任，卻促人深思。做為一個小說家，司馬中原以深邃的歷史縱

深感表現鄉野驚心動魄的故事，結構經營頗具匠心，而他的散文卻竭力破除法度，追求自由靈活和隨意。司馬中原散文大致可歸爲三類：一類是敘事寫景，歌頌親情、友情，懷人感事的。如〈養貓記〉、〈壺中天地〉、〈習字的滄桑〉、〈稀世奇珍〉等，這類散文在結構上隨事賦形，根據內容和主題的需要，敘事，抒情大多委婉曲折，時有波瀾。在敘事中，更寄寓自己的體味。這類散文感情濃郁，情真意切，讀之如食橄欖，餘味雋永。一類是象徵散文。如〈生命的重〉、〈走進春天的懷抱〉、〈山的姻緣〉等，作者往往把自己對生命的體驗附著在有一定象徵意義的人和物體上，那一塊一塊褪毛遠逝的駱駝，那矯小瘦弱而堅韌的母親，那承擔寂寞的山脈……作者在表現這些穿越歷史的永恆的生命時，或整體象徵，或部分對應，結構上或工或散，張馳有度，不拘一格，富有變化。一類是雜感。或感於時尚，或取生活中一事一象。這類散文的結構最靈活，有的長不過幾百字，有的洋洋灑灑近萬言。談天說地，援古說今，汪洋恣肆，任意而談。許多看似平常的東西，經作者一串起來，就變成一副精美的項鍊。如短論〈浮名之累〉，作者寥寥數筆，就逼真地勾勒了世人追名逐利之相和趨之若鶩之狀：

> 昔時求名，大都求賢名，良名，所謂流芳百世之名。如今求名管它是浮名，虛名，甚至惡名，臭名，只求打響知名度，不擇手段，不講內容。故而社會上的「知名之士」真是多如過江之鯽，年長的是某老，官場上的是某公，商場上的是某董某總，學界上的是某大師，誠所謂：「大師賤如狗，多得滿街走」。

作者接著以戲謔的口吻指出，沒有名的求名，只把「名」當成商品的標誌和包裝口正如講究名牌，戴名表，穿名衣等一樣的。但搏得浮名之後，就感得常被人東拉西扯，弄得四處奔忙。到最後是人在江湖，身不由己。作者以自己體會在最後寫下這樣一句話：「我自知不敏，不過是浪得虛名，我

原想以閒雲野鶴之身，漫遊山林，但鶴翅未展，已被人送進動物園來了」。

　　全文不過幾百字，但作者幽默詼諧，亦論亦戲，藏而不露，渾而一體，令人把味不已。司馬中原的長篇小品可謂異彩紛呈。他最擅長的中外民俗知識爲材料，如〈笑的藝術〉、〈哭的藝術〉、〈罵的藝術〉，行文看似漫不經心，遊移不定，實則山重水複，前後勾連，彷彿織錦，絢爛多姿。

　　探究司馬中原散文野味形成的原因，既不能脫離臺灣當代文學發展狀況，也不可忽視作家的童年文化的構成及後來的生活經歷。1950 年代初，司馬中原始入文壇，正是國民黨瘋狂叫囂「一年準備，二年反攻，三年掃蕩，五年成功」的謊言之際，司馬中原少年失學，離鄉背井，爲生活計又加入國民黨青年軍。因而他是帶著強烈的反共情緒開始文學創作的。待時局穩定，反共救國成爲泡影時，他即意識到配合政治圖解政治的文學創作是毫無生命力的。他開始把文學背景尤其是小說背景推到明末清初，地點擺在籠而統之的北方鄉野，以反映民族苦難生活爲主，追求一種史詩的主題。此後，他的文學創作觀逐漸形成並走向成熟。司馬中原說：「鄉土若是一紋式古老的盆。我就是一株怯生生的盆景；若是一隻透明的魚缸呢？我就是一尾小小的遊魚。」[2]童年時，奶奶的歌謠，長工及北地山東誇子的傳奇性故事，茶館聽說書，看野臺子戲，父親書房裡的《聊齋志異》、《說岳全傳》……都使他沉迷到廢寢忘食的地步。司馬中原雖然沒有機會受到正規的系統的學校教育，卻從鄉野上獲得了豐厚的民間文學的薰陶。這是他文學創作永久的動力和源泉。他自己曾這樣概括：「那些民間藝術和傳說故事，給我的影響是深遠的，它使我充滿了歷史的幻想」[3]他對家鄉民俗的熟稔，與早期的這些民間文學薰陶是分不開的。

——選自《淮陰師專學報》第 18 卷，1996 年第 1 期

---

[2]均見司馬中原，〈《狂風沙》後記〉（臺北：皇冠出版社，1990 年）。
[3]同前註。

輯五◎
研究評論資料目錄

# 作家、作品評論專書與學位論文

## 學位論文

**1. 邱若琪**　司馬中原小說的戰爭書寫——以《荒原》、《狼煙》為例　臺灣師
範大學國文學系在職進修碩士班　碩士論文　楊昌年教授指導
2008 年　114 頁

本論文以《荒原》、《狼煙》為研究文本，探討其戰爭書寫的主題與價值，並就其
內容結構以及情節特色進行分析。全文共 6 章：1.緒論；2.司馬中原生平與創作理
念；3.戰爭書寫；4.《荒原》、《狼煙》內容特色；5.藝術特色；6.小說價值。

**2. 傅建國**　司馬中原長篇懷鄉小說研究　佛光大學文學系　碩士論文　簡文志
教授指導　2009 年 12 月　155 頁

本論文以司馬中原的長篇懷鄉小說為研究範圍，論述司馬中原懷鄉小說的文學內涵
與藝術價值。全文共 6 章：1.緒論；2.司馬中原的文學世界；3.長篇懷鄉小說中的主
題內容；4.長篇懷鄉小說之藝術技巧；5.司馬中原小說中的人物形象；6.結論。

**3. 蔡志遠**　司馬中原鄉野傳說人物類型研究　臺中教育大學語文教育學系　碩
士論文　董淑玲教授指導　2009 年　194 頁

本論文以司馬中原鄉野傳說系列《路客與刀客》、《紅絲鳳》、《天網》、《荒鄉
異聞》、《十八里旱湖》為研究範圍，探討司馬中原鄉野傳說中，各類型人物形象
所代表的時代意義，統整分析作者之寫作技巧及描繪人物特色，彰顯鄉野傳說之歷
史及文學價值。全文共 5 章：1.緒論；2.英雄人物形象研究；3.盜匪形象研究；4.各
類村民形象研究；5.結論。正文後附有〈司馬中原鄉野傳說人物彙整表〉、〈司馬中
原作品分類年表〉、〈司馬中原生平及寫作年表〉。

**4. 黃瓊緻**　司馬中原鄉野傳奇初探　政治大學國文教學在職專班　碩士論文
陳芳明教授指導　2010 年　242 頁

本論文以司馬中原鄉野傳奇的作品為研究對象，認為作家採用「新說書人的敘事方
式」，以多元的形式展現他的「司馬氏曰」，建構鄉野傳奇的廣袤世界；其意義有
四：建立通而不俗的敘事風格、說話與志怪傳統的繼承與革新、豐富臺灣通俗文學
的內涵與保存中華民族文化。全文共 7 章：1.緒論；2.拓印童年生活與拼貼故鄉景
物；3.挖掘民族文化意識的根蒂；4.歷史之外的歷史書寫；5.司馬中原鄉野傳奇之敘
事特色；6.司馬中原鄉野傳奇的意義；7.結論。正文後附錄〈司馬中原寫作年表〉、

〈司馬中原作品一覽表〉。

5. 張椀晴　　司馬中原散文研究　高雄師範大學國文教學碩士班　碩士論文　林
文欽教授指導　2010 年　261 頁

本論文聚焦在其散文作品，主要探討司馬中原的生平背景、文學觀，散文作品的題
材內容及藝術成就，分析其中的關聯及影響，歸結出司馬中原散文的價值及作品研
究的未來展望。全書共 6 章：1.緒論；2.司馬中原生平；3.司馬中原文學觀及著作；4.
司馬中原散文的題材內容；5.司馬中原散文的藝術成就；6.結論。正文後附有〈司馬
中原創作年表〉、〈司馬中原得獎紀錄〉、〈司馬中原訪談紀錄〉。

6. 柯惠方　　司馬中原鄉土小說研究　逢甲大學中國文學系　碩士論文　陳兆南
教授指導　2012 年 6 月　127 頁

本論文透過作家的生平和寫作歷程，析理出司馬中原的小說思路以及文學貢獻；探
究鄉土小說情理並蓄的題旨意趣和靈活圓融的敘事技巧，鄉土小說所呈現的特質，
檢視出蘊含其中的作家特色和一個時代的心靈剪影與生存風貌，帶領著、感動著各
個世代的讀者群眾，開啟屬於他們共通又保有自我的記憶回溯與文學想像。全文共
章：1.緒論；2.司馬中原的生平及文學創作；3.大匠不斲——司馬中原說故事；4.司
馬中原鄉土小說的敘事技巧；5.司馬中原的大夢——文化原鄉與英雄拔起；6.結論。
正文後附錄〈司馬中原生平&寫作年表〉、〈司馬中原著作出版年表〉、〈司馬中
原訪談紀錄〉。

7. 方佩儀　　司馬中原散文在國中國文教學應用之研究　高雄師範大學國文學系
碩士論文　林文欽教授指導　2013 年 6 月　234 頁

本論文探討司馬中原散文運用於國文教學的優勢、困境，並提出未來的展望，使司
馬中原散文的教育價值更完善給予學生更多面向的學習引導。全文共 7 章：1.緒論；
2.司馬中原生平及創作；3.司馬中散文藝術成就與教育價值；4.司馬中原散文與閱讀
教學；5.司馬中原散文與作文教學；6.司馬中原散文與情意教學；7.結論。

## 作家生平資料篇目

### 自述

8. 司馬中原　　《加拉猛之墓》前記　文星　第 73 期　1963 年 11 月　頁 56

9. 司馬中原　　前記　加拉猛之墓　臺北　愛眉文藝出版社　1971 年 1 月　頁 1

10. 司馬中原　　關於《荒原》　幼獅文藝　第 135 期　1965 年 3 月　頁 86—87

11. 司馬中原　　我投向創作的動機和過程——我的第一步[1]　中國時報　1967 年 4 月 16 日　12 版

12. 司馬中原　　拾級而登——我投向創作的動機和過程　我的第一步（上）　臺北　時報文化出版公司　1981 年 5 月　頁 197—205

13. 司馬中原　　拾級而登　月光河　臺北　九歌出版社　1982 年 1 月　頁 173—180

14. 司馬中原　　拾級而登　月光河　臺北　九歌出版社　2007 年 12 月　頁 161—167

15. 司馬中原　　《巨漩》後記　巨漩　臺北　落花生出版社　1970 年 2 月　頁 233—234

16. 司馬中原　　《巨漩》後記　巨漩　臺北　皇冠出版社　1986 年 7 月　頁 264—266

17. 司馬中原　　《刀兵塚》後記　刀兵塚　臺北　落花生出版社　1970 年 5 月　頁 270—271

18. 司馬中原　　《刀兵塚》後記　刀兵塚　臺北　皇冠出版社　1986 年 7 月　頁 265—267

19. 司馬中原　　我寫《狼煙》的動機[2]　中國時報　1971 年 11 月 14 日　9 版

20. 司馬中原　　序　狼煙　臺北　華欣文化事業中心　1978 年 7 月　頁 1—3

21. 司馬中原　　前記　凌煙閣外（上）　臺北　華欣文化事業中心　1974 年 11 月　頁 1—2

22. 司馬中原　　後記　鄉思井　臺北　中華文藝月刊社　1975 年 9 月　頁 269—271

23. 司馬中原　　後記　鄉思井　臺北　皇冠出版社　1977 年 9 月　頁 285—287

24. 司馬中原　　序　雷神　臺北　幼獅文化公司　1977 年 12 月　頁 1—4

---

[1]本文後改篇名為〈拾級而登——我投向創作的動機和過程〉。
[2]本文後收為《狼煙》一書的序文。

25. 司馬中原　　我對文學的信念　政大文藝　第 2 期　1979 年 5 月　頁 74—78

26. 司馬中原　　《霜天》題記　霜天　臺北　大地出版社　1979 年 7 月　頁 1—3

27. 司馬中原　　寫在前面（代序）　他，爲什麼要活下去　臺北　皇冠雜誌社　1980 年 6 月　頁 14—21

28. 司馬中原　　《狂風沙》後記　狂風沙（下）　臺北　皇冠雜誌社　1980 年 7 月　〔7〕頁

29. 司馬中原　　《孽種》後記　孽種　臺北　皇冠出版社　1981 年 5 月　頁 270

30. 司馬中原　　走近春天的懷裡（代序）　駝鈴　臺北　九歌出版社　1981 年 10 月　頁 3—6

31. 司馬中原　　老爬蟲的告白　駝鈴　臺北　九歌出版社　1981 年 10 月　頁 26—32

32. 司馬中原　　老爬蟲的告白　老爬蟲的告白　臺北　九歌出版社　2002 年 10 月　頁 146—154

33. 司馬中原　　序　月光河　臺北　九歌出版社　1982 年 1 月　頁 3—4

34. 司馬中原　　凝鍊生命情感——原書自序　月光河　臺北　九歌出版社　2007 年 12 月　頁 9—10

35. 司馬中原　　我的少年時代　月光河　臺北　九歌出版社　1982 年 1 月　頁 181—187

36. 司馬中原　　我的少年時代　俠與劍　南投　臺灣省訓練團　1986 年 1 月　頁 173—180

37. 司馬中原　　我的少年時代　中華現代文學大系（臺灣 1970—1989）散文卷（貳）　臺北　九歌出版社　1989 年 5 月　頁 685—691

38. 司馬中原　　我的少年時代　在歲月裡成長　臺北　正中書局　1991 年 9 月　頁 30—39

39. 司馬中原　　我的少年時代　老爬蟲的告白　臺北　九歌出版社　2002 年 10 月　頁 215—222

40. 司馬中原　我的少年時代　月光河　臺北　九歌出版社　2007 年 12 月　頁 168—16174

41. 司馬中原　編劇記　月光河　臺北　九歌出版社　1982 年 1 月　頁 225— 230

42. 司馬中原講；袁潔整理　小說・電影面面觀　文學時代雙月叢刊　第 13 期 1983 年 5 月　頁 90—91

43. 司馬中原　牽了老鼠當馬騎（代序）　精神與劍　臺北　九歌出版社　1983 年 11 月　頁 3—5

44. 司馬中原　寫在前面（代序）　他，為什麼要活下去？　臺北　皇冠出版社 1985 年 2 月　頁 14—21

45. 司馬中原　關於人肉——自序　啖頭記　臺北　皇冠出版社　1985 年 2 月 頁 7—22

46. 司馬中原　也是滄桑　人生船　臺北　爾雅出版社　1985 年 7 月　頁 870— 871

47. 司馬中原　人性的戀歌（代序）　春遲　臺北　九歌出版社　1985 年 10 月 頁 3—5

48. 司馬中原　燈前夜話——簡記四十年寫作歲月　中華日報　1986 年 2 月 22 日　11 版

49. 司馬中原　燈前夜話——簡記四十年寫作生涯　無弦琴　臺北　皇冠出版社 1986 年 5 月　頁 157—165

50. 司馬中原　不醉酒、不會說　皇冠　第 385 期　1986 年 3 月　頁 42—45

51. 司馬中原　從孕育到表達——我的小說經驗淺談　無弦琴　臺北　皇冠出版 社　1986 年 5 月　頁 217—224

52. 司馬中原　貧父難為　聯合文學　第 22 期　1986 年 8 月　頁 67—68

53. 司馬中原　我的起步——親身經歷八年抗戰・以司馬遷精神寫中原歷史　民 生報　1987 年 11 月 2 日　9 版

54. 司馬中原　聚落傳聞——代序　滄桑　臺北　駿馬文化公司　1988 年 7 月

頁 3—15

55. 司馬中原　　代序——聚落傳聞　滄桑　臺北　皇冠出版社　1993 年 9 月　頁 3—20

56. 司馬中原　　笨龜爬的慢　當我 20（上）　臺北　皇冠出版社　1988 年 8 月　頁 89—92

57. 司馬中原講；楊保嬌記　生活態度　臺灣日報　1991 年 2 月 3 日　9 版

58. 司馬中原　　烈燄焚騰——憶抗戰年代的歌聲　回憶常在歌聲裡　臺北　爾雅出版社　1995 年 7 月　頁 171—174

59. 司馬中原　　方格裡的青春和夢　聯合文學　第 146 期　1996 年 12 月　頁 12—13

60. 司馬中原　　我的寫作生活　老爬蟲的告白　臺北　九歌出版社　2002 年 10 月　頁 135—145

61. 司馬中原　　持之以恆　文訊雜誌　第 226 期　2004 年 8 月　頁 115

62. 司馬中原　　愛的恆星　文訊雜誌　第 237 期　2005 年 7 月　頁 37

63. 司馬中原　　淺談長篇小說之寫作　文訊雜誌　第 246 期　2006 年 4 月　頁 45—49

64. 司馬中原　　童話‧神話‧鬼話‧笑話——《司馬中原童話選‧自序》　更生日報　2006 年 5 月 28 日　9 版

65. 司馬中原　　自序——童話‧神話，笑話‧鬼話　司馬中原童話　臺北　九歌出版社　2006 年 6 月　頁 7—12

66. 司馬中原　　《狂風沙》新序　狂風沙（上）　臺北　風雲時代出版公司　2007 年 4 月　頁 14—15

67. 司馬中原　　緊握每一顆記憶的光點——新版序　月光河　臺北　九歌出版社　2007 年 12 月　頁 3—4

68. 司馬中原　　〈美馬記〉——大師說　大師在家嗎　臺北　國語日報社　2008 年 10 月　頁 46

69. 司馬中原主講　我與文學[3]　我與文學　臺北　臺大出版中心　2008 年 11 月
　　〔55〕頁

70. 司馬中原　用關愛的心進入萬物之心（代序）　司馬中原鬼靈經　臺北　九
　　歌出版社　2010 年 2 月　頁 3—6

71. 司馬中原講；林仁安整理　我對文學的體認　文訊雜誌　第 327 期　2012 年
　　12 月　頁 94—99

72. 司馬中原演講；顏訥記錄整理　我對文化的體認與本身的修為　文訊雜誌
　　第 329 期　2013 年 3 月　頁 142—148

**他述**

73. 〔青　溪〕　作家介紹——司馬中原　青溪　第 7 期　1968 年 1 月　頁 55

74. 諸葛未亮　邵逸夫果然違約，武俠成「合肥」，胡金銓不懂幽默，賀司馬中
　　原得獎　文化旗　第 8 期　1968 年 6 月　頁 52—56

75. 上官予　略說司馬中原　皇冠　第 182 期　1969 年 4 月　頁 288—291

76. 曾　門　作家印象記〔司馬中原部分〕　臺灣新聞報　1969 年 6 月 7 日　8
　　版

77. 司　陽　編故事能手司馬中原　純文學　第 48 期　1970 年 12 月　頁 76

78. 梅　新　創作與年齡——從司馬中原當選傑出青年說起（上、下）　中華日
　　報　1971 年 11 月 22—23 日　9 版

79. 孫瑋芒　司馬中原　書評書目　第 10 期　1973 年 2 月　頁 100—101

80. 編輯部　小傳　司馬中原自選集　臺北　黎明出版社　1976 年 8 月　頁 1—
　　2

81. 知　言　司馬中原　新文藝　第 253 期　1977 年 4 月　頁 145

82. 麻念台　司馬中原筆風獨特：寫傳奇小說不忘鄉土　大華晚報　1978 年 3 月
　　7 日　4 版

83. 拓跋瑞　司馬中原要寫史詩長篇　聯合報　1978 年 6 月 28 日　12 版

---

[3] 本資料為臺灣大學臺灣文學研究所舉辦文學講座之影音資料，片長約 105 分鐘，附有對談內容之
　逐字稿。

84. 馬瑞雪　　民族作家　抒思集　臺北　中華日報社　1978 年 12 月　頁 193—199

85. 封德屏　　司馬中原瘦馬行　他是誰？　臺北　號角出版社　1979 年 2 月　頁 51－54

86. 陳月雲　　司馬中原的一天　書評書目　第 97 期　1981 年 6 月　頁 26—27

87. 齊邦媛　　司馬中原　中國現代文學選集（小說）　臺北　爾雅出版社　1983 年 7 月　頁 189—190

88. 沙　牧　　鳳凰花開時〔司馬中原部分〕　臺灣新聞報　1983 年 10 月 13 日 9 版

89. 李豐楙　　司馬中原　中國現代短篇小說選析 1　臺北　長安出版社　1984 年 2 月　頁 209—210

90. 〔文訊雜誌〕　　文苑短波——司馬中原辦《童話天地》　文訊雜誌　第 9 期 1984 年 3 月　頁 8

91. 齊邦媛　　江河匯集成海的六十年代小說〔司馬中原部分〕　文訊雜誌　第 13 期　1984 年 8 月　頁 47—48

92. 齊邦媛　　江河匯集成海的六〇年代小說——司馬中原　霧漸漸散的時候　臺北　九歌出版社　1998 年 10 月　頁 55—57

93. 〔九歌雜誌〕　　書緣‧書香〔司馬中原部分〕　九歌雜誌　第 61 期　1986 年 3 月　4 版

94. 〔九歌雜誌〕　　書緣‧書香〔司馬中原部分〕　九歌雜誌　第 62 期　1986 年 4 月　4 版

95. 董君君　　吾師司馬中原　無弦琴　臺北　皇冠出版社　1986 年 5 月　頁 249—252

96. 小　四　　司馬中原　無弦琴　臺北　皇冠出版社　1986 年 5 月　頁 253—257

97. 〔九歌雜誌〕　　書緣‧書香〔司馬中原部分〕　九歌雜誌　第 68 期　1986 年 10 月　4 版

98. 〔九歌雜誌〕　　書緣・書香〔司馬中原部分〕　九歌雜誌　第 69 期　1986 年 11 月　4 版

99. 〔九歌雜誌〕　　書緣・書香〔司馬中原部分〕　九歌雜誌　第 74 期　1987 年 4 月　4 版

100. 〔九歌雜誌〕　　書緣・書香〔司馬中原部分〕　九歌雜誌　第 75 期　1987 年 5 月　4 版

101. 〔九歌雜誌〕　　書緣・書香〔司馬中原部分〕　九歌雜誌　第 77 期　1987 年 7 月　4 版

102. 鍾淑貞　　桃李春風：記輻射光熱的司馬中原老師　中華日報　1987 年 9 月 28 日　8 版

103. 〔九歌雜誌〕　　書緣・書香〔司馬中原部分〕　九歌雜誌　第 79 期　1987 年 9 月　4 版

104. 〔九歌雜誌〕　　書緣・書香〔司馬中原部分〕　九歌雜誌　第 81 期　1987 年 11 月　4 版

105. 〔九歌雜誌〕　　書緣・書香〔司馬中原部分〕　九歌雜誌　第 82 期　1987 年 12 月　4 版

106. 李瓊絲　　司馬中原　皇冠　第 407 期　1988 年 1 月　頁 160—165

107. 〔九歌雜誌〕　　書緣・書香〔司馬中原部分〕　九歌雜誌　第 84 期　1988 年 2 月　4 版

108. 〔九歌雜誌〕　　書緣・書香〔司馬中原部分〕　九歌雜誌　第 89 期　1988 年 7 月　4 版

109. 〔臺灣新生報〕　　司馬中原「鬼頭鬼腦」，換了東家「說說講講」　臺灣新生報　1989 年 1 月 6 日　12 版

110. 黃信麗　　司馬中原的藏書世界　精湛　第 9 期　1989 年 7 月　頁 47—48

111. 〔九歌雜誌〕　　書緣・書香〔司馬中原部分〕　九歌雜誌　第 112 期　1990 年 6 月　3 版

112. 蕭　颯　　文人赤子心　夜話八陣　屏東　睿煜出版社　1990 年 9 月　頁 41

—44

113. 陳素芳　寫人說鬼・現代鍾馗・司馬中原裸現民族的靈魂　中華日報
　　　1990 年 10 月 17 日　15 版

114. 〔九歌雜誌〕　書緣・書香〔司馬中原部分〕　九歌雜誌　第 116 期
　　　1990 年 10 月　4 版

115. 〔九歌雜誌〕　書緣・書香〔司馬中原部分〕　九歌雜誌　第 118 期
　　　1990 年 12 月　4 版

116. 鄭明娳　司馬中原　大學散文選　臺北　業強出版社　1991 年 10 月　頁
　　　202

117. 吳惟靜　我眼中的丈夫　普門　第 148 期　1992 年 1 月　頁 25—26

118. 湯芝瑄　司馬中原四季都是讀書天　中央日報　1995 年 1 月 11 日　21 版

119. 張夢瑞　鬼話連篇誰最暢銷？——司馬中原說故事有一套　民生報　1995
　　　年 7 月 28 日　15 版

120. 林燿德　司馬中原的恕道　幼獅文藝　第 501 期　1995 年 9 月　頁 11

121. 許素雲　此生只願做書囚——司馬中原　中華日報　1997 年 5 月 19 日　15
　　　版

122. 〔九歌雜誌〕　書緣・書香〔司馬中原部分〕　九歌雜誌　第 208 期
　　　1998 年 7 月　4 版

123. 王琰如　司馬其人　文友畫像及其他續編　臺北　詩藝文出版社　1999 年
　　　11 月　頁 91—94

124. 易　齋　法古鑑今的人文薪傳者——司馬中原　國魂　第 650 期　2000 年
　　　1 月　頁 73—76

125. 黃　硯　司馬中原——召喚文學靈魂的最高音　卓越雜誌　第 196 期
　　　2000 年 12 月　頁 178—182

126. 陳司亞　重操舊業　愛能超越一切　臺北　時報文化出版公司　2002 年 4
　　　月　頁 136—139

127. 黃美之　司馬中原　深情　臺北　躍昇文化公司　2002 年 4 月　頁 248—

250

128. 〔編輯部〕　　處處展現心志、人格與風格——司馬中原其人其文　老爬蟲
的告白　臺北　九歌出版社　2002 年 10 月　頁 3—7

129. 〔編輯部〕　　司馬中原小傳　老爬蟲的告白　臺北　九歌出版社　2002 年
10 月　頁 9—10

130. 金　劍　　戰地文思——金門訪問追記〔司馬中原部分〕　聯合報　2003 年
4 月 27 日　E7 版

131. 王景山　　司馬中原　臺港澳暨海外華文作家辭典　北京　人民文學出版社
2003 年 7 月　頁 524—527

132. 石德華　　元氣・遇見司馬中原　自由時報　2005 年 12 月 7 日　E6 版

133. 賴玉樹　　司馬中原的說「文」解「字」　中國語文　第 98 卷第 4 期　2006
年 4 月　頁 70—71

134. 黃映禎　　司馬中原經典之作，狂風再起——《狂風沙》重新出版，讓讀者
溫故知新　人間福報　2006 年 5 年 26 日　6 版

135. 陳宛茜　　司馬爺爺說童話，鬼影幢幢　聯合報　2006 年 5 月 30 日　C6 版

136. 江　遠　　名人開講——司馬中原將民間故事變成童話故事　人間福報
2007 年 5 月 20 日　5 版

137. 〔封德屏主編〕　　司馬中原　2007 臺灣作家作品目錄　臺南　國立臺灣文
學館　2008 年 7 月　頁 129

138. 林佩蓉　　文學領獎，前進桂冠〔司馬中原部分〕　臺灣文學館通訊　第 26
期　2010 年 3 月　頁 12—13

139. 蘇昭惠　　臺灣文壇的「鄉野傳奇」——司馬中原　臺灣光華雜誌　第 35 卷
第 11 期　2010 年 11 月　頁 48—56

140. 〔林佛兒〕　　前輩作家寫真簿——司馬中原　鹽分地帶文學　第 31 期
2010 年 12 月　頁 20—21

141. 江意蘋　　非關花來・非關月——司馬中原的文學人生　人間福報　2011 年
5 月 8 日　B4—5 版

142. 黃　梅　「狂風沙」來啦！　書心旅情　臺北　秀威資訊科技公司　2012
年4月　頁220—224

143. 黃　梅　吃司馬中原的豆腐！　書心旅情　臺北　秀威資訊科技公司
2012年4月　頁225—228

144. 星　雲　藝文界的朋友們——司馬中原　文訊雜誌　第323期　2012年9
月　頁35—36

145. 白　天　銀髮旋風來襲‧夢想「心」生活起飛〔司馬中原部分〕　吾愛吾
家　第361期　2013年1月　頁61—62

## 訪談、對談

146. 司馬中原等[4]　談中國現代藝術　中華文藝　第53期　1975年7月　頁4—
23

147. 司馬中原等[5]　談中國兒童文學　中華文藝　第54期　1975年8月　頁16
—34

148. 鄭培良等[6]　司馬中原訪問記　大學生散文選（一）　臺中　普天出版社
1977年1月　頁220—230

149. 張淑媛，李天礦　巴山夜雨翦燭時——訪林煥彰、段彩華、張默、張曉
風、辛鬱、司馬中原　興大法商　第36期　1977年6月　頁59
—83

150. 陳義芝，楊亭　春風一樣悠悠地吹著——司馬中原先生專訪　中華文藝
第79期　1977年9月　頁4—20

151. 陳義芝，楊亭　春風一樣悠悠地吹著——司馬中原先生專訪　作家的成長
臺北　華欣文化事業中心　1978年7月　頁146—165

152. 斐　文　舊皮囊中裝新酒：訪問司馬中原談《鄉野奇譚》　臺灣新生報
1977年10月29日　12版

---

[4]主持人：司馬中原、鄧文來；與會者：于還素、楊英風、席進德、梁君午、李奇茂、李錫奇、鄧
雪峰、江義雄；紀錄：夏楚。
[5]主持人：司馬中原、鄧文來；與會者：華霞菱、林鍾隆、林玉敏、李南衡、鄭明進、華景疆、王
庭玫；紀錄：曠野。
[6]訪問者：鄭培良、陳月萍、莊坤良、黃麗絲。

153. 彭碧玉　　　會心會面談文藝——司馬中原　幼獅文藝　第 286 期　1977 年 10
　　　　　　　月　頁 6—7

154. 楊澤，王宣一訪；詹宏志執筆　　小說與社會現實——文學像花園裡的各種
　　　　　　　景致　小說新潮　第 1 卷第 2 期　1977 年 10 月　頁 214—216

155. 黃武忠　　　談小說的文字運用：訪司馬中原先生　臺灣時報　1978 年 5 月 26
　　　　　　　日　9 版

156. 黃武忠　　　小說的文字運用——訪司馬中原先生　小說經驗——名家談寫作
　　　　　　　技巧　臺北　富春文化公司　1990 年 8 月　頁 111—120

157. 施美惠　　　訪司馬中原——從小就在生活中打滾　中華日報　1978 年 8 月 25
　　　　　　　日　12 版

158. 林淑蘭　　　司馬中原暢談讀書及寫作　中央日報　1978 年 9 月 20 日　11 版

159. 桂文亞　　　智慧的光盤：中國苦難生命的代語人——司馬中原訪問記　皇冠
　　　　　　　第 35 期　1979 年 5 月　頁 153—171

160. 桂文亞　　　智慧的光盤：中國苦難生命的代語人——司馬中原訪問記　仙人
　　　　　　　掌花　臺北　百科文化公司　1981 年 1 月　頁 153—171

161. 史玉琪　　　司馬中原從文學到鬼學　中央日報　1979 年 6 月 28 日　18 版

162. 史玉琪　　　司馬中原從文學到鬼學　中副下午茶　臺北　中央日報出版中心
　　　　　　　1995 年 11 月　頁 33—45

163. 程榕寧　　　司馬中原談生活與寫作　大華晚報　1979 年 10 月 21 日　7 版

164. 游淑靜　　　人生是 800 米賽跑——司馬中原暢談人生經驗至樂及至悲　幼獅
　　　　　　　文藝　第 428 期　1981 年 2 月　頁 4—8

165. 司馬中原等[7]　專題座談——如何展開對大陸文藝進軍座談實錄　中華文藝
　　　　　　　第 128 期　1981 年 10 月　頁 15—23　主

166. 劉枋　　　躍馬中原大司馬——記司馬中原　快樂家庭　第 103 期　1982 年
　　　　　　　7 月　頁 67—69

---

[7]主席：尹雪曼；與會者：陳紀瀅、唐紹華、張秀亞、劉枋、琦君、尼洛、趙淑敏、朱西甯、魏
萼、呼嘯、李牧、古錚劍、于還素、施良貴、岳騫、司馬中原、丁穎、程國強；紀錄：沙金。

167. 劉　枋　　躍馬中原大司馬——記司馬中原　非花之花　臺北　采風出版社
　　　　　　　2007 年 8 月　頁 171—177

168. 辛　鬱　　訪司馬中原談現代詩　臺灣日報　1982 年 9 月 29 日　8 版

169. 辛　鬱　　訪司馬中原談現代詩　創世紀　第 59 期　1982 年 10 月　頁 12—
　　　　　　　16

170. 林　芝　　望向高峰勤於筆耕的司馬中原[8]　幼獅少年　第 94 期　1984 年 8
　　　　　　　月　頁 98—99

171. 林　芝　　望向高峰勤於筆耕——司馬中原　望向高峰：速寫現代散文作家
　　　　　　　臺北　幼獅文化公司　1992 年 12 月　頁 92—97

172. 林　芝　　勤於筆耕的司馬中原　漫卷詩書：伴你我成長的現代作家　臺北
　　　　　　　正中書局　2005 年 2 月　頁 71—79

173. 許薌君　　談笑風生之外：我看到的司馬中原　新書月刊　第 20 期　1985 年
　　　　　　　5 月　頁 34—39

174. 許薌君　　談笑風生之外——我看到的司馬中原　當代作家對話錄　臺北
　　　　　　　傳記文學出版社　1986 年 10 月　頁 270—285

175. 簡文香　　如果不逢戰亂　自由青年　第 74 卷第 3 期　1985 年 9 月　頁 36
　　　　　　　—37

176. 莊秀美　　通過歷史的長河：訪小說家司馬中原先生　大華晚報　1985 年 12
　　　　　　　月 25 日　10 版

177. 張國立　　司馬中原故事裡的傳奇世界　中華日報　1986 年 5 月 7 日　11 版

178. 張國立　　司馬中原——以彩筆織出生活中的傳奇世界　九歌雜誌　第 68 期
　　　　　　　1986 年 10 月　1 版

179. 〔皇冠雜誌編輯群〕　　司馬中原　童年往事　臺北　皇冠雜誌社　1988 年
　　　　　　　6 月　頁 18—24

180. 楊保嬌　　文壇青春行——怡然自得的司馬中原　臺灣日報　1990 年 7 月 2
　　　　　　　日　18 版

---

[8] 本文後改篇名為〈望向高峰勤於筆耕——司馬中原〉、〈勤於筆耕的司馬中原〉。

181. 李美鵑　當個笨蛋真是快樂　大成報　1998 年 2 月 18 日　19 版

182. 林麗如　飲記憶而微醺，生命自感豐盈充實——專訪司馬中原先生[9]　文訊雜誌　第 156 期　1998 年 10 月　頁 87—91

183. 林麗如　記憶微醺——無處不文章的司馬中原　走訪文學僧：資深作家訪問錄　臺北　文訊雜誌社　2004 年 10 月　頁 33—41

184. 鍾淑貞　狂風・沙動——司馬中原訪問記　幼獅文藝　第 540 期　1998 年 12 月　頁 36—39

185. 林韋助　人類的格局——司馬中原談「文化的省思與檢討」　中華日報　2010 年 7 月 10 日　B7 版

186. 張椀晴　司馬中原訪談紀錄　司馬中原散文研究　高雄師範大學國文教學碩士班　碩士論文　林文欽教授指導　2010 年　頁 239—261

187. 司馬中原講；蘇頌淇記錄整理　文化的省思與檢討　人文心靈的跨越與回歸——府城講壇 2010　臺南　國立臺灣文學館　2011 年 7 月　頁 1—26

188. 柯惠方　司馬中原訪談紀錄　司馬中原鄉土小說研究　逢甲大學中國文學系　碩士論文　陳兆南教授指導　2012 年 6 月　頁 114—121

## 年表

189. 〔編輯部〕　司馬中原寫作年表　老爬蟲的告白　臺北　九歌出版社　2002 年 10 月　頁 307—312

190. 蔡志遠　司馬中原生平及寫作年表　司馬中原鄉野傳說人物類型研究　臺中教育大學語文教育學系　碩士論文　董淑玲教授指導　2009 年　頁 193—194

191. 張椀晴　司馬中原創作年表　司馬中原散文研究　高雄師範大學國文教學碩士班　碩士論文　林文欽教授指導　2010 年　頁 233—236

192. 黃瓊緻　司馬中原寫作年表　司馬中原鄉野傳奇初探　政治大學國文教學在職專班　碩士論文　陳芳明教授指導　2010 年　頁 210—236

---

[9]本文後改篇名為〈記憶微醺——無處不文章的司馬中原〉。

193. 柯惠方　　司馬中原生平&寫作年表　司馬中原鄉土小說研究　逢甲大學中國
　　　　　　　文學系　碩士論文　陳兆南教授指導　2012 年 6 月　頁 104—107

## 其他

194.〔青年日報〕　　王杏慶等 22 人今獲頒文藝獎章——榮譽獎章得獎四人為文
　　　　　　　學獎司馬中原、一信、美術獎陳銀輝及音樂獎邱火榮，獎項代表
　　　　　　　人文象徵，記載臺灣文藝傳承　青年日報　2007 年 5 月 4 日　9
　　　　　　　版

195. 陳宛茜　　司馬中原獲榮譽文藝獎章　聯合報　2007 年 5 月 4 日　A11 版

196.〔青年日報〕　　五四文藝節，公佈文藝獎章名單——司馬中原、一信、陳
　　　　　　　銀輝、邱火榮獲榮譽獎章，文藝獎章二十二位得主，今天頒獎
　　　　　　　青年日報　2007 年 5 月 4 日　11 版

197. 夏　漫　　司馬中原、南方朔、陳育虹等作家獲文藝獎章　聯合報　2007 年
　　　　　　　5 月 4 日　E7 版

198.〔文訊雜誌〕　　司馬中原蒞菲演講　文訊雜誌　第 290 期　2009 年 12 月
　　　　　　　頁 135—136

## 作品評論篇目

### 綜論

199. 李英豪　　試論司馬中原　靈語　高雄　大業書店　1964 年 3 月　頁 1—24

200. 李英豪　　試論司馬中原　從流動出發——現代小說批評　臺中　普天出版
　　　　　　　社　1972 年 1 月　頁 58—92

201. 大　荒　　三度空間——談司馬中原　中華文藝　第 44 期　1974 年 10 月
　　　　　　　頁 115—123

202. 魏子雲　　魏子雲批評集錦——論司馬中原　中華文藝　第 57 期　1975 年
　　　　　　　11 月　頁 15

203. 楊昌年　　司馬中原　近代小說研究　臺北　蘭臺書局　1976 年 1 月　頁
　　　　　　　534—535

204. 何　欣　　三十年來的小說〔司馬中原部分〕　中華文化復興月刊　第 10 卷
　　　　　　　第 9 期　1977 年 9 月　頁 29

205. 姜　穆　　司馬中原的世界　文藝月刊　第 106 期　1978 年 4 月　頁 22—34

206. 陳信元　　鄉野的捕描者——司馬中原　中學白話文選　臺北　故鄉出版社
　　　　　　　1979 年 7 月　頁 186—187

207. 董雲霞　　長河大川——司馬中原的寫作歷程　臺灣時報　1981 年 8 月 26 日
　　　　　　　12 版

208. 殷張蘭熙　　導言〔司馬中原部分〕　寒梅　臺北　爾雅出版社　1983 年 1
　　　　　　　月　頁 6—7

209. 姜　穆　　為苦難的國家寫史作註：側寫司馬中原及其作品　文訊雜誌　第 4
　　　　　　　期　1983 年 10 月　頁 178—185

210. 宋田水　　要死不活的臺灣文學——透視臺灣作家的良心——司馬中原、朱
　　　　　　　西甯、田原　臺灣新文化　第 14 期　1987 年 11 月　頁 37—38

211. 王德威　　鄉愁的困境與超越——朱西甯與司馬中原的鄉土小說　現代文學
　　　　　　　討論會　高雄　國家文藝基金會，中央日報主辦　1988 年 12 月
　　　　　　　29 日

212. 王德威　　鄉愁的超越與困境——司馬中原與朱西甯的鄉土小說　小說中國
　　　　　　　臺北　麥田出版公司　1993 年 6 月　頁 279—298

213. 古繼堂　　五十年代反共小說的主要代表作家和作品（下）〔司馬中原部
　　　　　　　分〕　臺灣小說發展史　臺北　文史哲出版社　1989 年 7 月　頁
　　　　　　　166—168

214. 徐　學　　鄉土派散文〔司馬中原部分〕　臺灣新文學概觀（下）　廈門
　　　　　　　鷺江出版社　1991 年 6 月　頁 197—199

215. 王溢嘉　　論司馬中原的靈異小說　流行天下：當代臺灣通俗文學論　臺北
　　　　　　　時報文化出版公司　1992 年 1 月　頁 241—270

216. 王溢嘉　　論司馬中原的靈異小說　當代臺灣文學大系 3・小說批評卷　臺北
　　　　　　　正中書局　1993 年 6 月　頁 285—310

217. 許建生　朱西甯、司馬中原、段彩華等軍中小說家　臺灣文學史（下）
福州　海峽文藝出版社　1993 年 1 月　頁 416—422

218. 徐　學　王鼎鈞、張曉風與 70 年代的散文創作〔司馬中原部分〕　臺灣文
學史（下）　福州　海峽文藝出版社　1993 年 1 月　頁 456—457

219. 徐　學　臺灣當代散文中的意象與寓言〔司馬中原部分〕　臺灣研究集刊
1993 年第 3 期　1993 年 8 月　頁 92—97

220. 劉正偉　鄉野情結——簡析司馬中原小說的主題　淮陰師專學報　1994 年
第 3 期　1994 年 9 月　頁 59—62

221. 方　忠　蒼涼而高遠的鄉土悲歌——司馬中原散文　臺港散文四十家　鄭
州　中原農民出版社　1995 年 9 月　頁 282—285

222. 楊　照　四十年臺灣大眾文學小史〔司馬中原部分〕　文學、社會與歷史
想像：戰後文學史散論　臺北　聯合文學出版社　1995 年 10 月
頁 49

223. 劉正偉　野味：司馬中原的散文　淮陰師專學報　1996 年第 1 期　1996 年
3 月　頁 11—13

224. 劉正偉　野味：司馬中原的散文　上海師範大學學報　1997 年第 3 期
1997 年 9 月　頁 72—75

225. 錢佩佩　司馬中原靈異小說　翰海觀潮　臺北　行政院文建會　1997 年 5
月　頁 274—277

226. 皮述民　從反共小說到現代小說〔司馬中原部分〕　二十世紀中國新文學
史　臺北　駱駝出版社　1997 年 10 月　頁 325

227. 鍾怡雯　臺灣散文中的中國圖像〔司馬中原部分〕　孤獨的帝國：第二屆
全國大專學生文學獎得獎作品專集　臺北　行政院文建會　1999
年 5 月　頁 514

228. 朱雙一　當代臺灣的浪漫文學〔司馬中原部分〕　臺灣研究集刊　2000 年
第 1 期　2000 年 3 月　頁 78—85

229. 劉碧交，陳麗鈴　菲南德斯與司馬中原的奇幻文學藝術之比較　文藻學報

第 15 期　2001 年 3 月　頁 313—330

230. 黃萬華　　臺灣文學——小說（上）〔司馬中原部分〕　中國現當代文學‧
　　　　　　　第 1 卷（五四—1960 年代）　濟南　山東文藝出版社　2006 年 3
　　　　　　　月　頁 459—460

231. 齊邦媛　　百年蒼茫中——《荒原》、《狂風沙》再起　狂風沙（上）　臺
　　　　　　　北　風雲時代出版公司　2007 年 4 月　頁 5—10

232. 齊邦媛　　百年蒼茫中——《荒原》、《狂風沙》再起　荒原　臺北　風雲
　　　　　　　時代出版公司　2006 年 8 月　頁 5—11

233. 鄭明娳　　讀司馬中原　山月村之歌　臺北　秀威資訊科技公司　2007 年 5
　　　　　　　月　頁 93—94

234. 鄭明娳　　當代散文的兩種「怪誕」（刪節）〔司馬中原部分〕　評論三十
　　　　　　　家：臺灣文學 30 年菁英選 1978—2008（上）　臺北　九歌出版社
　　　　　　　2008 年 6 月　頁 144—146

235. 朱雙一　　臺灣文學中的中國北方地域文化色彩——司馬中原與臺灣文學中
　　　　　　　的兩淮文化因素　臺灣文學與中華地域文化　廈門　鷺江出版社
　　　　　　　2008 年 9 月　頁 345—369

236. 柯惠方　　司馬中原靈異小說敘事時空特色[10]　第三十七屆中區中文研究所碩
　　　　　　　博士生論文研討會　臺中　中興大學中國文學系主辦　2009 年 11
　　　　　　　月 28 日

237. 柯惠方　　司馬中原靈異小說敘事時空特色　第三十七屆中區中文研究所碩
　　　　　　　博士生論文發表會論文集　臺中　中興大學中國文學系　2009 年
　　　　　　　11 月　頁 93—108

238. 邱若琪　　英雄的悲歌——談司馬中原小說中的英雄塑造　國文天地　第 294
　　　　　　　期　2009 年 11 月　頁 52—56

239. 萬胥亭　　小說作為一種「美學方法」：「感覺體」的「組構」與「疆域

---

[10]本文以「時空」的敘事方式為切入點，剖析司馬中原靈異小說的表現手法。全文共 4 小節：1.前
言；2.靈異小說的敘事空間；3.靈異小說敘事手法所展開的空間；4.結論。

性」的「表現」——司馬中原與黃春明的鄉土小說[11]　「感官素材
與人性辯證」國際學術研討會　臺南　國立臺灣文學館主辦
2010 年 3 月 6—7 日

240. 萬胥亭　小說作爲一種「美學方法」：「感覺體」的「組織」與「疆域
性」的「表現」——司馬中原與黃春明的鄉土小說　感官素材與
人性辯證國際學術研討會論文集　臺南　國立臺灣文學館　2010
年 8 月　頁 197—214

241. 彭瑞金編　　司馬中原　鳳邑文學百科　高雄　高雄縣政府文化局　2010 年
3 月　頁 14—15

242. 關首奇　兒童、鬼話與民俗——司馬中原與鄭清文的童話比較　第四屆臺
大、清大臺灣文學研究所研究生學術交流會　新竹　臺灣大學臺
灣文學研究所，清華大學臺灣文學研究所主辦　2010 年 10 月 15
—16 日

243. 黃可興　「反共文學」的猖獗和衰落〔司馬中原部分〕　20 世紀臺灣文學
史略　北京　民族出版社　2010 年 10 月　頁 124

244. 陳芳明　一九六〇年代臺灣現代小說的藝術成就——另類小說的特質〔司
馬中原部分〕　臺灣新文學史　臺北　聯經出版社　2011 年 10 月
頁 410—412

245. 金儒農　恐懼主體與異質空間的再生產——臺灣戰後恐怖小說系譜的生成
〔司馬中原部分〕]　臺灣研究新視界：青年學者觀點　臺北　麥
田出版社　2012 年 1 月　頁 274—279

246. 陳康芬　老兵不死，只是漸漸走向繆斯女神——軍中文藝系統、作家現象
與臺灣文壇——取得文壇位置的軍中作家與臺灣文壇〔司馬中原
部分〕　斷裂與生成——臺灣五〇年代的反共／戰鬥文藝　臺南
國立臺灣文學館　2012 年 10 月　頁 284

---

[11] 本文運用德勒茲與瓜達利「疆域性」概念談論司馬中原與黃春明所展現的「鄉土感覺體」，以及
文學史上的系譜。全文共 4 節：1.導言；2.「感覺體」的「組構」與「疆域性」的「表現」；3.從
「江北荒原」到「蘭陽平原」；4.鄉土書寫系譜與「祖國」之弔詭。

247. 林曉筠，潘柏年　　司馬中原小說中巫婆之研究　亞東學報　第 32 期　2012
年 12 月　頁 269—279

## 分論

### ◆單行本作品

### 散文

### 《青春行》

248. 孫瑋芒　　藝術家的心靈顯像──論司馬中原《青春行》　書評書目　第 12
期　1974 年 4 月　頁 9—14

### 《鄉思井》

249. 謝白雲　　司馬中原《鄉思井》讀後　中華日報　1975 年 12 月 3 日　12 版

250. 郭明福　　故國西風──讀司馬中原的《鄉思井》　新文藝　第 284 期
1979 年 11 月　頁 152—155

### 《月光河》

251. 宋　瑞　　從《月光河》看司馬中原　臺灣新生報　1978 年 11 月 26 日　12
版

252. 張　默　　獨釣歷史的惆悵──淺談司馬中原的《月光河》　臺灣時報
1978 年 12 月 23 日　9 版

253. 張　默　　獨釣歷史的惆悵　月光河　臺北　九歌出版社　2007 年 12 月　頁
229—231

254. 尾　生　　熱騰騰的八寶飯──司馬中原《月光河》讀後　愛書人　第 94 期
1978 年 12 月　1 版

255. 張拓蕪　　讀司馬中原《月光河》有感　臺灣新生報　1979 年 1 月 14 日　12
版

256. 蔡慧美　　讀《月光河》　國語日報　1980 年 5 月 25 日　6 版

257. 鮑　芷　　《月光河》　中央日報　1980 年 7 月 30 日　10 版

258. 羊　牧　　靜寂的奔湧──談司馬中原《月光河》　中華日報　1980 年 8 月
20 日　10 版

259. 朱星鶴　擁抱生命的人　國魂　第 418 期　1980 年 9 月　頁 68—69

260. 陳文娟　用真情和心靈譜成的書——讀司馬中原《月光河》　中華日報
　　　1980 年 10 月 23 日　10 版

261. 謝惠香　中國土地一支雄渾溫厚的歌——讀《月光河》　書評書目　第 100
　　　期　1981 年 9 月　頁 170—171

262. 〔文藝作品調查研究小組〕　《月光河》　書林采風　臺北　國家文藝基
　　　金管理委員會　1992 年 6 月　頁 103—104

263. 〔文藝作品調查研究小組〕　《月光河》　心靈饗宴　臺北　國家文藝基
　　　金管理委員會　1992 年 6 月　頁 121—122

## 《精神之劍》

264. 應鳳凰　楓林小橋‧孤燈明滅〔《精神之劍》部分〕　文訊雜誌　第 4 期
　　　1983 年 10 月　頁 189

265. 林貞羊　詞句美、情感真——司馬中原的《精神之劍》讀後　中華日報
　　　1983 年 11 月 11 日　10 版

266. 余　我　從真情出發的作品　中華日報　1985 年 9 月 10 日　11 版

267. 林素美　天下無處不文章——談司馬中原的《精神之劍》　商工日報
　　　1986 年 4 月 13 日　12 版

## 《滄桑》

268. 段彩華　回首一聲長嘆——評司馬中原著《滄桑》　幼獅文藝　第 417 期
　　　1988 年 9 月　頁 70—73

## 小說
## 《荒原》

269. 魏子雲　款步於《荒原》內外：兼論司馬中原之「新感覺」表現　皇冠
　　　第 120 期　1964 年 2 月　頁 58—67

270. 魏子雲　款步於《荒原》內外：兼論司馬中原之「新感覺」表現　偏愛與
　　　偏見　臺北　皇冠出版社　1965 年 8 月　頁 43—56

271. 魏子雲　款步於《荒原》內外：兼論司馬中原之「新感覺」表現　荒原

臺北　皇冠出版社　1973 年 3 月　頁 5—20

272. 魏子雲　款步於《荒原》內外：兼論司馬中原之「新感覺」表現　荒原
　　　臺北　風雲時代出版公司　2006 年 8 月　頁 16—22

273. 吳友詩　評《荒原》　新文藝　第 97 期　1964 年 4 月　頁 70—74

274. 吳友詩　評《荒原》　荒原　臺北　皇冠出版社　1973 年 3 月　頁 48—62

275. 趙滋蕃　評司馬中原的《荒原》　幼獅文藝　第 134 期　1965 年 2 月　頁
　　　16—17

276. 張　默　從荒野出發：試論司馬中原的《荒原》　新文藝　第 151 期
　　　1968 年 1 月　頁 21—36

277. 張　默　從荒野出發：試論司馬中原的《荒原》　荒原　臺北　皇冠出版
　　　社　1973 年 3 月　頁 21—47

278. 張　默　試論司馬中原的《荒原》　玫瑰花環　臺北　海軍出版社　1974
　　　年 6 月　頁 215—238

279. 洛　默　司馬中原《荒原》讀後　大華晚報　1970 年 11 月 2 日　8 版

280. 潘　林　評《荒原》　荒原　臺北　皇冠出版社　1973 年 3 月　頁 63—67

281. 齊邦媛　司馬中原筆下震撼山野的哀痛　中外文學　第 2 卷第 3 期　1973
　　　年 8 月　頁 4—12

282. 齊邦媛　司馬中原筆下震撼山野的哀痛　中國現代作家論　臺北　聯經出
　　　版公司　1979 年 7 月　頁 331—342

283. 齊邦媛　震撼山野的哀痛——司馬中原的《荒原》　千年之淚　臺北　爾
　　　雅出版社　1990 年 7 月　頁 75—89

284. 方念國　相看白刃血紛紛——抑鬱的《荒原》　民聲日報　1979 年 5 月 15
　　　日　11 版

285. 鄭　臻　《荒原》與中國文字的方法　幼獅文藝　第 317 期　1980 年 5 月
　　　頁 48—51

286. 上官予　中國文學的反共性——反共小說的成就〔《荒原》部分〕　文學
　　　天地人　臺北　黎明文化公司　1981 年 5 月　頁 167—170

287. 蔡源煌　《荒原》——一種詮釋的試探　中外文學　第 12 卷第 1 期　1983
　　　年 6 月　頁 10—22

288. 齊邦媛　前言——寫在爾雅版之前〔《荒原》部分〕　中國現代文學選集
　　　（小說）　臺北　爾雅出版社　1983 年 7 月　頁 5—6

289. 齊邦媛　前言——寫在爾雅版之前〔《荒原》部分〕　中國現代文學選集
　　　（散文）　臺北　爾雅出版社　1983 年 7 月　頁 5—6

290. 齊邦媛　前言——寫在爾雅版之前〔《荒原》部分〕　中國現代文學選集
　　　（詩）　臺北　爾雅出版社　1983 年 7 月　頁 5—6

291. 尼　洛　淺析《荒原》對中國文化的探究（上、下）　中央日報　1983 年
　　　12 月 12—13 日　10 版

292. 尼　洛　雕戰禍裡的中國人——介紹司馬中原的《荒原》　名家為你選好
　　　書：四十八位現代作家對青少年的獻禮　臺北　國語日報社
　　　1986 年 7 月　頁 36—39

293. 齊邦媛　時代的聲音〔《荒原》部分〕　千年之淚　臺北　爾雅出版社
　　　1990 年 7 月　頁 14

294. 史玉琪　荒原中的城堡　中央日報　1992 年 12 月 8 日　17 版

295. 張　曦　《荒原》　臺港小說鑑賞辭典　北京　中央民族學院出版社
　　　1994 年 1 月　頁 299—303

296. 王德威　五十年代反共小說新論——一種逝去的文學？〔《荒原》部分〕[12]
　　　四十年來中國文學　臺北　聯合文學出版社　1995 年 6 月　頁 78
　　　—79

297. 王德威　一種逝去的文學？——反共小說新論〔《荒原》部分〕　如何現
　　　代，怎樣文學：十九、二十世紀中文小說新論　臺北　麥田出版
　　　公司　1998 年 10 月　頁 153

298. 王德威　一種逝去的文學？——反共小說新論〔《荒原》部分〕　中華現
　　　代文學大系（貳）‧臺灣一九八九—二○○三評論卷（二）　臺

---

[12] 本文後改篇名為〈一種逝去的文學？——反共小說新論〉。

北　九歌出版社　2003 年 10 月　頁 747

299. 王德威　　一種逝去的文學？──反共小說新論〔《荒原》部分〕　20 世紀
臺灣文學專題 1：文學思潮與論戰　臺北　萬卷樓圖書公司　2006
年 9 月　頁 170

300. 王德威　　一種逝去的文學？──反共小說新論〔《荒原》部分〕　如何現
代，怎樣文學？　臺北　麥田出版社　2008 年 2 月　頁 153

301. 張　詮　　作家的第一本書──老兵的故事　中華日報　1997 年 1 月 27 日
15 版

302. 楊　照　　既返鄉又浪遊的弔詭旅程──司馬中原的《荒原》　自由時報
1998 年 1 月 2 日　41 版

303. 林少雯　　司馬中原的《荒原》　中央日報　1999 年 10 年 30 日　18 版

304. 秦慧珠　　六〇年代之反共小說──司馬中原（二之一）〔《荒原》部分〕
臺灣反共小說研究（一九四九年至一九八九年）　中國文化大學
中國文學系　博士論文　金榮華教授指導　2000 年 4 月　頁 166
──170

305. 應鳳凰　　司馬中原的《荒原》　臺灣文學花園　臺北　玉山社出版公司
2003 年 1 月　頁 48─51

306. 應鳳凰　　司馬中原《荒原》　五〇年代臺灣文學論集　高雄　春暉出版社
2004 年 6 月　頁 64─65

307. 林俊德　　司馬中原的小說　更生日報　2005 年 5 月 9 日　18 版

308. 陳康芬　　民族的苦難、韌性與希望──評司馬中原的《荒原》　荒原　臺
北　風雲時代出版公司　2006 年 8 月　頁 12─15

309. 應鳳凰　　「反共＋現代」：右翼自由主義思潮文學版──五〇年代臺灣小
說──小說文本的敘事與想像──想像「萬惡共匪」的五種類型
〔《荒原》部分〕　臺灣小說史論　臺北　麥田出版公司　2007
年 3 月　頁 167─169

310. 應鳳凰　　五〇年代臺灣小說「反共美學」初探──「反共名著」上台亮相

——入圍「文學史書」排行榜十書——司馬中原：《荒原》 臺灣文學史書寫國際學術研討會論文集・第二集 高雄 春暉出版社 2008 年 6 月 頁 454—455

311. 傅建國 論《荒原》之英雄書寫 南榮學報 復刊第 12 期 2009 年 5 月 頁 1—15

312. 應鳳凰，傅月庵 司馬中原——《荒原》 冊頁流轉——臺灣文學書入門 108 臺北 印刻文學生活雜誌出版公司 2011 年 3 月 頁 76—77

313. 陳康芬 「我們」的政治、「我」的文藝——反共戰鬥小說敘事的現實與世界觀——反共與戰鬥小說的集體性敘事——「倫理化」的民族國家道德價值觀〔《荒原》部分〕 斷裂與生成——臺灣五〇年代的反共／戰鬥文藝 臺南 國立臺灣文學館 2012 年 10 月 頁 180—182

《靈語》

314. 趙海濤 《靈語》的感受 中央日報 1970 年 12 月 13 日 9 版

315. 趙海濤 母愛的光輝——再讀《靈語》 臺灣新聞報 1980 年 9 月 19 日 12 版

316. 雨鴿 夜聽《靈語》 臺灣新聞報 1983 年 10 月 8 日 9 版

《狂風沙》

317. 魏闕 司馬中原與《狂風沙》 中華文藝 第 5 期 1971 年 7 月 頁 213—235

318. 高全之 司馬中原的英雄衰亡與昇揚（上、中、下） 幼獅文藝 第 262—264 期 1975 年 10—12 月 頁 4—11，176—184，32—44

319. 高全之 司馬中原英雄的衰亡與昇揚 當代中國小說論評 臺北 幼獅文化公司 1978 年 12 月 頁 95—123

320. 高全之 司馬中原英雄的衰亡與昇揚 中華現代文學大系（臺灣 1970—1989）評論卷（壹） 臺北 九歌出版社 1989 年 5 月 頁 321

—351

321. 高全之　司馬中原英雄的衰亡與昇揚　從張愛玲到林懷民　臺北　三民書局　1998 年 2 月　頁 137—177

322. 方念國　中原北望——字字血淚的《狂風沙》　民聲日報　1979 年 5 月 8日　11 版

323. 郭明福　荒原上的悲歌　琳瑯書滿目　臺北　爾雅出版社　1985 年 7 月　頁 21—23

324. 齊邦媛　擡轎走出《狂風沙》　聯合報　1990 年 3 月 5 日　29 版

325. 齊邦媛　擡轎走出《狂風沙》　千年之淚　臺北　爾雅出版社　1990 年 7月　頁 89—97

326. 周昭翡　《狂風沙》賞析　錦囊開卷　臺北　國家文藝基金管理委員會　1993 年 6 月　頁 164—166

327. 楊　照　槍和火的無情世界　中國時報　1999 年 1 月 12 日　37 版

328. 陳宛茜　司馬中原《狂風沙》，重出江湖　聯合報　2006 年 5 月 26 日　C6 版

329. 劉郁青　狂風沙要掀後勁，越老越有壓箱寶　民生報　2006 年 5 月 26 日　A9 版

330. 李奭學　亂世裡的「鹽鐵論」——評《狂風沙》　聯合報　2006 年 8 月 6日　E5 版

331. 陳康芬　捍衛人性烏托邦的英雄淬煉——評司馬中原的《狂風沙》　狂風沙（上）　臺北　風雲時代出版公司　2007 年 4 月　頁 11—13

332. 朱雙一　左翼文學的仆倒和「反共文學」的泛起——極端政治化的「反共文藝」——鄉野傳奇：臺灣文學的多元地域文化色澤〔《狂風沙》部分〕　臺灣文學創作思潮簡史　臺北　人間出版社　2011年 5 月　頁 236—237

## 《驟雨》

333. 王　沂　人生的況味民族的悲哀——司馬中原《驟雨》印象　臺港與海外

華文文學評論和研究　1992 年第 1 期　1992 年 5 月　頁 30—36

## 《刀兵塚》

334. 尼　洛　刀兵的省思——讀司馬中原《刀兵塚》有感　文訊雜誌　第 26 期
1986 年 10 月　頁 65—68

## 《啼明鳥》

335. 詩　錚　真作家‧好作品——試評司馬中原《啼明鳥》　臺灣新聞報
1969 年 4 月 11 日　9 版

336. 保　真　南森與美倩　中華日報　1998 年 5 月 20 日　16 版

337. 保　真　南森與美倩　保真領航看小說　臺北　九歌出版社　1999 年 5 月
頁 213—215

338. 江中明　司馬中原舊作《啼明鳥》新出版　聯合報　1999 年 4 月 27 日　14
版

## 《遇邪記》

339. 桂文亞　談談「秉燭夜譚」《遇邪記》讀後　皇冠　第 243 期　1974 年 5
月　頁 192—193　本文後改篇名為〈傳奇故事《遇邪記》〉。

340. 桂文亞　傳奇故事《遇邪記》　橄欖的滋味　臺北　皇冠出版社　1977 年
4 月　頁 103—105

## 《狼煙》

341. 朱西甯　司馬中原《狼煙》所給的——給生長在島上的中國的孩子們　中
華文藝　第 44 期　1974 年 10 月　頁 110—114

342. 花　村　《狼煙》讀後　書評書目　第 36 期　1976 年 4 月　頁 147—152

## 《復仇》

343. 陳明智　悲苦的境遇、深坑的尊嚴：由《復仇》輕探司馬中原的小說世界
文藝月刊　第 203 期　1986 年 5 月　頁 34—44

## 《流星雨》

344. 劉　枋等[13]　由《流星雨》談司馬中原的小說世界　文壇　第 250 期　1981

---

[13]與會者：鳳兮、李瑞騰、李赫、曾心儀、管管、鄭純英、吳癡、朱嘯秋。

年 4 月　頁 168—176

345. 朱雙一　　從遷移到扎根：海與山的交會——臺灣文學「土地」情結的產生
　　　　　　　與傳衍〔《流星雨》部分〕　臺灣文學與中華地域文化　廈門
　　　　　　　鷺江出版社　2008 年 9 月　頁 89—90

**《霜天》**

346. 筱　　民　　司馬中原《霜天》讀後　中華日報　1975 年 8 月 13 日　12 版

347. 叢　　林　　一本反映時代的小說集　中華日報　1975 年 10 月 6 日　9 版

**《巫蠱》**

348. 文　　泉　　關於《巫蠱》二三事　中華日報　1976 年 6 月 28 日　9 版

**《失去監獄的囚犯》**

349. 林佩芬　　英雄與英雄崇拜：讀司馬中原《失去監獄的囚犯》　中央日報
　　　　　　　1982 年 5 月 16 日　10 版

350. 燕　　燕　　《失去監獄的囚犯》　時報雜誌　第 167、168 期合刊　1983 年 2
　　　　　　　月　頁 90—91

**《春遲》**

351. 火　　宿　　跨越宿命的戀歌：讀司馬中原《春遲》　中華日報　1987 年 2 月
　　　　　　　22 日　11 版

352. 火　　宿　　跨越宿命的戀歌：讀司馬中原《春遲》　大眾報　1987 年 3 月 20
　　　　　　　日　11 版

353. 保　　真　　水晴子的悲劇——司馬中原的《春遲》　中華日報　1998 年 4 月
　　　　　　　28 日　16 版

354. 保　　真　　水晴子的悲劇——司馬中原的《春遲》　保真領航看小說　臺北
　　　　　　　九歌出版社　1999 年 5 月　頁 210—212

**《鬼話》**

355. 劉碧交　　菲南德斯與司馬中原的奇幻作品中的「幽默」比較[14]　中外文學

---

[14]本文以托多洛夫（Tzvetan Todrov）的結構主義分析論及柏格森（Henri Bergson）的「生命的機械
　化」，比較菲南德斯與司馬中原《鬼話》中的幽默成分。全文共 4 小節：1.前言；2.奇幻主義與幽

第 31 卷第 5 期　2002 年 10 月　頁 102—130

## 《最後的反攻》

356. 侯如綺　司馬中原《最後的反攻》中的「性」書寫探析　2012 女性文學與文化學術研討會　臺北　淡江大學中國文學系主辦　2012 年 3 月 23 日

## 兒童文學

### 《司馬中原童話》

357. 陳希林　說鬼的司馬中原，開始說童話　中國時報　2006 年 5 月 26 日　E8 版

358. 劉郁青　九歌童話列車，司馬中原、管家琪啓航　民生報　2006 年 5 月 30 日　A9 版

359. 祝建太　聽爺爺說鄉野奇譚——讀《司馬中原童話》　文訊雜誌　第 263 期　2007 年 9 月　頁 76—78

## ◆多部作品

### 《荒原》、《狂風沙》

360. 魏　闕　司馬中原的語言——論《荒原》與《狂風沙》　幼獅文藝　第 216 期　1971 年 12 月　頁 244—251

361. 齊邦媛　二度漂流的文學〔《荒原》、《狂風沙》部分〕　中華文學的現在和未來——兩岸暨港澳文學交流研討會論文集　香港　鑪峰學會　1994 年 6 月　頁 136

### 《廢園舊事》、《荒原》

362. 李宗慈　大時代小人物——《廢園舊事》、《荒原》的省思　自由日報　1987 年 12 月 14 日　8 版

### 《龍飛記》、《荒原》、《狼煙》

363. 王保生　兩岸文體風貌〔《龍飛記》、《荒原》、《狼煙》部分〕　揚子

---

默主義；3.菲南德斯與司馬中原的《鬼話》；4.結論。

江與阿里山的對話——海峽兩岸文學比較　上海　上海文藝出版

社　1995 年 12 月　頁 332—333，337

## 《狼煙》、《凌煙閣外》

364. 秦慧珠　七〇年代之反共小說——司馬中原（二之二）　臺灣反共小說研

究（一九四九年至一九八九年）　中國文化大學中國文學系　博

士論文　金榮華教授指導　2000 年 4 月　頁 202—208

## 《荒原》、《狂風沙》、《綠楊村》

365. 莊文福　司馬中原《荒原》、《狂風沙》、《綠楊村》等　大陸旅臺作家

懷鄉小說研究　中國文化大學中國文學系　博士論文　邱燮友教

授指導　2003 年　頁 117—132

## 單篇作品

366. 〔經緯文摘〕　〈洪荒〉評介　經緯文摘　第 2 期　1962 年 11 月　頁 38

—39

367. 陳一山　一篇如詩似夢的小說：〈瓶花〉主題及技巧的剖析　中國一周

第 775 期　1964 年 10 月 12 日　頁 23—24

368. 汪其楣　司馬中原小說〈店裡門外〉之初剖　新潮　第 14、15 期合刊

1967 年 5 月　頁 112—118

369. 楊萬運等[15]　談〈童歌〉　文藝月刊　第 5 期　1969 年 10 月　頁 157—171

370. 撫萱閣主　〈野天〉按　你喜愛的文章　臺北　史地教育出版社　1969 年

11 月　頁 62

371. 季　薇　生命的靈燈：司馬中原的〈一個神父之死〉　自由青年　第 47 卷

第 4 期　1972 年 4 月　頁 85—92

372. 鄭明娳　散文的主要類型〔〈一個神父之死〉部分〕　現代散文類型論

臺北　大安出版社　1987 年 6 月　頁 72—76

373. 季　薇　〈生命的靈燈〉賞析　劍橋秋色——精選散文欣賞　臺北　自由

青年社　1973 年 4 月　頁 155—157

---

[15]與會者：楊萬運、杜育春、牛嶷、尉天驄；紀錄：金龍。

374. 大　荒　談司馬中原的〈黎明列車〉　中華文藝　第 41 期　1974 年 7 月　頁 73—77

375. 柯慶明　六十年代現代主義文學？〔〈黎明列車〉部分〕　四十年來中國文學　臺北　聯合文學出版社　1995 年 6 月　頁 127—128

376. 柯慶明　臺灣「現代主義」小說序論〔〈黎明列車〉部分〕　臺灣現代文學的視野　臺北　麥田・城邦文化公司　2006 年 12 月　頁 143—194

377. 陳克環　評《當代中國小說大展》〔〈人頭〉部分〕　書評書目　第 21 期　1975 年 1 月　頁 110—112

378. 葉洪生　當代中國小說大展選評──〈人頭〉　大家談　臺北　天下圖書公司　1975 年 10 月　頁 419—420

379. 沙　金　由〈雲上的聲音〉談司馬中原的文字　中華日報　1976 年 9 月 20 日　7 版

380. 陳哲三　評介〈我的青少年時代〉　出版與研究　第 42 期　1979 年 3 月　頁 44—45

381. 朱星鶴　淺析司馬中原的〈招魂祭〉　中華文藝　第 111 期　1980 年 5 月　頁 168—176

382. 李豐楙　簡析〈沙窩子野舖〉　中國現代短篇小說選析 1　臺北　長安出版社　1984 年 2 月　頁 227—228

383. 張素貞　司馬中原的〈沙窩子野舖〉──一段錯失的情緣　細讀現代小說　臺北　東大圖書公司　1986 年 10 月　頁 239—247

384. 沈　謙　雄豪奔放之外的閒情與寧靜──評司馬中原〈閒與靜〉　幼獅少年　第 94 期　1984 年 8 月　頁 102—105

385. 沈　謙　雄豪奔放之外的閒情與寧靜──評司馬中原〈閒與靜〉　獨步，散文國：現代散文評析　臺北　讀冊文化公司　2002 年 10 月　頁 97—106

386. 李　敬　〈磨坊〉　當時年紀小　臺北　希代書版公司　1985 年 9 月　頁

61—67

387. 林錫嘉　〈舊夢〉　濃濃的鄉情　臺北　希代書版公司　1986 年 1 月　頁 58—67

388. 張素貞　司馬中原的〈山〉——化戾氣致祥和　細讀現代小說　臺北　東 大圖書公司　1986 年 10 月　頁 249—258

389. 蕭　蕭　〈辭山賦〉編者註　七十六年散文選　臺北　九歌出版社　1988 年 3 月　頁 20—21

390. 趙　朕　〈古老的故事〉賞析　臺灣散文鑑賞辭典　太原　北岳文藝出版 社　1991 年 12 月　頁 568—570

391. 趙　朕　〈如歌的行板〉賞析　臺灣散文鑑賞辭典　太原　北岳文藝出版 社　1991 年 12 月　頁 574—575

392. 黎湘萍　陳映真與三代臺灣作家——兼論臺灣小說敘事模式之演變（下）〔〈紅絲鳳〉部分〕　臺灣研究集刊　1993 年第 1 期　1993 年 2 月　頁 94

393. 王震亞　具象化的鄉愁——司馬中原與〈紅絲鳳〉　臺灣小說二十家　北 京　北京出版社　1993 年 12 月　頁 198—212

394. 毛宗剛　「鄉野傳說」與〈紅絲鳳〉　臺港與海外華文文學評論和研究 1995 年第 3 期　1995 年 9 月　頁 46—48

395. 毛宗剛　傳說與文學之間——論司馬中原的「鄉野傳說」與〈紅絲鳳〉 淮陰師範學院學報　2003 年第 3 期　2003 年 3 月　頁 394—396

396. 洪富連　吳延玫〈火鷓鴣鳥〉　當代主題散文的研究　高雄　高雄復文圖 書出版社　1998 年 4 月　頁 324—327

397. 鄭明娳　現代散文的內視——主客互動的無限情趣〔〈黑陶〉部分〕　現 代散文　臺北　三民書局　1999 年 3 月　頁 183—186

398. 鄭明娳　現代散文的外觀——辭采之美〔〈序曲〉部分〕　現代散文　臺 北　三民書局　1999 年 3 月　頁 292—293

399. 陳　遼　百年臺灣文學發展論——臺灣文學五「性」〔〈板腰興集〉部

分〕　百年中華文學史論：1898—2010　上海　華東師範大學出版社　1999 年 9 月　頁 70—71

400. 施英美　逸出反共文學之外的現代性——軍中作家〔〈鳥羽〉部分〕
　　　《聯合報》副刊時期（1953—1963）的林海音研究　靜宜大學中國文學系　碩士論文　陳芳明，胡森永教授指導　2003 年 6 月　頁 123—124

401. 劉依潔　司馬中原〈路客與刀客〉　離心的辯證：世華小說評析　臺北唐山出版社　2004 年 5 月　頁 41—46

402. 段美喬　〈握一把蒼涼〉作品賞析　星光燦爛的文學花園：現代文學知識精華：散文‧詩歌　臺北　雅書堂文化公司　2005 年 5 月　頁 200—203

403. 黃　梅　〈智與妄的啓示〉編者的話　那去過的過去　臺北　香海文化公司　2006 年 9 月　頁 52—53

404. 蔡孟樺　〈雁〉編者的話　天地與我並生　臺北　香海文化公司　2006 年 9 月　頁 252—253

405. 李有成　司馬中原的小說〈野市〉中的啓蒙母題　文學的複音變奏　臺北九歌出版社　2006 年 12 月　頁 97—108

406. 張素貞導讀　司馬中原／〈獵〉　小說教室（導讀新版）　臺北　九歌出版社　2007 年 5 月　頁 459

**多篇作品**

407. 朱雙一　八十年代臺灣文學對於中華文化傳統的感應〔〈寒食雨〉、〈冤魂告狀〉部分〕　臺灣香港澳門暨海外華文文學論文選　福州海峽文藝出版社　1993 年 3 月　頁 167

408. 鍾怡雯　流離：在中國的邊緣——追尋與再現失落的中國——主體位置與國族認同〔〈在啓明的年代〉、〈濯心的祭獻〉、〈永恆不滅的心燈〉、〈駝隊〉部分〕　亞洲華文散文的中國圖象（1949—1999）　臺灣師範大學國文學系　博士論文　陳鵬翔教授指導

2000 年 5 月　頁 36—37，45

409. 鍾怡雯　　　流離：在中國的邊緣——追尋與再現失落的中國——主體位置與
　　　　　　　　國族認同〔〈在啓明的年代〉、〈濯心的祭獻〉、〈永恆不滅的
　　　　　　　　心燈〉、〈駝隊〉部分〕　亞洲華文散文的中國圖象（1949—
　　　　　　　　1999）　臺北　萬卷樓圖書公司　2001 年 1 月　頁 51—52，64—
　　　　　　　　65

410. 林燿德　　　《臺灣當代小說精選》讀後〔〈洪荒〉、〈逃婚〉部分〕　將軍
　　　　　　　　的版圖　臺北　華文網　2001 年 12 月　頁 21—25

## 作品評論目錄、索引

411. 〔編輯部〕　　作品評論引得　司馬中原自選集　臺北　黎明文化出版公司
　　　　　　　　1976 年 8 月　〔2〕頁

412. 林燿德，徐慰平，鄒桂苑　　司馬中原研究資料彙編　文訊雜誌　第 110 期
　　　　　　　　1994 年 12 月　頁 94—101

413. 〔編輯部〕　　司馬中原作品重要評論索引　老爬蟲的告白　臺北　九歌出
　　　　　　　　版社　2002 年 10 月　頁 313—316

414. 〔封德屏主編〕　　司馬中原　臺灣現當代作家評論資料目錄（一）　臺南
　　　　　　　　國立臺灣文學館　2010 年 11 月　頁 335—352

## 其他

415. 楊小雲　　請接受掌聲：讀《文壇新銳》　文訊雜誌　第 29 期　1987 年 4 月
　　　　　　　　頁 280—281

國家圖書館出版品預行編目資料

司馬中原 / 鄭明娳編選. -- 初版. -- 臺南市：臺灣文學
館, 2013.12
　面；　　公分. -- (臺灣現當代作家研究資料彙編；38)
ISBN 978-986-03-9148-0 (平裝)

1.司馬中原 2.作家 3.文學評論

783.3886　　　　　　　　　　　　　102024127

【臺灣現當代作家研究資料彙編】38
# 司馬中原

發 行 人／　李瑞騰
指導單位／　文化部
出版單位／　國立台灣文學館
　　　　　　地址／70041 台南市中西區中正路 1 號
　　　　　　電話／06-2217201　　　　傳真／06-2218952
　　　　　　網址／www.nmtl.gov.tw　　電子信箱／pba@nmtl.gov.tw

總 策 畫／　封德屏
顧　　問／　林淇瀁　張恆豪　許俊雅　陳信元　陳義芝　須文蔚　應鳳凰
工作小組／　王雅嫺　杜秀卿　汪黛姈　張純昌　張傳欣　莊雅晴　陳欣怡
　　　　　　黃寁婷　練麗敏　蘇琬鈞
編　 選／　鄭明娳
責任編輯／　黃寁婷
校　 對／　林英勳　張傳欣　黃敏琪　黃寁婷　趙慶華　潘佳君　蘇琬鈞
計畫團隊／　財團法人台灣文學發展基金會
美術設計／　翁國鈞‧不倒翁視覺創意
印　 刷／　松霖彩色印刷事業有限公司

著作財產權人／國立台灣文學館
本書保留所有權利。欲利用本書全部或部分內容者，須徵求著作財產權人同意或書面授
權。請洽國立台灣文學館研典組（電話：06-2217201）

經銷展售／　國家書店松江門市（02-25180207）
　　　　　　國立台灣文學館—雪芙瑞文學咖啡坊（06-2214632）
　　　　　　南天書局（02-23620190）　　　　唐山出版社（02-23633072）
　　　　　　府城舊冊店（06-2763093）　　　　台灣的店（02-23625799）
　　　　　　啓發文化（02-29586713）　　　　三民書局（02-23617511）
　　　　　　草祭二手書店（06-2216872）　　　五南文化廣場（04-22260330）
網路書店／　國家書店網路書店 www.govbooks.com.tw
　　　　　　五南文化廣場網路書店 www.wunanbooks.com.tw
　　　　　　三民書局網路書店 www.sanmin.com.tw

初版一刷／2013 年 12 月
定　　價／新臺幣 360 元整
　　　　　　第一階段 15 冊新臺幣 5500 元整　第二階段 12 冊新臺幣 4500 元整
　　　　　　第三階段 23 冊新臺幣 8500 元整　全套 50 冊新臺幣 18500 元整
　　　　　　全套 50 冊合購特惠 16500 元整

GPN／1010202812（單本）　ISBN／978-986-03-9148-0（單本）
　　　 1010000407（套）　　　　　　978-986-02-7266-6（套）

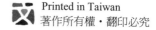
Printed in Taiwan
著作所有權‧翻印必究